Tristan und Isolde
im europäischen Mittelalter

Tristan und Isolde im europäischen Mittelalter

Ausgewählte Texte
in Übersetzung und Nacherzählung

Herausgegeben
von Danielle Buschinger
und Wolfgang Spiewok

Philipp Reclam jun. Stuttgart

Universal-Bibliothek Nr. 8702 [5]

Gesamtherstellung: Reclam, Ditzingen. Printed in Germany 1991

ISBN 3-15-008702-3 (kart.) ISBN 3-15-028702-2 (geb.)

Inhalt

Einleitung

Die Mythe von Tristan und Isolde ist neben der vom Gral oder jener von König Artus und seiner Tafelrunde eine jener Quellen, aus denen die erzählende Literatur des europäischen Mittelalters in reichem Maße geschöpft hat. Zahlreiche Dichter unterschiedlicher Volksliteraturen – besonders jener Frankreichs und Deutschlands – haben ihr dichterisches Können an der Gestaltung dieses spannungsreichen Stoffes erprobt, der über die Jahrhunderte hin seine Produktivität immer wieder erneut unter Beweis gestellt hat. Wenn hier von mittelalterlicher Literatur die Rede ist, so bedeutet dies allerdings eine fast unzumutbare Einschränkung, da der Strom der »Tristan«-Rezeption auch in den späteren Jahrhunderten kräftig genug dahinfließt und somit die Unvergänglichkeit jenes stoffbestimmenden Konfliktes bezeugt, die gesichert ist durch das zutiefst Menschliche des spannungsreichen Mit- und Gegeneinanders von Mann und Frau.

Die Geschichte von Tristan und Isolde ist die Geschichte zweier Liebender, die – von einer glühenden, alles vergessen machenden Leidenschaft überwältigt – alle Vernunft, alle Normen gesellschaftlichen Zusammenlebens, alle Not und Gefahr ignorieren. Es geht in dieser Geschichte in erster Instanz um das Recht des Menschen auf individuelles Glück, also um eine Geschlechtsmoral, die notwendig zur Konfrontation mit althergebrachten, gesellschafttragenden Normen und Institutionen führen muß, namentlich mit der Institution der Ehe. Somit kann man mit Fug und Recht davon sprechen, daß diese Geschichte wahrhaft revolutionierende ästhetische Potenzen bereithält, deren mehr oder weniger konsequente Nutzung ein entscheidendes Indiz für die Erkenntnistiefe des dichterischen Gestalters und damit für die ästhetische Qualität seines Werkes ist.

Der Stoff dieser Geschichte ist seit dem 12. Jahrhundert zu einem die abendländische Literatur wesentlich bestimmenden Mythos geworden. Sämtliche Gestaltungen nutzen zwar das Gerüst der bereits in der Sagenschicht angelegten Fabel; sie weichen jedoch sowohl in der ideellen Interpretation des stoffgebundenen menschlichen Problems als auch in ihrer Formgestalt mehr oder weniger erheblich voneinander ab. In vielen Fällen waren sich die Dichter offenbar der Tatsache bewußt, daß sie sich in einen Traditionsstrom einfügten, daß sich bereits andere – unterschiedliche – Stoffgestaltungen im Umlauf befanden. Dies wird deutlich aus ihrem Bestreben, die Gültigkeit ihrer dichterischen Version zu beteuern, wobei dieses Bestreben Hand in Hand gehen konnte mit der Diskreditierung anderer Darstellungen. So heißt es etwa bei Gottfried von Straßburg, dem bedeutendsten Gestalter des Tristan-Stoffes in der deutschen Literatur des Mittelalters:

Ich weiz wol, ir ist vil gewesen,
die von Tristande hânt gelesen;
und ist ir doch niht vil gewesen,
die von im rehte haben gelesen.
(V. 131–134)

(Ich weiß sehr wohl, daß viele schon von Tristan zu erzählen wußten, jedoch nur wenige von ihm erzählten, wie es sich wirklich zugetragen hat.)

Als Wurzel der weitverzweigten mittelalterlichen Tristan-Dichtungen hat man ein (nicht erhaltenes, nur durch Textvergleich erschlossenes) altfranzösisches Versepos angenommen, die Mitte des 12. Jahrhunderts entstandene »Estoire«. Diese »Estoire« sei – so vermutet man – am Hofe Alienors von Aquitanien entstanden. Alienor war die Urenkelin Wilhelms IX. von Aquitanien, des ersten Troubadours, und Gattin Heinrichs II. Plantagenet, Königs von England, der – beeinflußt von seiner Gattin – im Mittelalter zu den bedeutendsten Literatur-Mäzenen gehörte. Das Werk dürfte in altfranzösischer Sprache verfaßt worden sein, da man am englischen Hofe seit der Eroberung Englands durch Wilhelm den

Eroberer im Jahre 1066 französisch sprach. Demungeachtet müßte der Autor zumindest zweisprachig gewesen sein, da der Ursprung des Tristan-Stoffes in der keltischen Sagenwelt gesucht werden muß, lassen sich doch in den uns erhaltenen Werken Motive und Episoden entdecken, die man gleichermaßen in irischen Erzählungen des Mittelalters antrifft. Auch die Namen der Hauptfiguren (Tristan, Isolde, Marke) sind keltischen Ursprungs.

Tatsächlich scheinen in der Urgestalt der »Estoire« zwei Motive miteinander verquickt worden zu sein, die sich in keltischen Dichtungen wiederfinden: eine Brautwerbungsgeschichte und ein Märchen, in dem sich wiederum eine Fluchtsage mit einer Seefahrtsgeschichte verbindet – ein Typ, der in dem irischen »Diarmaid und Grainne« anzutreffen ist. Hier ist auch bereits von einem Zauberspruch die Rede, der die beiden Liebenden miteinander verbindet – vielleicht eine Vorform des zauberischen Liebestrankes. Wahrscheinlich hat der Verfasser der »Estoire« seine Dichtung kumulativ mit Motiven und Episoden ausgeschmückt, die er unterschiedlichen Quellen entlehnte. Daraus würden sich Widersprüchlichkeiten erklären, die in den bei der »Estoire« anknüpfenden Textzeugen auftauchen.

Von der »Estoire« leitet man eine älteste versepische Schicht ab. Werkrepräsentanten dieser Schicht sind das (fragmentarisch überlieferte) altfranzösische Epos eines Mannes namens Berol (um 1179/80); das (gleichfalls nur fragmentarisch überlieferte) altfranzösische Epos eines Autors namens Thomas (wohl zwischen 1172 und 1175); der altfranzösische »Prosa-Tristan« (um 1225–1235); ein kurzes (altfranzösisches) Gedicht von der Narrenverkleidung Tristans (in der »Berner Fassung« um 1200) und das mittelhochdeutsche (vollständig überlieferte) Versepos des Dichters Eilhart von Oberg (um 1170). Für die Erschließung der (altfranzösischen) Urfassung stehen also im wesentlichen zwei fragmentarisch überlieferte altfranzösische Werke und – vor allem – ein vollständiges Werk in mittelhochdeutscher Sprache zur

Verfügung. Da das Werk des Eilhart die einzig vollständig erhaltene »Tristan«-Version des 12./13. Jahrhunderts ist, kommt ihm sowohl für die französische als auch für die deutsche Literaturgeschichte eine kaum zu überschätzende Bedeutung zu. Auf der Version des Thomas schließlich fußt der deutsche Epiker Gottfried von Straßburg, dessen (unvollendetes, zwischen 1200 und 1210 entstandenes) Epos »Tristan« als ›klassische‹ Stoffrepräsentation des Mittelalters gilt.

Wenn wir bei Gottfrieds Version anknüpfen, so läßt sich – bei notwendiger Einbeziehung anderer, ergänzender Quellen (namentlich der Version Eilharts von Oberg) – folgender Handlungsgang der Geschichte um Tristan und Isolde nachzeichnen:

Nach einer einstimmenden Vorgeschichte, die das tragische Schicksal Riwalins und Blanscheflurs – der Eltern Tristans – behandelt, setzt die Haupthandlung mit der Darstellung von Tristans Jugend bis zur Schwertleite (die den Eintritt ins Mannesalter bezeichnet) ein. Nach sorgfältiger Erziehung am Hofe seiner Pflegeeltern Rual und Floraete wird Tristan von Kaufleuten entführt, um dank göttlicher Fügung an den Hof seines Oheims mütterlicherseits, des Königs Marke von Cornwall, zu gelangen. Unerkannt lebt er dort in geachteter Stellung, er beeindruckt durch seine musischen Fähigkeiten und durch seine Waidmannskünste, bis die Ankunft von Rual das Geheimnis lüftet. Tristan wird zum Ritter geschlagen, da er sein väterliches Erbe wiedergewinnen will.

Im folgenden Teil wird Tristans ritterliche Bewährung eindrucksvoll vorgeführt. Er gewinnt sein väterliches Reich im Kampfe gegen Morgan wieder (den er tötet) und befreit das Reich seines Oheims von irischer Zinsknechtschaft, indem er den irischen Heerführer Morold im Zweikampf tötet. In diesem Kampf wird er selbst durch Morolds vergiftetes Schwert schwer verwundet, doch findet er dank seiner Klugheit und seiner wissenschaftlichen wie musischen Fähigkeiten (er wird zum Erzieher der irischen Prinzessin

Isolde) Heilung bei der irischen Königin, der Schwester des erschlagenen Morold. Am irischen Hofe lernt er die schöne Isolde, Tochter des irischen Königspaares, kennen, die sein Oheim Marke nach der Rückkehr Tristans zur Gattin begehrt. Tristan übernimmt die gefährliche Brautwerbung und führt sie dank seiner Klugheit und Tapferkeit (Überwindung eines gefährlichen Drachens) zu einem glücklichen Ende. Auf der Seefahrt nach Cornwall entbrennen jedoch Isolde und Tristan nach dem versehentlichen Genuß eines zauberischen Liebestrankes in leidenschaftlicher Liebe zueinander; nach langem inneren Widerstreit suchen und finden sie die ersehnte Liebeserfüllung. Dennoch nötigen Isolde politische Rücksichten zur Eheschließung mit Marke.

In dem nun folgenden dritten Teil der Haupthandlung beobachten wir den Kampf der Liebenden um geheime, stets gefährdete Liebeserfüllung im Widerstreit zwischen leidenschaftlichem Begehren und ehelicher bzw. verwandtschaftlicher Treue. Nachdem Brangäne, Isoldes Zofe und Freundin, durch Stellvertretung in der Hochzeitsnacht die Entdeckung vorehelicher Liebesbeziehung verhindert hat, suchen und finden Tristan und Isolde die ersehnte Liebeserfüllung, doch werden sie zunehmend durch Neider bei Hofe (Rolle des Marjodo und des Zwerges Melot) und durch das wachsende Mißtrauen Markes bedroht. Die Handlung lebt von einer Reihe listenreicher Begegnungen (Baumgarten-Szene, Kemenaten- und Mehlstreu-Szene), bis schließlich der eifersüchtige Marke den Reinigungseid beim Gottesgericht erzwingt und – ungeachtet des für die Liebenden günstigen Ausgangs – Tristan und Isolde vom Hofe verbannt. In dem nun folgenden Waldleben (Minnegrotten-Episode bei Gottfried von Straßburg) leben die Liebenden allein ihrem Glück, bis Marke, den ein Jäger in die Waldeinsamkeit der Liebenden führt, wo ihn ein zwischen Tristan und Isolde liegendes Schwert an die Unschuld beider glauben läßt, Isolde zurückholt und Tristan in ein ereignisreiches, abenteuerliches Leben fern von Markes Hof entläßt.

Der vierte Teil der Haupthandlung führt Tristans Ehe mit einer zweiten Isolde (Weißhand) vor. Dieser Teil zeigt Tristan nach langem Umherirren (unter anderem Aufenthalt bei König Artus) im Dienste eines Fürsten, dem er im Kampfe gegen gefährliche Feinde beisteht, so daß er das Wohlwollen der fürstlichen Familie, vor allem aber die Liebe der Prinzessin Isolde Weißhand und die Freundschaft ihres Bruders Kaedin gewinnt. Die Eheschließung von Tristan und Isolde Weißhand führt zu konfliktreichen Spannungen, läßt doch Tristan gar einen (an den Hof Markes und vor allem die irische Isolde erinnernden) Bildersaal errichten. Als Isolde Weißhand den Schimpf nicht vollzogener Ehe vor ihrem Bruder offenbart (Episode vom »kühnen Wasser«), ist Tristan zum Bekenntnis seiner Liebe zur Gattin Markes gezwungen. Das Versprechen, Kaedin von der überwältigenden Schönheit der irischen Isolde zu überzeugen, leitet über zur Schilderung zahlreicher Wiederkehr-Abenteuer, in denen Tristan in stets neuen Verkleidungen auftritt: als Aussätziger, als Pilger, als Spielmann und als Narr.

Der letzte Handlungsteil – der Liebestod von Tristan und Isolde – wird eingeleitet durch Tristans Hilfeleistung für seinen Freund Kaedin, dem er in einem Liebesabenteuer Beistand leistet. In kämpferischer Auseinandersetzung wiederum durch eine vergiftete Waffe verwundet, sendet er einen Boten zu seiner Geliebten, da nur sie (dank ihres von der Mutter ererbten medizinischen Wissens) ihn zu heilen vermag. Isolde Blondhaar kommt auch – ohne Rücksicht auf Marke und ihren Ruf –, doch Tristans Gattin, die das Geheimnis ihres Mannes entdeckt hat, belügt, von Eifersucht verblendet, den todkranken und hoffnungsvoll fragenden Tristan: Das Schiff der zurückkehrenden Boten zeige nicht erfolgreiche (weißes Segel), sondern erfolglose Fahrt (schwarzes Segel) an. Tristan stirbt; ihm folgt Isolde, seine Geliebte, als sie die Leiche ihres toten Geliebten in die Arme schließt. Marke holt die sterblichen Hüllen der beiden Liebenden zurück in sein Reich und läßt sie nebeneinander bestatten.

Es wurde deutlich, daß die Geschichte von Tristan und Isolde eine Fülle von episodischen Details anreicherte, die ihre feste Achse in der Liebeshandlung am Hofe Markes haben. So bot sich einem jeden Autor – abhängig von seiner Quelle, aber auch von seinem traditionsgegebenen Motivwissen – einerseits eine relativ feste Aktionsstruktur, andererseits ein reiches Arsenal von Versatzstücken, mit denen er diese Struktur füllen konnte. Dabei offenbart sich die Kunsthöhe des Autors nicht nur in der Gradlinigkeit der Handlung, sondern vor allem in der logischen Verknüpfung der aufgenommenen Motive und in der harmonischen Synthese (oder auch zunehmenden Individualisierung) seiner Kunstfiguren.

Die Autoren dieser Ausgabe haben sich auf Werke mittelalterlicher Literaturen beschränkt, die ohnehin so zahlreich sind, daß eine nach Zahl und Umfang ungekürzte Darbietung den Rahmen einer jeden Publikation sprengen würde. Sie haben sich daher das Ziel gesetzt, dem Lesepublikum in Auswahl eine möglichst plastische Vorstellung vom Reichtum, von der Vielfalt und der Schönheit jener mittelalterlichen Literaturwerke zu vermitteln, die sich mit dem »Tristan«-Komplex auseinandersetzten. Angesichts der erheblichen Werkumfänge entschlossen sie sich dabei zu einer Kombination von nacherzählenden Teilen und ausgewählten (in Prosa-Übersetzung gehaltenen) szenischen Passagen. Der Leser wird damit in den Stand versetzt, den gesamten Inhalt des jeweils vorgestellten Textzeugen überschauen zu können. Daß der Szenenauswahl eine besondere Bedeutung zukommt, versteht sich. Wir haben den Versuch unternommen, die Fülle szenischer Details bzw. szenisch-episodischer Versatzstücke zumindest anzudeuten – freilich, und dies war unvermeidbar, in Textfassungen unterschiedlicher Autoren. Der Leser soll also aus der Feder verschiedener Dichter möglichst viel von der Szenenfolge erfahren, die den Handlungsgang der Tristan-Geschichte bestimmt. Wir wollten allerdings auch nicht darauf verzichten, bei zentralen Szenen (etwa dem Waldleben) auf reizvolle, für die spezielle dichterische Interpretation wesentlich erscheinende Kontraste zu verweisen, so daß szenische Doppelungen kein Versehen, sondern Resultat wohlüberlegter Publikumsorientierung sind.

Wir sind – nach unserer systematischen Darstellung der »Tristan«-Handlung – damit bereits auf die einzelnen, im Detail sehr unterschiedlichen Textzeugen gekommen und wollen sie in dem folgenden Überblick kurz vorstellen und miteinander in Beziehung setzen. Nähere Einzelheiten enthalten die werkbezogenen Teile des Kommentars.

Die »Tristan«-Rezeption beansprucht ihren Platz in zahlreichen europäischen Literaturgeschichten; sie bestimmt insonderheit nicht unwesentlich das Bild der französischen wie der deutschen Literatur des Mittelalters. Für das französische Mittelalter sind neben den Versionen des Berol und des Thomas vor allem der in zahlreichen Handschriften und Drucken verbreitete »Prosa-Tristan« (1235–40) und einige Episoden-Dichtungen zu nennen: so das »Geißblatt-Lai« aus dem 12. Jahrhundert und zwei Erzählungen von Tristans Narrentum – »Folie Tristan« –, wohl beide um 1200 entstanden. Farben- und facettenreich ist aber auch die »Tristan«-Rezeption der Romania insgesamt. Für Italien stehen Nachgestaltungen des altfranzösischen »Prosa-Tristan« und der Thomas-Version. Als bedeutendstes Zeugnis gilt dabei die »Tavola Ritonda« aus dem 14. Jahrhundert. Grundlage spanischer »Tristan«-Rezeption war gleichermaßen der altfranzösische »Prosa-Tristan«; auf ihm beruht der in zahlreichen Drucken des 16. Jahrhunderts verbreitete spanische »Tristan de Leonis«.

Bei der deutschen »Tristan«-Rezeption ist nach Eilhart von Oberg und Gottfried von Straßburg zunächst auf die Fortsetzer von Gottfrieds Werk zu verweisen, auf Ulrich von Türheim und Heinrich von Freiberg (beide 13. Jahrhundert), nicht zuletzt auf den (in 13 Drucken präsenten) Prosaroman des 15. Jahrhunderts und auf die Spiel-Fassung des Hans Sachs. Im nordeuropäischen Raum überliefern isländische

Handschriften eine 1226 entstandene norwegische Prosa-Nacherzählung der Thomas-Version (»Tristramsaga«), die wiederum im 15. Jahrhundert originelle isländische Nachgestaltungen erfuhr: die »Saga af Tristan ok Isodd« und »Tristrams kvaedi«, eine Ballade über Tristans Tod. Eigenwertig erscheint demgegenüber die färöische Ballade von »Tistram und der Dame Isin«. England schließt sich an mit dem aus dem 14. Jahrhundert stammenden strophischen Gedicht von »Sir Tristrem« (nach Thomas) und einem aus dem altfranzösischen »Prosa-Tristan« geschöpften Kapitel des »Morte Darthur« von Thomas Malory.

Wenn man auch den slawischen Kulturraum berücksichtigt (serborussischer Tristanroman aus dem 16., alttschechischer Tristanroman aus dem 15. Jahrhundert), so entrollt sich vor uns ein eindrucksstarkes Panorama mittelalterlich-europäischer »Tristan«-Überlieferung zwischen Süd und Nord, zwischen West und Ost. Romanische, germanische und slawische Kulturen sind geprägt von dem immer wieder zur Neu- und Nachgestaltung anregenden menschlichen Grundkonflikt des Tristan-Stoffkreises. (Verwiesen sei auf die ausführlichere Darstellung der »Tristan«-Rezeption im Kommentar-Teil dieses Bandes.)

Doch »Tristan«-Nachgestaltungen bzw. -Neugestaltungen sind nicht eingeschränkt auf die zeitliche Spannweite des Mittelalters. In Deutschland wurde die produktive künstlerische Rezeption eingeleitet durch August Wilhelm Schlegels fragmentarisches Tristan-Epos in Stanzen (1800). Es schlossen sich im 19. und 20. Jahrhundert (von Übersetzungen sei abgesehen) etwa vier Dutzend literarischer Werke an, die den Tristan-Stoffkreis zur Grundlage künstlerischer Auseinandersetzung machten. Bemerkenswerterweise überwiegen zahlenmäßig die dramatischen Gestaltungen. Wir besitzen etwa zwei Dutzend Dramen, u. a. Werke von Richard Wagner und Georg Kaiser.

Als weitere bedeutende Gestaltungen sind zu nennen Karl Immermanns Versuch eines Tristan-Epos in Romanzen (fragmentarisch, bis zum Jahre 1840 wurde der 1. Teil ausgeführt), ferner Ernst Hardts Drama »Tantris der Narr« (1908) und Thomas Manns Novelle »Tristan« (1902). Neben Hardts Drama, das mit Umkehr der Liebe in Haßliebe die Negation aller menschlichen Werte vorführen will, und Thomas Manns ironisch durchleuchteter Aufhebung der Negation (Sieg des Lebens über den todessehnsüchtigen, im Liebestod gipfelnden Musikrausch Wagners) hat sich beim Publikum vor allem Richard Wagners musikgewaltige Version behauptet und durchgesetzt (1867–69), die als einzigen Ausweg aus den Verstrickungen der Liebe die gemeinsame Flucht der Liebenden in das Nirwana jenseitiger Todes-Vereinigung weist. Gegen diese Deutung hatte sich schon der französische Literaturwissenschaftler Joseph Bédier gewandt, der im Jahre 1900 seinen vielgelesenen Roman von »Tristan et Iseut« vorlegte. Bédier unternahm hier den Versuch, in eigenwilliger und eigenwertiger Deutung die gesamte »Tristan«-Überlieferung des Mittelalters zu verarbeiten. Von der Wirkung dieses Buches zeugt der Umstand, daß der Schweizer Komponist Frank Martin dieses Werk als Textgrundlage für sein Oratorium »Le vin herbé« wählte (1938–42). Ein zweiter Schweizer Komponist, Armin Schibler, schuf nach der »Folie Tristan« 1978 ein »Mystère musicale«.

Vielfach hat der Tristan-Stoffkreis Anlaß zu ironisierender Reibung geboten, zu beobachten nicht nur bei Thomas Mann, sondern auch bei John Updike (»Four sides of one Story«, 1965). Romanhafte Verarbeitungen legten Charles Morgan (»Sparkenbroke«, 1936) und vor allem James Joyce (»Finnigans Wake«, 1939) vor. Auch der Film blieb nicht unberührt vom Reiz des Tristan-Stoffes. Jean Cocteau schuf 1943 mit »L'éternel retour« einen ersten Tristan-Film. Ihm folgten Yvan Lagrange (1972) und Veith von Fürstenberg (»Feuer und Schwert«, 1981/82). Nicht unerwähnt seien zwei einigermaßen erfolgreiche deutschsprachige Nacherzählungen neuerer Zeit, von Ruth Schirmer (1969) und von Günther de Bruyn (1975).

Nach diesem – nicht vollständigen – Exkurs durch die »Tristan«-Rezeption der neueren und neuesten Zeit schulden wir dem Leser ein Wort zur Übersetzung und zur Besonderheit der angefügten Literaturhinweise.

Bei der Übersetzung war zunächst eine strenge, den Wortlaut des Originals sorglich beachtende Arbeitsübersetzung gefordert. Für die Übersetzung der altfranzösischen, altitalienischen und altenglischen Textzeugen zeichnet Danielle Buschinger verantwortlich, für die der mittelhochdeutschen und der altnordischen Wolfgang Spiewok, für die des altspanischen Tristanromans Gerhard Wild (München). Durch freundschaftlichen Rat waren für das Altfranzösische Emmanuèle Baumgartner (Paris), für das Altitalienische Henning Krauß (Augsburg) und für das Altenglische André Crépin (Paris/Amiens) hilfreich. Die endgültige Sprachgestalt sämtlicher Texte verantwortet Wolfgang Spiewok, wobei es in besonderem Maße darum ging, eine bei aller Sinntreue gut lesbare, trotz angestrebter Transparenz des jeweiligen Werkstils von einem einheitlichen Sprachduktus geprägte Textfassung zu gewährleisten.

Die am Ende zusammengestellte Bibliographie weist die jeweiligen Editionen der Originaltexte nach, wobei auch Ausgaben solcher Werkzeugen aufgenommen wurden, die nur im Kommentar erwähnt, nicht aber im Textteil vorgestellt wurden. Die Absicht war, dem Leser den Zugang zur Quelle zu weisen. Bei der Sekundärliteratur haben sich die Herausgeber strikt auf die wesentlichen Übersichtsdarstellungen (einschließlich bibliographischer Wegweiser) beschränkt, wobei übergreifende, umfangreichere Rezeptionslinien bietende Darstellungen ausgewählt wurden.

Die Autoren dieses Bandes – Verfasser, Herausgeber und Übersetzer – hoffen, mit diesem Buch der Literatur des Mittelalters neue Freunde zu gewinnen, zumal gerade dieser Stoffkreis überzeugend deutlich macht, daß jene gesellschaftlich-menschlichen Fragen, die den Menschen der scheinbar so fernen Vergangenheit des Mittelalters bewegt haben, uns

Heutigen so unbekannt nicht sind, daß sie uns bewegen und erregen wie jene, die vor vielen hundert Jahren die ebenso spannenden wie tragischen Geschichten über das ›klassische‹ Liebespaar Tristan und Isolde hörten oder lasen.

Danielle Buschinger *Wolfgang Spiewok*

Texte

Frankreich

Berols »Tristan«-Fragment

Inhaltsübersicht

Das Berolsche Fragment gliedert sich in 6 Hauptteile:

Das belauschte Stelldichein im Baumgarten (V. 2–580)

Die Mehlstreu-Szene und ihre Konsequenzen: Die Liebenden werden überführt und zum Tode verurteilt; es gelingt Tristan zu entfliehen (Kapellensprung) und die Königin vor den Aussätzigen, an die sie von Marke ausgeliefert wurde, zu retten; Flucht in den Wald (V. 581 bis 1274)

Das Waldleben (V. 1275–2132)

Das Aufhören der Trankwirkung und Isoldes Rückkehr an den Hof (V. 2133–3010)

Das Gottesgericht (V. 3011–4266)

Die Vergeltung (V. 4267–4485)

Das belauschte Stelldichein im Baumgarten

Isolde, die in den Baumgarten gekommen ist, um sich heimlich mit ihrem Geliebten zu treffen, bemerkt, daß Marke und der Zwerg Frocin, in einer Fichte versteckt, ihnen auflauern. Sie läßt sich aber nichts anmerken, und die beiden Liebenden inszenieren nun ein Schauspiel, in dem sie ihre Unschuld vortäuschen: Isolde gelobt vor Gott, nur dem, dem sie sich als Jungfrau hingegeben, gelte ihre Liebe; Tristan wiederum erklärt, er wolle sich einem Ordal oder einem gerichtlichen Zweikampf unterziehen, um seine Unschuld zu beweisen. Der König tue ihnen beiden Unrecht, da er verleumderischen Verrätern Glauben schenke. Tristan bittet Isolde, ihn mit sei-

nem Onkel zu versöhnen. Die Königin lehnt dies jedoch ab und geht davon. Tristan bricht in Wehklagen aus und geht gleichfalls. Der König, der nun von ihrer beider Unschuld überzeugt ist, steigt vom Baum herab und will den Zwerg für seine – angebliche – Lüge strafen, doch der kann entfliehen.

Am anderen Morgen tröstet Marke Isolde und verspricht, fortan ihr und Tristan zu glauben und den Baronen zu mißtrauen; er versöhnt sich auch mit seinem Neffen und gibt ihm die Erlaubnis, sich im königlichen Gemach aufzuhalten.

Die Mehlstreu-Szene und ihre Konsequenzen

(V. 581–826) Nun gab es bei Hofe drei Barone, wie ihr sie heimtückischer noch nie gesehen habt. Sie hatten einander geschworen, daß sie diesen Zustand nicht länger dulden wollten. Wenn sich der König weigern sollte, seinen Neffen aus dem Lande zu weisen, würden sie sich auf ihre Burgen zurückziehen und Marke den Krieg erklären. Sie hatten nämlich grad unlängst die schöne Isolde und Tristan im Baumgarten – unter einem jungen Baum – in höchst verfänglicher Lage erblickt. Auch hatten sie die beiden schon früher wiederholt völlig entblößt im Bett des Königs Marke erspäht. Ging nämlich der König in den Wald, so erklärte Tristan prompt: »Herr, ich will mich inzwischen gleichfalls fortbegeben!« In Wirklichkeit aber blieb er dann zurück und begab sich in das Zimmer Isoldes, wo sie lange Zeit beieinander blieben.

»Wir wollen es ihm persönlich sagen! Suchen wir den König auf, um ihn zu informieren. Mag er uns danach gut oder übel gesonnen sein. Wir werden jedenfalls darauf bestehen, daß er seinen Neffen davonjagt.«

Nachdem sie diesen Entschluß gefaßt hatten, nahmen sie den König beiseite und sprachen zu ihm: »Herr, es steht schlimm um den Hof. Dein Neffe und Isolde lieben einander, und wer Augen hat zu sehen, dem bleibt dies nicht verborgen. Wir aber sind entschlossen, dies nicht mehr zu dulden!«

Als der König dies vernahm, seufzte er und ließ sein Haupt hängen. Ohne zu wissen, wie er sich verhalten solle, ging er immer wieder auf und ab. Die Verräter aber drangen in ihn: »König, wir werden dies auf keinen Fall mehr zulassen. Es ist uns nämlich nur zu gut bekannt, daß du von dieser Ungeheuerlichkeit weißt und sie auch noch duldest. Was also willst du tun? Überlege gut! Wenn du deinen Neffen nicht unwiderruflich von deinem Hofe fortjagst, bleiben wir auf keinen Fall mehr deine Vasallen; auch kündigen wir dir den Frieden auf. Und wir werden auch unsere Freunde auffordern, den Hof zu verlassen. Du kennst nun unsere Bedingung. Nun sage uns, was du beschließen willst!«

»Ihr Herren, meine treuen Vasallen! So wahr mir Gott helfe: Ich bin außer mir, daß mir mein Neffe solche Schande bereitet hat. Ziemlich merkwürdig ist's, wie er mir gedient hat. Nun gebt mir bitte euern Rat, wie es schließlich eure Pflicht ist. Auf eure Dienste will ich keineswegs verzichten. Auch wißt ihr gar wohl, daß mir nichts ferner liegt als hochmütige Überhebung.«

»Nun gut, Herr. So laßt jenen Zwerg holen, der da die Zukunft voraussagen kann. Er verfügt gewiß über mancherlei Wissen, so daß man um seinen Rat bitten sollte. Schickt nach ihm, und danach mögt Ihr Euch entschließen!«

Bald war der Zwerg zur Stelle. (Verflucht soll er sein, dieser abscheuliche bucklige Kerl!) Doch einer der Barone umarmte ihn zur Begrüßung, und der König erläuterte ihm sein Begehr. (Ha, nun mögt ihr vernehmen, welch verräterische List dieser Zwerg – der übrigens Frocin hieß – dem König vorschlug. Verflucht seien solcherart Zukunftsdeuter! Wer dachte sich je eine Niederträchtigkeit aus, wie sie dieser gottverfluchte Zwerg ersann?)

»Sag deinem Neffen, er müsse morgen früh zu König Artus reiten, nach dem mauerbewehrten Carduel. Einen auf Pergament geschriebenen Brief – mit Wachs verschlossen und wohl versiegelt – müsse er ihm bringen, und dies schleunigst, im vollen Galopp. Und bedenke dies, König Marke: Tristan schläft in deinem Schlafgemach. Bist du fort, so wird er gewiß nicht zögern, sich mit der Königin zu unterhalten. Bei Gott, er kann gar nicht anders! Also muß du, König, schon in den ersten Nachtstunden den Raum verlassen. Bei Gott und dem Christentum schwöre ich dir: Ist ihr Tristan in verblendeter Liebe verfallen, so wird er sie aufsuchen, um sich mit ihr zu unterhalten. Und wenn dies geschieht, ohne daß ich dies offenbar mache und du den Betrug mit eigenen Augen entdeckst, so magst du mich und die Meinen töten. Auf diese Weise werden Tristan und Isolde auf frischer Tat ertappt, ohne daß über Schuld oder Unschuld mit einem feierlichen Eid und Kampfentscheid befunden werden muß. Laß mich also handeln, König, und alles so vorbereiten, wie ich es für richtig erachte. Unterrichte aber Tristan nicht zu früh von dem Botenritt, sondern erst unmittelbar vor Anbruch der Nacht.«

Der König antwortete: »Gut, mein Freund, dies soll genau so geschehen!« Damit trennten sie sich, und ein jeder ging seines Weges.

Dieser Zwerg war also wirklich raffiniert, hatte er doch einen höchst gefährlichen Anschlag ersonnen. So ging er denn zu einem Bäcker und kaufte für vier Heller Mehl, das er unter seinem Gewand barg. (Wer hat schon solch verräterische List zu ersinnen vermocht?)

Zur Nacht, nachdem der König gegessen hatte, begaben sich alle im großen Schlafsaal zur Ruhe. Als Tristan den König zu dessen Bett führte, sprach dieser zu ihm: »Lieber Neffe, ich möchte Euch darum bitten, mir einen Wunsch zu erfüllen. Mehr noch: Es ist ein Befehl! Reitet nach Carduel zu König Artus und laßt ihn diesen Brief hier lesen. Grüßt ihn von mir, lieber Neffe, und bleibt den Tag über bei ihm!«

Nachdem Tristan des Königs Befehl vernommen hatte, versprach er ihm, die Botschaft zu Artus zu bringen. »König, ich werde also morgen früh aufbrechen.«

»Gut, doch unbedingt noch vor Anbruch des Tages!«

Dies versetzte Tristan in großen Schrecken. Er bedachte jedoch, daß des Königs Bett von dem seinen nur um die Entfernung einer Lanzenlänge getrennt war, und so stahl sich in sein Herz ein höchst törichter Gedanke. Er entschloß sich nämlich, die Unterhaltung mit der Königin zu suchen, sobald der König eingeschlafen war. (O Gott! Welch ein Wahnsinn! Welche Verwegenheit!)

In jener Nacht hatte sich jedoch der Zwerg in das Gemach gestohlen. Nun vernehmt, was er tat: Er bestreute den Zwischenraum zwischen beiden Betten mit Mehl, damit – sofern sich der eine zum anderen begeben würde – die Spuren in der Mehlstreu sichtbar würden. Tristan aber sah, wie der Zwerg umherhuschte, um das Mehl auszustreuen. Er überlegte, was dieses ungewöhnliche Geschehen zu bedeuten hätte, und er sagte sich am Ende: ›Vielleicht streut er Mehl aus, damit unsere Spuren sichtbar werden, sollte sich der eine zum anderen begeben. Wer dies jetzt täte, wäre gewiß verrückt! Jedermann könnte ja deutlich sehen, daß ich zu ihr gegangen bin!‹

Nun war Tristan tags vorher von einem starken Wildschwein am Bein verwundet worden, so daß er heftige Schmerzen litt. Die Wunde hatte zudem stark geblutet, und zu allem Unglück war sie noch nicht verbunden worden. Er konnte also nicht einschlafen – wie ich vermute. Gegen Mitternacht erhob sich der König und begab sich in Begleitung des buckligen Zwerges aus dem Gemach. Es brannte aber kein Licht in dem Raum, hatte man doch weder Kerze noch Leuchte angezündet. Tristan setzte sich auf. (O Gott! Warum tat er das nur! Hört jetzt genau zu!) Er setzte beide Füße nebeneinander, schätzte die Entfernung ab und sprang hinüber, so daß er mit voller Wucht auf dem Bett des Königs landete. Bei diesem Sprung brach seine Wunde auf und begann so stark zu bluten, daß von dem hervorsprudelnden Blut die Bettücher rot gefärbt wurden. Obwohl die Wunde blutete, fühlte er keinen Schmerz, war er doch mit allen Sinnen nur auf seine Lust bedacht. Das Blut aber färbte das Bett an vielen Stellen. Der draußen lauernde Zwerg sah beim Mondenschein deutlich genug, daß sich die beiden Liebenden vereinigt hatten. Freudezitternd sprach er zum König: »Wenn du sie jetzt nicht beieinander ertappst, magst du mich aufhängen lassen!«

Auch die drei Verräter, die diesen argen Streich angezettelt hatten, waren zur Stelle. Als Tristan den König kommen hörte, erhob er sich in großem Schrecken und sprang zurück in sein Bett. Bei diesem Sprung fielen leider Blutstropfen nieder auf die Mehlstreu. (Ach Gott! Welch ein Unglück, daß die Königin nicht die Bettlaken fortgeräumt hatte! Hätte sie daran gedacht, wären die beiden nicht überführt worden, und sie hätten ihre Ehre bewahrt! Doch Gott, der sie in seine Hut nahm, wann immer es ihm gefiel, sollte noch ein großes Wunder wirken!)

Nun kehrte der König also in sein Gemach zurück, und der ihn begleitende Zwerg leuchtete ihm mit einer Kerze. Tristan tat, als schliefe er, und ließ ein lautes Schnarchen vernehmen. Nun befanden sich in dem Zimmer lediglich der unbeweglich zu Tristans Füßen ruhende Perenis und die in ihrem Bett liegende Königin. Doch auf dem Mehl war deutlich das noch frische Blut zu erkennen. Der König erblickte das blutbesudelte Bett, waren doch die weißen Bettücher von frischem Rot gezeichnet. Und auch auf der Mehlstreu sah man die Spuren des Sprunges. Drohend ging der König auf Tristan zu, und die drei ins Gemach eingedrungenen Barone ergriffen in unbändigem Zorn sowohl ihn als auch die Königin. (Es war übrigens Tristans Tapferkeit, die sie zu neidvollem Haß veranlaßt hatte!) Mit Beschimpfungen und Drohungen fielen sie über die Königin her, und es wurde klar, daß sie auf einer Gerichtsverhandlung bestehen würden.

Tristans blutendes Bein war deutlich zu sehen, und der König rief aus: »Da haben wir den unwiderleglichen Beweis! Ihr seid überführt! Es gibt keine Chance einer Rechtfertigung! Schon morgen, Tristan, ist Euch der Tod sicher!«

Tristan aber rief: »Gnade, o Herr! Beim Heiland, der am Kreuze litt: Habt Erbarmen mit uns!«

Die Verräter aber schrien dagegen: »Nimm Rache, Herr!«

»Lieber Oheim, es geht mir nicht um mein Schicksal! Nur zu gut weiß ich, daß meine letzte Stunde geschlagen hat! Hättet Ihr es nicht mißbilligt, jenen da wäre ihr Tun schwer vergolten worden! Beim Licht ihrer Augen! Sie hätten mich nicht einmal in Gedanken mit ihren Händen zu berühren gewagt! Doch gegen Euch mag ich mich nicht wenden. Wie immer es ausgehe, ob gut oder schlecht: Verfahrt mit mir nach Belieben. Ich bin bereit, mein Los hinzunehmen. Doch habt Mitleid, Herr, mit der Königin!« Tristan verneigte sich vor dem König und fuhr fort: »Es gibt hier niemanden an Euerm Hofe, der mich nicht bereit fände, ihm auf dem Kampfplatz mit der Waffe zu begegnen, wenn er verleumderisch behaupten wollte, ich hätte in völliger Verblendung die Liebe der Königin genossen! Bei Gott, o Herr, seid gnädig zu ihr!«

Nun haben die drei Verräter in dem Gemach Tristan ergriffen und gefesselt und auch die Königin in Bande geschlagen. In ihrem Haß kennen sie keine Grenzen. Ach, hätte Tristan geahnt, daß man ihm das Recht der Rechtfertigung im Kampf verweigern würde, er hätte sich eher in Stücke reißen als sich selbst und Isolde in Bande legen lassen. Er hatte nämlich großes Vertrauen zu Gott und war überzeugt davon, daß niemand es wagen würde, zu den Waffen zu greifen und das Schwert wider ihn zu erheben, wenn man es ihm gestattete, sich durch Kampfentscheid zu rechtfertigen. Er fühlte sich durchaus imstande, sich auf dem Kampfplatz zur Wehr zu setzen. Daher hütete er sich, im Jähzorn den König anzugreifen. Hätte er freilich geahnt, welches Schicksal ihnen beiden zugedacht war, die drei Verräter wären von ihm erschlagen worden, ohne daß der König in der Lage gewesen wäre, sie zu schützen. Ach Gott! Hätte er sie doch nur getötet! Es wäre ihm dann ein günstigeres Los beschieden gewesen!

Als das Volk vernimmt, daß die beiden Liebenden überführt wurden, bricht es in Klagen aus: Keiner will zulassen, daß sie getötet werden. Der König befiehlt dennoch, Tristan und Isolde öffentlich auf dem Scheiterhaufen zu verbrennen. Tristan soll als erster herbeigeführt werden. Er kommt mit seinen Wächtern an einer Kapelle vorbei, bittet um die Erlaubnis, hineingehen und beten zu dürfen. Von seinen Fesseln befreit, geht er hinein und springt durch ein Fenster hinaus. Er trifft auf Governal, der die Stadt verlassen hat und Tristans Schwert, Halsberg und Pferd mit sich führt. Beide verstecken sich in einem dichten Gebüsch, um Isolde entweder zu befreien oder zu rächen.

(V. 1065–1273) Ihr Herren, als der König die Nachricht erhielt, daß sein Neffe, den er verbrennen lassen wollte, aus der Kapelle entflohen war, färbte sich sein Antlitz dunkel vor Zorn. Vor Ingrimm wußte er nicht, was er beginnen sollte. In seiner Wut befahl er, daß man Isolde vor ihn bringe.

Als Isolde aus dem Saal trat und die Menge die Königin so schandbar in Banden sah, waren alle zutiefst bewegt. Wer vermochte wohl alle Klagen zu hören, die man um ihretwillen erhob, wer all ihr Flehen zu Gott, daß er sich ihrer erbarme. »Ach, edle, angebetete Königin! Welch Unglück brachten jene über uns, die dieses abscheuliche Schauspiel inszenierten! Es trägt ihnen wahrlich wenig Ehre ein! Wünschen wir ihnen von Herzen alles erdenklich Böse!«

Man führte die Königin zu dem Scheiterhaufen, auf dem dürre Äste bereits in Flammen loderten. Dinas, der Landesherr von Dinan, der Tristan herzlich liebte, warf sich dem König zu Füßen: »Herr«, rief er, »höre mich an! Viele Jahre habe ich dir treu und ohne Falsch gedient. Du findest im ganzen Reich keinen Menschen – nicht einmal ein armes Waisenkind oder ein steinaltes Weib –, von dem ich für das Amt deines Seneschalls (ein Leben lang ausgeübt) auch nur einen halben Heller nähme. Gnade, o Herr, für die Königin! Ihr seid entschlossen, sie ohne Urteilsspruch zu verbrennen. Das heißt unedel gehandelt, denn sie hat sich nicht schuldig bekannt. Es wird dir zum großen Unheil gereichen, wenn du sie lebendigen Leibes verbrennen läßt! Tristan ist schließlich entkommen, Herr. Er kennt hierzulande alle Gegenden, alle Wälder, alle Schluchten und Furten, und er ist furchtbar in seinem Zorn. Zwar seid Ihr sein Oheim, und er ist Euer Neffe. So könnt Ihr sicher sein, daß er Euch selbst nie zu schaden suchen wird. Wenn er aber Eure Barone in seine Gewalt bekommt und an ihnen Rache nimmt, so wird am Ende das ganze Reich verwüstet. Es steht unleugbar fest, o Herr: Hätte man mir einen meiner Knappen getötet oder ihn gar ins Feuer geworfen, müßte man mir als Entschädigung siebenfachen Ersatz leisten, falls man meiner Rache entgehen wollte. Meint Ihr wirklich, daß er es so einfach hinnehmen wird, wenn eine so vornehme Dame, die er persönlich aus fernem Königreich hierher gebracht hat, umgebracht wird? O nein, es wird daraus noch viel Kampf und Streit erwachsen. Überantworte mir also, o König, die Königin als Lohn dafür, daß ich dir mein Leben lang treu gedient habe.«

Die drei Barone, von denen die ganze Sache angezettelt worden war, stellten sich taub und stumm. Nur zu deutlich war ihnen bewußt, daß sich Tristan in Freiheit befand, und sie zitterten vor Furcht, er könnte ihnen irgendwo auflauern. Der König aber ergriff des Dinas Hand und verschwor sich in hellem Zorn hoch und teuer beim heiligen Thomas, er wolle nie und nimmer darauf verzichten, die Königin zu bestrafen und sie zur Strafe auf dem Scheiterhaufen zu verbrennen. Dinas war nach den Worten Markes tieftraurig und im Innersten erschüttert. Wäre es nach seinem Willen gegangen, die Königin hätte nicht um ihr Leben bangen müssen. Er erhob sich gebeugten Hauptes und sprach: »Ich verlasse Euch und begebe mich nach Dinan. Beim Herrgott, der Adam erschaffen hat: Nicht um alles Gold der Welt, nicht um alle Reichtümer der Reichsten, die seit den glorreichen Tagen Roms auf Erden lebten, wollte ich sie hier mit eigenen Augen verbrennen sehen.« Damit bestieg er sein Roß und ritt davon, gesenkten Hauptes, tief betrübt und in düstere Gedanken versunken.

Umdrängt von einer Menge laut klagender, schreiender Menschen, die öffentlich jene verräterischen Ratgeber des Königs verfluchten, wurde Isolde zu dem Scheiterhaufen geführt. Isoldens Antlitz war tränenüberströmt. Sie trug ein eng anliegendes, mit Gold durchwirktes Gewand aus dunkelgrauem Brokat. Wer immer sie ansah – ihr Antlitz, ihre Schönheit –, hätte schon ein Herz voller Grausamkeit besitzen müssen, wenn ihn nicht Mitleid überkommen hätte. Ihre Arme waren von den Fesseln zusammengezwängt.

Nun gab es in Lancien einen Aussätzigen namens Ivain. Die Krankheit hatte ihn bereits furchtbar entstellt. Dieser war eilends herbeigekommen, um den Prozeß zu betrachten, und er war begleitet von etwa hundert Gefährten, die Krücken und Stöcke trugen. Ihr hättet gewiß bestätigt, noch nie so abgründig Häßliches, Entstelltes, Mißgestaltetes gesehen zu haben. Ein jeder trug in der Hand seine Klapper. Ivain aber sprach mit schmeichelnder Stimme zum König: »Herr, du willst also deine Frau durch Verbrennen bestrafen. Gewiß, die Strafe ist schon recht hart. Doch erfahrungsgemäß wird sie nur kurze Zeit währen. Bald ist Isolde vom Feuer verbrannt, bald wird ihre Asche in alle Winde zerstreut sein. Das Feuer wird zusammensinken, und mit der verglimmenden Glut wird auch das Gericht gar bald ein Ende finden. Doch wenn Ihr auf mich hören wollt, solltet Ihr sie so bestrafen, daß sie weit lieber sterben als leben bleiben möchte. Kein Mensch wird sie dann noch achten, und wo immer man ihrer gedenkt, wird man von Euch mit Hochachtung sprechen. Würdet Ihr dies vorziehen, o König?«

Der König hatte ihm aufmerksam zugehört. Nun erwiderte er: »Erkläre mir ohne Winkelzüge, wie es anzustellen ist, daß sie fortan ein Leben in Schande und Verachtung lebt. Und sei gewiß, daß ich es dir danken werde. Wenn du es willst, kannst du von mir jede Belohnung verlangen. Bislang habe ich von keiner Strafe gehört, die qualvoller und grausamer wäre als das Verbrennen. Wer immer mir eine entsetzlichere beschreiben würde, könnte meiner Zuneigung allzeit gewiß sein.«

Ivain antwortete: »Ich will es dir kurz und bündig beschreiben, wie ich es meine. Seht her, hier habe ich hundert Gefährten an meiner Seite. Liefere uns Isolde aus, so daß sie uns fortan allen gehört. Dann wird noch nie eine Edeldame ein schlimmeres Ende genommen haben. Herr, in uns lodert solch eine glühende Gier nach dem Weibe, daß es auf der ganzen Welt keine Edeldame gibt, die mehr als einen Tag überstehen könnte, wenn wir sie uns vornehmen. Uns kleben die Kleiderfetzen am Leibe. Sie aber lebte bei dir in hohen Ehren und allzeit in Frohsinn; stets ging sie in blau schimmerndem oder grauem Pelzwerk einher. In hohen Sälen, geziert von braunem und grauem Marmor, hat sie bei dir Tag um Tag köstliche Weine getrunken. Nun liefere sie uns Aussätzigen aus. Sieht sie erst unsere geduckten Hütten, unser Geschirr, muß sie sich uns hingeben, dann, o Herr, wird sie an Stelle der köstlichen Speisen, die sie an deiner Seite genossen hat, nur jene Brocken und Reste vorfinden, die man uns vor die Türen wirft. Beim Herrgott, der da oben wohnt: Erblickt sie erst unsere Residenz, dann treten ihr so furchtbare Zustände vor Augen, daß sie weit lieber sterben als am Leben bleiben möchte. Dann wird diese Natter Isolde wohl erkennen, daß sie übel gehandelt hat. Dann wird sie es von Herzen wünschen, hier auf diesem Scheiterhaufen verbrannt worden zu sein.«

Der König hatte aufmerksam zugehört. Er erhob sich und blieb lange sinnend stehen, ohne sich zu rühren. Er begriff sehr wohl, was ihm Ivain empfohlen hatte. Schließlich trat er auf Isolde zu und ergriff ihre Hand. Sie aber schrie auf: »Gnade, Herr! Liefere mich ihm nicht aus! Laß mich hier verbrennen!«

Der König aber übergab sie Ivain; dieser bemächtigte sich ihrer und scharte die hundert Aussätzigen um sich. Die Umstehenden aber, die ihre Klagen und ihre Schreie hörten, fühlten tiefes Mitleid mit ihr. Doch wie immer man auch betrübt war: Ivain war hoch erfreut. Isolde wurde von ihm fortgeführt. An seiner Seite ging es einen sandigen Weg hinunter. Die ihm folgende dichte Schar der mit Krücken bewehrten Aussätzigen ging aber geradenwegs auf einen Hinterhalt zu, in den Tristan sich – den Zug erwartend – gelegt hatte.

Governal rief ihm mit lauter Stimme zu: »Sohn, was wirst du jetzt tun? Da bringt man deine Geliebte!«

»Gott!« rief Tristan aus. »Welch ein Zufall! Ach Isolde! Wunderschöne Isolde! Weit besser wär's gewesen, Ihr wäret um meinetwillen gestorben und ich um Euretwillen. Was sind dies nur für Menschen, in deren Hände Ihr geraten seid! Sie können gewiß sein: Lassen sie Euch nicht augenblicklich frei, werde ich's manchen von ihnen büßen lassen!«

Er gab seinem Pferde die Sporen, sprengte aus dem Gebüsch hervor und schrie dann, so laut er nur konnte: »Ivain! Weit genug habt Ihr sie gebracht! Sofort laßt Ihr sie los, oder ich schlage Euch den Kopf ab!«

Ivain jedoch warf eilends seinen Mantel ab und rief laut: »Tummelt Euch! Die Krücken zur Hand! Laßt sehen, wer zu den Unsern gehört!«

Was war dies für ein Schauspiel! Wutschnaubend warfen die Aussätzigen ihre Mäntel und Kapuzen ab. Jeder schwang seine Krücke. Dieser drohte, jener beschimpfte den Feind. Doch Tristan widerstrebte es, sie zu berühren, auf ihre Schädel einzuschlagen, sie zu mißhandeln. Auf seinen Schrei hin war indes Governal gekommen, und in seiner Hand schleppte er einen grünen Eichenast. Mit dem versetzte er Ivain, der Isolde bei der Hand hielt, einen so wuchtigen Schlag, daß Ivains Blut bis auf seinen Fuß herniederströmte. Damit hatte Governal Tristan einen großen Dienst erwiesen, und er faßte Isolde bei ihrer rechten Hand.

Manche Geschichtenerzähler sagen, sie hätten Ivain ertränkt, doch es sind dies nur ungebildete Gaukler, die so etwas behaupten. Sie sind schlecht informiert über den Gang der Erzählung, den Berol weit besser im Gedächtnis behielt. Tristan war viel zu edel und auch zu großmütig, um Menschen dieses Schlages zu töten. Er begab sich zur Königin, und sie verließen gemeinsam das offene Land. In den Wald gingen Tristan und Governal. Isolde aber freute sich sehr. All ihr Kummer war vergessen.

Das Waldleben

Die erste Nacht verbringen sie auf einem Hügel. Tristan geht mit einem Bogen auf die Jagd und baut eine Laube, die Isolde mit Blättern bedeckt. Governal kocht, aber es fehlt an Milch und an Salz. Lange müssen sie im Wald bleiben.

Marke schlägt indes dem Zwerg Frocin das Haupt ab, weil er verraten hat, daß der König Pferdeohren hat.

Im Wald führen die Liebenden ein rauhes und hartes Leben. Sie ernähren sich von Wildbret. Nach einer Weile führt sie der Zufall in die Klause des Einsiedlers Ogrin, der ihnen mitteilt, daß sie in den Bann getan wurden. Er fordert sie auf, zu beichten und ihre Tat zu bereuen. Tristan und Isolde weisen jedoch darauf hin, sie stünden unter dem Zwang des Liebestrankes und könnten nicht voneinander lassen. Ogrin wünscht, Gott möge ihnen wahre Reue schenken. Sie verbringen die Nacht bei dem Einsiedler und kehren am Morgen in den Wald zurück. Sie ernähren sich weiterhin von Wildbret und entzünden ein wärmendes Feuer, an dem sie ihr Lager aufschlagen. Aber sie bleiben aus Vorsicht immer nur eine einzige Nacht an einem Ort, da der Bann in Kornwall bekanntgegeben wurde. Tristans Jagdhund Husdent, der an einen Baumstamm gebunden wurde, gebärdet sich vor Verzweiflung wie unsinnig. Da man ihn für tollwütig hält, wird er freigelassen. Sofort nimmt er Tristans Spur auf und gelangt in den Wald, in dem sich die Liebenden aufhalten.

(V. 1527–2132) Sie (der König und seine Ritter) ließen den Hund laufen und kehrten um. Husdent erreichte einen Fahrweg und war froh über den gebahnten Weg. Der ganze Wald hallte wieder von seinem Bellen. Tristan, die Königin und Governal befanden sich etwas tiefer im Wald und vernahmen das Gebell. Tristan lauschte gespannt und sagte dann: »Wahrhaftig, das ist Husdent!«

Furcht und Bestürzung ergriffen die drei. Tristan sprang auf und spannte den Bogen. Dabei zogen sie sich tiefer ins Dickicht zurück. Angst und Schrecken vor dem König ließ ihr Blut erstarren, denn sie nahmen an, daß er dem Bracken folgen werde.

Der Hund lief geradenwegs und zielsicher seinen Weg. Als er seinen Herrn erblickte und erkannte, bewegte er vor Freude den Kopf hin und her und wedelte mit dem Schwanze. Man konnte ihn sogar vor Freude winseln hören, und gewiß hat noch niemand einen Hund so außer sich vor Freude gesehen. Husdent begrüßte voller Freude Isolde Blondhaar, dann Governal und sogar das Pferd. Tristan aber wurde des Hundes wegen schwer ums Herz.

»Ach Gott«, sprach er, »welch Unglück, daß dieser Jagdhund uns aufgespürt hat! Er kann sich im Walde gar nicht still verhalten und wird so zur Gefahr für jeden Verbannten. Wir haben uns ja hier im Wald verstecken müssen, da der König uns haßt. Und König Marke wird uns, o Herrin, überall suchen lassen: ob auf dem freien Felde oder im Walde. Sobald er uns entdeckt und gefangensetzt, wird er uns hängen oder gar verbrennen lassen. Wir können also den Hund ganz und gar nicht gebrauchen. Seid gewiß: Bleibt Husdent bei uns, dann sind uns Furcht und Unglück sicher. Ehe wir wegen seines Gebells in Gefangenschaft geraten, wäre es besser, wenn wir ihn töteten. Es bekümmert mich, daß dieses edle Tier geradenwegs in den Tod gelaufen ist, ist's doch gerade seine vorzügliche Spürnase, die ihn ins Verderben geführt hat. Doch es geht nicht anders, wenn es mich auch schwer ankommt, ihn töten zu müssen. Sagt selbst, was ihr dazu meint. Müssen wir nicht in erster Linie an unsere eigene Sicherheit denken?«

Da sprach Isolde zu ihm: »Gnade, Herr! Gewiß, ein Hund bellt, wenn er einem Wild nachsetzt, ob aus Natur, ob aus Gewohnheit. Nun habe ich gehört, daß ein walisischer Förster (es war dies in der Zeit nach der Königswahl des Artus) seinen Jagdhund folgendermaßen abgerichtet hat: Hatte er mit seinem Pfeil einen Hirsch getroffen, so folgte der Hund der Blutspur ohne jedes Beirren, doch ohne daß er den Wald von Gebell und Gekläff widerhallen ließ. Und wenn er das Wild gestellt hatte, ließ er auch keinen Standlaut vernehmen. Freund Tristan, es wäre mir eine große Freude, wenn es gelänge, Husdent zur lautlosen Jagd abzurichten, und koste es noch so viele Mühe.«

Tristan hörte nachdenklich zu. Mitleidsvoll sann er nach und sagte schließlich: »Gelingt es mir, Husdent so abzurichten, daß er nicht mehr bellt bei der Jagd und sich völlig still verhält, so will ich ihn hochschätzen. Ich will mich diese Woche über darum bemühen. Es täte mir leid, ihn töten zu müssen. Doch fürchte ich gar sehr sein Gebell, denn wir drei – ich, Ihr und Meister Governal – könnten uns an einem Ort befinden, wo der geringste Laut verhängnisvoll wird. Ich will mich bemühen, ihn so abzurichten, daß er den Tieren ohne Gebell nachstellt.«

Nun begab sich Tristan in den Wald auf die Jagd. Als erfahrener Jäger schoß er einen Damhirsch, so daß das Tier blutete. Während der verwundete Hirsch forthetzte, schlug der feurige Hund laut an, so daß der ganze Wald von seinem Gebell widerhallte. Da versetzte ihm Tristan einen heftigen Schlag, so daß der Hund verstummte. Er blieb bei seinem Herrn stehen und gab das Wild auf, wußte er doch nicht mehr, was er tun sollte. Aufmerksam blickte er auf Tristan. Als er nicht mehr zu bellen wagte und die Spur aufgab, drückte Tristan seinen Kopf nach unten und schlug mit einem Stock auf die Spur. Als Husdent erneut bellen wollte, begann Tristan erneut mit dem Unterricht. So war der Hund bereits nach einem Monat so gut dressiert, daß er in der Wildnis dem Wild folgte, ohne dabei Laut zu geben. Ob auf Gras, auf Schnee oder Eis: seine Beute entkam ihm nie, und mochte sie auch noch so schnell und stürmisch sein.

Nun war ihnen der Hund sehr von Nutzen, leistete er ihnen willkommene Dienste. Wenn er im Wald ein Reh oder einen Damhirsch riß, bedeckte er ihn mit Laub und versteckte ihn auf diese Weise voller Sorgfalt. Und erjagte er – wie dies oft geschah – ein Tier auf freiem Felde, so scharrte er Gras darüber. Dann holte er seinen Herrn und führte ihn zu dem erlegten Tier. O ja, Hunde leisten dem Menschen beachtliche Dienste!

Ihr Herren, Tristan weilte also lange im Wald und mußte dort große Mühsal und Qualen leiden. Er wagte es nicht, sich längere Zeit an einem Ort aufzuhalten. Wo er des Morgens aufstand, legte er sich am Abend nie zur Ruhe, wußte er doch recht gut, daß der König im ganzen Lande nach ihm fahnden ließ. Im ganzen Lande war nämlich folgender Aufruf ergangen: Wer immer ihn fände, solle ihn gefangensetzen. Es fehlte ihnen aber im Walde an Brot. Ihre einzige Nahrung war das Fleisch der Tiere. Es war daher nicht verwunderlich, wenn ihre Wangen erbleichten. Ihre Gewänder – wieder und wieder von Zweigen zerfetzt – verschlissen allmählich. So flohen sie lange durch den Morrois. Und obwohl beide die gleichen Entbehrungen erdulden mußten, fühlte keines von ihnen das Elend, in dem sie lebten. Die liebliche Isolde fürchtete allerdings, Tristan könnte am Ende die Flucht bereuen, die er um ihretwegen ergriffen hatte; Tristan wiederum war bekümmert, wenn er daran dachte, Isolde könne es als Torheit ansehen, daß sie sich um seinetwegen mit dem König verfeindet hatte, und dies bereuen.

Vernehmt nun das Geschick eines der drei Bösewichter, die zur Entdeckung der Liebenden beigetragen hatten. (Gott möge sie alle drei verdammen!) Es war dies ein gewaltiger Herr von hohem Ansehen, der es sehr liebte, mit der Meute auf die Jagd zu ziehen. Nun fürchteten sich die Cornwalleisen sehr vor dem Morrois. Niemand wagte sich hinein, fürchteten sie doch, Tristan würde sie – sobald er ihrer habhaft würde – an den Ästen der Bäume aufhängen. Und sie hatten in der Tat allen Grund zur Furcht. Es schien ihnen also besser, diese Gegend zu meiden.

Eines Tages weilte Governal allein mit seinem Pferd bei einem Bach, der von einer Quelle gespeist wurde. Er hatte dem Pferd den Sattel abgenommen, so daß es in dem frischen Gras äsen konnte. Tristan lag indes in seiner Laubhütte, wo er die Königin – deretwegen er all diese Mühsal, all dies Elend auf sich genommen hatte – eng umschlungen in seinen Armen hielt. Beide lagen in tiefem Schlummer. Während Governal in seinem Schlupfwinkel lag, vernahm er das Gebell der Hunde jenes Herrn, die hitzig hinter einem Hirsch hetzten. Es war dies einer der drei, der zur Entzweiung des Königs mit der Königin beigetragen hatte. Der Hirsch floh in der Richtung, in der sich Governal befand, die Hunde hetzten hinterher. Governal schlug einen Pfad ein, der ihn ins Freie führte, und sah in der Ferne ohne jede Begleitung jenen Mann herankommen, den sein Herr – wie er wußte – am meisten von allen seinen Feinden haßte. Er hatte sein Pferd mit den Sporen zum Galopp gebracht und bearbeitete seinen Nacken auch noch mit einem Knüttel, so daß es über einen Stein stolperte. Governal hielt sich hinter einem Baum versteckt und erwartete den anderen, der schnell kommen, doch nur langsam entkommen sollte.

Niemand kann seinem Schicksal entkommen. Jener hatte zudem unvorsichtig nicht mehr den Grimm bedacht, den er in Tristan entzündet hatte. Der unter dem Baum stehende Governal sah ihm furchtlos entgegen. Lieber wollte er seine Asche in alle Winde zerstreuen lassen als auf diese Chance der Rache verzichten, hatte doch das Tun dieses Verräters fast ihren Tod bewirkt. Hinter dem fliehenden Hirsch nahten die Hunde, hinter den Hunden jener Edle. Eingedenk des Bösen, das dieser ihm zufügte, sprang nun Governal aus dem Versteck hervor und schlug ihm mit einem Schwertstreich den

Kopf ab. Den Kopf des Toten aufnehmend, zog er sich wieder zurück. Als die Jäger des Herrn auf der Spur des aufgescheuchten Hirsches herankamen und unter dem Baum den kopflosen Rumpf ihres Herrn entdeckten, liefen sie alle davon, so schnell sie nur konnten, hatten sie doch wohl begriffen, daß hier Tristan seine Hand im Spiel hatte, Tristan, den der König gebannt hatte.

Bald verbreitete sich in Cornwall die Nachricht, einer der drei, die Tristan mit Marke entzweit hatten, habe seinen Kopf verloren. Diese Nachricht verbreitete Angst, ja Entsetzen, so daß man es seitdem vermied, den Wald zu durchstreifen oder darin zu jagen. Wann immer man – und wenn nur um zu jagen – den Wald betrat, fürchtete man die Begegnung mit dem tapferen Tristan, und dies sogar auf freiem Felde.

Tristan lag in seiner Asthütte, die man der Wärme wegen mit Laub bedeckt hatte. Er schlief und ahnte nicht, daß jener Mann getötet worden war, der tödlichen Haß gegen ihn im Herzen hegte. Sicher wird es ihn erfreuen, wenn er die wahre Kunde darüber erhält. Nun kam Governal zur Hütte, in der Hand den Kopf des Toten, den er mit den Haaren an einer Astgabel festband. Da erwachte Tristan, und als er den Kopf erblickte, sprang er vor Schrecken mit einem Satz auf die Füße. Da rief ihm sein Lehrer mit lauter Stimme zu: »Seid unbesorgt und regt Euch nicht auf! Hier mit diesem Schwert habe ich jenen getötet, der – wie Ihr wißt – Euer Feind war.« Tristan aber freute sich über diese Botschaft, war doch nun jener ausgelöscht, den er am meisten gefürchtet hatte.

Jedermann im Lande hatte fortan Furcht vor dem Waldesdickicht; niemand wagte sich hinein, so daß man auf die Freude der Jagd verzichten mußte.

Dort in jenem Walde stellte Tristan den Bogen »Unfehlbar« her, und zwar so, daß sein Pfeil unfehlbar tötete. Der Bogen wurde gespannt aufgestellt, und wann immer ein Hirsch oder ein Damwild – den Wald durchstreifend – oben oder unten die sichernden Zweige berührte, wurde er in jedem Falle getroffen. Mit vollem Recht und aus gutem

Grund gab Tristan also dem Bogen jenen Namen, verfehlte er doch nie sein Ziel. Bald mochten sie ihn nicht mehr entbehren, verhalf er ihnen doch zu manchem feisten Hirsch und so zu ihrem Lebensunterhalt. Um im Walde zu überleben, brauchten sie schließlich das Fleisch des Wildes. An Brot war nicht zu denken, wagten sie es doch nicht, sich auf das freie Feld hinauszubegeben. Da sie lange in der Waldeinsamkeit verweilen mußten, legten sie große Vorräte an, gab es doch nun Wildbret in Hülle und Fülle.

Nun war – ihr Herren – kurz nach dem Pfingstfest ein Sommertag angebrochen. In der Dämmerung des taufrischen Morgens sangen bereits die Vöglein, und Tristan verließ allein – mit umgegürtetem Schwert – die Hütte. Er wollte auf die Jagd gehen und zugleich nach dem Bogen »Unfehlbar« sehen. Zurückkehrend preßte ihm die Wehmut das Herz zusammen. Gewiß, nie zuvor haben Menschen so furchtbar leiden müssen, wenn auch der eine des anderen Trost war. Seit sie in diesen Wald gekommen sind, mußten sie den bitteren Kelch ihres Unglücks leeren. Wenn man der Geschichte – wie sie Berol geschrieben vorfand – glauben darf, haben nie zuvor zwei Menschen einander so innig geliebt, mußten aber auch noch nie zwei Menschen so hohen Preis für ihre Liebe zahlen.

Die Königin erhob sich und ging ihm entgegen, hatten sie doch unter der großen Hitze sehr leiden müssen. Als Tristan sie umarmte, fragte sie ihn: »Wo seid Ihr gewesen, mein Liebster?«

»Einen Hirsch habe ich verfolgt. Ich bin so lange hinter ihm hergehetzt, daß ich jetzt erschöpft und wie gerädert bin. Ich bin todmüde und muß ein wenig schlafen.«

Die Hütte hatte man aus grünen Ästen errichtet, den Boden mit Laubwerk schön gepolstert. Nachdem sich Isolde niedergelegt hatte, begab sich auch Tristan zur Ruhe, doch zog er noch sein Schwert aus der Scheide und legte es zwischen Isolde und sich. Isolde hatte ihr Gewand nicht abgelegt, und auch Tristan behielt seine Hose am Körper. (Wären sie an diesem Tage nackt gewesen, wäre ihnen großes Unheil widerfahren!) Die Königin trug an ihrem Finger den goldenen, mit vielen Smaragden besetzten Hochzeitsring des Königs. Nun war ihr Finger so schlank, daß der Ring in Gefahr geriet, von ihrem Finger zu rutschen.

Nun vernehmt, wie die zwei beieinander lagen. Isolde hatte den einen Arm unter Tristans Nacken gelegt und umarmte ihn mit dem anderen. Und er hatte sie seinerseits in die Arme geschlossen, so ihre innige Gemeinsamkeit bekundend. Und waren ihre Lippen auch nahe, so waren ihre Körper doch durch einen Zwischenraum getrennt. Windstill war's, nicht einmal ein Blättchen raschelte; über Isoldes Antlitz spielte ein Sonnenstrahl und ließ es heller schimmern denn Eis. Auf diese Weise also schliefen die Liebenden, ohne etwas Schlimmes zu argwöhnen. Beide waren allein, denn Governal war (wie ich glaube) auf seinem Pferd tief in den Wald geritten, um den Förster aufzusuchen.

Vernehmt nun, ihr Herren, was geschah. Schlimmes, ja Schreckliches sollte ihnen widerfahren! Durch den Wald pirschte nämlich ein Förster, der ihre Laubhütten hie und da entdeckt hatte und eine nach der anderen aufsuchte, bis er zu jener Hütte kam, in der sich Tristan grad eben aufhielt. Er erblickte das schlafende Paar und erkannte es sofort. Vor übergroßer Furcht drohte ihm das Blut in den Adern zu erstarren. Angstvoll eilte er davon, wußte er doch genau, daß er dem erwachenden Tristan den Kopf als Pfand lassen mußte. So war's denn kein Wunder, daß er aus dem Walde lief und fortrannte, so schnell er nur konnte.

Tristan aber schlief weiter an der Seite der Geliebten, so daß beide fast den Tod gefunden hätten, war doch ihre Ruhestatt (wie ich meine) nur zwei gute Meilen entfernt von jenem Ort, wo der König gerade Hof hielt. Dorthin rannte der Förster geradenwegs, hatte er doch die Bekanntmachung über Tristan gehört: Der König werde den, der seine Entdekkung meldete, überreich belohnen. Eben weil er dies recht wohl wußte, rannte der Förster also unter Aufbietung aller

Kräfte zu jenem Ort, wo König Marke im Kreise seiner den Saal füllenden Barone gerade Gerichtstag hielt.

Vom Berg herabsteigend, stürmte der Förster in den Palast hinein und sprang ohne innezuhalten die Saalstufen empor. Als ihn der König hereinstürzen sah, fragte er ihn sofort: »Was bringst du Neues, da du in solcher Eile herbeikommst? Du siehst aus, als wärest du mit deiner Meute um die Wette gerannt, um die Beute zu erreichen. Willst du Klage erheben gegen einen Höfling? Wie es scheint, bist du in großer Not, bist du doch lange genug gelaufen. Sag mir, was du von mir willst! Weigert sich jemand, dir seine Schuld zu bezahlen? Oder hat dich jemand aus meinem Wald vertrieben?«

»Wenn es dir beliebt, höre mich an, o König! Hör meinen Bericht: Überall im Lande hat man bekanntgegeben, wer immer Euern Neffen entdeckt, solle ihn bei Todesstrafe gefangensetzen oder Euch seine Entdeckung melden. Nun habe ich ihn gefunden. Und da ich Euern Zorn und den Tod fürchte, will ich dir meine Entdeckung melden und dich an jenen Ort führen, wo er gemeinsam mit der Königin im Schlafe liegt. Grad eben entdeckte ich beide im tiefsten Schlaf, und ihr Anblick hat mich in großen Schrecken versetzt.«

Bei diesen Worten atmete der König tief und schwer. Er seufzte, fühlte Bestürzung und Zorn zugleich. Den Förster beiseite nehmend, flüsterte er ihm ins Ohr: »Wo sind sie? Sag's mir!«

»Im Morrois, in einer Laubhütte. Sie schlafen beide eng umschlungen. Komm rasch hin, damit die Rache vollendet wird. Nimmst du jetzt nicht furchtbare Rache an ihnen, o König, so hast du hier im Reiche jedes Herrschaftsrecht verwirkt!«

Der König erwiderte: »Geh jetzt rasch fort! Und gib keinem Menschen – nicht Freund noch Fremdem – dein Wissen preis. Beim Roten Kreuz, wo der Weg sich gabelt und man oft die Toten bestattet, warte auf mich. Du erhältst von mir so viel Silber und Gold, wie du nur willst. Das verspreche ich dir.«

Der Förster verließ den König und begab sich zu jenem Kreuz, wo er sich niedersetzte. (Man sollte ihn blenden dafür, daß er mit so viel Hartnäckigkeit auf Tristans Verderben sann. Es wäre besser für ihn gewesen, er wäre davongerannt, sollte er doch – wie ihr im weiteren Verlauf der Geschichte hören werdet – noch ein schmachvolles Ende nehmen.)

Der König hatte sich inzwischen in sein Gemach begeben. Er ließ seine Vertrauten zu sich kommen und verbot ihnen allen ausdrücklich, ihm dreist auch nur einen einzigen Schritt zu folgen. Jene aber sprachen wie aus einem Mund: »König, Ihr scherzt wohl, ganz allein auszuziehen. Noch nie gab's einen König, der so unvorsichtig gewesen wäre! Welche Nachricht habt Ihr denn erhalten? Verlaßt Euch nicht auf das Wort eines Spitzels!«

Der König aber antwortete: »Ich habe nichts Neues gehört. Ein Mädchen ließ mir bestellen, sie möchte mich auf der Stelle sprechen. Und sie hat mich dringend gebeten, keinen Begleiter mitzunehmen. Ich werde also allein – ohne Begleiter, ohne Knappen – auf meinem Roß zu ihr reiten. Diesmal werde ich ohne euch gehen.«

Sie aber meinten: »Das kränkt uns sehr. Schon Cato lehrte seinen Sohn, er solle einsame Orte meiden.«

Der König jedoch erwiderte: »Das ist mir bekannt, doch laßt mich ein einziges Mal so handeln, wie ich es will.«

Der König ließ sein Roß satteln und gürtete sein Schwert um. Tief im Herzen schmerzte ihn der Verrat Tristans, der ihm die schöne, strahlende Isolde genommen hatte und mit ihr geflohen war. Er war fest entschlossen, sie dies – wenn er sie fände – schwer entgelten zu lassen, ja sie zu töten. (Was für ein großes Ungluck!)

Als er die Stadt verließ, tat er dies mit dem Vorsatz, er wolle sich eher hängen lassen als auf die Rache an jenen verzichten, die so viel Schande über ihn brachten. Als er am Kreuz ankam, sagte er zu dem wartenden Förster, er solle ihn ohne Zeitverlust geradenwegs zu ihnen führen. So betraten die beiden den schattigen Wald, der Förster voran, hinter ihm der König. Der verließ sich ganz und gar auf sein gutes Schwert, das er am Gürtel trug und mit dem er so manchen Hieb ausgeteilt hatte. Dies war jedoch leichtfertig genug, denn wäre Tristan aus dem Schlafe erwacht, hätte es zwischen ihm und dem Oheim einen Zweikampf gegeben, der bis zum Tode eines der beiden Kämpfenden gewährt hätte. Der König versprach übrigens dem Förster zehn Pfund Silbers dafür, daß ihn dieser unverweilt an jenen Ort führe, wo er Tristan bei schmachvollem Tun entdeckt hatte. Als sie dem Ziel nahe waren, hielt der Förster (Schande über ihn!) an und half dem König von seinem trefflichen (aus der Gascogne stammenden) Pferd, indem ihm dieser Spitzel den Steigbügel hielt. Sie banden das Roß mit den Zügeln an einem wilden Apfelbaum fest und entdeckten nach einigen Schritten die Hütte, die Ziel ihres Weges war.

Der König öffnete die feinen goldenen Schnallen seines Mantels und warf ihn ab, so daß man seinen wohlgebauten Körper sehen konnte. Das Schwert ziehend, ging er wutbebend weiter und schwor sich, eher den Tod zu dulden, als auf seine Rache zu verzichten. Mit blankem Schwert drang er in die Laubhütte ein und winkte dem hinter ihm gehenden Förster zu, sich zu entfernen. Außer sich vor Zorn und fast von Sinnen holte er zum Schlage aus. (Welch großes Unglück, wenn er sie getötet hätte!) Fast wäre das Schwert hinabgesaust, da sah Marke, daß Isolde ihr Gewand und Tristan seine Hose trugen, daß beider Lippen sich nicht berührten, beider Körper durch das bloße Schwert getrennt waren. ›O Gott!‹ sprach der König da bei sich. ›Was hat dies zu bedeuten? Ich habe doch jetzt mit eigenen Augen gesehen, wie die beiden zueinander stehen! Bei Gott, nun weiß ich nicht, was ich tun soll. Ihn einfach töten und dann davongehen? Sie leben doch lange genug in diesem Walde. Und mein klarer Verstand sagt mir, daß sie nicht bekleidet wären und nicht das Schwert zwischen ihnen läge, wenn sie sich törichterweise liebten. Gewiß würden sie sich völlig anders verhalten. Wohl hatte ich die Absicht, sie umzubringen, doch nun will ich meinen Zorn bezähmen und sie nicht anrühren. Da sie nicht nach schmachvoller Liebschaft streben, werde ich keinem von beiden ein Leid antun. Wenn ich ihnen, die in tiefem Schlafe liegen, etwas antäte, würde ich große Schuld auf mich laden. Wecke ich aber den schlafenden Tristan und fällt in dem dann beginnenden Kampfe einer von uns, so gibt es üble Tratschgeschichten. Doch ich will ihnen noch vor dem Erwachen ein Zeichen hinterlassen. Sie sollen daran mit Sicherheit erkennen, daß man sie im Schlafe überrascht hat und sich ihrer erbarmte, daß weder ich noch irgendein anderer Mensch in diesem Reich ihren Tod will. Am Finger der Königin sehe ich den kostbaren Smaragdring, den ich ihr dereinst gab. Sie hat mir dagegen ihren Ring geschenkt. Ich will ihr also den Ring, der früher mir gehörte, vom Finger ziehen. Hier habe ich noch ein Paar Handschuhe aus Pelzwerk, die sie mir aus Irland mitbrachte. Ich will sie verwenden, sie gegen den Sonnenstrahl zu schützen, der heiß auf ihrem Antlitz liegt und ihr – wie mir scheint – weh tun wird. Und zum Abschied will ich das Schwert an mich nehmen, das sie beide trennt und das Morolts Haupt abgeschlagen hat.‹

Der König streifte die Handschuhe ab, betrachtete die beiden Schlafenden und versperrte dem auf Isolde niederfallenden Sonnenstrahl achtsam den Weg. Nur locker saß der Ring an Isoldes Finger, so daß er ihn sanft entfernen konnte, ohne daß der Finger sich bewegte. (Als er ihn schenkte, hatte sie Mühe, ihn über den Finger zu streifen, doch jetzt waren ihre Finger so dünn geworden, daß ihn der König mühelos abstreifen konnte.) Vorsichtig hob er das trennende Schwert auf und legte statt dessen seines an diesen Platz.

Aus der Asthütte tretend, begab er sich zu seinem Roß. Er schwang sich hinauf und sagte dem Förster, er solle sich davonscheren. So entfernte sich der König, ohne sie im Schlafe zu stören und ihnen etwas Arges anzutun. Als er in die Stadt zurückkehrte, fragte man ihn hie und da, wo er denn gewesen sei, wo er sich so lange aufgehalten habe. Der König benutzte jedoch eine Ausrede und sagte keinem Menschen, wohin er gegangen war, was er gesucht und getan hatte.

Nun laßt euch von den Schlafenden erzählen, die der König im Walde zurückgelassen hatte. Die Königin träumte, sie läge in einem tiefen Wald in einem großen Zelt und es kämen zwei Löwen heran, um sie zu verschlingen. Sie wollte um Schonung flehen, doch die hungrigen Löwen ergriffen sie an beiden Händen. Vor Schreck stieß sie einen Schrei aus und erwachte. Da fielen ihr die mit weißem Hermelin gefütterten Handschuhe auf die Brust.

Der Schrei ließ Tristan mit hochrotem Gesicht aufschrekken. Erschrocken sprang er in die Höhe und griff grimmgemut nach seinem Schwert. Auf die Klinge blickend, suchte er vergebens nach der Scharte, und am Goldknauf des Griffes erkannte er das Schwert des Königs. Die Königin wiederum erblickte an ihrem Finger jenen Ring, den sie dem König geschenkt hatte, auch vermißte sie jenen, der früher dem König gehört hatte. Da schrie sie auf: »Gnade, o Herr! Der König hat uns entdeckt!«

Tristan aber erwiderte: »Es ist die Wahrheit, Herrscherin! Nun also müssen wir den Morrois verlassen, denn wir sind in großer Schuld vor ihm. Er hat mein Schwert genommen und mir das seine gelassen. Dabei hätte er uns ungefährdet töten können.«

»Wahrhaftig, das meine ich auch, Herr.«

»Schöne Isolde, es bleibt uns nichts übrig, als zu fliehen. Er hat uns sicher nur verlassen, um unseren Aufenthaltsort bekanntzugeben. Er war allein und holt nun gewiß Leute herbei, um uns gefangenzunehmen. Das ist völlig sicher! Laßt uns nach Wales fliehen, Herrscherin. Vor Schreck stockt mir das Blut in den Adern!« Und Blässe überzog sein Gesicht.

In dem Augenblick kam der Knappe auf seinem Roß herbei. Als er seinen Herrn so totenbleich vor sich sah, fragte er, was geschehen sei. »Meiner Treu, mein Lehrer! Der edle Marke hat uns hier schlafend entdeckt. Er ließ sein Schwert zurück und nahm dafür das meine an sich. Ich fürchte, er sinnt auf einen bösen Streich. Auch hat er von Isoldens Finger den kostbaren Ring abgestreift und statt dessen den seinen dagelassen. Dieser Tausch verrät uns, mein Lehrer, daß er uns übertölpeln will. Er war allein, als er uns entdeckte, und ist vor lauter Furcht davongegangen, um viele mutige, grimmgemute Leute zur Hilfe herbeizuholen. Er wird mit ihnen herkommen, um dich und mich zu vernichten. Er will uns vor aller Augen gefangennehmen, um uns dann zu verbrennen und unsere Asche in alle Winde zu zerstreuen. Laßt uns ohne Verzug fliehen!«

Tatsächlich war Eile not. Zu Recht empfanden sie Furcht, wußten sie doch, daß der König ebenso erbittert wie grausam war. Schnell ritten sie davon, hatte doch dieses Ereignis ihre Furcht vergrößert. Sie durchquerten den Morrois und legten aus Furcht weite Tagesstrecken zurück, bis sie geradenwegs nach Wales geritten kamen.

Das Aufhören der Trankwirkung und Isoldes Rückkehr an den Hof

Diesen Liebestrank bereitete Isoldens Mutter, und sein Liebeszwang währte drei Jahre. Diese drei Jahre waren auch Tristan und Isolde dem Liebesbann unterworfen. Als am Tag nach Sankt Johannis die drei Jahre zu Ende sind, bereuen die beiden Liebenden sogleich ihr Tun und sehnen sich zurück nach der gesellschaftlichen Stellung, die sie vorher innehatten. Sie wollen sich mit König Marke versöhnen, und Isolde rät, den Einsiedler Ogrin um Vermittlung zu bitten. Dieser ist auch gerne dazu bereit. Im Namen Tristans schreibt er Marke einen Brief, in dem Tristan darum bittet, Isolde wieder aufzunehmen. Auch schlägt er vor, ihm Gelegenheit zu geben, sich mittels eines Gottesgerichtes zu rechtfertigen. Damit wolle er beweisen, daß er Isolde nicht in unziemlicher Weise geliebt hat. Er bietet schließlich Marke seinen Dienst an; falls der

König dies ablehnt, wolle er sich außer Landes begeben. Marke solle die Antwort an das Rote Kreuz in der Heide anheften. Nachdem Ogrin den Brief geschrieben hat, bringt ihn Tristan selbst nach Sonnenuntergang zu Marke. Am anderen Morgen liest Markes Kaplan den Brief vor: Die Barone raten dem König, seine Frau wieder aufzunehmen, doch Tristan möge zum König von Gavoie gehen. Der Kaplan schreibt den Antwortbrief, den Tristan dann am Roten Kreuz abnimmt. Nach Ablauf von drei Tagen soll er Isolde vor der Abenteuerfurt König Marke übergeben. In Vorbereitung dieses Geschehens kauft Ogrin für die Königin kostbare Kleidung und ein Pferd.

Marke läßt ausrufen, er werde sich mit der Königin vor der Abenteuerfurt aussöhnen. Tatsächlich erscheint er am festgesetzten Tag mit großem Gefolge. Tristan trägt bei dieser Begegnung zur Vorsicht unter seinem Hemd seinen Halsberg. (Zum Abschied schenkte er Isolde als Liebespfand Husdent, während ihm Isolde ihrerseits ihren Ring übergab. Auch bat sie den Geliebten, er möge sich beim Förster Orri aufhalten, bei dem sie gemeinsam schon manche Liebesnacht verbracht haben.) Bei der Begegnung an der Abenteuerfurt gibt Tristan seine Geliebte in feierlicher Form ihrem Gatten Marke zurück. Erneut bietet er an, sich durch gerichtlichen Zweikampf zu rechtfertigen und damit zu bekunden, daß er mit ihr niemals in Liebe verbunden gewesen sei. Marke nimmt zwar Isolde wieder bei sich auf, gebietet aber Tristan auf den Rat seiner Barone, fortan seinen Hof zu meiden.

Das Gottesgericht

Die drei verräterischen Barone verlangen von Marke, Isolde möge öffentlich beweisen, daß sie sich niemals Tristan in Liebe hingab. Isolde erbietet sich, sich in Anwesenheit des Königs Artus und seines Gefolges durch einen Eid zu rechtfertigen.

Der Termin wird auf den 15. Tag festgelegt. Durch Perenis läßt sie Tristan wissen, er möge sich in Aussätzigenverkleidung zum festgesetzten Termin an der Schlimmen Furt unweit der Weißen Heide einfinden und um ein Almosen bitten. Nachdem Perenis diesen Auftrag erfüllt hat, begibt er sich zu König Artus und teilt ihm mit, Isolde wolle sich vor ihm und hundert seiner Ritter an der Abenteuerfurt rechtfertigen; er möge sich zum festgesetzten Termin dort einfinden. Gauvain, Gerflet und Evain, der Sohn Uriens, erklären sich bereit, Tristan und Isolde an den drei Verrätern zu rächen. König Artus beschließt, zu Ehren der schönen Isolde ein Turnier austragen zu lassen, auf das sich alle seine Ritter vorbereiten sollen.

Zum festgesetzten Termin verkleidet sich Tristan als Aussätziger, trägt aber sein Schwert an der Seite; er bittet Governal, sich in der Nähe der Furt versteckt zu halten, und dies mit seinem Pferd, auf dem er sich an dem Turnier beteiligen und aus Liebe zu Isolde Heldentaten vollführen wolle. Darauf setzt sich Tristan am Rand des Sumpfes nieder und bittet die Vorüberziehenden um Almosen. Als Artus und Marke an ihm vorbeigehen, fragt Marke den Aussätzigen nach seiner Herkunft. Dieser erklärt, er stamme aus Carloon und sei der Sohn eines Walisers. Drei Jahre lang habe er eine vornehme Freundin gehabt. Ihr verdanke er auch den Aussatz, denn ihr Gatte sei aussätzig gewesen. Sie selbst heiße »die schöne Isolde«. Marke lacht über diese Geschichte. Beim Ritt durch den Sumpf beschmutzen alle Ankömmlinge ihre Gewänder fürchterlich; vor allem die drei Verräter, die Tristan zu der schlammigsten Stelle weist, sinken tief ein in den Sumpf und müssen (zu Tristans heimlicher Freude) mühsam herausgezogen werden. Als Isolde naht, eilt Tristan herbei und trägt die Königin gleich einem Pferde über die Furt. Aufs feste Land gekommen, läßt sich Isolde hinabgleiten. Tristan wird reich beschenkt und eilt zu Governal. Beide wappnen sich und besteigen ihre Pferde, um am Turnier teilzunehmen. Im Turniergefecht stößt Tristan Antret vom Pferd und verletzt ihn dabei am

Arm. Governal nimmt wiederum Rache an dem Förster, der Tristan und Isolde im Walde entdeckt und an Marke verraten hat. Am Tage darauf schwört Isolde auf den Reliquien, daß sie niemanden zwischen ihren Schenkeln gehabt habe außer dem Aussätzigen, der sie durch die Furt trug, und König Marke, ihren Gatten. König Artus verbürgt sich für die Wahrhaftigkeit der Worte der Königin und bittet Marke, von nun an keinem Schurken mehr Glauben zu schenken.

Die Vergeltung

(V. 4267–4485) König Marke sicherte in Cornwall den Frieden. Man fürchtete ihn nah und fern. Er hatte seine Freude an Isolde und zeigte ihr auf alle nur erdenkliche Art und Weise seine Liebe. Aber trotz des allgemein herrschenden Friedens sannen die drei Treulosen auf Verrat. Ein Spitzel, der auf seinen Vorteil sann, war zu ihnen gekommen und hatte folgendes gesagt: »Ihr Herren, hört mich an. Und wenn ich Euch Lügen sagen sollte, mögt Ihr mich aufhängen. Es ist noch nicht lange her, da bezeigte Euch der König Abneigung, ja Haß, da Ihr verlangt habt, seine Gattin möge ihre Unschuld beweisen. Ihr könnt mich henken oder verbannen, wenn es mir nicht gelingt, Euch Tristan sehen zu lassen, wie er auf die Gelegenheit lauert, sich mit seiner Geliebten zu unterhalten. Wohl verbirgt er sich, doch ich kenne sein Versteck. Tristan kennt sich aus in Malpertuis! Sobald sich der König zu irgendeiner Zerstreuung fortbegibt, begibt sich Tristan sofort in ihr Zimmer, um von ihr Abschied zu nehmen. Ihr mögt mich im Feuer zu Asche verbrennen lassen, wenn Ihr nicht hinten rechts, am Fenster des Gemaches, Tristan herankommen seht, mit umgegürtetem Schwert, in der einen Hand den Bogen, zwei Pfeile in der anderen. Noch heute nacht werdet Ihr ihn – im Morgengrauen – kommen sehen.«

»Wie könnt Ihr dies wissen?«

»Ich habe ihn selbst gesehen.«

»Wen, Tristan?«

»Aber gewiß. Ich habe ihn erkannt.«

»Und wann ist das gewesen?«

»Grad heute morgen habe ich ihn gesehen.«

»Und wer war bei ihm?«

»Sein Freund.«

»Sein Freund? Wer war es denn?«

»Herr Governal.«

»Wo wohnen sie denn?«

»In einem wunderschönen Haus, wo sie sich's wohl sein lassen.«

»Bei Dinas?«

»Wie soll ich das wissen?«

»Sie können nicht ohne sein Wissen dort wohnen.«

»Das ist nicht unwahrscheinlich.«

»Wo werden wir sie entdecken können?«

»Durch das Fenster des Zimmers. Das ist die reine Wahrheit. Doch wenn ich ihn Euch zeige, erwarte ich eine hohe Belohnung.«

»Nennt die Summe!«

»Ein halbes Pfund Silber.«

»Noch mehr als dies kannst du erwarten, bei der Kirche und der heiligen Messe. Wenn du ihn uns zeigst, kannst du sicher sein, daß wir dich reich machen.«

»So hört mich denn an«, begann dieser Feigling. »Es gibt da eine kleine Öffnung, die genau in das Gemach der Königin weist. Ein Wandteppich hängt davor. Hinter dem Gemach fließt ein Bach, dicht mit Gladiolen bewachsen. Einer von Euch mag sich früh am Morgen dorthin begeben und sich durch eine Mauerbresche bis an das Loch schleichen, doch dabei das Fenster vermeiden. Mit einem Messer soll er einen langen Zweig abschneiden und gut zuspitzen. Drückt dann die Zweigspitze durch den Stoff des Wandteppichs und schiebt ihn sacht beiseite, denn er ist nicht festgesteckt. Dann wird man deutlich hineinschauen und mit ansehen können, wie Tristan kommt, um mit der Königin zu plaudern. Steht Ihr auch nur drei Tage auf der Wacht, ohne das zu sehen, was ich Euch beschrieben habe, so mögt Ihr mich verbrennen lassen.«

Da sagten sie wie aus einem Munde: »Wir versprechen, diesen Vertrag einzuhalten.« Der Spitzel sollte jedoch vorangehen.

Nun beratschlagten die drei, wer von ihnen als erster hingehen sollte, um das Liebesspiel zu beobachten, das Tristan in jenem Gemache mit seiner Geliebten trieb. Nachdem sie zum Entschluß gekommen waren, daß Goudoine als erster gehen sollte, trennten sie sich; ein jeder ging seiner Wege im Vorgefühl, schon am nächsten Morgen hinter das Geheimnis Tristans zu kommen.

O Gott! Die Königin kümmerte sich nicht um jene Verräter und ihre hinterlistigen Anschläge. Durch Perenis, einen ihrer Vertrauten, hatte sie Tristan wissen lassen, er möge am folgenden Tag in der Frühe zu ihr kommen. Der König werde sich nach Saint Lubin begeben.

Hört nun, Ihr Herren, was dies für ein Abenteuer war! Die kommende Nacht war sehr finster. Tristan bahnte sich seinen Weg durch das Dickicht eines Dornenstrauches. Als er den Saum des Waldes erreicht hatte, schaute er sichernd um sich und bemerkte, wie Goudoine aus seinem Versteck kam. Tristan, in den Dornen verborgen, lauerte ihm auf. ›Ach Gott‹, sprach er bei sich, ›bewahre mich davor, daß der Ankömmling mich bemerkt, noch bevor ich ihn gebührend empfangen kann.‹ Er wartete also auf ihn, das blanke Schwert in der Hand, doch Goudoine schlug einen anderen Weg ein, so daß Tristan verärgert zurückblieb. Darauf brach Tristan aus dem Gebüsch hervor und ging in jene Richtung, die Goudoine genommen hatte. Doch es war vergebens, denn der andere – von schlimmen Gedanken erfüllt – entfernte sich mehr und mehr. Da erblickte Tristan in der Ferne den herbeireitenden Denoalan, begleitet von zwei ungewöhnlich großen Windhunden. Tristan versteckte sich hinter einem Apfelbaum und sah, wie Denoalan auf einem kleinen schwarzen Pferd den Weg entlanggeritten kam. Dic Hunde hatte er vorausgeschickt, damit sie im Dickicht einen wilden Eber aufspürten. Doch bevor sie dies noch tun können, wird ihr Herr einen solchen Hieb erhalten, daß alle ärztliche Kunst vergebens ist. Der tapfere Tristan hatte seinen Mantel abgelegt, als der rasch reitende Denoalan ohne jeden Argwohn herangeritten kam. Als er Tristan auf sich zuspringen sah, wollte er sich zur Flucht wenden, doch dies mißlang. Tristan war schon zu nahe heran und erschlug ihn. Doch was hätte er denn sonst auch tun sollen? Schließlich trachtete ihm ja Denoalan seinerseits nach dem Leben. Tristan freilich war auf der Hut und schlug ihm das Haupt ab, ohne daß jener noch ausrufen konnte: »Ich bin getroffen!« Danach schnitt er ihm mit dem Schwert die Haarsträhnen ab und steckte sie in seine Hosentasche, um sie später Isolde zeigen zu können als Beweis dafür, daß er jenen getötet hatte. Damit entfernte er sich ohne weiteren Aufenthalt.

›Ach‹, grübelte er, ›was mag nun aus Goudoine geworden sein? Eben sah ich ihn doch noch vorbeieilen. Nun ist er nicht mehr zu sehen. Habe ich ihn vielleicht ungesehen vorbeireiten lassen? Ist er vielleicht zu rasch geritten? Hätte er auf mich gewartet, er hätte den gleichen Lohn erhalten wie der Verräter Denoalan, den ich ohne Kopf zurückgelassen habe.‹

Tristan ließ den blutbesudelten Leichnam rücklings auf der Heide liegen. Er wischte sein Schwert ab, schob es in die Scheide, hüllte sich in seinen Umhang und stülpte sich die Kapuze über das Haupt. Nachdem er die Leiche unter einem großen Baumstamm verborgen hatte, begab er sich in das Gemach seiner Geliebten.

Nun hört, was ihm dort widerfuhr. Goudoine hatte sich beeilt und war schon vor Tristan angekommen. Nachdem er den Wandteppich beiseite geschoben hatte, konnte er den mit Binsen bestreuten Raum überblicken, doch sah er darin nur Perenis. Später trat die Zofe Brangene ein. Sie hatte gerade die schöne Isolde gekämmt und hielt noch den Kamm in der

Hand. Der an der Wand stehende Verräter sah angestrengt hin und erblickte den eintretenden Tristan, der in einer Hand seinen Bogen aus Goldregenholz und zwei Pfeile trug, in der anderen zwei lange Haarsträhnen. Nachdem er seinen Mantel abgeworfen hatte, konnte man seinen gutgewachsenen Körper bewundern. Die schöne Isolde mit den blonden Haaren stand auf, ging ihm entgegen und begrüßte ihn. Da erblickte sie unversehens durch das Fenster den Schattenriß von Goudoines Kopf. Nun erwies sich die Königin, der vor unterdrücktem Zorn der Schweiß ausbrach, als überaus reaktionsschnell.

Tristan begann und sprach zu Isolde: »So wahr ich zu Gottes Untertanen zähle, sieh her: Dies sind die Haarsträhnen von Denoalan. Ich habe an ihm Rache genommen für dich. Fortan wird er niemals wieder Schild oder Lanze kaufen oder benutzen können.«

»Herr«, erwiderte sie, »was kümmert mich dies? Doch bitte ich Euch, Euern Bogen zu spannen und mich dann seine Spannung prüfen zu lassen.«

Nachdenklich, bedächtig und konzentriert spannte Tristan seinen Bogen. Dabei fragte er Isolde nach dem Befinden des Königs Marke, und sie sagte ihm alles, was sie darüber wußte. Ihr aber war klar, daß dann, wenn der Lauscher lebend davonkäme, der tödliche Streit zwischen König Marke und ihr erneut aufflammen würde. Nun, Tristan (dem Gott noch größeren Ruhm schenken möge) wird dies zu verhindern wissen!

Isolde ging's bei ihrer Bitte natürlich nicht um irgendeine Belanglosigkeit. Sie fuhr fort und sprach zu Tristan: »Freund, lege jetzt einen Pfeil auf die Sehne und spanne den Bogen. Ich habe hier etwas erblickt, was mich verdrießt. Los, Tristan, spanne deinen Bogen.«

Tristan stand einen Augenblick nachdenklich still. Ihm war klar, daß sie irgend etwas erblickt hatte, was sie in Unruhe versetzte. In großer Beunruhigung blickte er – vor Erregung zitternd – empor und erblickte im Gegenlicht durch den

Wandteppich Goudoines Kopf. Da sagte er zu sich: ›Ach Gott, wahrer Himmelsherrscher! Mir ist doch mit Pfeil und Bogen schon manch trefflicher Schluß gelungen. Helft, daß auch dieser nicht fehlgeht. Ich erkenne da draußen einen der drei Verräter aus Cornwall; und sicher lauert er dort in böser Absicht. O Gott, der du für die Menschheit dein Leben hingegeben hast, laß mich das Unrecht rächen, das ich durch die Schuld dieser Verräter erleiden muß.«

Damit wandte er sich blitzschnell zur Wand, spannte den Bogen und ließ den Pfeil so rasch davonfliegen, daß ihm jener nicht zu entgehen vermochte. Tristan traf den Feind mitten ins Auge, so daß ihm der Pfeil in Kopf und Hirn fuhr. Nicht Falke noch Schwalbe vermöchten auch nur halb so schnell zu fliegen. Und selbst einen weichen Apfel hätte der Pfeil nicht so mühelos durchbohrt! Goudoine stürzte nieder und rührte nicht mehr Hand noch Fuß. Er hatte nicht einmal rufen können: »O Gott! Ich bin getroffen! Laßt mich noch beichten!«

(Hier bricht Berols Fragment ab.)

Thomas' »Tristan«-Fragment

Inhaltsübersicht

Für den komplexen Überblick über den Inhalt des Tristanromans des Thomas sei auf die Nacherzählung der Saga-Fassung (S. 289) verwiesen. Angemerkt sei jedoch, daß geringfügige inhaltliche Abweichungen zwischen den Fassungen der Fragmente und der Saga-Version zu beobachten sind. Erwähnt sei, daß der Saga-Schluß – Parabel von den sich über den Gräbern verbindenden Bäumen – im Fragment II nicht enthalten ist.

Das 1. (Cambridger) Fragment (52 Verse) enthält die Baumgarten-Szene: Tristan und Isolde werden schlafend von Marke entdeckt. Als Tristan – aufschreckend – den fortgehenden Marke erblickt, nimmt er Abschied von seiner Geliebten. Isolde gibt ihm – als Zeichen ihrer ewigen Liebe – einen Ring.

Das 2. Fragment (Sneyd I, 888 Verse) setzt ein mit dem Monolog Tristans, in dem er seinen Konflikt zwischen der Liebe zur Gattin Markes und der aufkommenden Neigung zu Isolde Weißhand Ausdruck gibt. Geschildert wird ferner die (ohne Ehevollzug verlaufende) Hochzeitsnacht und der komplizierte Verlauf der ehelichen Beziehungen zwischen den Ehegatten. Den Beschluß bildet die Reaktion Isolde Blondhaars auf die Nachricht von der Eheschließung Tristans, vermittelt durch den Fürsten Cariado, der sie vergebens umwirbt.

Das 3. Fragment (Turin I, 256 Verse) beginnt mit der Szene im Bildersaal, den Tristan anlegen ließ. Im Wahne, Isolde könne Cariados Werben erhören, klagt Tristan der Brangene-Statue sein Leid und bittet zugleich die Statue der Isolde um Vergebung. Es folgt die Episode vom »Kühnen Wasser« bis zum Geständnis der Isolde Weißhand vor ihrem Bruder Kaherdin.

Das 4. Fragment (Straßburg I, 68 Verse) enthält einen Teil des Wiederkehr-Abenteuers: Tristan und Kaherdin bewundern – in einer Eiche am Rande der Straße versteckt – das vorbeiziehende Gefolge des Königs und das der Königin.

Das 5. Fragment (Douce, 1815 Verse) beginnt mit der erzürnten Klage der Brangene, Isolde habe sie Kaherdin ausgeliefert. Anklagend erinnert Brangene an all die Prüfungen, die sie Isoldes wegen auf sich genommen hat, und sie droht, Marke alles zu verraten. (Der Text gibt danach den gesamten Handlungsverlauf bis fast zum Schluß wieder.) Fragment Douce endet mit dem Eintreffen der Isolde Blondhaar in der Bretagne. Nachdem sie vom Tode Tristans erfahren hat, begibt sie sich in den Palast, in dem der Leichnam Tristans aufgebahrt ist.

Das 6. Fragment (Sneyd II, 839 Verse) setzt ein mit dem Tode von Tristan dem Zwerg (ist also inhaltlich weitgehend deckungsgleich mit Fragment Douce); es führt jedoch – im Text über Douce hinausgehend – die Geschichte des Thomas bis zum Schluß: Klage der Isolde Blondhaar an der Totenbahre des Geliebten – Tod an seiner Seite – Epilog des Thomas.

Das 7. Fragment (Turin II, 253 Verse) setzt drei Verse vor Beginn von Fragment Douce ein und erzählt den Text gleichlaufend mit Douce bis zum Zwiegespräch zwischen Isolde und Brangene nach der von Isolde erzwungenen Hingabe der Brangene an Kaherdin (Anklage der Brangene und Verteidigung der Isolde).

Das 8., 9. und 10. Fragment (Straßburg II, III und IV, insgesamt 151 Verse) sind inhaltlich deckungsgleich mit Douce. Sie enthalten (Fragment II) Teile des Zwiegesprächs zwischen Brangene und Isolde, (Fragment III) Teile des Gesprächs zwischen Brangene und Marke (Brangene rät dem König, seine Gattin besser zu bewachen, da Cariado um sie werbe) und (Fragment IV) Teile der Aussätzigen-Episode.

Der Streit zwischen Brangene und Isolde

(Fragment Douce)

(V. 131–404) Nachdem Brangene die Worte Isoldes vernommen hatte, konnte sie sich nicht zügeln zu erwidern, und sie sprach: »Voller Heimtücke ist Euer Herz, mir solche Tollheiten nachzusagen und mir Absichten zu unterstellen, die ich nie hatte. Nicht Tristan verdient irgendeinen Tadel, sondern Ihr allein, habt Ihr doch ohne jede Hemmung verwerflich gehandelt. Hättet Ihr all diese Bosheit nicht in Euch, Ihr hättet nicht so bösartig gehandelt. Ihr wollt Tristan der Gemeinheit bezichtigen und liebt sie doch selbst aus vollem Herzen. Wäre es nicht Tristan gewesen, Ihr hättet irgendeinem minderwertigen Menschen Eure Gunst geschenkt. Nicht seine Liebe beklage ich, sondern ich fühle Verdruß und Schmerz über das, was Ihr angezettelt habt und was ich noch befördert habe. Ehrlos bin ich, wenn ich mich auch fernerhin Kaherdin hingebe. Seht Euch nur vor, denn ich bin entschlossen, mich an Euch zu rächen. Wenn Ihr mich wirklich verheiraten wolltet, warum habt Ihr mir nicht einen ritterlichen, ehrenfesten Mann gegeben? Nein, in Eurer Tücke habt Ihr mich mit dem größten Feigling verkuppelt, den die Erde je trug.«

Isolde erwiderte: »Gnade, liebe Freundin! Nie habe ich Euch die Treue gebrochen. Weder Bosheit noch Arglist haben mich zu diesem Tun bewogen. Von Verrat kann keine Rede sein! Gott sei mein Zeuge: Ich meinte, durchaus in Eurem Interesse zu handeln. Kaherdin ist doch ein wackerer Ritter, ein mächtiger Herzog, ein erprobter Kämpfer. Glaubt nur nicht, er sei aus Furcht vor Cariado geflohen! Dieses Gerücht verbreiten sie nur aus neidvollem Haß! Nie wäre er seinetwegen davongelaufen! Doch wenn man Euch schon Lügen erzählt, dürft Ihr doch deswegen weder auf Tristan, meinen Geliebten, noch auf mich böse sein. Brangene, ich beschwöre Euch: Welche Wendung die Sache auch nehmen mag, es würden alle bei Hofe begrüßen, wenn wir uns verfeindeten. Wir würden nur unseren Feinden eine große Freude bereiten. Wenn Ihr mir Haß entgegenbringt, wer wird mir dann bei Hofe noch Ehre entgegenbringen? Wie kann ich mein Ansehen wahren, wenn Ihr mich entehrt? Kein Verrat ist schlimmer als der des Freundes oder des Vertrauten, da er doch eingeweiht ist in die Geheimnisse des anderen und durch ihren Verrat seinen Haß befriedigen kann. Brangene, Ihr wißt alles über mich, und Ihr könnt mich also ohne weiteres in Schande stürzen. Man weiß jedoch, daß Ihr meine Vertraute seid, und wird es Euch zum Vorwurf machen, wenn Ihr voller Zorn dem König mein Geheimnis offenbart. Im übrigen hatte ich nur Euer Interesse im Sinne. Daher darf es keine Verstimmung geben zwischen uns. Unser Zerwürfnis nützt keinem von uns beiden. Glaubt, ich habe die Sache um Eures Glückes, um Eures Ansehens willen betrieben, nicht etwa, um Euch in Schande zu stürzen. Laßt ab von Euerm Groll! Was würde es Euch schon einbringen, wenn ich beim König in Ungnade geriete. Wenn sich meine Stellung bei Hofe verschlechtert, seid auch Ihr davon betroffen. Werde ich durch Eure Schuld herabgewürdigt, so werdet auch Ihr geringgeachtet werden. Am Ende büßt Ihr auf diese Weise sowohl meine Liebe als auch die Gunst des Herrschers ein. Wie immer er sich zu mir stellt: Euch trifft sein Haß mit Sicherheit: Viel zu groß ist seine Liebe zu mir, als daß ihn jemand zum Groll wider mich anstiften könnte. Keiner kann ihn zu solcher Feindseligkeit anstacheln, die ihn veranlassen könnte, sich von mir loszusagen. Mein Tun mag er verurteilen, doch dies ist für ihn noch kein Grund zum Haß wider mich. Wohl mag er meine Torheit mit Mißfallen betrachten, doch deswegen wird er längst nicht aufhören, mich zu lieben. Mag er mein Verhalten im Herzen verwerfen, er ist mir in Liebe verfallen, ob er es will oder nicht. Noch nie hat jemand, der mir beim König Schaden zufügen wollte, einen Vorteil daraus gezogen. Nie haben jene Dank bei ihm gefunden, die durch üble Nachrede seinen Haß wecken wollten. Was also werdet Ihr beim König erreichen, wenn Ihr Schlechtigkeiten über mich verbreitet? Wenn Ihr mich zugrunde richten wollt – was wird Euch dies eintragen? Warum wollt Ihr Verrat üben? Und was wollt Ihr ihm schon enthüllen? Daß Tristan kam, sich mit mir zu unterhalten? Nun, welchen Schaden hat der König davon? Was bringt es ihm, wenn er sich von Euch aufhetzen läßt gegen mich? Ich wüßte nicht, was es ihm an Vorteil bringt.«

Brangene antwortete: »Vor einem Jahre habt Ihr geschworen, Ihr würdet Tristan nicht wiedersehen und von Eurer Liebe lassen. Ihr habt dieses selbst gesetzte Gebot übertreten und Euer Wort gebrochen. Jämmerliche Isolde! Kaum war die Gelegenheit da, habt Ihr den Eid gebrochen und wurdet meineidig. Die Schlechtigkeit ist Euch zur Natur geworden, so daß Ihr nicht mehr davon lassen könnt. Ihr müßt nun unwiderruflich bei Eurer Gewohnheit beharren! Ihr würdet nicht so handeln, wäret Ihr es nicht seit den Tagen Eurer Kindheit gewohnt! Hättet Ihr am Übeltun nicht seit eh und je Eure Freude, Ihr hieltet nicht so hartnäckig daran fest. Was man einem jungen Füllen beibringt, davon läßt es nicht – es mag wollen oder nicht. Und was ein Weib in jungen Jahren an Gewohnheiten uneingeschränkt annimmt, davon läßt sie nicht ihr Leben lang, sobald sich irgendwie Gelegenheit dazu bietet. Ihr habt es in der Jugend so getrieben, und so werdet Ihr im Alter Tag für Tag nur um so begieriger danach trachten. Nie wäret Ihr so unbelehrbar bei Eurem Tun geblieben, wenn Ihr es nicht schon in jungen Jahren erlernt hättet. Vielleicht hättet Ihr von Eurer Nichtsnutzigkeit gelassen, wäret Ihr vom König nachdrücklich gerügt worden. Nur seine Nachsicht ist schuld daran, daß Ihr es so lange Zeit getrieben habt. Gewiß, er hat es dulden müssen, da er nie den sicheren Beweis für Eure Schuld in Händen hielt. Doch von mir wird er nun die Wahrheit erfahren! Dann mag er tun, was er für richtig hält. Ihr habt Euch so lange der Liebe ergeben, daß Ihr Eure Ehre darüber vergessen habt. Ja, Ihr habt nun schon so lange unsinnig gehandelt, daß Ihr Euer Leben lang nicht mehr davon lassen könnt. Doch wenn der König dessen innewird, ist er gezwungen, Euch nach Recht und Gesetz zu strafen. Schon zu lange hat er es hingehen lassen, so daß er vor dem ganzen Hof in Unehre geraten ist. Die Nase hätte er Euch abschneiden oder Euch auf andere Weise verunstalten sollen, so daß Ihr zur Freude Eurer Feinde für immer geschändet wäret. In Schande hätte man Euch stürzen müssen, so wie Ihr Eurem Geschlecht, Euren Verwandten und Eurem Gatten Schande bereitet habt. Wenn Euch an Eurer Ehre läge, Ihr hättet Euch der Schlechtigkeit enthalten. Doch ich weiß schon, auf was Ihr baut: Ihr denkt an die Begierde des Königs, die ihn dazu bringt, Euch alles zu erlauben. Und da er unfähig ist, Euch zu hassen, wollt Ihr nicht lassen von jenem Tun, das ihm Schmach und Schande einträgt. Er liebt Euch so innig, daß er diese Schmach willig hinnimmt. Wenn er Euch nicht so sehr liebte, er hätte Euch schon zu strafen gewußt. Laßt Euch sagen, Isolde: Ihr handelt niederträchtig! Schande bringt Ihr über Euch, daß Ihr lieblos handelt gegen den, der Euch so stark und innig liebt. Wenn Ihr nur einen Funken an Neigung empfändet gegen ihn, Ihr würdet ihm diese Schmach nicht antun.«

Nachdem Isolde diese Beschimpfungen angehört hatte, konnte sie sich nicht mehr beherrschen und fuhr Brangene zornig an: »Wie grausam Ihr urteilt! Verflucht seien Eure Worte! Ihr sprecht wie eine Närrin, wenn Ihr mich treulos scheltet! Richtig ist nämlich dies: Habe ich treulos gehandelt, bin ich meineidig geworden, habe ich damit Schande auf mich geladen, so wart Ihr stets mit gutem Rat zur Hand! Ohne Euer Zutun wäre es nie zu dieser Torheit gekommen zwischen Tristan und mir. Aber Ihr habt mich nicht nur gewähren lassen, Ihr habt mir schließlich alles erst beigebracht! All diese Betrügereien! All diese Liebesgenüsse! Auch all die Ängste und Schmerzen unserer Liebe verdanken wir Euch! Erst hintergingt Ihr mich, dann Tristan und schließlich den König! Längst wäre ihm alles offenbart, wäre nicht Eure Raffinesse! Nur Eure Verlogenheit hat uns ermuntert zu unserem törichten Tun! Durch List und Betrügereien habt Ihr uns gedeckt. Tadel gebührt weit eher Euch als mir, denn ich war Eurer Obhut anvertraut, doch Ihr bringt mich in Unehre. Was denn: Ihr wollt mich jetzt denunzieren wegen jener Schlechtigkeiten, die Ihr zu verantworten habt? Das irdische und das ewige Feuer sollen mich verbrennen, wenn ich in der Stunde der Wahrheit auch nur irgend etwas verheimliche! Euch wird zuallererst die Rache des Königs treffen! Und Ihr habt es durchaus verdient um ihn! Doch will ich Euch noch einmal um Gnade anflehen, damit Ihr unser Geheimnis wahrt und mir meinen Zorn nicht nachtragt.«

Brangene aber schlug zurück: »Dies werde ich nie und nimmer tun! Bei meinem Eid! Auf der Stelle enthülle ich dem König alles! Dann werden wir ja sehen, wer im Unrecht ist und wer im Recht. Mag da kommen, was will!« Zum Äußersten entschlossen, verließ sie Isolde mit dem Schwur, sie werde dem König jetzt alles entdecken.

Zornig und wutentbrannt begab sich Brangene zum König, um ihm zu sagen, was sie auf dem Herzen hatte. »Herr«, sprach sie zu ihm, »hört mir jetzt genau zu, und seid sicher, daß ich Euch die reine Wahrheit sage.« Nun vertraute sie dem König heimlich an, was sie sich inzwischen ränkereich ausgedacht hatte: »Hört mich an, denn ich schulde Euch unbedingte, aufrichtige Treue und Ergebenheit, soweit es um Euch und um Eure Ehre geht. Und sobald ich weiß, daß diese Eure Ehre in Gefahr ist, bin ich – wie ich meine – verpflichtet, dies zu offenbaren. Hätte ich es früher aufgedeckt, Ihr wüßtet längst Bescheid darüber. Es geht um Isolde: Sie ist auf die schiefe Bahn geraten und trägt sich mit schlimmen Gedanken. Wenn Ihr sie nicht strenger beaufsichtigt, wird sie noch eine Narrheit begehen. Gewiß, noch hat sie's nicht getan, doch sie ist mit allen Sinnen darauf bedacht, sich der Wollust zu ergeben. Bis jetzt habt Ihr zu Unrecht Argwohn getragen. Jetzt aber bin ich im Herzen voller Angst, voller Besorgnis und voller Groll, denn sie schreckt vor nichts zurück und wird am Ende noch ihren Willen durchsetzen. So komme ich denn, um Euch zu raten, sie besser zu überwachen. Ihr kennt doch

Sprichwörter wie diese: ›Ist die Kemenate leer, wird die Dame zur Närrin!‹ – ›Gelegenheit macht Diebe!‹ – ›Ist die Hausherrin verblendet, weiß sie das Haus zu leeren!‹ Ihr wart lange vom Irrtum befangen, und auch ich war im Zweifel. Nun habe ich sie Tag und Nacht umlauert, doch es war – wie ich merke – vergebens. Sie hat uns immer wieder zu täuschen vermocht und uns hintergangen. Falsche Würfel hat sie uns untergeschoben. Doch wollen wir sie im Würfelspiel schon übertölpeln, so daß ihre Absicht hintertrieben und ihr die Wollust vorenthalten wird, auf die sie rechnet. Ich bin sicher: Ein wenig mehr Strenge wird sie dazu bringen, ihre Pläne aufzugeben. Doch Euch, Marke, geschähe es nur recht. Am Ende werdet Ihr noch hoffnungslos in Schande geraten, wenn Ihr sie weiterhin nach Lust und Laune handeln laßt und ihren Verehrer in ihrer Nähe duldet. Ich weiß zwar, daß ich unklug handle, wenn ich Euch aufkläre, denn Ihr werdet es mir gewiß nachtragen. Welche Miene Ihr mir auch zeigt: Ihr wißt sicherlich schon die Wahrheit in dieser Sache. Und ich weiß auch, warum Ihr Euch so verstellt: Ihr seid nicht Manns genug, die Angelegenheit aufzudecken. Ich jedenfalls habe Euch nun genügend unterrichtet. Es reicht – zusammen mit all dem, was Ihr selbst schon darüber wißt.«

Tristan als Aussätziger

(Fragment Douce)

(V. 501–736) Durch die Liebe um jeden klaren Gedanken gebracht, zog Tristan – um nicht erkannt zu werden – ärmliche Kleidung an. Um alle zu täuschen, nahm er einen Kräutertrank ein, von dem sein Gesicht aufgedunsen wurde, als sei er schwer erkrankt. Um nicht erkannt zu werden, gab er Händen und Füßen den Anschein, als seien sie verkrüppelt, und so gab er sich am Ende das Aussehen eines Aussätzigen. Er nahm auch einen Humpen aus gemasertem Holz, den ihm die Königin im ersten Jahr ihrer Liebe geschenkt hatte, tat eine große Kugel aus Buchsbaum hinein und stellte auf diese Weise eine Klapper her. In diesem Aufzug begab er sich an den Hof des Königs. An allen Türen lauschend, suchte er die Neuigkeiten bei Hofe zu erfahren. Beharrlich seine Klapper gebrauchend, bettelte er überall, ohne eine erfreuliche Neuigkeit erfahren zu können.

Eines Tages veranstaltete der König ein Fest. Er begab sich zur Kathedrale, um dort das Hochamt zu hören. Als er sich – gefolgt von der Königin – aus dem Palaste begab, trat Tristan – Isolde erblickend – auf sie zu und bat um eine Gabe. Isolde jedoch erkannte ihn nicht. Seine Klapper gebrauchend, folgte ihr Tristan auf dem Fuße und bat unentwegt mit lauter Stimme, ihm um der Barmherzigkeit Gottes willen doch ein Almosen zu schenken. Aus Liebe zu ihr spielte er diese erbärmliche Rolle. Während Isolde – ohne seiner zu achten – weiterschritt, fielen die Diener mit Hohnreden über ihn her. Mit Drohungen, Püffen und Schlägen drängten sie ihn aus dem Gefolge des Königs. Er aber ging eigensinnig – ohne sich von den Drohungen schrecken zu lassen – weiter und bat, man möge ihm um Gottes willen eine Guttat erweisen. Da niemand wußte, in welcher Not er sich befand, empfanden ihn alle als überaus lästig. Als er ihnen gar laut rufend und mit dem Humpen klappernd bis in das Gotteshaus folgte, wurde Isolde ärgerlich. Erzürnt schaute sie ihn an und überlegte, wer dieser Mann eigentlich sei, der sich so nahe an sie heranwagte. Da erblickte sie den Humpen und begriff, daß es Tristan war; hinter seiner Mißgestalt erkannte sie ihn nach Aussehen und Körperbau. Schrecken ergriff ihr Herz, fürchtete sie doch die Reaktion des Königs; errötend wechselte sie die Farbe. Sie zog einen goldenen Ring vom Finger, und in Verlegenheit, wie sie ihm diesen Ring geben könne, wollte sie ihn in seinen Humpen werfen.

Da wurde Tristan von Brangene erkannt, die seine listige Verstellung gleichfalls durchschaute. Sie nannte ihn einen Tölpel, einen Schuft, daß er es wage, sich unter die Edlen zu mischen. Die Diener schalt sie Nichtsnutze, da sie diesen Aussätzigen unter den Gesunden duldeten. Isolde aber warf sie vor, eine Heuchlerin zu sein: »Seit wann seid Ihr so fromm und gottergeben, daß Ihr arme Kranke derart fürstlich beschenkt? Euern Ring wollt Ihr ihm geben? Bei Gott, meine Dame, das werdet Ihr nicht! Hütet Euch davor, daß Ihr Eure Freigebigkeit nicht noch bereut! Wenn Ihr ihm jetzt Euern Ring gebt, wird es Euch bestimmt noch leid tun!« Die herumstehenden Diener aber forderten sie auf, ihn aus der Kirche zu treiben. Da warfen sie ihn zur Tür hinaus, so daß Tristan nicht mehr zu betteln wagte.

Nun begriff Tristan mit aller Deutlichkeit, daß Brangene sowohl ihn als auch Isolde haßte. Da er nicht wußte, was er jetzt tun könne, fühlte er in seinem Herzen beklemmende Verzweiflung. Zu schmählich war auch die Art gewesen, in der sie ihn fortjagen ließ. Bittere Tränen weinend, beklagte er sein Schicksal und seine verlorene Jugend. Warum nur hatte er all sein Sinnen und Trachten auf diese seine Liebe gerichtet? Sie hatte ihm genug an Schmerzen, an Qualen, an Ängsten, an Verzweiflung, an Gefahren, an Kummer, an Verbannung gebracht, so daß es ihm die Tränen aus den Augen preßte. Nun befand sich am Hofe des Königs ein alter, verfallender Saalbau, unter dessen Treppenaufgang er sich verkroch. Dort beklagte er seine Not, seinen übergroßen Schmerz und sein leidvolles Leben. Von den Mißhandlungen, die er erdulden mußte, auch vom langen Fasten und Wachen war er völlig erschöpft. Von all dieser Drangsal zerquält, lag Tristan todesmatt unter der Treppe und wünschte – sein Leben verfluchend – den Tod herbei. Wird ihm nicht Hilfe zuteil, kommt er gewiß nicht mehr auf die Beine.

Isolde aber war indes in schweren Gedanken versunken. Unglücklich und elend nannte sie sich, hatte sie doch den Menschen, den sie am meisten liebte, so erbärmlich davonjagen lassen. Sie fand jedoch keinen Ausweg. Insgeheim weinend und seufzend, verfluchte sie diesen Tag, diese Stunde, ja ihr ganzes Leben. Nachdem man im Münster die Messe gehört hatte, begab man sich zum Essen in den Palast und verbrachte den ganzen Tag mit frohem Spiel und in Heiterkeit. Isolde konnte jedoch nicht fröhlich sein mit den anderen. Nun geschah es, daß der Pförtner in seiner Hütte die Kälte empfindlich fühlte, so daß er seine Frau bat, sie möge doch Holz herbeiholen. Da die Frau unter der Treppe trockenes Brennholz und alte Faßbretter wußte, wollte sie sich weite Wege sparen und ging zu dem Treppenaufgang. In der Dunkelheit mit den Händen umhertastend, stieß sie auf den groben Wollstoff von Tristans Gewand und entdeckte auf diese Weise den schlafenden Tristan. Ohne zu wissen, was da lag, schrie sie wie von Sinnen auf, glaubte sie doch, es sei der Teufel. Zutiefst erschrocken, rannte sie zu ihrem Hausherrn und sagte ihm, was ihr widerfahren war. Dieser begab sich in den leerstehenden Saal, entzündete eine Kerze und entdeckte – in der Dunkelheit vorsichtig den Weg suchend – den todesmatten Tristan. Verwundert, was dies wohl sei, schob er die Kerze näher und bemerkte, daß es ein Mensch war, stocksteif vor Eiseskälte. Er fragte ihn, wer er sei, was er dort suche, warum er sich unter der Treppe verkrochen habe. Da offenbarte ihm Tristan, warum er dorthin gekommen sei und wie es um ihn stand. Er wußte, daß der Pförtner ihn mochte, und hatte daher großes Vertrauen zu ihm. Dieser brachte ihn unter Anstrengung und Mühen in seine Hütte, bereitete ihm ein weiches Ruhelager, holte Trank und Speise herbei und berichtete dann Isolde wie Brangene. Doch was er auch sagen mochte, nichts vermochte Brangene milde zu stimmen.

Da bat Isolde Brangene zu sich und sprach: »Edles Fräulein, laßt Tristan und mich um Eure Barmherzigkeit bitten. Geht hin zu ihm und sprecht mit ihm; ich bitte Euch darum. Habt Mitleid mit seinem Schmerz, sonst wird er sterben vor Gram und Kummer. Ihr hattet ihn doch früher von Herzen lieb, also geht zu ihm, meine schöne Freundin, und tröstet ihn. Da er nach Euch verlangt, so klärt ihn doch wenigstens darüber auf, warum und seit wann Ihr ihn haßt.«

Brangene aber erwiderte: »Eure Worte sind vergebens. Nie

wird er Mitleid bei mir finden. Ich wünsche ihm weder Gesundheit noch Leben, sondern nur noch den Tod an den Hals. Niemand soll mir jemals noch vorwerfen können, ich hätte meine Hand dazu hergegeben, Euch wieder bei irgendeiner Torheit Beistand zu leisten. Nie wieder werde ich Euern Treuebruch verschleiern. Wieviel Schlechtigkeiten habt Ihr mir vorgeworfen! Alles hätte nur ich verschuldet! Nur durch meine listigen Betrügereien wäre Euer Tun vor aller Welt verborgen geblieben! So ergeht es dem, der einem Ungetreuen dient! Früher oder später erhält er den unverdienten Lohn für seine Mühe! Ich habe Euch stets nach besten Kräften gedient, doch Ihr habt mir meinen Dienst übel gelohnt. Wäret Ihr edelmütig, Ihr hättet mir Dienst mit Dienst vergolten und mich besser belohnt für all meine Hingabe, statt mich durch den erzwungenen Liebesdienst an einen solchen Edelmann zu entehren.«

Isolde antwortete: »Genug der Worte! Haltet mir nicht vor, was ich im Zorn gesagt habe! Es tut mir bitter leid, daß ich mich so verhielt, und so bitte ich Euch um Vergebung! Doch geht zu Tristan, denn wenn Ihr ihm nicht Mitleid bezeigt, wird er nie wieder frohen Mut fassen können.«

Sie schmeichelte wieder und wieder, sie bat eindringlich, sie gab tausend Versprechungen und flehte so lange um ihr Mitgefühl, bis sich schließlich Brangene in die Hütte begab, wo Tristan lag, um mit ihm zu sprechen und ihm neuen Mut zu geben. Sie fand ihn krank, sehr geschwächt, das Gesicht totenbleich, den Körper völlig entkräftet, abgemagert und von ungesunder Hautfarbe. Brangene vernahm sein Klagen, seine zärtlichen Seufzer. Kläglich bat er sie, ihm doch um Gottes willen in Wahrheit zu sagen, warum sie solchen Haß gegen ihn fühle. Er versicherte ihr, es sei unwahr, wessen man Kaherdin bezichtige. Auch werde er ihn an den Hof kommen und Cariado Lügen strafen lassen. Da er es ihr schwor, glaubte ihm Brangene. Nachdem sie sich also versöhnt hatten, begab sie sich in das marmorgetäfelte Zimmer der Königin. Dort versöhnten sie sich liebevoll, so daß all ihr Kummer verging. Tristan aber fand seine Freude bei Isolde.

Lang erschien ihm die Nacht, und bei Tagesanbruch nahm er Abschied. In sein Land zurückkehrend, traf er auf seinen Neffen, der ihn schon erwartet hatte. Beim ersten günstigen Wind segelte er über das Meer und traf wieder bei Isolde von der Bretagne ein. Diese aber war unglücklich über Tristans Fahrt, denn sie liebte ihn von Herzen. Tiefer Schmerz, großer Kummer, ja Verzweiflung hatten sich ihrer bemächtigt. Das erhoffte Glück hatte sich zu beständiger Qual verkehrt. Es war die Liebe Tristans zu jener anderen Isolde, die sie so leiden ließ.

Tristan der Zwerg

(Fragment Douce)

(V. 885–1164) Nachdem Tristan und Kaherdin frohen Mutes in die Bretagne zurückgekehrt waren, gingen sie manches Mal mit Freunden und Gefolge ihrem Vergnügen nach. Sie fanden es sowohl im Walde – auf der Jagd – als auch in angrenzenden Reichen – bei allerlei Turnieren. Dies trug ihnen Ruhm und Ehre ein – mehr als allen anderen im Lande. Weilten sie daheim, begaben sie sich in den Wald zu den schönen Statuen, an denen sie der Frauen wegen – denen ihre ganze Liebe galt – ihre Freude hatten. So brachte ihnen der Tag ein wenig Beglückung nach den Sehnsuchtsqualen der Nacht. Eines Tages blieben sie lange auf der Jagd. Bei der Rückkehr waren ihre Jagdgesellen vorausgeritten, so daß sie auf ihrem Ritt ganz allein waren. Sie überquerten die Weiße Heide, wobei sie rechter Hand das Meer erblickten. Da sahen sie einen Ritter auf einem Apfelschimmel herbeigaloppieren. Seine Rüstung war überaus kostbar. Sein Schild war aus Gold, mit buntem Pelzwerk verziert. Gleichfarben waren seine Lanze, das Fähnlein und sein Wappenzeichen. Er galoppierte – gedeckt und geschützt durch seinen Schild – den Weg entlang. Groß, stattlich, kraftvoll und ausgezeichnet bewaffnet, erschien er als Musterbild eines Ritters. Tristan und Kaherdin – verwundert über den unbekannten Fremdling – erwarteten ihn auf dem Pfad. Als er sie erblickte, ritt er auf sie zu und grüßte höflich. Tristan erwiderte seinen Gruß und fragte ihn, warum er es so eilig habe, ob er vielleicht in Bedrängnis sei.

»Herr«, erwiderte der Ritter, »könnt Ihr mir vielleicht den Weg zur Burg Tristans l'Amerus (des Verliebten) weisen?«

Tristan antwortete: »Was wollt Ihr von ihm? Wer seid Ihr? Wie ist Euer Name? Wir werden Euch schon zu seinem Hause führen, doch wenn Ihr mit Tristan sprechen wollt, so braucht Ihr nicht weiterzugehen, denn mich selbst nennt man Tristan. Sagt mir also, was Ihr wollt.«

Jener sagte: »Diese Nachricht freut mich sehr. Ich selbst heiße Tristan der Zwerg und komme aus der bretonischen Grenzmark, wohne also direkt am Ozean. Dort besaß ich eine Burg und eine wunderschöne Geliebte, die ich liebte wie mich selbst. Nun ist mir ein großes Unglück widerfahren, denn ich habe sie verloren. Vorgestern in der Nacht wurde sie mir geraubt. Estult l'Orgillius Castel Fer hat sie gewaltsam entführt. Nun hält er sie gefangen auf seiner Burg und verfährt mit ihr nach Gutdünken. Mein Herz ist so sehr von Schmerz erfüllt, daß ich vor Trauer, Kummer und Leid dem Tode nahe bin. Ich weiß überhaupt nicht mehr, was ich tun soll. Ohne sie bin ich todunglücklich. Nachdem ich um meine Wonne, meine Freude, mein Entzücken gebracht wurde, dünkt mich mein Leben nichts mehr wert. Herr Tristan, ich habe sagen hören, daß jenem, der das höchstersehnte Glück verloren hat, alles andere gleichgültig ist. Noch nie habe ich so furchtbaren Schmerz erfahren. So bin ich denn zu Euch gekommen. Man achtet und fürchtet Euch mehr als alle anderen; auch seid Ihr der beste, edelste und gerechteste Ritter von allen, die es je auf Erden gab; auch habt Ihr wohl am tiefsten die Liebe empfunden. So flehe ich Euch, o Herr, an, mir gnädig zu sein. Laßt mich an Euern Edelmut appellieren und Euch bitten, mir in meiner Not zu helfen. Kommt mit mir und steht mir bei, damit ich meine Geliebte zurückerobern kann. Zum Dank für Eure Hilfe will ich Euch den Lehenseid leisten und Euer Lehensmann werden.«

Da erwiderte Tristan: »Wahrhaftig, ich werde Euch nach besten Kräften helfen! Erst aber laßt uns nach Hause reiten. Morgen wollen wir unsere Rüstungen anlegen und diese Angelegenheit bereinigen.«

Als jener vernahm, daß die Sache um einen Tag aufgeschoben werden sollte, zeigte er sich erzürnt und sprach: »Bei meinem Eid, Freund! Nun sehe ich, daß Ihr ganz und gar nicht jener ruhmreiche Held seid! Ich weiß gar wohl: Wäret Ihr wirklich Tristan, Ihr fühltet meinen Schmerz wie ich! Tristan hat so innig geliebt, daß er sich wohl auskennt im Leid der Liebenden. Vernähme Tristan von meinem Liebesschmerz, er würde mir angesichts so großer Liebe seine Hilfe nicht verweigern. Solches Leid, solche Qual würde er unverzüglich beenden. Wer immer Ihr sein mögt, schöner Freund, Ihr habt – so glaube ich – nie Liebe empfunden. Wüßtet Ihr, was wahre Freundschaft ist, Ihr hättet Mitleid mit meinem Schmerz. Wer nie erfuhr, was Liebe ist, kennt auch nicht den Schmerz der Liebe. Ihr aber, Freund, der Ihr nicht Liebe fühlt, könnt auch meinen Schmerz nicht fühlen. Fühltet Ihr ihn, Ihr würdet mich ohne Verzug begleiten. Gott behüte Euch! Ich mache mich nun auf die Suche nach Tristan, bis ich ihn gefunden habe. Nur er kann mir Trost und Hilfe geben. Nie habe ich mich so allein und verlassen gefühlt! Ach Gott, warum kann ich nicht sterben! Jetzt, da ich verloren habe, wonach ich sehnsuchtsvoll verlange. Lieber möchte ich sterben, als in meinem Herzen nie mehr Trost, Glück und Wonne zu empfinden. Nachdem ich jenes Wesen, das ich hier auf dieser Welt am meisten liebte, durch solchen Raub verloren habe.«

Nachdem Tristan der Zwerg diese Klage gesprochen hatte, wollte er Abschied nehmen. Der andere Tristan hatte jedoch

Mitleid mit ihm und sagte zu ihm: »Mein schöner Freund, bleibt jetzt hier! Ihr habt mich durch Eure Gründe überzeugt davon, daß ich Euch unverzüglich begleiten muß. Ich bin wirklich Tristan l'Amerus und will Euch gern dorthin begleiten. Erlaubt nur, daß ich meine Waffen kommen lasse.«

Er ließ seine Waffen bringen, rüstete sich und machte sich dann mit Tristan dem Zwerg auf den Weg. Sie machten sich auf, um Estult l'Orgillius Castel Fer aufzulauern und ihn zu töten. Nachdem sie in höchster Eile lange Zeit geritten waren, gelangten sie zu seiner befestigten Burg. Sie stiegen am Saume eines Gehölzes ab und warteten der Dinge, die da kommen sollten. L'Estult de Orgillius war sehr stolz. Er hatte sechs Brüder, die alle kühne, tapfere, mutige Ritter waren, doch übertraf er sie alle an Tüchtigkeit. Als zwei seiner Brüder von einem Turnier zurückkehrten, erwarteten sie Tristan und sein Gefährte in ihrem Hinterhalt. Mit überraschendem Kampfgeschrei forderten sie die beiden heraus, schlugen gewaltig auf sie ein und töteten beide. Die Nachricht flog über das ganze Land und erreichte auch den Herrn der Burg wie sein Burggefolge. Ungestüm griffen sie die beiden Tristans an. Doch es waren dies treffliche Ritter, wohlgeübt im Führen der Waffen. Sie setzten sich gegen all ihre Gegner zur Wehr, wie es sich für tapfere, kühne Ritter gehört, und sie hörten nicht auf zu kämpfen, bis sie alle vier Feinde getötet hatten. In diesem Kampf wurde auch Tristan der Zwerg getötet. Der andere Tristan jedoch wurde mit einem vergifteten Speer – der seine Lende traf – schwer verwundet. Voller Zorn hatte er furchtbare Rache genommen und jenen, der ihm diese Wunde zugefügt hatte, erschlagen.

Nun lagen alle sechs Brüder tot da, aber auch einer der beiden Tristans war tot, der andere zudem in bedenklichem Zustand, war doch die Wunde bedrohlich tief. Ihn überkam große Angst, und nur unter großen Mühen schleppte er sich nach Hause. Es dauerte lange, bis er unter Qualen zurückfand. Er ließ seine Wunden versorgen und schickte nach Ärzten, damit sie ihm Hilfe brächten. Sie kamen zahlreich herbei, doch konnte ihn keiner von ihnen heilen, das Gift unwirksam machen. Sie wußten nicht, von welcher Art es war, und gingen daher in die Irre. Kein Pflaster konnte zubereitet werden, mit dessen Hilfe man das Gift hätte herausziehen können. Sie gruben mancherlei Wurzeln aus, die sie zerstampften, sie suchten Kräuter und bereiteten allerlei Arzneien, doch nichts vermochte ihm zu helfen. Tristans Zustand verschlimmerte sich mehr und mehr. Das Gift breitete sich in seinem ganzen Körper aus und ließ ihn überall anschwellen. Er verfärbte sich, seine Haut wurde schwarz, er verlor alle Kraft, am Ende waren die Knochen nur noch von der Haut überzogen. Ihm war klar, daß der Tod unabwendbar auf ihn zukam, wenn ihm nicht schleunigst geholfen wurde. Und er sah, daß niemand in seiner Nähe ihn heilen konnte, daß niemand eine Arznei gegen dieses Übel wußte, daß er also dem Tode ausgeliefert war. Er wußte aber auch, daß die Königin Isolde – wüßte sie von dieser tödlichen Krankheit und käme sie zu ihm – ihm Heilung bringen könnte. Nun konnte er sie freilich nicht aufsuchen, da er die Strapazen einer Seefahrt nicht überstanden hätte. Auch fürchtete er, in ihr Land zu reisen, da er dort viele Feinde hatte. Nun konnte freilich auch Isolde nicht zu ihm kommen. So also fand er keinen Ausweg, wie er geheilt werden könne. Sein Herz war daher von Schmerz erfüllt. Auch peinigten ihn die körperlichen Qualen, dieses Übel der Wunde und ihr Gestank. Er klagte und war voller Todesangst, denn das Gift quälte ihn sehr und erfüllte ihn mit Schrecken. Da verlangte er nach Kaherdin, um mit ihm unter vier Augen zu sprechen und ihm seinen Kummer anzuvertrauen. So wie er Kaherdin gegenüber aufrichtige Freundschaft empfand, erwiderte Kaherdin dieses Gefühl. Tristan hieß alle aus dem Zimmer – in dem er lag – hinausgehen, wollte er doch bei dieser Unterredung die Anwesenheit eines Dritten vermeiden. Isolde war sehr verwundert darüber und fragte sich, was er wohl zu tun gedenke, ob er die Welt verlassen, Mönch oder Stiftsherr werden wolle. In großer Unruhe suchte sie einen Platz außerhalb des Zimmers, genau hinter der Wand, an der sein Bett stand, um die Unterredung zu belauschen. Ein Vertrauter gab acht, während sie ihr Ohr an die Wand preßte. Tristan war es inzwischen unter großen Mühen gelungen, sich aufzurichten und sich an die Wand zu lehnen. Nachdem sich Kaherdin neben ihn gesetzt hatte, vergossen beide voll Jammer Tränen. Sie gedachten ihrer schönen Gemeinsamkeit, ihrer Liebe, ihrer festen Freundschaft, die nun bald auseinandergehen würde. Zutiefst in ihren Herzen fühlten sie beide Schmerz, Qual, Betrübnis und Pein. Jeder grämte sich um den anderen. Unter Tränen und in großem Schmerz gedachten sie ihrer lauteren und vollkommenen Freundschaft, die nun auseinandergehen würde. So sprach denn Tristan zu Kaherdin: »Hört mir zu, schöner Freund! Ich bin hier in der Fremde, habe hier außer Euch – mein schöner Gefährte – weder Freund noch Verwandten. Nur durch Euch, der Ihr mir immer ein Trost waret, habe ich hier Freude und Glück gefunden. Wäre ich daheim in meinem Heimatlande, ich bin sicher, daß ich durch heilkundige Ärzte geheilt werden könnte. Nun ich aber hier keine Hilfe habe, verliere ich – mein schöner, süßer Freund – mein Leben. Hilflos bin ich dem Tode ausgeliefert, denn kein Mensch kann mich heilen außer der Königin Isolde. Wenn sie es tun will, kann sie es vollbringen, denn sie kennt die helfende Arznei. Wüßte sie, wie es um mich steht, sie würde mir ihre Hilfe nicht versagen. Nun weiß ich aber nicht, mein schöner Freund, was ich tun soll. Wie man es anstellen soll, daß sie davon erfährt. Ich bin sicher, sie könnte mich – wenn sie es wüßte – dank ihrer Heilkunst von diesem Übel erlösen und die Wunde heilen. Wie aber soll sie hierherkommen? Wenn ich jemanden wüßte, der dorthin gehen und ihr meine Botschaft bringen könnte, würde sie mir – sobald sie von meiner großen Notlage erfährt – auf irgendeine Weise helfen. Ich habe großes Vertrauen zu ihr und bin sicher, sie würde sich durch nichts daran hindern lassen, mir in dieser Not zu helfen. Sie empfindet nämlich eine feste und beständige Liebe zu mir. Nun bin ich völlig außerstande, mir selbst zu helfen.

Daher bitte ich Euch, mir angesichts unserer Freundschaft und Eures Edelmutes diesen Dienst zu leisten. Um unserer Gemeinsamkeit willen und eingedenk des Eides, den Ihr mir geleistet habt, als Isolde Euch Brangene gab: Überbringt an meiner Statt diese Botschaft. Ich aber schwöre Euch meinerseits: Wenn Ihr für mich diese Reise unternehmt, werde ich Euer Lehensmann und bin Euch in großer, beständiger Liebe verbunden.«

Der Tod der Liebenden

(Fragmente Douce, Sneyd II)

(V. 1323–1815, 783–819) Man hüte sich vor dem Zorn der Frau; jeder möge sich davor in acht nehmen. Vor allem dann, wenn sie besonders innig geliebt hat, ist sie um so schneller zur Rache bereit. So unversehens, wie die Liebe in ihr wächst, wird auch der Haß in ihr wach. Wenn Feindschaft in ihr entsteht, so währt sie länger als die Freundschaft. Schon in der Liebe kennt sie kein Maß, und ihre Feindschaft vermag sie im Zorn überhaupt nicht zu zügeln. Ich wage es allerdings nicht, meine wahre Meinung darüber zu sagen, denn dies kommt mir nicht zu.

Isolde stand also hinter der Wand, belauschte Tristan, hörte ihn reden und verstand genau jedes seiner Worte. Und sie wußte nun natürlich um seine Liebe. Da überkam sie im Herzen großer Zorn, hatte sie doch Tristan sehr geliebt, während er sich einer anderen zugewandt hatte. Nun wurde ihr auch völlig klar, warum sie um alles Liebesglück betrogen wurde, das sie von ihm erhofft hatte. Sie merkte sich sehr wohl alles, was sie gehört hatte, tat aber danach, als ob sie von nichts wüßte. Sie nahm sich jedoch vor, sich bei passender Gelegenheit grausam zu rächen an dem, den sie auf der ganzen Welt am meisten liebte.

Sobald die Türen geöffnet wurden, trat Isolde wieder in das

Zimmer. Sie verbarg vor Tristan ihren Zorn, umsorgte ihn und bezeigte ihm gegenüber alle Freundlichkeit, wie man sie bei einer liebenden Gattin ihrem Manne gegenüber erwartet. Sie fand zärtliche Worte, küßte und umarmte ihn wieder und wieder und bekundete so eine übergroße Liebe. In Wirklichkeit aber war sie wütend und überlegte voller Tücke, wie sie sich an ihm rächen könne. Wiederholt fragte sie ihn eindringlich, wann Kaherdin mit dem Arzt (von dem er sich Heilung versprach) zurückkehren würde. Sie tat dies aber nicht aus liebevoller Anteilnahme; in ihrem Herzen hegte sie vielmehr verräterische Pläne, die sie – getrieben von Zorn – bei nächster Gelegenheit verwirklichen wollte.

Kaherdin segelte indes auf hoher See, und er segelte so lange, bis er in das Land kam, in dem er die Königin aufsuchen wollte. Es war dies die Mündung der Themse. Er segelte mit seiner Handelsware stromaufwärts bis zur Mündungsbucht, wo er in einem Hafen Anker warf. Mit einem Beiboot fuhr er stromaufwärts, direkt nach London, bis unter die Brücke. Dort legte er seine Waren aus, indem er seine Seidenstoffe ausbreitete.

London ist eine gewaltige Stadt. In der gesamten Christenheit gibt es nichts ihresgleichen. Keine ist bedeutender, keine besser gelegen, keine hat so viele berühmte und wohlhabende Leute in sich versammelt. Sie sind freigebig, ehrbar und allezeit frohgemut. London ist der Pfeiler Englands und befindet sich grad an dieser Stelle. Am Fuße ihrer Mauern fließt die Themse, auf der aus allen Ländern der Welt Waren herankommen, wo immer christliche Kaufleute hinfahren mögen. Die Bewohner zeichnen sich nämlich durch große Lebensklugheit aus.

Nun also ist auch Herr Kaherdin hingekommen – mit seinen Stoffen und trefflichen, prächtigen Vögeln. Auf seine Faust nahm er einen großen Habicht, auch ergriff er einen Stoff von wunderbaren Farben und eine schön gearbeitete Trinkschale – graviert und ziseliert. Dies alles überreichte er als Geschenk König Marke und sprach höflich, er sei mit all seinem Vermögen in dies Land gekommen, um noch mehr zu verdienen und zu erwerben. Der König solle ihm Schutz und Frieden zusichern in seinem Lande, damit er nicht aus irgendeinem Grunde gefangengesetzt würde, damit er nicht Schaden oder Schande erlitte von irgendeinem Kämmerer oder Vizegrafen. Da gewährte ihm der König vor dem gesamten Hofstaat sicheren Frieden. Danach begab sich Kaherdin zur Königin, um mit ihr zu plaudern und ihr seine Waren zu zeigen. Er trug in seiner Hand eine Spange aus feinstem Gold (ich glaube nicht, daß es auf der ganzen Welt eine bessere gibt) und schenkte sie der Königin. Dazu sagte er: »Dies ist reinstes Gold!«

Tatsächlich hatte Isolde nie Besseres gesehen. Da zog er Tristans Ring von seinem Finger und hielt ihn neben die Spange. Dies begleitete er mit folgenden Worten: »Schaut her, Königin! Dieses Gold leuchtet noch intensiver als das Gold des Ringes, wenngleich ich meine, daß auch der Ring schön ist.« Als die Königin den Ring erblickte, erkannte sie Kaherdin. Fast stand ihr das Herz still. Sie wechselte die Farbe und seufzte insgeheim in großem Schmerz, fürchtete sie doch, eine schlechte Nachricht hören zu müssen. Sie nahm Kaherdin beiseite und fragte ihn, ob er den Ring verkaufen wolle, welchen Preis er verlange und ob er auch noch andere Waren habe. Dies alles unternahm sie aus Vorsicht, um ihre Bewacher zu täuschen.

Als Kaherdin mit ihr allein war, sprach er: »Madame, hört nun an, was ich Euch zu sagen habe, und behaltet alles gut in Euerm Gedächtnis. Tristan entbietet Euch seine Freundschaft, seinen Dienst und schickt Euch Grüße, wie es ein Liebender tut. Er entbietet Euch dies als seiner Herrscherin, seiner Geliebten, in deren Hand sein Leben liegt wie sein Tod. Er ist Euch als Euer Lehensmann und Freund völlig ergeben, und er hat mich zu Euch geschickt, da er sich in einer schlimmen Notlage befindet. Er läßt Euch sagen, er könne nur durch Euch vor dem Tode errettet werden, nur durch Euch seine Gesundheit wiedererlangen. Nur Ihr könnt sie ihm bringen, wurde er doch durch einen vergifteten Speer tödlich verwundet. Wir finden keinen Arzt, der ihn zu heilen wüßte. Schon viele haben es versucht, dennoch ist er körperlich bereits in einem furchtbaren Zustand. Er siecht dahin, er lebt nur noch in Schmerzen, Verzweiflung und Gestank. Er läßt Euch ausrichten, daß er ohne Eure Hilfe verloren ist. Durch mich spricht er zu Euch und läßt Euch erinnern an jene Treue, an jene innige Verbundenheit, die Ihr ihm schuldet, Isolde. Ihr sollt Euch durch nichts auf der Welt davon abhalten lassen, zu ihm zu kommen, denn niemals bedurfte er dessen so sehr wie jetzt. Daher dürft Ihr dies nicht abschlagen. Gedenkt der großen Liebe, gedenkt der Schmerzen, gedenkt der Qualen, die ihr gemeinsam erlitten habt. Er verliert jetzt Leben und Jugend. Euretwegen wurde er verbannt und wiederholt aus dem Königreich vertrieben. Euretwegen hat er die Gunst König Markes verloren. Gedenkt der Leiden, die er auf diese Weise erdulden mußte. Erinnert Euch an das Versprechen, das ihr euch gabt bei der Trennung im Park, als Ihr ihn küßtet und ihm diesen Ring gabt. Da habt Ihr ihn Eurer immerwährenden Freundschaft versichert. Madame, habt Mitleid mit ihm! Wenn Ihr ihm jetzt nicht beisteht, gibt es keine Rettung für ihn. Ohne Euch kann er nicht genesen. Daher müßt Ihr zu ihm kommen, denn anders ist sein Leben dahin. Dies läßt er Euch in bewährter Treue ausrichten, und als Wahrzeichen sendet er Euch diesen Ring. Behaltet ihn, denn er kommt von ihm!«

Als Isolde diese Botschaft hörte, wurde ihr Herz zusammengepreßt von Qual, Mitleid und Pein. Noch nie hatte sie tieferes Leid empfunden. In Gedanken versunken, seufzte sie und fühlte Sehnsucht nach Tristan, ihrem Geliebten. Doch sie wußte nicht, wie sie es anstellen sollte, zu ihm zu gelangen. So ging sie denn zu Brangene, um sich mit ihr zu beraten. Sie erzählte ihr die ganze Geschichte, von dem Gift in der Wunde, von der Qual, die er litt, von dem Schmerz, in dem er dahinsiechend darniederlag. Auch wie und durch wen er sie aufforderte, sie möge zu ihm kommen, da er sonst verloren sei. Nachdem sie ihr seine ganze verzweifelte Lage beschrieben hatte, fragte sie um Rat. Was sei zu tun? Ihre Unterhaltung wurde begleitet von Seufzern, von Klagen und Weinen, bewirkt durch die Qual, den Gram, den Schmerz, die Pein, das Mitleid mit Tristan. Diese Unterredung war nicht vergebens, faßten sie doch den Entschluß, sich auf die Reise vorzubereiten und mit Kaherdin davonzusegeln, um die Krankheit Tristans zu behandeln und ihm in seiner großen Not Beistand zu leisten.

Gegen Abend machten sie sich fertig und packten alles ein, wessen sie bedurften. Als alle schliefen, stahlen sie sich heimlich in der Nacht davon. Vorsichtig und mit großem Glück gelangten sie durch eine Hinterpforte in der Mauer oberhalb der Themse hinaus. Da – bei steigender Flut – das Beiboot auf dem Wasser bereitstand, stieg die Königin hinein. Sogleich begannen sie zu rudern. Bei einsetzender Ebbe setzten sie Segel und fuhren rasch vor dem Wind und mit dem Strom dahin. Sie setzten alle Kräfte ein, um rasch zum Ziele zu gelangen, und hörten nicht auf zu rudern, bis sie am großen Seeschiff angelangt waren. Dort hißten sie das Segel und fuhren davon. Solange sie vor dem Wind segeln konnten, glitten sie rasch durch die Fluten des Meeres, entlang an der Küste des fremden Landes, vorbei an dem Hafen von Wissant, an Boulogne und an Le Tréport. Stark war der Wind und ihnen günstig, leicht glitt das Schiff dahin, das sie mit sich führte. So fuhren sie an der Küste der Normandie entlang, segelten sie fröhlich und glücklich dahin, hatten sie doch ein Wetter, wie sie es sich nur wünschen konnten.

Indes siechte Tristan, von seiner Wunde ans Bett gefesselt, qualvoll dahin. Nichts vermochte ihm Linderung zu bringen. Keine Arznei schlug an. Was immer er tun mochte, nichts brachte ihm Hilfe. So sehnte er die Ankunft Isoldens herbei. Es war dies der einzige Wunsch, der ihn ganz erfüllte. Ohne sie gab es keine Heilung für ihn, und nur ihretwegen lebte er noch. In seinem Bett dahinsiechend, wartete er in der Hoffnung, sie würde kommen und ihn von seiner Krankheit erlösen, überzeugt davon, daß sein Leben in ihren Händen lag. Tagtäglich schickte er Boten ans Ufer, damit man nachsehe, ob das Schiff zurückkäme. Dies war das einzige Verlangen, das er im Herzen trug. Häufig ließ er sich selbst hinaustragen und sein Bett unmittelbar am Meer aufschlagen, um das Schiff zu erwarten und Ausschau zu halten, wie und unter welchem Segel es segelte. Ihn erfüllte einzig und allein das Verlangen nach Isoldens Ankunft. All seine Gedanken, all sein Verlangen, all sein Wille waren darauf gerichtet. Alle anderen Dinge dieser Welt achtete er für nichts, wenn die Königin nicht zu ihm käme. Oft auch ließ er sich zurücktragen aus Angst, in der Befürchtung, sie werde nicht kommen, ihm nicht die Treue halten. Dann wollte er die Nachricht lieber von anderen hören, als selbst das Schiff unverrichteter Dinge herankommen zu sehen. Einerseits verlangte es ihn danach, selbst nach dem Schiffe Ausschau zu halten, andererseits wollte er ein Mißlingen der Fahrt nicht mit eigenen Augen sehen. So war sein Herz von Angst erfüllt, zugleich von Verlangen, sie zu erblicken. Oft führte er Klage vor seiner Gattin, doch sprach er ihr nicht von seinem Liebesverlangen. Er erwähnte nur Kaherdin, der nicht käme. Sein langes Säumen ließe ihn befürchten, er habe seinen Auftrag nicht erfüllen können.

Vernehmt nun von einem erbarmenswürdigen Unglück, von einem schmerzlichen Mißgeschick, das die Herzen aller Liebenden tief berühren, ja erschüttern wird. Nie vernahmt ihr je eine so rührende Geschichte von solch einem sehnsüchtigen Verlangen, von so einer großen Liebe.

Es war dort, wo Tristan auf Isolde wartete und die Dame darauf brannte, endlich an Land zu kommen. Das Schiff war dem Strand schon so nahe gekommen, daß man von fern das Land sah. An Bord herrschte große Fröhlichkeit, und glücklich segelten sie dahin, als der Wind plötzlich nach Süden umsprang, von vorn gegen das Segel prallte und das Schiff zum Stillstand brachte. Die Mannschaft rannte zum Lofseil, um das Segel zu wenden, doch sie wurden unerbittlich abgetrieben. Der stärker werdende Wind ließ die See hoch gehen.

Das tiefe Meer geriet in Bewegung. Das Wetter wurde düster, der Himmel dunkel, die Wellen wurden höher und höher, das Meer nahm eine scharze Farbe an. Es begann zu regnen und zu hageln. Das Unwetter wurde immer schlimmer, so daß die Falleinen und die Wanten rissen. Daher holten sie das Segel ein und trieben ab, hilflos den Wogen und dem Wind ausgeliefert. Das Beiboot hatten sie bereits zu Wasser gebracht, da sie sich dem Lande nahe wußten. Zu ihrem Unglück hatten sie vergessen, es wieder an Bord zu holen, so daß es von einer Woge zerschmettert wurde. Nun war alles verloren. Der Sturm hatte an Heftigkeit derart zugenommen, daß selbst der erprobteste Seemann sich nicht mehr auf den Füßen hätte halten können. Alles an Bord weinte und klagte, gequält von Angst vor dem Ende. Isolde sprach: »Ich Unglückselige! Ich Elende! Gott will es nicht, daß ich noch so lange am Leben bleibe, bis ich Tristan, meinen Geliebten, vor mir sehe. Er will mich im Meer versinken lassen. Tristan, hätte ich mit Euch nur noch sprechen dürfen, wäre mir der Tod völlig gleichgültig. Schöner Freund, wenn Ihr von meinem Tode hört, dann werdet Ihr – ich weiß es wohl – bar aller Hilfe sein. Auch wird Euch die Nachricht von meinem Tod mit solchem Schmerz erfüllen, daß Ihr – zusammen mit Eurem schweren Leiden – nie mehr genesen könnt. Läge es bei mir, ich wäre längst bei Euch. Wenn Gott es so wollte, würde ich zu Euch kommen und Euch von Eurem Übel erlösen. Ein einziger Schmerz ist es, der mich peinigt: daß ich Euch nicht die ersehnte Hilfe bringen kann. Dies ist mein Schmerz, dies ist mein Kummer, dies erfüllt mein Herz mit Trauer, daß Ihr, mein Geliebter, nach meinem Tod hilflos dem Tode ausgeliefert seid. Mein eigener Tod kümmert mich wenig. Wenn Gott ihn will, so sei es auch mein Wille. Aber sobald Ihr, mein Geliebter, davon hören werdet, bringt Euch dies – wie ich wohl weiß – den Tod. Unsere Liebe ist so geartet, daß ich keinen Schmerz fühlen kann, ohne daß zugleich Ihr ihn empfindet. Ihr könnt nicht sterben ohne mich, ich kann nicht untergehen ohne Euch. Erleide ich Schiffbruch auf dem

Meer, müßt Ihr auf dem Lande untergehen. Doch da Ihr auf dem Lande nicht ertrinken könnt, seid Ihr gekommen, mich auf dem Meer zu holen. Ich sehe Euern Tod vor mir und weiß zudem, daß ich bald selbst den Tod erleiden muß. Mein Geliebter, ich kann mein sehnsüchtiges Verlangen nicht stillen. Ich hoffte, in Euren Armen sterben zu können, in einem Sarg mit Euch begraben zu werden. Doch es war uns dies nicht vergönnt. Doch ist dies wirklich eitler Wahn? Wenn ich schon hier ertrinke und Ihr – wie ich glaube – auch ertrinken müßt, mag's wohl dahin kommen, daß uns beide ein Fisch verschlingt, so daß uns ein glücklicher Zufall – mein schöner Geliebter – zu einem gemeinsamen Grab verhilft. Denn vielleicht wird er von einem Manne gefangen, der uns in seinem Bauche entdeckt und der unseren Leibern die Ehre zuteil werden läßt, die unserer Liebe gebührt. Ach, es kann ja nicht geschehen, was ich da sage! Doch wenn Gott es will, sollte es geschehen können! Aber – mein Geliebter – was solltet Ihr wohl auf dem Meere suchen? Ich wüßte nicht, was Ihr dort zu schaffen hättet. Ich aber fahre dahin auf dem Meer und werde hier sterben. Ich werde ohne Euch ertrinken, Tristan. Und es ist mir ein angenehmer Trost, mein schöner, süßer Geliebter, daß Ihr von meinem Tod nicht erfahren werdet. Nur wer hier ist, wird es wissen, und ich wüßte nicht, wer Euch davon erzählen könnte. Ihr aber werdet mich noch lange überleben und auf meine Ankunft warten. Wenn es Gott gefällt, werdet Ihr Heilung finden! Dies ist mein heißester Wunsch. Ich wünsche weit inniger, Ihr fändet Genesung, als daß ich wünschte, heil davonzukommen. So vollkommen ist meine Liebe zu Euch. Mein Geliebter, soll ich fürchten müssen, daß Ihr – nach meinem Tod, nach Eurer Genesung – mich vergeßt in Eurem Leben, daß Ihr Euch mit einer anderen Frau tröstet? Geliebter, nach meinem Tod? Im übrigen habe ich – mein Geliebter – Angst und Furcht vor Isolde Weißhand. Ich weiß es nicht, ob meine Furcht begründet ist, doch wenn Ihr tot däläget vor meinen Augen, würde ich Euch gewiß nur kurze Zeit überleben. Wahrhaftig, ich weiß nicht, was ich tun soll.

Doch ich fühle ein unbezwingliches Verlangen nach Euch. Gott gebe es, daß wir beide wieder zusammenkommen, damit ich Euch, mein Geliebter, Heilung bringen kann. Oder damit wir beide gemeinsam in den Tod gehen können.«

Solange der Sturm dauerte, jammerte und wehklagte Isolde. Und Sturm wie Unwetter dauerten mehr als fünf Tage auf dem Meer. Dann legte sich der Wind, und es zog schönes Wetter herauf. Nachdem sie das weiße Segel aufgezogen hatten, segelten sie rasch dahin, bis Kaherdin die Bretagne erblickte. Man freute sich darüber, war fröhlich und vergnügt und zog das Segel so hoch wie nur möglich, auf daß man sehen könne, es sei das weiße und nicht das schwarze. Schon von ferne wollte Kaherdin die Farbe zeigen, denn es war dies der letzte der vierzig Tage, die ihnen Herr Tristan bei ihrem Aufbruch nach England als Frist gesetzt hatte. Doch während sie noch fröhlich dahinsegelten, nahm die Hitze zu. Der Wind legte sich, so daß es vorbei war mit dem Segeln. Die See war glatt und still, und das Schiff blieb regungslos liegen, es wurde nur von der Strömung leicht getrieben. Auch hatten sie ihr Beiboot nicht mehr zur Verfügung. Nun war die Not groß! Nahe vor sich sahen sie das Land, doch es gab keinen Wind, der sie hingetrieben hätte. Sie lavierten hinauf, hinunter, einmal nach vorn, dann nach hinten. Sie brachten das Schiff nicht von der Stelle, so daß ihnen erneut großes Unheil widerfuhr. Isolde war ganz verzweifelt. Sie sah das Land, das sie ersehnt hatte, vor sich, ohne es erreichen zu können. Vor sehnsüchtigem Verlangen wäre sie fast gestorben. Alle auf dem Schiff wären gern ans Land gekommen, doch es wehte nur eine leichte Brise. Isolde aber klagte über ihr neues Unglück.

Am Ufer wartete man sehnsüchtig auf das Schiff, ohne es bereits gesehen zu haben. Tristan selbst war traurig und unglücklich. Häufig wehklagte er, seufzte er nach Isolde voll heißem Verlangen nach ihr. Unter Tränen wand er sich auf seinem Lager. Fast wäre er vor Sehnsucht gestorben. Als er sich so voller Verzweiflung quälte, kam seine Gattin Isolde zu ihm. Rachedurstig sprach sie: »Mein Freund, jetzt endlich kommt Kaherdin. Ich habe auf dem Meer sein Schiff gesehen. Wie es scheint, kommt er nur mit großer Mühe voran. Ich habe genau beobachtet, um sicher zu sein, daß es wirklich sein Schiff ist. Gott gebe es, daß es eine Nachricht bringt, die Euer Herz erquickt.«

Bei dieser Nachricht zuckte Tristan empor und fragte Isolde hastig: »Seid Ihr sicher, schöne Freundin, daß es auch wirklich sein Schiff ist? Sagt mir, von welcher Farbe ist das Segel?«

Isolde erwiderte: »Ich bin mir dessen völlig sicher. Wißt, das Segel ist vollkommen schwarz. Sie haben es aufgezogen und ganz hoch gehißt, weil sie keinen Wind haben.«

Da wurde Tristan von einem furchtbaren Schmerz überwältigt. Dem schrecklichsten, den er je erfahren hatte. Sich zur Wand drehend, sprach er: »Gott rette Isolde und mich! Da Ihr nicht zu mir kommen wollt, muß ich sterben aus Liebe zu Euch. Ich kann mein Leben nicht mehr festhalten. Isolde, schöne Geliebte, um Euretwillen sterbe ich. Ihr fühltet kein Erbarmen mit meinem Leid, doch Ihr selbst werdet leiden über meinen Tod. Das ist mir – meine Geliebte – ein großer Trost, daß Ihr betrübt sein werdet über meinen Tod.« Dreimal sprach er noch: »Isolde, Geliebte!« Beim vierten Male gab er seinen Geist auf.

Da brachen im ganzen Hause Ritter und Gefolgsleute in Tränen aus. Groß war die Klage, laut das Klagegeschrei. Ritter und Knechte sprangen auf, hoben den Leichnam aus seinem Bett und legten ihn auf ein prächtiges Leichentuch, um ihn mit kostbarer gestreifter Seide zuzudecken. Inzwischen hatte sich über dem Meer der Wind erhoben. Er blähte das Segel und trieb das Schiff an Land.

Als Isolde das Schiff verließ, hörte sie in den Straßen lautes Wehklagen, von den Klöstern und Kirchen den Klang der Glocken. Sie fragte die Menschen, was geschehen sei, warum man die Glocken läutete, warum man weinte. Da sprach zu ihr ein Alter: »Schöne Dame, so wahr mir Gott helfe! Wir fühlen alle so tiefen Schmerz, wie Menschen ihn nie größer empfunden haben. Tristan, der Vortreffliche, der Edelgesinnte, ist tot! Er war unser aller Trost hier im Reich. Freigebig war er gegen die Bedürftigen, hilfreich gegen die Schmerzbeladenen. Eben starb er in seinem Bett, und zwar an einer schweren Verwundung. Nie ist diesem Reich je größeres Unheil widerfahren.«

Als Isolde diese Worte hörte, kam vor Schmerz kein einziges Wort über ihre Lippen. Schmerzerfüllt über seinen Tod ging sie – allen anderen voran – ohne ihren Mantel die Straße entlang zum Palast. Nie erblickten die Bretonen eine Frau von solcher Schönheit! In der Stadt wunderte man sich und fragte, wer sie sei, woher sie komme. Isolde aber ging unbeirrbar, bis sie Tristans Leichnam vor sich sah. Dann wandte sie sich gen Osten und betete für ihn voller Inbrunst. »Freund Tristan, da ich Euch tot vor mir sehe, ist es gegen Recht und Vernunft, noch länger zu leben. Aus Liebe zu mir seid Ihr gestorben. So sterbe ich, Geliebter, vor Leid, daß ich nicht rechtzeitig gekommen bin, Euch von Eurer Krankheit zu heilen. Mein Freund, mein Geliebter! Nichts kann mich trösten über Euern Tod! Nie mehr werde ich Glück, Freude und Lust empfinden! Verflucht sei der Sturm, der mich, Geliebter, so lange festhielt auf dem Meer, so daß ich nicht rechtzeitig kommen konnte. Wäre ich rechtzeitig gekommen, hätte ich Euch, Geliebter, das Leben zurückgegeben, zärtlich mit Euch geplaudert von der Liebe, die zwischen uns war. Beklagt hätte ich unser Schicksal, geschildert unsere Freude, unser Glücklichsein, auch das Leid und die große Qual, die uns die Liebe brachte. Alles hätte ich Euch ins Gedächtnis zurückgerufen, Euch geküßt und umarmt. Doch wenn ich Euch schon nicht heilen konnte, so sei es uns erlaubt, gemeinsam in den Tod zu gehen. Da ich nicht rechtzeitig kommen konnte, da ich nichts wußte von dem, was hier geschehen, da ich gekommen bin zu Eurem Tode, soll mich der gleiche Trank trösten, den Ihr getrunken! Um meinetwillen verloret Ihr das Leben. So will ich denn handeln wie eine wahre Freundin und um Euretwillen sterben!«

Sie schloß ihn – sich an seine Seite legend – in die Arme, bedeckte seinen Mund und sein Antlitz mit Küssen und preßte ihn in enger Umarmung ganz fest an sich. So dahingestreckt – Leib an Leib, Mund an Mund – gab sie den Geist auf und starb an seiner Seite aus Schmerz um den Geliebten. Starb Tristan aus sehnsüchtigem Verlangen, so starb Isolde, weil sie zu spät gekommen. Tristan starb an seiner Liebe, die schöne Isolde aus hingebungsvoller Zärtlichkeit.

»Tristan en prose«

Inhaltsübersicht

Tristans Ahnen

Die Handlung beginnt zur Zeit Christi in England, das vor kurzer Zeit von Joseph von Arемathia christianisiert wurde. Die in diesem Zeitraum einsetzende Geschichte von Tristans Ahnen ist gekennzeichnet durch eine Reihe von Gewalttaten (Vergewaltigung, Mord, Vatermord, Inzest, Entführung usw.). Schließlich besteigt Marc als König den Thron von Cornwall. Seine Schwester Héliabel heiratet Meliadus, den König von Léonois, der auf einer Jagd verhext wird und nicht zurückkehrt. Héliabel, die schwanger ist, geht auf die Suche nach ihm. Sie gebiert einen Sohn, den sie Tristan nennt, und stirbt nach dessen Geburt.

Tristans Jugend, erste Bewährung, Verwundung und Heilung

Um stiefmütterlichen Ränken zu entgehen, zieht Tristan mit seinem Erzieher Gorvenal nach Gallien, später nach Cornwall zurück, wo sie beide am Hofe Marcs Zuflucht finden, ohne ihre Namen zu enthüllen. Nach vier Jahren wird Tristan zum Ritter geschlagen. Er besiegt im Zweikampf den irischen Helden Morholt, indem er ihm eine tödliche Wunde zufügt, doch auch er wird verwundet und siecht – unheilbar krank – dahin. Er schifft sich ein und treibt in zielloser Fahrt nach Irland, wo ihn Morholts Nichte – Yselt la Bloie (die blonde Isolde) – heilt, ohne in ihm den Mörder ihres Oheims zu erkennen. Auf einem Turnier erscheint der heidnische Ritter Palamedes, der sich in Yselt verliebt, wodurch Tristans Aufmerksamkeit auf die Prinzessin gelenkt wird. Man identifiziert ihn als den Mörder Morholts, doch ihn rettet sein hohes ritterliches Ansehen: Er wird lediglich verbannt.

Abenteuer am Hofe Marcs

Nach Cornwall zurückgekehrt, gerät Tristan in einen Konflikt mit seinem Oheim. Beide lieben dieselbe Frau, und als diese den Jüngeren vorzieht, kommt es zwischen den beiden Rivalen zum Kampfe, in dem Tristan verletzt wird. Marc ist fortan darauf bedacht, den gefährlichen Nebenbuhler aus dem Wege zu räumen. Er schickt ihn zunächst nach Irland, wo er für ihn um Yselt werben soll.

Es gelingt Tristan, Yselt für Marc zu gewinnen.

Der Liebestrank

(Kap. 443–449) Als die Zeit herangekommen war, da sie in See stechen wollten, rief die Königin Brangain und Gorvenal herbei und sprach zu ihnen: »Hier ist ein silbernes Gefäß mit einem wunderbaren Trank. Wenn sich König Marc und Yselt in der Hochzeitsnacht zu Bett begeben, so gebt erst König Marc davon zu trinken, danach Yselt. Sobald sie getrunken haben, schüttet den Rest fort und achtet wohl darauf, daß kein anderer Mensch davon trinkt, denn sonst kann großes Unheil daraus entstehen. Dieser Trank ist ein Liebestrank. Sobald der König und meine Tochter davon getrunken haben, werden sie einander so leidenschaftlich lieben, daß niemand auf der ganzen Welt zwischen den beiden je Zwietracht oder Streit säen kann. Ich selbst habe diesen Trank für die beiden zubereitet. Achtet also darauf, daß kein anderer Mensch davon trinkt.« Sie erklärten sich einverstanden und nahmen den Trank mit auf das Schiff.

Bald entfernten sie sich vom Festland, hatten doch die Seeleute alle nötigen Vorkehrungen zur Ausfahrt getroffen. Das Wetter zeigte sich günstig: Die Luft war mild; die See war ruhig, und es stürmte nicht; sobald die Segel aufgezogen waren, trieb sie ein günstiger Wind wunschgemäß fort von der Küste. Auf dem Schiff war man fröhlich und vergnügt und vertrieb sich die Zeit mit heiterem Spiel und Plauderei. Yselt aber unterhielt sich zu ihrem Zeitvertreib mit Tristan und sprach mit ihm über allerlei. Tristan hatte dabei nichts Arges im Sinn, und wenn er sich Yselt widmete, so nur aus Liebe zu seinem Onkel, an dem er (zumindest jetzt, in dieser Verfassung) um nichts in der Welt niederträchtig gehandelt hätte.

Nun waren sie bereits drei Tage auf See. Alle zeigten sich fröhlich und genossen das freundliche Wetter, das ihnen Gott gesandt hatte. Am dritten Tage kam es dazu, daß Tristan und Yselt beim Schachspiel zusammensaßen. Nun war es so warm geworden, daß Tristan ein leichtes Seidengewand übergeworfen hatte; Yselt war in grünen Samt gekleidet. Tristan war es indes heiß geworden, und so bat er Gorvenal und Brangain, ihm einen Trank zu reichen. Da geschah es, daß sie nach dem Gefäß mit dem Liebestrank griffen. Sie waren unachtsam, denn auf dem Schiff befanden sich mehrere Silbergefäße, so daß sie die Gefäße verwechselten. Gorvenal griff gedankenlos zu, Brangain nahm einen Goldpokal und trug ihn zu Tristan. Gorvenal füllte den Pokal, und Brangain reichte ihn Tristan, der ihn durstig und voller Behagen austrank. Dabei lobte er in Gedanken den guten Geschmack des Weines. Nun war es auch wirklich Wein, doch war ihm Substanz beigefügt, die er nicht wahrnahm. Nachdem er getrunken hatte, gebot er, daß man diesen Wein auch Yselt reiche. Man gab ihr davon, und auch sie trank.

O Gott! Welch ein Trank! Welch Quelle des Unheils! Nun sie davon getrunken haben, hat für sie eine nie endende Leidenszeit begonnen, und dies bis zu ihrem letzten Atemzug. Sie haben einen Lebensweg begonnen, auf dem sie nur Qual und Schmerz leiden werden, und dies bis an ihr Ende. Gott, welch ein Leid! Ihr eigenes Verderben, ihren Tod haben sie getrunken! Der Trank erschien ihnen zwar sehr köstlich, aber nie wurde Köstlichkeit so teuer erkauft wie diese. Sobald sie getrunken hatten, wurden sie zutiefst im Herzen verwandelt. Eines schaute den anderen verwundert und ratlos an, und beiden kamen jetzt ganz andere Gedanken und Wünsche als zuvor. Tristans Denken kreiste nur noch um Yselt, das Denken Yselts kreiste nur noch um Tristan. König Marc war vergessen, denn Tristan ersehnte jetzt nur noch die Liebe Yselts.

Während beide gedankenversunken beieinandersaßen, stellte sich jeder von ihnen voll Staunen die Frage, was ihr Denken und Wünschen so verwandelt hatte. Zuvor hätten sie um nichts auf der Welt an solch ein Vergehen gedacht. Nun aber brannten beide vor Begier nach des anderen Liebe. Nichts auf der Welt konnte noch verhindern, daß Tristan Yselt und Yselt Tristan liebte. Beider Herzen stimmten so vollkommen zusammen, daß es ihnen nicht einmal in den Sinn kam, ihre Begierde zu zügeln. Tristan liebte Yselt, ohne dabei irgendwelche Skrupel zu fühlen. Und sie waren – wie er meinte – auch keineswegs nötig, erschien sie ihm doch in jeder Hinsicht so liebreizend und bezaubernd, daß er überzeugt war, er könne sein Herz keiner reizenderen und entzückenderen Frau schenken. Und auch Yselt fühlte Liebe zu Tristan. Sie fühlte Freude und Glück, erschien er ihr doch als der herrlichste und beste Ritter auf der ganzen Welt. Beide waren nicht nur wunderschön, sondern auch von vornehmster Herkunft, und so paßten sie in doppelter Hinsicht gut zueinander. Jeder Gedanke an König Marc war verschwunden. Yselt liebte Tristan weit inniger als den mächtigsten König auf der ganzen Welt. Sie wollte nur Tristan; mochte König Marc sich ein anderes Eheweib suchen! So war Yselts ganzes Sinnen und Denken einzig und allein auf Tristan gerichtet. Ihre Blicke hingen aneinander, und an des anderen Blick erkannten sie deutlich dessen Begierden und Gedanken. Tristan begriff, daß Yselt ihn aus tiefstem Herzen liebte; Yselt begriff, daß Tristan ihre Liebe erwiderte. So wie sie aus ihrer Freude darüber keinen Hehl machte, zeigte Tristan deutlich genug sein Glück, und er war überzeugt davon, der glücklichste Ritter zu sein, der je auf Erden lebte. Wurde er doch von der bezauberndsten Frau dieser Welt geliebt.

Nachdem sie (wie ich's erzählte) den Liebestrank getrunken hatten und Gorvenal das Gefäß erkannte, war er völlig ratlos. Er musterte es näher tretend und erkannte, daß es sich ganz zweifelsfrei um den Liebestrank handelte. Vor lauter Herzenskummer wünschte er sich den Tod herbei, wußte er doch, daß jetzt Tristan Yselt und Yselt Tristan liebte. Ihm wie auch Brangain würde man die Schuld daran geben, denn bei ihnen lag ja die ganze Verantwortung. Jene, die unwissentlich von dem Trank getrunken hatten, konnte dahingegen kein Tadel treffen.

Ins Zimmer zurückgekehrt, sprach er zu Brangain: »Brangain, wir sind entehrt! Übel haben wir gehandelt. Durch unsere Verwechslung haben wir (wenn nicht Gott noch eingreift) Tristan und Yselt zum Hohn und Spott der Welt gemacht.«

»Wie denn?« antwortete sie. »Was ist denn geschehen?«

Da zeigte er ihr das Gefäß, in dem sich der Liebestrank befand: »Hier, davon gaben wir ihnen zu trinken!« sagte er. »In schlimmster Weise haben wir Verrat geübt an ihnen! Denn nun müssen sie einander unwendbar lieben! Übel haben wir gehandelt.«

Als Brangain dies hörte und erkannte, daß er die Wahrheit sprach, schluchzte sie unter Tränen: »Ja, übel haben wir gehandelt! Dies kann nur Unheil heraufbeschwören. Teuer bezahlen werden sie unsere Torheit!«

»Ich weiß nicht, was daraus entstehen wird!« sprach Gorvenal. »Wir müssen nun das Geschehene zur Kenntnis nehmen und sehen, was aus der Sache wird.«

Voller Selbstanklagen und voller Schmerz waren Gorvenal und Brangain über das, was sie mit ihrer Leichtfertigkeit angerichtet haben. Beide brachen in Tränen und in Wehklagen aus, aber nur insgeheim, da sie das Vorkommnis verheimlichen wollten.

Waren die zwei auch bekümmert, so zeigten sich jene, die von dem Trank getrunken hatten, ganz und gar verstrickt in ihre Liebe. In Gedanken an ihre Herrlichkeit entbrannte Tristan in so heftiger Liebe zu Yselt, daß er nur noch sie begehrte, und Yselt wiederum begehrte einzig und allein ihn. So trafen sich beider Wünsche, und es war nicht mehr möglich, einander ihr Fühlen zu verheimlichen. Tristan enthüllte Yselt all sein Sinnen und Trachten und gestand, daß er sie aus tiefstem Herzen liebe. Und Yselt gestand ihm ihrerseits ohne jede Umschweife ihre Liebe: »Tristan«, sprach sie zu ihm, »wenn du mich liebst, so macht mich dies froh und glücklich, denn auch ich liebe auf der ganzen Welt nur dich allein. Nie werde ich – solange ich lebe – einen anderen lieben als dich! Doch ich weiß nicht – du magst es ruhig glauben –, wie diese Leidenschaft so plötzlich über mich kommen konnte!«

Was soll ich euch noch mehr erzählen? Nun Tristan wußte, daß Yselt seine Wünsche teilte, verloren sie keine Zeit mehr. Beide waren allein in der Kajüte und brauchten also keine Überraschung zu befürchten. So tat er mit ihr nach seinem Willen und machte, daß sie des Namens »Jungfrau« ledig wurde. Wie ich euch erzählte, verfiel also Tristan auf diese Weise ganz und gar der Liebe zu Yselt, so daß er sich nie mehr zu lösen vermochte, keine andere liebte und begehrte. Und diese Liebe, in die er durch die Macht des Liebestrankes verfiel, verstrickte ihn später in solches Leid, in solche Pein, daß wohl weder vorher noch nachher ein Ritter schlimmeres Liebesleid erfuhr als er. Mir scheint, er verdient Mitleid ob dieses Abenteuers, war er doch ein so vortrefflicher Ritter, daß es zu Artus' Zeiten auf der ganzen Welt nur wenige Ritter gab, die ihn übertrafen.

Gorvenal wandte sich an Brangain: »Brangain, was hältst du nun von dieser Sache mit dem trefflichen Tristan und Yselt?«

»Es scheint mir«, erwiderte Brangain, »daß die beiden tatsächlich miteinander geschlafen haben. Tristan hat Yselt ganz ohne Zweifel zur Frau gemacht. Ich sah, wie sie beieinander lagen. Wir aber haben beide unsere Ehre verloren, sobald König Marc Yselt nicht so beschaffen findet, wie er es erwarten kann. Dann wird er sie und auch uns beide – die wir sie behüten sollten – töten. Was sollen wir nur tun?«

»Hab keine Furcht«, erwiderte Gorvenal. »Da es unsere Schuld und unser Leichtsinn gewesen sind, müssen wir nun um so klüger handeln, damit niemand von dieser Sache erfährt und niemand etwas merkt. Dann werden wir auch nicht ehrlos dastehen.«

»Was aber sollen wir nur tun?« fragte Brangain.

»Verlasse dich da nur auf mich!« meinte Gorvenal. »Ich werde damit schon fertig. Sei überzeugt, daß wir für das, was geschehen ist, nicht gemaßregelt werden.«

»Gott der Barmherzige richte es ein!« sagte darauf Brangain.

Tristan hatte keine Ahnung von ihren Plänen. Er führte ein unbeschwert glückliches Leben und fand seine Lust bei Yselt, so daß er sich im Paradies wähnte. Und Yselt erging es ebenso. Einer liebte den anderen von ganzem Herzen. Ihre Liebe aber wuchs und wuchs; sie wurde so stark, daß es ihnen unmöglich schien, einander zu verlassen. So segelten sie auf Cornwall zu, und zwar auf dem direkten Weg, der ja den Seeleuten wohlbekannt ist. Sie wären also ziemlich zeitig angekommen, hätte sie nicht ein Abenteuer aufgehalten, von dem ich euch jetzt erzählen will.

Nach zahlreichen Abenteuern kommen sie schließlich nach Cornwall.

In Cornwall folgen die Episoden mit der untergeschobenen Braut (Brangain) und Yselts Mordanschlag gegen die Helferin, die jedoch von Palamedes befreit wird. Palamedes entführt Yselt, so daß es zu einem furchtbaren Kampfe zwischen ihm und Tristan kommt, dem es am Ende gelingt, die Königin zu befreien.

Antret, dem zweiten Neffen Tristans, der den vom Glück begünstigten Tristan haßt, gelingt es nach vielen vergeblichen Versuchen, Tristan und Yselt in flagranti zu ertappen. Es folgen die Verurteilung der Liebenden zum Flammentod, der Kapellensprung Tristans, die Aussätzigen-Episode (Gorvenal rettet Yselt, als sie den Aussätzigen ausgeliefert wird) und das Waldleben der Liebenden.

Isolde Weißhand

Nach einigen Monaten entdeckt Marc Yselt und entführt sie nach Tintagel. Tristan, der sich auf der Jagd befindet, wird von einem vergifteten Pfeil verwundet und flüchtet in die Petite Bretagne (Kleine Bretagne), wo ihn die Tochter des Königs Hoël – Iseut aux Blanches Mains (Isolde Weißhand) – heilt.

Nachdem Tristan dem König Hoël geholfen hat, sein Land zu befreien, heiratet er Isolde Weißhand, ohne die Ehe gleich zu vollziehen. Als seine Geliebte von seiner Heirat hört, beklagt sie sich in einem Brief bei Ginover und Lancelot.

Im Verlaufe einer Seereise wird Tristan durch einen Sturm an die Küste des Landes der Leibeigenschaft verschlagen, das er im Kampfe befreit. Es folgt eine Reihe ritterlicher Abenteuer, wobei Tristan mit Rittern der Tafelrunde des Artus zusammentrifft. Unter ihnen ist auch Lancelot.

Tristan bei Artus

Tristan schifft sich mit Kaherdin, dem Sohn des Königs Hoël, nach Cornwall ein, gelangt jedoch zunächst nach Logres, in das Reich des Königs Artus, wo er den König aus der Gefangenschaft einer Fee befreit.

Bei einem Wiedersehen mit Yselt verliebt sich Kaherdin in die Königin. Tristan wähnt sich von der Geliebten verraten und wird wahnsinnig. Kaherdin – von Yselt verjagt – irrt durch Cornwall und Logres, kehrt in die Petite Bretagne zurück und findet ein elendes Ende. Der wahnsinnige Tristan wird indes von Marc entdeckt, danach von Yselt geheilt, aber nach erfolgter Heilung aus Cornwall verbannt. Fortan befindet sich in seiner Begleitung der Ritter Dinadan.

Im Königreich Logres vollbringt Tristan viele Heldentaten. Als er mit Lancelot zusammentrifft, wird der beginnende Kampf unterbrochen, da die beiden Kämpfer ihre Namen nennen. Daraufhin wird Tristan in die Tafelrunde aufgenommen. Er erhält den Sitz Morholts.

König Marc, der von den Heldentaten seines Neffen gehört hat, kommt heimlich nach Logres, um den verhaßten Rivalen zu töten. Er muß sich mit einer Reihe ritterlicher Gegner auseinandersetzen.

Eingeschoben werden Abenteuer des Palamedes, der von seiner Liebe zu Yselt getrieben wird.

Auf Vermittlung von Artus versöhnen sich endlich Marc und Tristan. Während es am Hofe des Artus zu Sippenfehden kommt, kehren Tristan und Marc zu Schiff nach Cornwall zurück. Marc informiert Artus brieflich über den Ehebruch seiner Gattin Ginover mit Lancelot.

Während im Lande des Artus wildbewegte Zeiten anbrechen (die Sachsen fallen ein und werden mit Tristans Hilfe besiegt), kommt es in Marcs Reich erneut zur Auseinandersetzung zwischen Oheim und Neffen. Voller Eifersucht kerkert Marc seinen Neffen zweimal ein, der sich jedoch (in einem Falle mit Hilfe Percevals) stets zu befreien vermag.

Das Leben im Schloß »Joyeuse Garde« (»Glückliche Wacht«)

Tristan flieht mit Yselt nach Logres und findet Aufnahme im Schloß des Lancelot, das den Namen »Joyeuse Garde« trägt. Sie verbringen einige Monate in glücklicher Zweisamkeit, bis Artus – der Tristan an seinen Hof ziehen will – ein Turnier ausrufen läßt. Nachdem Tristan in diesem Turnier gesiegt hat, kehrt er in das Schloß des Lancelot zurück und lebt dort einige Zeit mit Yselt. Anschließend kehrt er allein an den Hof des Artus zurück, um der »Pentecôte du Graal« (Pfingsten des Grals) beizuwohnen. (An dieser Stelle wird eine Zusammenfassung der »Queste del Saint Graal« in den Roman eingefügt.)

Der Tod der Liebenden

Marc nützt die Zeit, um in das durch die Gralssuche geschwächte Reich des Artus einzufallen und die »Joyeuse Garde« zu erstürmen. Er entführt Yselt. Nach geraumer Zeit kehrt Tristan nach Cornwall zurück und hat ein Wiedersehen mit Yselt. Die Liebenden werden jedoch durch Antret überrascht, der sie dem Oheim verrät. Marc greift Tristan an und verwundet ihn tödlich mit einem vergifteten Schwert, das ihm die Fee Morgan gegeben hat. Nachdem Tristan einen Monat lang mit dem Tode gerungen hat, nimmt er Abschied vom Rittertum, von seinem Schwert, von seinen Gefährten und von der Liebe. In letzter Umarmung erdrückt er Yselt. Sein Schild und sein Schwert werden zu Artus gebracht. Artus und seine Ritter beschließen, ein Jahr lang um Tristan zu trauern. In dieser Zeit wollen sie nur schwarze Kleider tragen.

(Es folgen die letzten Episoden aus der »Queste«. – Gauvain gesteht alle von ihm begangenen Morde. – Einige Handschriften fügen noch einen Epilog bei.)

Italien

»La Tavola Ritonda«

Inhaltsübersicht

Die textdominante Vorlage ist der altfranzösische Prosaroman (»Tristan en prose«, S. 85); er nimmt etwas mehr als drei Viertel des Gesamtumfanges der »Tavola Ritonda« ein. Daher kann hinsichtlich des Inhalts darauf Bezug genommen werden. Der Verfasser der »Tavola Ritonda« benutzte jedoch auch andere »Tristan«-Versionen, vor allem italienische, aber auch den »Tristan« des Thomas (S. 55). Ihm entnahm er folgende Partien: Das belauschte Stelldichein im Baumgarten; die Mehlstreu-Szene; das Gottesurteil; Tristanos Kampf mit dem Riesen Urgano und der Gewinn des Zauberhündchens; Tristanos Rückkehr an den Hof Marcos; Vertreibung der Liebenden vom Hofe Marcos; Waldleben und Entdeckung durch Marco; Bestrafung des Mariodocco; Rückkehr der Liebenden an den Hof Marcos.

Die Mehlstreu-Szene und das Gottesurteil

(Kap. LXIV) Nun berichtet uns die Erzählung, Tristano habe am Hofe des Königs Marco so lange geweilt, bis der König – bewirkt durch üble Nachrede und durch das Mienenspiel der schönen Isotta – Argwohn schöpfte. Um Gewißheit zu erlangen, ersann er einen überaus listigen Anschlag: Er ließ in einem Gemach drei prächtige Betten herrichten und sprach dann zu Tristano: »Mein edler Neffe, es will mir scheinen, als wäre es wieder an der Zeit, unser Blut aufzufrischen. Wenn's Euch gefällt, wollen wir uns um der Gesundheit willen gemeinsam zur Ader lassen.«

Tristano erwiderte, daß er damit sehr einverstanden sei, und so geschah es beim König, bei Tristano und bei der Königin. An diesem Tage aber aßen sie vortreffliche Speisen und begaben sich dann in jenem Raum zur Ruhe, jeder in seinem Bett. Aus dem ersten Schlaf aufschreckend, erhob sich der König, ging durch den Raum und streute heimlich Mehl im Zwischenraum zwischen den Betten Tristanos und Isottas. Danach meinte er zu Tristano, er wolle den Vormittag nach Wunsch und Laune verbringen, und verließ dann das Gemach.

Nachdem Tristano dies vernommen hatte, erhob er sich, um zum Bett der Königin zu gehen. Da entdeckte er jedoch das weiße Mehl auf dem Boden und sprach zu sich: ›Hier wurde eine raffinierte List erdacht, die gegen Isotta und mich gerichtet ist.‹ Er war jedoch nicht nur ein edler, sondern auch ein sehr gewandter Ritter. So nahm er denn ohne langes Zaudern einen Anlauf in seinem Bett und sprang dann bis in das Bett der Königin. Bei diesem Sprunge öffnete sich jedoch wieder die Wunde an seinem Arm, so daß viel Blut hervorströmte. Nachdem er seine Lust und Wonne genossen hatte, sprang er nach abermaligem Anlauf wieder zurück in sein Bett. Wenig später erschien der König, in der Hand eine brennende Fackel. Nun entdeckte er auf dem Boden keinerlei Spuren in der Mehlstreu, doch als er die Betten der Königin und Tristanos untersuchte, fand er beide blutbesudelt. Da wurde schlimmer Argwohn in ihm wach.

Am Morgen ließ er den Erzbischof der Stadt (einen weisen, ein heiliges Leben führenden Mann) vor sich kommen und berichtete ihm von seinem Argwohn wider seine Gattin Isotta. Auch sagte er, daß er beide des Verdachtes wegen verbrennen lassen wolle. Der Erzbischof aber meinte: »Einen Menschen einfach zu beschuldigen, ihn nur um eines Argwohns willen töten zu lassen ist nicht erlaubt. Ihr sagt doch selber, daß Ihr Euch ihrer Schuld nicht sicher seid. Seid Ihr einverstanden, so gebe ich Euch einen anderen Rat, der sowohl vortrefflich als auch gerecht ist.«

Der König erklärte, dies gefalle ihm sehr wohl; er wolle sich an den Rat des Erzbischofs halten. Da sprach dieser: »So gebe ich Euch folgenden Rat, o Herrscher: 25 Meilen von hier entfernt befindet sich auf der Insel Matufer – mitten im Meer – der Rote Felsen. Dahin bringt Eure Gattin. Auf dieser Insel haben sechs Patres und selbst der große Prophet Buße getan. Auf dem Roten Felsen findet man zahlreiche Reliquien und auf dem Gesetz von Carleone beruhende Weissagungen. Auch der Tugendstein Heliotrop ist dort zu finden, der bekanntlich keine Lüge zuläßt. Seid Ihr dort angekommen, so gebietet der Königin, sie möge die rechte Hand ausstrekken und auf dem Stein den Eid leisten, daß sie nie und nimmer an Euch schuldig wurde. Ihr könnt sicher sein: Sie wird (was immer sie sprechen will) die Wahrheit sagen müssen. Um Eurer Sache völlig sicher zu sein, heißt sie mit der Hand das glühende Eisen anfassen. Hat sie die Wahrheit gesagt, so wird die Wunderkraft der Reliquie bewirken, daß ihr das Eisen kein Leid zufügt. Danach könnt Ihr völlig beruhigt sein. Dank der Wunderkraft des Steines kann dort auf dem Felsen niemand eine Lüge aussprechen, ja selbst noch in einem Umkreis von zehn Manneslängen rings um den Felsen wirkt diese Kraft. Die Richtigkeit dieser Aussage können mehr als tausend Menschen bestätigen. Ich muß Euch jedoch einen Eid abverlangen: Sollte die Königin schuldig sein, so dürft Ihr sie nicht töten, denn ich möchte nicht den Tod eines Menschen verschuldet haben. Ihr mögt sie bei Wasser und Brot in den Kerker werfen lassen.«

Der König war hoch erfreut über diesen Rat. Nun begab sich der Erzbischof zu der Königin Isotta und berichtete ihr alles. Sie solle sich zehn Tage später zu jenem Felsen begeben und sich dort der Probe unterziehen. Isotta stellte sich, als sei sie froh darüber, doch in Wirklichkeit war sie im Grunde ihres Herzens weit verzweifelter als alle anderen Frauen dieser Welt. Sie fühlte sich schließlich schuldig und wußte recht wohl, daß sich kein Mensch zu jenem Roten Felsen begeben konnte, ohne dort die lautere Wahrheit gestehen zu müssen.

Es war ihm dort nicht möglich, eine Lüge hervorzubringen. Sie ließ Tristano vor sich kommen und erzählte ihm, was der König ihr befohlen hatte. Herr Tristano sprach nach kurzem Überlegen: »Fürchtet Euch nicht, Herrscherin! Ich denke schon, mein Teil beitragen zu können, daß Ihr keinen Meineid schwören müßt. Ich werde es zustande bringen, daß Euch das glühende Eisen nicht versehrt. Ich werde mich in Verkleidung auf die Insel begeben und dort die gestellten Bedingungen erfüllen helfen. Und sollte die List nicht verfangen, so hilft uns vielleicht das scharfe Schwert aus der Not.«

Danach verließ Tristano die Königin. Er wappnete sich, bestieg sein Roß und nahm Abschied vom König. Diesem aber sagte er, er wolle den Herzog Bramante besuchen, der ihn schon wiederholt eingeladen habe. Darauf beurlaubte ihn der König für einen ganzen Monat. Tristano aber ritt zum Hafen und begab sich ins Haus eines Bürgers, der sein treuer Freund war. Bei ihm ließ er – abgesehen vom Schwert – alle seine Waffen. Nachdem er meinte, alles zusammen zu haben, nahm er allein einen Nachen und setzte damit zu der Insel Matufer über, wo sich der Rote Felsen befand.

Nachdem die der Königin gesetzte Frist verstrichen war, begaben sich König Marco, der Erzbischof und die Königin aus der Stadt, begleitet von zwanzig greisen Mönchen, Äbten und Geistlichen. Am Ufer begegnete ihnen ein Pilger. Auf dem Kopfe hatte er einen breitkrempigen Hut, in der Hand einen kräftigen Stab, ihn umwallte ein schwerer Umhang, auch trug er einen langen Bart. Außer ihm befand sich kein Mensch auf der Insel.

Als die Königin diesen Pilger erblickte, rief sie ihm zu: »He, du Diener Gottes! Bitte hilf mir aus dem Boot!«

Der Pilger watete durch das knietiefe Wasser, nahm die Königin fest und sicher auf seine Arme und drang mit ihr barfüßig in das dichte Ufergehölz ein. Als der König dieses Schauspiel erblickte, wurde er mißmutig, doch der Erzbischof wie auch die anderen Prälaten meinten treuherzig:

»Laßt Euren Mißmut, o Herr! Wer da die Königin in die Arme schloß, war doch nur ein frommer Einsiedler.«

Jener aber hatte es getan, um den Reinigungseid der Königin vorzubereiten. Und so bestätigte sich wiederum die Wahrheit der Worte Merlins: »Bei den Vorfahren waren noch Tapferkeit, Treue und Makellosigkeit; später stellten sich ein der Witz, die Arglist, der Trug und die Verdorbenheit.«

Die Königin war nun eine kluge Frau, und sie begann – mit listiger Verstellung – zu weinen. Der König aber meinte seufzend, noch nie habe sich jemand in seiner Gegenwart so ungehörig benommen.

Danach traten sie zu Fuß den Weg durch den dichten Wald an. An einem Felsen stießen sie auf einen Narren – bis zur Unkenntlichkeit verkleidet; zerzaust, barfüßig, mit fleckigem Gesicht. Er hatte sich vor einem Kreuz hingeworfen und hielt hoch erhoben ein Kreuz von Zypressenholz – einer in diesem Wald verbreiteten Baumart. Der König war sehr verwundert ob dieses Anblickes, doch der Erzbischof trat näher, kniete andächtig nieder und küßte das Kreuz des Narren, das dieser in seiner Rechten hielt. Nachdem es ihm sowohl der König als auch die anderen Prälaten nachgetan hatten, trat auch die Königin heran. Sogleich umarmte und küßte sie der Narr, so daß der König in hellen Zorn geriet. Der Erzbischof aber beschwichtigte ihn: »Herr, Ihr zürnt ohne Not! Ich bin überzeugt, dieser Mann da lebt einzig in Liebe zu Gott und zum Heiligen Geist.«

Nachdem sie nun bei dem Stein angekommen waren, befahl der König der Königin, sie möge die rechte Hand auf den Stein legen und schwören, daß sie die reine Wahrheit sprechen würde. Die Königin tat dies und sprach: »Ich schwöre bei diesen heiligen Reliquien, daß mir niemand nahe kam oder sich an meinem Körper zu schaffen machte als einzig und allein Ihr, König Marco, jener Pilger, der sich im Hafen befand, und der Narr dort in der Nähe. Rein bin ich, makellos und rechtschaffen. Nie wurde ich schuldig außer mit jenen, die ich genannt habe.«

Der König in seinem großen Eifer schöpfte keinen Verdacht und drängte: »Herrin, Ihr habt vergessen, das glühende Eisen in die Hand zu nehmen!«

Da ergriff die Königin das glühende Eisen und behielt es lange in der Hand, ohne von ihm versehrt zu werden. Nun ließ der König seinen Argwohn fallen. In stürmischer Liebe umarmte er die Königin, küßte sie und schenkte ihr auf der Stelle drei stattliche Burgen: Es waren dies Antriadin, Liorlinge und Pontier del Monte.

Danach fragte der König den Narren nach seinem Namen. Dieser antwortete: »Ich heiße Tantri. Kehrte man die Silben um, hieße ich Tritan.« Doch der König begriff nichts von dem verhüllten Sinn dieser Worte.

Nun kehrten der König, die Königin und ihr Gefolge in die Stadt Tintoille zurück. Tristano blieb allein und überlegte: ›Nun ja, ich heiße ja auch Tritan. Und hätte der König etwas gemerkt, so hätte ich ihm eins über den Schädel gegeben. Man darf schließlich bei diesem Stein nicht lügen.‹ Er warf den Hut ab, stieg in den Nachen und kehrte in das Haus seines treuen Freundes zurück, wo er sich den Tag über ausruhte.

Tristanos Kampf mit dem Riesen Urgano und der Gewinn des Zauberhündchens. Tristanos Rückkehr an den Hof Marcos

(Kap. LXV) Am folgenden Tage wappnete sich Tristano und bestieg sein Roß. Er ritt so lange, bis er (nach sechs Tagen) in der Stadt Teneson eintraf. Tristano befand sich vor dem gewaltigen Palast des Herzogs Bramante. Als dieser ihn erblickte, erwies er ihm alle nur erdenklichen Ehren: Er umarmte ihn und küßte ihn im Überschwang, hatte er ihn doch schon längst kennenlernen wollen. Ihr mögt wissen, daß dieser Herzog viel für die Freuden des Lebens übrig hatte, daß er vorzüglich zu leben und zu genießen verstand.

Zwölf Tage blieb Herr Tristano an seinem Hofe, doch eines Tages überfielen ihn die Gedanken an die Liebe zur schönen Isotta, und er versank in tiefe Schwermut. Er war so in Gedanken versunken, daß ihn nichts zu erfreuen vermochte. Um ihn aufzumuntern und ihn zu erfreuen, ließ der Herzog ein Hündchen herbeibringen, das er zu seinem eigenen Vergnügen hielt. Es hieß Petitto Araviuto und war sorgfältig aufgezogen wie gefüttert worden. Niemand vermag sich einen Begriff zu machen von seiner Schönheit, von den Farben seines Felles. Von welcher Seite man es auch betrachten mochte: Stets schimmerte es in allen nur erdenklichen Farben. Wenn man es mit der Hand streichelte, fühlte es sich an wie Seide. Es stammte aus der Kreuzung eines kleinen Brakken mit einem Leoparden, und die Jungfrau von der Insel Vallone hatte es dem Herzog zum Geschenk gemacht. Wenn es Laut gab, so konnte es die Gesänge aller nur denkbaren Vögel nachahmen. Es trug ein silbernes Kettchen, und wenn man dieses schüttelte, meinte man die Klänge aller nur möglichen Instrumente zu hören. Sobald Tristano das Hündchen erblickte, empfand er so eine Erheiterung, daß er an nichts anderes mehr denken mochte.

Schon seit mehreren Tagen weilte Tristano am Hofe des Herzogs, da fand er eines Morgens nach dem Aufstehen den Herzog wie seine Barone in tiefer Betrübnis. Er vernahm eine Bekanntmachung, die man in der Stadt ausrief. Danach mußte ein jeder innerhalb der nächsten fünfzehn Tage den Tribut entrichten, den man dem Riesen Urgano li Velluto schuldete. Tristan fragte den Herzog, was dies zu bedeuten habe, und der Herzog gab Auskunft: »Dreißig Meilen von hier wohnt ein Riese. Er besitzt eine mitten im Meer gelegene Festung mit Namen Fermoracco della Piemontana. In jedem Jahre nimmt mir dieser Riese voller Übermut ein Zehntel von allem Vieh, das in meinem Herzogtum geboren wird.«

Da sagte Tristano: »Bei meiner Ehre und Treue: das heiße ich schlimme Knechtschaft!«

Danach schwieg er und wartete auf einen günstigen Zeitpunkt. Dann aber rüstete er sich mit trefflichen Waffen und bestieg insgeheim sein wackeres Roß. Aus der Stadt reitend, begab er sich auf den Weg, auf dem der Riese entlangkommen mußte. Er wartete auf ihn an einer Brücke, die über eine tiefe Schlucht führte. Nachdem der Riese seinen ganzen Tribut eingetrieben hatte, kehrte er zurück. Als sich der Zug der Brücke näherte, rührte sich Tristano nicht von der Stelle und hinderte den Riesen am Weiterziehen.

Als er den Ritter erblickte, schrie der Riese: »Wer seid Ihr, Vasall, der Ihr meine Beute nicht über die Brücke ziehen lassen wollt?«

Tristano erwiderte kühn: »Bei meiner Treu, man nennt mich Tristano aus Cornwall. Und Euern Übermut fürchte ich keinen Deut.«

Der Riese rief: »Wenn Ihr schon meinen Übermut nicht fürchtet, so sollt Ihr meine Keule fürchten lernen. Mach, daß du wegkommst!« Damit ergriff er seine wohl 130 Pfund schwere Keule und führte einen gewaltigen Schlag nach Tristano. Wohl wurde nicht er getroffen, doch die Keule traf das Vorderteil seines Pferdes, so daß es tot zusammenbrach. Wütend über diesen Schlag sprang Tristano auf die Beine. Rasch ließ er seine Lanze fallen und griff zum Schwert. Als der Riese sich bückte, um seine Keule aufzuheben, schlug ihm Tristano mit einem flinken Schlag die rechte Hand ab, die der Riese nach der Keule ausgestreckt hatte. Rasend ergriff der verletzte Riese die Keule mit der Linken und führte einen so gewaltigen Schlag gegen Tristanos Schild, daß er ihn zu Boden schmetterte. Nun packte Tristano sein gutes Schwert und schlug auf den Riesen ein, der am Rand der tiefen Schlucht stand. Doch der Riese schützte sich mit dem Schild, so daß Tristano beschloß, es klug anzufangen. Er gab es auf, mit dem Schwert dreinzuschlagen, da dies ja doch nichts einbrachte. Alle seine Kräfte zusammenraffend, sprang er den Riesen an und stürzte ihn durch seinen Anlauf tief in die Schlucht, so daß er den Tod fand. Dann nahm Tristano die Hand des Riesen, um sie als Siegesbeute zurückzubringen.

Vor den Herzog Bramante tretend, sagte er: »Edler Herr, hier habt Ihr die Hand des Riesen Urgano, der all Euren Tribut zurückgibt. Euer Tristano hat ihn nämlich aus Liebe zu Euch getötet. Es hat mich freilich viel gekostet, denn er tötete mein wackeres und treues Roß.«

Da schloß der Herzog Tristano in die Arme und küßte ihn mehr als hundert Male. Und er gab ihm eines seiner besten Pferde, wohl das beste und schönste, das man damals nur finden konnte. Auch schenkte er ihm das Hündchen Petitto Araviuto, und Tristano nahm es gern, wollte er es doch der Königin Isotta schenken.

Nachdem er Abschied genommen hatte, kehrte er zurück an Marcos Hof. König Marco erwies ihm hohe Ehre, doch Tristano konnte seine Liebe zu der schönen Isotta nicht bezwingen. Er blieb also und war stets darauf bedacht, mit ihr nach Belieben beisammen zu sein. Diese gemeinsamen Gespräche stachelten jedoch die Höflinge erneut zu übler Nachrede. Und König Marco nahm dies wohl wahr; mit ihm auch die Barone seines Hofes.

Spanien

»Don Tristan de Leonis«

Inhaltsübersicht

Der kastilische Tristanroman von der Tapferkeit und den Waffentaten Don Tristans de Leonis folgt einer Vorlage, die wahrscheinlich eine Kompilation des altfranzösischen »Tristan en prose« mit dem von Rusticiano de Pisa stammenden italienischen Text darstellte. Er schließt sich daher in seinem Inhalt im wesentlichen den im altfranzösischen Prosaroman (S. 85) vorgegebenen Handlungslinien an.

Klage über den Tod der Liebenden

(S. 455–457) Als nun König Mares Tristan und die Königin tot daliegen sah, wäre er vor lauter Gram über ihren Tod um ein Haar gestorben. So sprach er: »Ach, ich Unglückseliger! Was für einen großen Verlust habe ich erlitten, da ich verlor, was ich in der Welt am meisten liebte. Niemals hat je ein König gelebt, der an einem einzigen Tag einen solchen Verlust erlitt wie ich. Sehr viel besser wäre es, wenn ich an ihrer Stelle tot daläge!«

Darauf stimmte er im Schloß ein so verwunderlich-großes Klagegeschrei an, daß keiner es glauben mochte. Es kamen all die edlen Herren und Ritter aus Cornwall und dem ganzen Königreich herbei, um ihren tiefen Schmerz kundzutun. Und sie sprachen bei sich: »Ach, König Mares, wärest du doch lieber tot an Stelle Tristans, des besten Ritters auf der ganzen Welt! Er hat in ganz Cornwall Frieden und Ruhe aufrechterhalten, uns aus der Unterwerfung erlöst und befreit. Nun werden wir binnen kurzem tot und vernichtet sein. Ob wir es nun wollen oder nicht: wir werden fortan den Tribut entrichten müssen, wie wir es gewohnt waren, jenen Tribut, von dem uns der edle Tristan dank seiner Rittertaten befreit hat. Auf die allerübelste Art haben wir es ihm gelohnt. Er hat schließlich mit Morlot von Irland gefochten, um Cornwall zu befreien, so daß er angesichts seiner Tat weit eher die Krone verdient hätte, da er sie doch gegen viele Gefahren verteidigt hat. Nur um seinetwillen hat man uns gefürchtet und geachtet. Ach, wir Unglückseligen! Welch großen Verlust haben wir und ganz Cornwall durch Tristans Tod erlitten. Jetzt werden wir Leben und Ehre verlieren. Sobald unsere Feinde erfahren, daß Tristan tot ist, werden sie über uns herfallen und uns alle vernichten.«

So weinten sie und verfluchten den König Mares und dazu Aldaret derart, daß man sich solche Klagen und solche Schmähreden nicht vorzustellen vermag. Denn als die Töchter des Priamus um Hektor weinten, waren es nur Herrinnen und Damen, die der Verlust noch mehr schmerzte; und auch Hekuba zeigte sich nicht von solch einem Kummer erfüllt, als das grausame Feuer der Griechen ihre Paläste in Asche legte. Alle Bewohner Cornwalls waren tieftraurig über Tristans Tod, ausgenommen Aldaret, der sich von Herzen freute. Aus diesem Grunde waren alle ihm abgeneigt. Und sie sprachen: »Es wird dereinst ein Ritter kommen, der den Tod Tristans rächt. Denn König Artus und die Ritter der Tafelrunde liebten Tristan sehr wegen seines vorbildlichen Rittertums, mehr noch als irgendeinen anderen Ritter an der Tafel. Aus diesem Grunde meinen wir, daß einige von ihnen kommen werden, ihn zu rächen.« Und so geschah es dann auch.

Nachdem man in ganz Cornwall erfahren hatte, daß Tristan und die Königin Yseo gestorben waren, zeigten sich alle sehr traurig und betroffen darüber: »Alle Welt«, sagte man, »wird fortan von ihrer edlen Liebe erzählen.«

Als dann all die Ritter, dazu viele Prälaten, Geistliche und

Mönche an jenen Ort kamen, wo Tristan und die Königin gestorben waren, ließ Mares ihre Körper, die sich fest umschlungen hielten, auf eine reichgeschmückte Bahre legen, und zwar auf goldene Tücher. Dann ließ er sie unter den Gebeten der ganzen Geistlichkeit, begleitet von zahlreichen Kreuzen und brennenden Kerzen, in großen Ehren nach Tintoyl bringen. Als sie in die Stadt einzogen, war das Wehgeschrei so groß, daß es Arme wie Reiche in Erstaunen versetzte. Man bettete sie in einen Sarg, den die Hofdamen vorbereitet hatten, und bestattete sie danach in einem reichgeschmückten Grabmal. Auf diesem aber brachte man folgende Inschrift an: »Dies ist der Preis, den die Liebe ihren Dienern gewährt.« Das Grabmal ließ Mares über und über mit grünen Wellen verzieren, in die er ein kleines Boot ohne Ruder setzen ließ. Sein Mastbaum war gebrochen, das Segel lag daneben. Darauf stand geschrieben:

»In diesem Boot der Liebe,
in diesem Meer der eitlen Hoffnung
ist der Fährmann der Schmerz,
der sich in höchster Not
in die größte Gefahr begibt.
Und der liegende Baum,
der das Schicksal ist,
sucht mit unsicherem Segel
in diesem Meer
das Kap des größten Unheils.«

In der Geschichte wurde weiter oben bereits erzählt, wie um des edlen und tapferen Ritters Tristan de Leonis willen drei Königstöchter starben. Die erste war Belisenda, die Tochter des Königs von Feremondo; die zweite war Yseo la Brunda; die dritte Yseo mit den weißen Händen. Und Yseo la Brunda übertraf die beiden anderen an Schönheit. So war es kein Wunder, daß Tristan bis ans Ende seiner Tage darin fortfuhr, sie zu lieben. Denn wenn sich ein erfahrener Mann davon überzeugt hätte, wie sehr sie von Tag zu Tag an Schönheit gewann, so hätte es ihn gewiß zutiefst in seinem Wesen verändert. Genau dies widerfuhr auch Tristan: Wenngleich er in seinem Innersten vollkommen treu war und diese Tugend auch hochhielt, schlug er jede Möglichkeit der Trennung aus, nachdem er von Yseos überwältigender Schönheit in den Bann geschlagen worden war. Den Liebreiz ihrer Schönheit gibt der Autor dieses Buches jetzt genau wieder, so gut man dies mit Hilfe der Schrift nur immer vermag. Ich werde also nach besten Kräften alles genau beschreiben, beginnend beim Kopf (dem wichtigsten Teil ihres Körpers), um dann zu den anderen Teilen überzugehen.

Yseo hatte Haare, die wie Strähnen aus feinem Gold aussahen und die (hell wie Schnee erstrahlend) in der Mitte ihres Hauptes durch einen Scheitel in zwei ganz gleiche Hälften geteilt wurden, so daß ihr langes und dichtes Haar zu beiden Seiten herabwallte. Darunter glänzte – weiß und schimmernd – ihre Stirn, einem feinen Kristalle gleich. Sie wies keine einzige Falte auf, sondern war glatt und anmutig. Ihre Augenbrauen waren schön geschwungen, als hätte man über die weiße Stirn zwei Bögen gespannt. Dank der wenigen Haare waren sie so fein gezeichnet, daß sie zwei bogenförmige Fäden bildeten. Darunter – weiß wie gefrorene Milch – befand sich jener wohlgestaltete Teil ihres Antlitzes, der ihre Augen von den Brauen abhob. Der anmutige Blick ihrer Augen glich zwei funkelnden Sternen. Sie strahlten so liebevoll, daß dann, wenn sie ihren gebieterischen Blick süß und liebevoll auf jemanden richtete, dies völlig genügte, ihn zu unterwerfen. Auch ihre Nase war wunderschön, weder zu groß noch zu klein, sondern so wohlbemessen, als sei dies mit Lineal und Zirkel geschehen. Weder war sie zu lang noch zu kurz, viel zu klein, als daß sie einen häßlichen Schatten auf ihre Oberlippe geworfen hätte. Die Nasenöffnungen waren so wohlbemessen, daß sie von dem ausgezeichneten Talent ihres Schöpfers kündeten. Ihr milchweißes Antlitz war jederzeit geprägt von einem ebenso liebevollen wie strahlenden Ausdruck. Ihre Wangen glichen zartfarbenen Rosen, von einer Farbe, die keine Gemütsveränderung und keine Jahreszeit je aus dem Gesicht weichen ließ. Ferner besaß sie einen liebenswerten, anmutigen, klein geformten Mund. Seine schmalen Lippen waren von der Farbe des leuchtenden Morgenrots, so wie es beim Sonnenaufgang erscheint. Die Lippen sahen so wohlgeformt aus, daß sie zärtliche Küsse sicher nicht zurückwiesen. Sie waren von solch einer Anmut, daß jedermann sie im Wettstreit zu küssen begehrte, wenn er sie erblickte. Sie bedeckten und behüteten winzige Zähne, die – feingedrechseltem Elfenbein gleichend – gleichmäßig und in richtiger Reihenfolge in das Zahnfleisch eingepflanzt waren, in der Farbe dem leuchtenden Rot einer Rose gleich. Ihr Antlitz wie auch ihre ganze Erscheinung waren makellos. Reizvoll war auch ihr Hals. Vorn die Kehle nicht etwa krumm, sondern ganz gerade und so schmal, daß sie einer Säule von feinstem Kristall glich. Der Hals war so weiß, daß man ihn nicht vom Weiß des Schnees unterscheiden konnte. An der Kehle ließ er das dünne Adergeflecht erkennen, das sich gut von ihrem Weiß abhob. Zudem hatte sie harmonisch ausgeformte und gerade Schultern, dazu schöne und grazile Arme, die zärtlichen Umarmungen nicht abgeneigt schienen. Die anmutigen Hände waren ganz und gar nicht grob oder dick. Die Finger lang und schlank. Die Fingernägel schienen aus Elfenbein. Arme, Hände und Finger glichen in ihrer Farbe dem Schnee. Sie hatte einen üppigen und weißschimmernden Busen, dessen Brüste – wie Äpfel geformt – vorn spitz zuliefen, so daß sie die auf ihrer Brust liegenden Kleider zu sprengen schienen. Genau dort, wo die Natur diese zwei kleinen Kugeln geformt hat.

Wenn man mit ebensoviel Vorstellungskraft als Genauigkeit all die Eigenschaften, die untadelige Gestalt der Königin Yseo in Augenschein nimmt, kann man gewiß mit Fug und

Recht behaupten, daß es menschliche Natur bei ihr an nichts hatte fehlen lassen. Nachdem ich nun alle körperlichen Reize dieser Frau der Reihe nach beschrieben habe, will ich mein Werk beschließen.

Deo Gratias

Damit endet das Buch vom hochberühmten und tapferen Ritter Tristan von Leonis. Es wurde korrigiert und mit vieler Sorgfalt verbessert, vermehrt um eine Tafel, worauf der Reihe nach alle wichtigen Begebenheiten erwähnt sind, damit jeder Leser aufs leichteste, indem er die Seiten zählt, alles finden kann, was er möchte. Gedruckt in der überaus edlen und ergebenen Stadt Sevilla von Johann Cromberger, dem Deutschen. Am vierten November des Jahres 1528.

Deutschland

Eilhart von Oberg, »Tristrant«

Inhaltsübersicht

Vorrede an das Publikum (V. 1–46)
Riwalin und Blancheflur (V. 47–119)
Tristrants Kindheit (V. 120–184)
Tristrant bei Marke (V. 185–350)
Tristrants Kampf mit Morolt (V. 351–1050)
Tristrants Heilung (V. 1051–1356)
Die Brautwerbefahrt (V. 1357–1597)
Der Drachenkampf (V. 1598–1758)
Der Splitter (V. 1759–2013)
Der Truchseß (V. 2014–2225)
Der Liebestrank (V. 2226–2724)
Brangene (V. 2725–3080)
Das belauschte Stelldichein im Baumgarten (3081–3771)
Der Kemenatensprung (V. 3772–3975)
Tristrants und Isaldes Flucht (V. 3976–4511)
Das Waldleben (V. 4512–4994)
Tristrant bei Artus. Tristrants erstes Wiederkehr-Abenteuer (Das Wolfseisen) (V. 4995–5487)
Die Befreiung von Karahes (V. 5488–6102)
Isalde Weißhand (Das kühne Wasser) (V. 6103–6263)
Das zweite Wiederkehr-Abenteuer (Dornbusch-Episode, Traumkissen-Episode, Verleumdung Tristrants bei Isalde, Tristrant in Aussätzigenverkleidung (V. 6264–7080)
Das dritte Wiederkehr-Abenteuer (Vermittlung durch Piloise, Tristrant in Pilgerverkleidung, Gefährliche Kampfspiele) (V. 7081–7864)
Kehenis und Gariole I (V. 7865–8134)
Das vierte Wiederkehr-Abenteuer (Tristrant in Spielmannsverkleidung, die Doppelgänger Haupt und Plot) (V. 8135 bis 8552)

Vorrede an das Publikum

Der Dichter bittet sein Publikum um Aufmerksamkeit und kündigt an, die unverfälschte Geschichte über Tristrant erzählen zu wollen.

Riwalin und Blancheflur

Der auf Tintajol residierende König Marke von Cornwall wirbt in einem Krieg mit dem mächtigen König von Schottland und Iberne um Verbündete. Von Liebe zu Markes Schwester Blancheflur erfüllt, stellt sich auch Riwalin von Lohnois ein. Er unterstützt Marke und gewinnt die Liebe von Blancheflur, die sich ihm hingibt und ihm – bereits schwanger – nach Lohnois folgt. Auf See setzen die Wehen ein. Blancheflur findet den Tod, und aus dem Leib der Toten schneidet man ihr Kind, einen Sohn, der den Namen Tristrant erhält.

Tristrants Kindheit

Tristrant wird zunächst in die Obhut einer Amme gegeben und später dem Knappen Kurneval anvertraut, der den Knaben hofgerecht erzieht (Körperübungen, Waffenübungen, Anstandslehre, Instrumentalspiel).

Tristrant bei Marke

Auf Anraten Kurnevals bittet Tristrant seinen Vater, ihm eine Bildungsreise zu ermöglichen. Wohlausgerüstet zieht Tristrant aus und gelangt in das Reich Markes. Dort bittet er seine Begleiter, seine Herkunft zu verschweigen. Marke nimmt den Unbekannten gern auf und empfiehlt ihn namentlich seinem Truchseß Tinas von Litan.

Tristrants Kampf mit Morolt

(V. 351–1050) Es lebte in Irland ein Edelmann namens Morolt. Er verfügte über Viermännerstärke und stellte dies oft genug unter Beweis. Ein jeder kann sich sicher denken, daß er aus diesem Grunde der Schrecken seiner Feinde war. In der Tat hat er viele seiner Gegner erschlagen können. Nun hatte der König von Irland die liebreizende Schwester Morolts zur Frau genommen; er wie sie waren völlig frei von allem Makel. Der edle Held Morolt hatte dem König alle Reiche ringsum mit Waffengewalt untertan gemacht. Außer Cornwall gab es in der Nähe kein Land mehr, dem er nicht die Tributpflicht aufgezwungen hätte. Gewiß, wohl hatte er nahezu alle Reiche unterwerfen können, doch der junge König Marke scherte sich wenig um ihn. Dies verdroß Morolt natürlich sehr, ja er empfand es als eine nahezu unerträgliche Schande, daß Marke ihm den Tribut verweigerte. So faßte er denn ohne weiteres Zögern den Entschluß, mit einem gewaltigen Heer über das Meer zu fahren, bei Marke einzufallen und ihn zu zwingen, seinem König fortan gleichfalls den Zins des Untertanen zu entrichten. Wie es in solchen Fällen zu sein pflegt, scharte er zahlreiche kampfkühne Recken um sich. Bevor er sich auf den Weg machte, sprach er zu seinem König: »Es ist mir unerträglich, daß Marke sich weigert, dir den Tribut zu entrichten. Daher habe ich mich dazu entschlossen, entweder das eigene Leben hinzugeben oder alle Frauen in seinem Reiche in Wehklagen ausbrechen zu lassen. Entweder er zahlt dir – und sei's auch widerwillig – den Tribut, oder ich springe so mit ihm um, daß er wünschen wird, dir ihn schon seit Jahren zugestanden zu haben.«

Ich versichere euch, er war wirklich furchtbar ergrimmt! Und so begab er sich denn auf die Fahrt über die Meeresfluten. Nachdem er das Meer überquert hatte, ließ er Marke kurz angebunden wissen, er habe ihm sofort den längst fälligen Zins zu zahlen. Er habe die Kühnheit besessen, ihn fünfzehn Jahre lang zurückzuhalten, und so schwere Schuld auf sich geladen. Auch ließ er ihm kurz und bündig folgendes ausrichten: Fände er einen Helden, der sich mit ihm im Zweikampf zu messen wage und zudem von adlig-freier Geburt sei, »mir also ebenbürtig ist, so will ich ihn im Kampfe bestehen und damit die Rechtmäßigkeit meines Anspruches beweisen, daß also der König meinem Herrscher den Tribut zu zahlen hat. Sollte er dies zurückweisen, gebe ich ihm noch eine zweite Chance, doch wenn er auch die vertut, hat er sein Reich verspielt. Mag er mir also mit Heeresmacht entgegentreten. Sollte er mich in der Feldschlacht besiegen, sei ihm der Tribut erlassen, und ich werde davonziehen. Und noch dies richtet ihm aus: Als Tribut fordere ich von allen Kindern, die in den letzten fünfzehn Jahren geboren wurden, jedes dritte. Schärft ihm nur ja recht ein: Weist er dies zurück, hole ich mir – ohne noch lange zu fackeln – selbst den Tribut, es seien Mädchen oder Knaben, Weltkinder oder Geistliche, Arme oder Reiche. Die Knaben werden meine Leibeigenen, die Mädchen stecke ich in mein Bordell, wo sie von früh bis spät für die Vermehrung meines Reichtums sorgen müssen.«

Als der Bote bei Marke eintraf, hob dieser die Augen zu Gott empor und beklagte die große Schande, die ihm da angetan wurde. Er schickte berittene Boten zu allen seinen Landesfürsten, so daß diese alsbald die Nachricht erhielten, sie sollten sich sogleich an seinen Hof begeben und aus seinem Munde vernehmen, in welche Bedrängnis ihn die Botschaft

Morolts gebracht, welches Entsetzen sie bei ihm ausgelöst hatte.

Als sich dies alles zutrug, wandte sich Tristrant an Kurneval und sprach: »Hör meine Worte, mein lieber Lehrer, denn mir ist jetzt dein Ratschlag sehr nötig. Denke nach, welches die beste Lösung ist in dieser fatalen Angelegenheit. Der herablassende Hochmut, den dieser Kriegsheld da an den Tag legt, verdrießt und empört mich. Sollte es sonst niemand wagen, ihm die Stirn zu bieten, so bin ich entschlossen, den Kampf mit ihm zu riskieren. Möge Gott mir und dem Recht zum Siege verhelfen. Nun rate mir, wie ich diesen Entschluß am besten in die Tat umsetze.«

Kurneval meinte nachdenklich: »Wenn Euch meine Ratschläge nützlich erscheinen, so gebe ich sie Euch gern und weit lieber als jedem anderen. Mir scheint es nun aber am besten für Euch, wenn Ihr auf diesen Kampf verzichtet.«

»Nein doch, mein lieber Lehrer! Rate nicht ab! Wenn's das Glück so will, gewinnen wir sowohl Nutzen als auch Ruhm. Käme er etwa davon, ohne daß ihm jemand entgegenzutreten wagte, wäre dies eine unauslöschliche Schmach für uns alle!«

»Ich hätte gewiß nichts dagegen einzuwenden«, erwiderte sein Vasall Kurneval, »wüßte ich nur sicher, daß Euch dies nicht zum Unheil ausschlägt. Mir will nun freilich scheinen, daß Ihr mir nur einen bereits feststehenden Entschluß offenbart habt. So will ich Euch denn in jedem Falle, ob Böses oder Gutes daraus erwächst, mit allen mir verfügbaren Kräften zur Seite stehen. Möge Euch Gott, der da Nacht und Tag werden läßt, bei Eurem Vorhaben seinen Beistand geben. Ich tue das, was Ihr wollt. Und da Ihr offensichtlich nicht abzubringen seid von Eurem Vorsatz, so rate ich Euch dies: Tragt an den König zunächst die Bitte heran, er möge Euch zum Ritter schlagen.« Da dieser Ratschlag dem Jüngling ausgezeichnet schien, setzte er ihn sogleich in die Tat um.

So faßte denn Tristrant die Hand des Truchseß und begab sich dann – Seite an Seite mit ihm – vor den König: »O Herrscher«, wandte sich der Held an ihn, »wenn es so ist, daß ich

Euch bislang trefflich gedient, wenn Ihr also meint, daß ich damit ein Anrecht auf die Erfüllung meiner Bitte habe, so erfüllt meinen Wunsch und laßt mich Ritter werden.«

Der König aber wehrte ab: »Es ist noch zu früh. Warte lieber noch ein Jahr!«

»O Herrscher, laßt Euch versichern, daß es durchaus nicht zu früh ist. Ihr könnt überzeugt sein: Will ich Ruhm und Ehre gewinnen, so muß ich so früh wie möglich damit beginnen und unablässig danach streben. Es ist mein inniger Wunsch, das Schwert zu empfangen, und ich werde auf keinen Fall darauf verzichten. Nach Ritterruhm will ich streben, wenn mir dies je beschieden sein sollte.«

So befahl denn – nach reiflichem Überlegen – der König, alles vorzubereiten, was in einem solchen Falle erforderlich ist. Auch wurden all jene zu diesem Ereignis zugelassen, die nach Tristrants Wunsch gemeinsam mit ihm das Schwert empfangen sollten. So wurden insgesamt sechzig Knappen – schon jetzt tapfere Helden – zur Ritterweihe bestimmt. Im Verlaufe von sieben Tagen und Nächten erschienen die Landesfürsten mit einer großen Zahl stattlicher Recken bei Hofe, und auch Tristrant ritt mit seinen jungen Gefährten herbei. Nachdem sich alle im Königssaal versammelt hatten, war man einmütig der Meinung, bei Wahl des stattlichsten Ritters müßte die Entscheidung unweigerlich für Tristrant fallen. Dies gaben alle neidlos zu.

Es waren also die vornehmsten Landesherren, denen der König seine Botschaft zugesandt hatte, seinem Rufe ausnahmslos gefolgt und an den Hof gekommen. Marke wandte sich den Herren zu und klagte ihnen die erpresserische Drohung, die man ihm übermittelt hatte. »Ich habe euch zu mir gebeten, um eure Meinung zu vernehmen. Wofür ihr euch entschließt, was euch am vorteilhaftesten dünkt, dem will auch ich beipflichten und es nach bestem Vermögen zu verwirklichen suchen. Seit meiner frühesten Jugend hat mich keine Botschaft so schwer getroffen wie diese. Findet sich hier in dieser Runde ein Held, der den gewaltigen Morolt im

Zweikampf zu bestehen wagt, so soll er zum Lohn zeit seines Lebens in Reichtum schwelgen.«

Nach dieser Ansprache zogen sich alle zur Beratung zurück. Es fand sich allerdings niemand unter ihnen, der das Wagnis dieses Kampfes auf sich nehmen wollte. Da begab sich Tristrant zu ihnen und fragte, warum sie nur den lieben langen Tag und ohne ein Ende zu finden ratschlagten. Einer der Landesfürsten erwiderte: »Niemand von uns vermag unter seinen Gefolgsleuten einen Ritter zu finden, der kühn genug wäre, gegen Morolt in den Kampf zu ziehen. Dabei ist's doch so, daß hier in dieser Runde viele tapfere Helden und erprobte Männer versammelt sind. Nun ist Morolt allerdings im Waffengang so geübt, daß ein jeder, der sich ihm entgegenstellt, in furchtbare Gefahr gerät und leicht sein Leben verlieren kann.«

»So laßt mich mein Glück versuchen!« rief Tristrant. »Ich will ihm – kurz entschlossen – die Stirn bieten und euer Vorkämpfer sein. Mag sein, daß es mir Gott, der Allmächtige, vergönnt, Morolt – sofern er zum Kampf mit mir antritt – ein für allemal die Lust am Waffengang zu nehmen, seine Kampfesgier für immer zu sättigen, noch bevor er mir das Leben nehmen kann.« Er bat sie, ihn vor dem König beim Vortrag seiner Bitte zu unterstützen, damit ihm dieser den Zweikampf mit jenem grimmen Recken gestatte. Sollte ihm der König die Erlaubnis zum Kampfe geben, würden sie alle es erleben, daß er sich – gemäß seinem Versprechen – Morolt entgegenstellen würde.

Alle waren herzlich froh über seinen Entschluß. Andererseits war ihnen aber auch ein wenig bänglich zumute, daß sie eine so folgenschwere Entscheidung den Händen eines Jünglings anvertrauen sollten. Doch am Ende kamen sie überein, seinen Entschluß widerspruchslos zu billigen und es einem glücklichen Geschick zu überlassen, ob dies zu Erfolg oder Mißerfolg führen würde.

»Wir werden schon Erfolg haben«, meinte der tapfere Held Tristrant. »Ich bin fest überzeugt, er ist gar nicht imstande, mir etwas anzutun. Enthüllt aber dem Herrscher nicht zu früh, daß ich es bin, der zu kämpfen begehrt. Erst muß er geloben, es jedermann freizustellen, gegen diesen gefährlichen Kämpfer zu Felde zu ziehen.«

Nachdem man seinen Wunsch vernommen hatte, begaben sich alle vor den König und begannen so: »Herrscher, es hat sich ein Held gefunden, der – wenn er die Erlaubnis dazu erhält – den Kampf gegen Morolt wagen will. Ihr könnt sie ihm unbedenklich erteilen.«

»Wenn er die gestellten Bedingungen erfüllt, wird es ihm erlaubt«, erwiderte der edle König. Dann fragte er, um wen es sich denn handle.

Da begann ein mächtiger Fürst: »Herrscher, zunächst sollt Ihr versprechen, ihm ohne jeden Einwand den Kampf zu gestatten. Er soll – ob leibeigen oder frei – Eurer Zustimmung unbedingt sicher sein.«

»Ich gelobe, daß ich dies gern tun werde. Mein Wohlwollen ist ihm sicher, da es ja schließlich Tapferkeit war, die ihn diesen Entschluß fassen ließ.«

Nun teilten sie ihm ohne längeres Zögern mit, daß es der junge Tristrant war, um den es sich handelte. Sofort erhoben Morolts Boten Einspruch: Ihr Herr lehne es strikt ab, gegen einen Unebenbürtigen zu kämpfen. Dieser Einwand scherte jedoch den jungen Tristrant wenig. Er wandte sich den Kriegern zu und sagte: »Vernehmt denn also, wer ich bin. Meine Mutter war Blancheflur, und sie war sowohl adlig als auch freier Geburt. Mein Vater aber heißt Riwalin. Aus Lohnois bin ich gekommen und Markes Schwestersohn.«

Da fühlte der König Freude und Kummer zugleich. Freude über die Kunde, daß Tristrant sein Schwestersohn war; schweren Kummer aber, weil er trotz seiner Jugend eine solche Prüfung auf sich nehmen wollte. Daher wandte sich der König an seinen lieben Neffen: »Du sollst meinen Willen achten und auf den Kampf verzichten; es darf dir kein Leid geschehen.«

»Warum denn nur, Oheim?«

»Laß es dir erklären: Gestatte ich es, würde man alle meine Landesfürsten für Feiglinge halten. Zudem: dies alles ist gar nicht deine Angelegenheit und geht dich nichts an.«

»Sie beschwert aber dennoch mein Herz!«

»Du gerätst in große Gefahr!«

»Je nun, das ist mir egal.«

»Willst du's denn deswegen tun, weil du dich dessen schämst, was hier vorgefallen ist?«

»Gewiß! Aus eben diesem Grunde will ich's tun.«

»O nein! Du hast nicht den geringsten Grund, dich wegen einer Angelegenheit dieses Landes zu schämen, die dich schließlich gar nicht betrifft.«

»Herrscher, ich werde auf keinen Fall darauf verzichten!«

»Du wirst es schon können!«

»Nein, ich kann's nicht!«

»Weh über jenen Tag, da ich dir das Schwert verlieh!«

»Tut's Euch denn leid?«

»Gewiß, so ist es.«

»Und warum?«

»Ich bereue alles, was ich dir angeraten habe.«

»Getan aber hast du's.«

»Nun ja, und ich würde es auch immer wieder tun. Doch verzichte du auf den Kampf!«

»Auf gar keinen Fall! Ich stehe nicht ab davon, ganz egal, was mir auch geschieht.« Der tapfere Held versicherte mit großem Ernst, auf diesen Kampf nimmermehr verzichten zu wollen. Und wenn man noch so sehr in ihn dringen würde, es wäre doch alles vergebens.

Und zu allem entschlossen, erinnerte der Held den König, er habe vor allen seinen Vasallen gelobt, Tristrant dürfe Morolt im Zweikampf entgegentreten. Auch jenen Landesfürsten, der Markes Gelöbnis erhalten hatte, erinnerte er eindringlich an das Geschehene. So setzte er endlich seinen Willen durch und erhielt die Erlaubnis zum Kampfe.

»Es ist merkwürdig«, meinte der König zu seinem Neffen, »daß du dein Leben ohne jeden Grund aufs Spiel setzt.«

»O Herrscher, mag er mich auch um einer Sache willen erschlagen, die mich vielleicht nichts angeht! Ich bin jedenfalls fest entschlossen, entweder den Tod zu finden oder hohen Kampfesruhm zu erringen.«

»Nein, mein Neffe! Du mußt unbedingt am Leben bleiben!«

»Selbst wenn ich sicher wäre, von Morolts Hand getötet zu werden: lieber wollte ich dieses Geschick auf mich nehmen, als ihm die Genugtuung zu verschaffen, daß ihn niemand im Kampf zu bestehen wagt.«

»Das laß nur meine Sache sein!« rief der edle König.

»O nein! Eben dies tu ich auf gar keinen Fall!« erwiderte der Held Tristrant. »Ich habe mich nun einmal zu diesem Kampf entschlossen, und gegen diesen Entschluß ist nichts mehr zu machen.«

Da ließ der König dem starken Morolt mitteilen, er solle sich auf einer nahe dem Meeresufer gelegenen Insel einstellen. Das, wonach er verlangt habe, solle ihm nun gewährt werden. Nach Ablauf von drei Tagen wolle sich Tristrant mit ihm messen. Er seinerseits werde den Tribut mitbringen, damit ihn Morolt betrachten könne. Gelänge es ihm, diesen Tribut entweder durch Gewalt oder in gütlicher Übereinkunft zu erlangen, könne er ihn in seine Heimat führen. Er warte auf Antwort auf dieses Angebot.

Diese Worte des Königs ließen Morolts Boten unmutig werden. Sie verließen den Hof und hielten eilends Ausschau nach Morolt. Vernehmt nun, was Morolt sprach, als er sie kommen sah: »Was also läßt mir der edle König sagen?«

Sie erwiderten: »Einzig dies: du mußt kämpfen!«

»Ist's tatsächlich wahr?«

»Gewiß, so ist es.«

»Und wo soll der Kampf stattfinden?«

»Auf einer Insel hier ganz in der Nähe.«

»Wo befindet sie sich genau?«

»Unweit von hier.«

»Sagt mir noch, wann es geschehen soll!«

»Nach seinem Vorschlag übermorgen in der Frühe.«

»Nun sagt mir nur noch, wer mir entgegentreten wird.«

»Markes Schwestersohn fordert dich heraus. Erst kürzlich hat er das Schwert erhalten.«

Diese Mitteilung reizte Morolt zu höchstem Grimm. Er lief puterrot an wie ein Hifthorn, das man mit voller Kraft vor einer gewaltigen Heerschar erdröhnen läßt. Und dies einzig und allein daher, weil sich jemand mit ihm zu messen wagte. Dies schien ihm völlig unbegreiflich.

Am dritten Tag bereitete sich Morolt frühmorgens zum Kampfe und kam zum vereinbarten Kampfplatz geritten. Nun war auch Marke mit großer Heeresmacht gekommen, um ihn am Meeresufer zu erwarten. Seine Krieger saßen ab und schlugen die Zelte auf. Nachdem dies geschehen war, ließ Marke seine prachtvolle, von ihm hochgeschätzte Rüstung herbeibringen. Er gab sie Tristrant und wappnete den Jüngling mit eigener Hand. Damit bewies er Freundschaft, ja liebevolle Zuneigung zu seinem Neffen. Auch gab er ihm sein eigenes Roß: einen reinrassigen Kastilianer, hoch, kräftig, von edlen Körperformen. Er trug eine kostbare Satteldecke und war mit einem Gewirk aus kunstreich getriebenem veronesischem Gold bedeckt. Das Zaumzeug war – wie sich's gehört – aus Silber, zudem mit Gold überzogen. Damit stattete der edle König seinen Neffen liebevoll aus. Auch mit einem Schwert, dessen Klinge nach rechtem Maß geschmiedet war. Wenn man sie wuchtig niedersausen ließ, durchschnitt sie sogar Stahl. Schließlich brachte man einen vortrefflichen, noch ungebrauchten und ausgezeichnet gearbeiteten Schild herbei.

Nun war Tristrant von König Markes Hand großartig gerüstet worden und wollte sich zur Insel begeben. Da drückte ihn der König noch einmal an seine Brust, küßte ihn und sprach: »Gott in seiner Güte und Gnade möge dich behüten und mir heil zurücksenden. Nun schmettere deinen Feind zu Boden!«

Auch alle anderen flehten zu Gott, dem Herrn, er möge Tristrant zur Seite stehen.

Nun begab sich Tristrant zum Schiff. Er führte sein Roß am Zaum und trug Schild wie Schwert in der Hand. Allein fuhr er zur Insel. Morolt aber war – wie ihr's bereits vernommen habt – schon angekommen und erwartete ihn auf dem Sand. Tristrant, der kühne Held, machte sein Schiff fest und stieß dann mit seinem Lanzenschaft Morolts Boot hinaus in die See. Prompt fuhr ihn der schreckliche Mann an: »Held, warum hast du das getan?«

Tristrant antwortete: »Du magst es hören: Wir beide sind hierhergekommen, um entweder hohen Ruhm zu erringen oder den Tod zu finden. Jener Held, der hier den Sieg davonträgt, benötigt also zur Rückfahrt lediglich ein einziges Schiff.«

Diese Worte erregten Morolts Wohlwollen, so daß er zu Herrn Tristrant folgendermaßen sprach: »Folge mir in mein Reich! Ich bitte dich herzlich darum! Dort will ich all meinen Besitz, all meine Lehen gern mit dir teilen. Wenn du dich besinnst und auf den Kampf verzichtest, kannst du jederzeit auf mich zählen, ich stehe dir mit Gut und Leben zur Verfügung. Du würdest zudem Vernunft und Verstand beweisen, wenn du jetzt nur an dich und an dein Leben dächtest. Ich selbst würde es mein Leben lang bedauern, wenn ich dich erschlagen müßte. Du schöner und trefflicher Jüngling, besinne dich beizeiten, laß ab von deiner Feindseligkeit. Und sei gewiß, daß ich dir's lohnen werde. Unendlich reich will ich dich machen; alles, was ich besitze, will ich mit dir teilen. Es widerstrebt mir, dich zu töten, denn es wäre wahrhaftig jammerschade um dich. Verzichten wir also auf diesen Zweikampf!«

Der kühne Held aber erklärte entschlossen: »Ich tue gern nach deinem Willen. Du aber mußt Verzicht leisten auf deine Tributforderung gegen den König.«

Der starke Morolt erwiderte verstimmt: »Nein! Ich würde uns so in Schmach und Schande stürzen. Kein Erlaß der Tributforderung an König Marke! Das wäre ja geradezu unerhört! Wer immer davon hörte, würde glauben, ich hätte dies aus Furcht getan. Nein! Eine solche Bedingung muß ich ablehnen. Mich träfe zur Strafe die Verbannung aus allen Reichen meines Herrschers.«

Da rief Tristrant hitzig: »So fordere ich dich zum Kampf heraus!«

»Und mir tut jetzt mein Angebot in der Seele leid! Lieber wäre mir der Tod.«

Nun gab's für beide kein Zögern mehr, sie fieberten geradezu vor Kampfbegier. Die Lanzen wurden unter den Arm geklemmt und zum Stoß gesenkt. Nachdem die beiden Helden kampfbereit im Sattel saßen, spornten sie ihre Rosse zu der voller Kampfeslust herbeigesehnten Begegnung. Krachend durchstießen die Lanzen die Schilde, ihre Schäfte zersplitterten in den Händen, die sie fest umklammerten. Bei diesem Zusammenprall trug Tristrant durch die Panzerringe eine Wunde davon, an der er noch lange dahinsiechen sollte.

Nach diesem ersten Schlagabtausch war bei den beiden kühnen Helden an Aussöhnung nicht mehr zu denken. Herr Tristrant war – wie erwähnt – von einer vergifteten Lanzenspitze verwundet worden und sollte von dieser Wunde noch lange Zeit schlimme Qualen erleiden. Nachdem die Lanzen zerbrochen waren, gelang es Tristrant, den tapferen Morolt niederzustechen. So vergalt er ihm die erlittene Verwundung. Sofort sprang Morolt auf; auch Tristrant schwang sich vom Roß. Beide sprangen aufeinander zu, tauschten wuchtige Schwerthiebe aus und fügten einander schwere Wunden zu, wollten sie doch so ihren Mannesmut beweisen. Es war dies wohl der erbittertste Zweikampf, der jemals ausgefochten wurde. Immer wieder griffen sie einander an, oft genug konnte man sehen, wie bei den Schwerthieben von ihren Helmen rote Funken sprühten. Tristrant zahlte mannhaft den geforderten Tribut, doch Morolt kämpfte grimmig wie ein rasender Eber. Auch Tristrant ließ erkennen, daß er eine gute Klinge zu führen wußte, und hieb Morolts Schild in kleine

Stücke. Dieser zahlte mit gleicher Münze. Wieder und wieder ließen sie ihre Schwerter niedersausen, daß sie laut erklangen. Da führte Morolt gegen den Jüngling einen so wuchtigen Hieb, daß sich Tristrant nicht auf den Beinen halten konnte. Der Schlag des riesenstarken Mannes war so kraftvoll, daß Tristrant auf die Knie niederbrach. Doch der tapfere Tristrant schnellte wieder in die Höhe und schlug dem Starken mit sausendem Schwerthieb die Schwerthand ab. Als Morolt Hand und Schwert verloren hatte, wußte er auch den Kampf entschieden und wandte sich zur Flucht. Doch Tristrant setzte ihm – wie ein erfahrener Kämpfer – sogleich nach und schlug ihm durch den stählernen Helm mit männlich-starker Hand eine gräßliche Wunde, so daß Morolt ihm zu Füßen niederstürzte. Damit war der Kampf entschieden. (Zu Tristrants großem Unheil blieb allerdings ein aus der Schwertklinge herausgebrochener Splitter in der Wunde stecken.) Triumphierend rief Tristrant: »Nun hast du deinen Tribut! Mehr als genug! Dein prahlerischer Hochmut ist dir zum Verhängnis geworden! Und es hat sich – mag es dir noch so zuwider sein – in Wahrheit ergeben, daß du meinem Herrscher den Tribut erlassen mußt!«

Nachdem der Kampf zu Ende gegangen war, holte man Tristrant auf der Stelle unter Frohlocken und Siegesgesängen von der Insel auf das Festland. Und auch Morolts Gefolgsleute hätten schmachvoll gehandelt, wenn sie ihn dort auf der Insel liegengelassen hätten. Unter Tränen holten sie den Helden und klagten mit schmerzbewegten Herzen: »Ach, welche Schande, welche Schmach haben wir erfahren!« Auf der Stelle brachen sie auf, um in die Heimat zurückzufahren. Auch schickten sie einen Eilboten voraus zur irischen Königstochter: Wenn sie ihren Oheim noch lebend wiedersehen wolle, möge sie ihm unverzüglich und ohne langes Zögern entgegenfahren. Die Königstochter trug den Namen Isalde. Als Jungfrau vornehmster Abkunft war ihr Ruhm bereits weit und breit bekannt geworden. Überdies verstand sie sich ausgezeichnet auf die Anwendung von Arzneien, und dies besser als irgend jemand in ihrem Reich. Als sie die Botschaft vernahm, fühlte sie tiefen Schmerz und fuhr ihrem Oheim unter Tränen über See entgegen. Sie war überzeugt, die Lebensgefahr bannen und ihn retten zu können, wenn sie ihn nur noch lebend antraf. Doch als sie bei ihm eintraf, war er bereits tot. Unverzüglich untersuchte sie mit ihren weißen Händen die Wunde und fand darin den Splitter, der von Tristrants Schwert abgebrochen war. Die edle, makellose Prinzessin besah ihn unter Tränen und bewahrte ihn dann sorgfältig auf. Darauf kehrten alle in ihr Heimatland zurück. Dort war die Trauer groß; man bestattete Morolt, wie es seinem Stand zukam. Isalde weinte bitterlich, mit ihr viele andere Edeldamen und alle, die beim Begräbnis anwesend waren, sowohl Freunde als Verwandte. Der König warf sich auf den Grabhügel und rief unter Tränen: »Zeit meines Lebens werde ich diesen Verlust nicht verschmerzen!« Er befahl seinen Kriegern, einen jeden, der aus Cornwall in sein Reich gelange, gnadenlos niederzumachen. Seinen Vasallen schärfte er ein: Wen immer man aus Cornwall fange, den sollten sie ohne Gerichtsurteil entweder aufhängen oder totschlagen. Dies führte dazu, daß viele Menschen ohne jedes Verschulden erschlagen wurden. Und alle, die um die Umstände wußten, erzählten herum, dies geschehe allein Tristrants wegen. Da man aber – wie ich's gehört habe – aus Cornwall nach Irland nur zu Schiff gelangen kann, ließ der König einfach all jene, die per Schiff nach Irland kamen, ohne langes Federlesen umbringen. Voll grimmem Zorn über den Verlust des kühnen Morolt stürzte er auf diese Weise viele Frauen in Verzweiflung. Morolt hatte sich freilich an Tristrant mit einer furchtbaren Wunde gerächt, an der er nun dahinsiechte, ohne daß ihm irgendein Arzt Heilung bringen konnte. Tristrant konnte keine Genesung finden, denn auf der ganzen Welt war einzig und allein Isalde imstande, vergiftete Wunden zu heilen – sofern sie sich dazu bereit fand. Ihr aber wäre Tristrants Tod weit lieber gewesen, hatte er ihr doch schweren Kummer bereitet. Ihr wollte scheinen, sie könne diesen Schmerz nie und nimmer verwinden, hatte ihr doch Tristrant denjenigen erschlagen, der ihr auf dem ganzen Erdenrund am liebsten war. Dies war eben der tapfere Morolt. Indem Tristrant ihrem Oheim sowohl das Leben als auch die Ehre genommen hatte, war er in die Schuld Isaldens geraten, so daß ihn die Edelfrau fortan haßte.

Der Vater der Prinzessin war der edle König von Irland. Sie aber war eine Frau, der keine andere gleichkam, deren Ruhm bereits weithin gedrungen war, deren Lobpreis man allenthalben in den höchsten Tönen sang. Wo immer man über Edeldamen plauderte, erkannte man ihr den höchsten Preis zu. Sie war nicht allein wunderschön, sondern besaß auch Klugheit; ferner bewies sie jederzeit feinsten Anstand. Jeden Augenblick war sie auf ihr Ansehen und auf rechte Lebensart bedacht. Überdies war sie (im rechten Maß) heiter und fröhlich, wie es höfisches Verhalten fordert. Man kam zu ihr aus allen Königreichen, um Hilfe und Heilung zu finden, galt sie doch als die beste Ärztin des Landes. Dank ihrer Heilkunst konnten tatsächlich viele Kranke geheilt werden.

Tristrants Heilung

Tristrant siecht an der Wunde dahin, die er von der vergifteten Lanzenspitze empfangen hat. Als keine Rettung mehr möglich scheint und er wegen des Gestanks seiner Wunde allen Menschen widerwärtig wird, läßt er sich im offenen Nachen mit Schwert und Harfe auf das Meer hinaustreiben, um auf See den Tod zu finden. Vorher hat er Kurneval als seinen Erben eingesetzt. Ein Sturm treibt den Nachen vor die Küste Irlands. Tristrant wird an Land und vor den König gebracht; er gibt sich ihm gegenüber für einen Kaufmann und Spielmann namens Pro aus. Auf Veranlassung des Königs wird Tristrant von dessen Tochter Isalde geheilt. Dafür hilft er den Iren bei einer ausbrechenden Hungersnot, denn er kauft in

England Korn und sendet die reichbeladenen Schiffe zurück nach Irland. Er selbst bleibt in England und kehrt alsbald nach Cornwall zurück, wo ihn Marke hocherfreut willkommen heißt. Um Tristrants willen entschließt er sich zur Ehelosigkeit, da er ihn als seinen Erben einzusetzen gedenkt. Dies trägt dem Neffen jedoch Mißgunst und Haß der Verwandten des Königs und vieler Höflinge ein.

Die Brautwerbefahrt

Man verlangt schließlich vom König, er möge eine Frau nehmen. In seiner Bedrängnis greift Marke nach einem blonden Frauenhaar, das einem kämpfenden Schwalbenpärchen entfallen ist, und erklärt, nur jene Frau ehelichen zu wollen, der dieses Haar gehört. Als die Verwandten diese Ausrede Tristrant anlasten, ersucht er Marke, ihm selbst die Suche nach jener Frau anzuvertrauen. Mit einem wohlausgerüsteten Schiff und hundert Begleitern fährt er ziellos in die Weite. Obwohl er die Küste Irlands zu meiden sucht, wirft ihn wiederum ein Sturm just an jene Stelle, wo er bereits vor geraumer Zeit mit dem Nachen strandete. Der erzürnte Irenkönig schickt seinen Marschall aus, der die gesamte Besatzung köpfen soll. Tristrant besticht ihn mit einem goldenen Becher und gibt sich für den Führer der Vorhut einer englischen Handelsflotte aus, die Irland mit Nahrung versehen will. Er selbst heiße Tantris.

Der Drachenkampf

Während die Cornwalleisen auf die Entscheidung des Königs warten, erfährt Tristrant von einem Manne, das Land werde von einem Drachen verheert und der König habe dem Be-

zwinger des Drachens seine Tochter versprochen. Tristrant zieht aus, tötet nach hartem Kampf den Drachen, schneidet ihm als Wahrzeichen seines Sieges die Zunge heraus und schiebt sie unter seine Rüstung. Die Kampfanstrengung und der giftige Dunst der Zunge bringen ihn fast um, so daß er ohnmächtig in einen Quell sinkt. Der herbeikommende Truchseß des Irenkönigs findet den toten Drachen, gibt sich selbst beim König für dessen Bezwinger aus und verlangt die versprochene Belohnung, die der König nicht verweigern kann.

Der Splitter

Isalde vermag nicht zu glauben, daß der feige Truchseß den Drachen tatsächlich besiegt hat. Sie erlangt beim Vater einen Aufschub seiner Entscheidung, sucht und findet (begleitet von dem Kämmerer Perenis und der Zofe Brangene) den wahren Drachenbezwinger und holt ihn in die Stadt, wo ihm Pflege zuteil wird. Während Tristrant badet, entdeckt Isalde an seinem Schwert die verräterische Scharte, in die der aufbewahrte Splitter genau hineinpaßt. Isalde will – Rache suchend – Tristrants Ankunft ihrem Vater melden, doch Brangene weist auf Tristrants Bedeutung für das Abweisen der Forderung des betrügerischen Truchseß. Dies stimmt Isalde um, die nunmehr ihrem Vater erklärt, den wahren Drachentöter zu kennen (dem sie vorsorglich des Vaters Huld sichert). Jetzt könne das Gericht anberaumt werden.

Der Truchseß

Der König läßt alle Landesfürsten kommen, Tristrant seinerseits seine Schiffsgefährten. Vor Gericht wird der Truchseß mit Hilfe der Drachenzunge der Lüge überführt, die er – ängstlich auf einen Entscheidungskampf verzichtend – auch eingesteht.

Der Liebestrank

Tristrant wirbt beim König für Marke, da er selbst noch zu jung zur Heirat sei. Nach Annahme der Werbung vertraut die Mutter Isaldes der gleichfalls aus Irland scheidenden Brangene einen Liebestrank an, den Isalde und Marke in der Brautnacht trinken sollen. Der Genuß dieses Trankes führt zu vierjährigem Liebeszwang. Müssen die Liebenden in dieser Zeit auch nur eine Woche lang die Gemeinsamkeit entbehren, bringt ihnen dies den Tod. Unterwegs trinken Tristrant und Isalde versehentlich von diesem Trank und werden gegen ihren Willen in Liebesbande verstrickt. Als beide vor Sehnsucht dahinsiechen und Brangene endlich die Ursache dieses Jammers entdeckt, betätigt sie sich (unterstützt von Kurneval) als Kupplerin. Nachdem die Liebenden zueinandergefunden haben, genießen sie bis zum Ende der Fahrt ihr Liebesglück.

Brangene

Brangenes Aufopferung für Isalde

(V. 2725–2792) Eines Abends zu fortgeschrittener Stunde berieten beide (Tristrant und Isalde) und beschlossen, Isalde möge Brangene bitten, sie solle sich aus Liebe und Freundschaft zu ihr in der ersten Nacht dem König beigesellen und sich ihm hingeben. Diese listige Überlegung entstand, da Isalde den König betrügen und ihm ihre Hurerei verheimlichen wollte. Schließlich wollte sie vor aller Welt weder Ansehen noch Ehre verlieren, und so bedrängte sie Brangene mit diesem Vorhaben. Als Brangene mit diesem Ansinnen bekannt wurde, vergoß sie bittere Tränen. Ihr aber vernehmt, in welche Worte Isalde ihre Bitte kleidete, als sie sich an Brangene wandte.

»Brangene, liebste Freundin, ich brauche dringend deine Hilfe und deinen Rat. Ich weiß nämlich nicht, wie ich mich verhalten soll, wenn ich mich zum ersten Male dem König beigeselle.«

»Da kann ich Euch nicht raten, Gebieterin.«

»Sprich doch nicht so zu mir, du Liebe.«

»Ach Herrin, was soll ich denn anderes sagen?«

»Du solltest mir schon einen besseren Rat geben können.«

»Weh mir, Herrin, das vermag ich nicht zu tun.«

»Dann ist all mein Glück dahin!«

»Das täte mir von Herzen leid.«

»So beweise dies! Denk daran, daß du mir ergeben sein solltest.«

»Aber Herrin, wie soll ich's denn beweisen?«

»Vollbringe eine Tat wahrer Freundschaft! Um meinetwillen.«

»So laßt hören, was dies für eine Tat sein soll.«

»Teile in der ersten Nacht eine Zeitlang das Lager des Königs!«

»Herrin, dies tu ich nie und nimmermehr! Da könnt Ihr völlig sicher sein!«

Isalde aber drängte weiter: »Es wird dir mit meiner Freundschaft und mancher Guttat vergolten!«

»Was habt Ihr mir denn zugedacht?«

»Das wirst du schon noch sehen.«

»O nein, ich möchte lieber auf Eure Guttaten verzichten!«

»So laß dich doch um Gottes willen beschwören, es zu tun.«

»Ihr treibt da einen üblen Spaß mit mir.«

»Ach, es ist entsetzlich, was mich erwartet, wenn du es nicht tust.«

»Es ist Eurer nicht würdig, so mit mir zu sprechen.«

»Aber ich kann doch gar nicht anders!«

»So etwas dürft Ihr nie von mir verlangen!«

»Nein doch, liebste Freundin! Du mußt mir unbedingt beistehen! Mein Leben lang will ich dir dafür danken, will dich überreich belohnen!«

»Bedenkt doch, Herrin, daß ich Euch getreu hierher gefolgt bin und Euch stets die Treue gehalten habe. Ihr dürft mich nicht derart erniedrigen!«

»O weh, so ist all mein Ansehen, so ist meine Ehre verspielt! Nie mehr werde ich in Zukunft weder dir noch mir Liebes und Gutes tun können. Nur du kannst dies wenden!«

Da sagte die treue Brangene: »Es geschieht mir schon recht, daß Unheil wie Schande über mich kommen! Hätte ich doch den Trank nur besser gehütet!«

Rasch fiel die junge Herrscherin ein: »Ja, bedenke dies nur – bei deiner Ergebenheit und deiner Treue! Hilf mir jetzt auch aus dieser verzweifelten Lage!«

Seufzend erwiderte Brangene: »Nun gut, ich will Euch aus dieser peinvollen Lage erlösen. Hätte ich freilich die Wahl, so wollte ich lieber sterben, als dies zu tun!«

Isaldes Mordanschlag

(V. 2852–3028) Ein Jahr lang hielt sich Tristrant beständig bei Hofe auf. Eines Tages gestand er Kurneval, er könne sich nicht einmal einen einzigen Tag vom Hofe entfernen, denn müsse er auch nur zwei Tage lang den Anblick der Königin entbehren, so sei er unwendbar dem Tode verfallen. Und Isalde erging es ebenso.

Eines Tages beschloß nun Isalde, Brangene ihren Treuedienst mit dem Tode zu lohnen. Sie war nämlich voller Furcht, Brangene könne ihr Wissen nicht für sich behalten. Daher wollte sie das Mädchen heimtückisch umbringen lassen. Ach, welch schlimmer Einfall dies war! So bot sie zwei besitzlosen Rittern einen Viertelzentner Silbers dafür, daß sie Brangene umbrächten. Beide waren einverstanden, und sie versprachen, den Wunsch der Edeldame bereitwillig und zuverlässig zu erfüllen. Isalde übergab ihnen sofort das Silber und zeigte ihnen einen Quell, an dem sie sich auf die Lauer legen sollten. Wer immer dort hinkomme, ob Mann oder Frau, den sollten sie umbringen und ihr als Beweis der vollbrachten Tat des Toten Leber vorweisen. Die Ritter waren wie geblendet vom Glanze des Silbers. Sie begaben sich an den bezeichneten Ort und legten sich dort in den Hinterhalt.

Die Königin aber legte sich auf ihr Lager und klagte Brangene, sie fühle sich unpäßlich. Als die treue Brangene dies voller Mitgefühl bedauerte, bat die verräterische Isalde das Mädchen, es möge ihr einen Trunk Wasser bringen, und zwar vom Quell im Baumgarten. Brangene ergriff einen goldenen Becher und begab sich in den Baumgarten, um aus dem Quell Wasser zu schöpfen. Und wenngleich sie keine Ahnung hatten, für welches Verbrechen Brangene eigentlich bestraft werden sollte, stürzten die beiden Ritter aus dem Hinterhalt und schrien sie an: »Madame, jetzt habt Ihr die längste Zeit gelebt!«

Das treue Mädchen aber fragte: »Was soll dies, Ihr Herren?«

Da erwiderte einer der beiden Ritter: »Euer Leben ist verwirkt!«

Da seufzte die junge Frau: »Nur zu gut kenne ich mein Vergehen! So also sieht der Lohn für meine Treue aus! Meine Herrin war's, die befohlen hat, mich zu erschlagen. Ihr aber zeigt Euren ritterlichen Edelsinn, indem Ihr mich noch ein Weilchen leben laßt. Tut's um Gottes willen, denn ich kann's Euch nicht vergelten. Einer von Euch mag zur Königin gehen und ihr melden, Ihr hättet mich erschlagen. Kurz vor meinem Tode aber hätte ich zu Euch dies gesagt: Mir sei unbekannt, wofür sie Rache nimmt an mir, warum sie mich grundlos ins Verderben stürzt. Gott sei mein Zeuge: Ich vermag beim besten Willen nichts zu finden, womit ich ihren Zorn erregt haben könnte. Nur aus Neigung zu ihr habe ich Eltern und Verwandte zurückgelassen und bin ihr in unbekannte Länder gefolgt. Nun aber soll ich ohne jedes Verschulden jammervoll den Tod erleiden. Als wir beide die Heimat verließen, gab uns ihre liebe Mutter wohlmeinend zwei zierliche, reine Hemden mit. (Sie wird schon verstehen, was ich hiermit meine.) Doch noch ehe wir hierher in dies Land kamen, wurde das ihre (hört jetzt gut zu) so zerrissen und verschlissen, daß es zu nichts mehr taugte und Isalde an der Seite des Königs wenig Ehre eingetragen hätte. Meines aber war ungetragen, unberührt und wie neu. Da hat sie mich bei ihrer Ehre beschworen, es ihr zu leihen. Nur ungern tat ich's, doch sie hat mich so inständig darum gebeten, daß ich ihr's endlich überließ. Weiter kann ich eigentlich nichts mehr sagen. Nur eben dies, daß ich mein Hemd unberührt und wie neu über das Meer hierhergebracht und es ihr geliehen habe, als sie in der ersten Nacht des Königs Lager mit ihm teilte. Da freilich wurde es – ihr dienend – arg mitgenommen. (Merkt Euch nur genau all meine Worte!) Und ich ließe ihr ausrichten, daß ihre Furcht sie irregeleitet hätte. Nie und nimmermehr hätte ich diesen ungerechten Tod um sie verdient.«

Die Ritter fühlten Erbarmen, zumal ihnen unbekannt geblieben war, für welches Vergehen sie Brangene eigentlich bestrafen sollten. (Ihre mitleiderregenden Worte retteten also Brangene das Leben.) Ferner überdachten die beiden, daß sie der Mord an einer Frau vor aller Welt für alle Zeiten ehrlos machen würde. Grad lief ein Hund vorbei. Da tötete ihn einer der Ritter, schnitt ihm die Leber aus dem Leibe, wickelte sie in sein Hemd und trug sie heimlich zur mächtigen Herrscherin. Die aber dankte ihm überschwenglich und bestürmte ihn sogleich mit Fragen: »Hat sie noch etwas gesagt?«

»Gewiß, das hat sie getan.«

»So sprich doch, was war dies?«

Da teilte er ihr ohne langes Zieren haargenau all das mit, was Brangene von dem Hemd gesagt hatte, daß sie es ihr – Isalde – ausgeliehen hätte.

»Bei deiner Treue! Sonst hat sie nichts gesagt?«

»Nein. Nur dies noch: Es wäre ihr lieber gewesen, hätten wir sie am Leben gelassen.«

»O weh! Gott soll mich verdammen!« rief da die schöne Edeldame aus. »Gott möge es leid sein, daß ich je das Licht der Welt erblickte! Ich armes Weib! Was nur soll ich tun, nachdem ich so schändlich gefehlt habe? Weder Mann noch Frau werden mir je wieder ihr Vertrauen schenken können. An meinem Leben, an meiner Ehre räche Gott den Mord, den ich auf mich geladen habe!« Und sie schrie laut: »Der Teufel soll mich holen!« Mit Fäusten schlug sie auf sich ein, auch raufte sie so rasend und verzweifelt ihr Haar, daß jener Ritter, der vorher im Hinterhalt gelegen hatte, sie ob ihrer verzweifelten Selbstanklage verblüfft anstarrte.

Als der Ritter merkte, daß ihr Herzeleid Ausdruck echter, ungeheuchelter Reue war, hielt er nicht länger an sich und sprach: »Tröstet Euch, Herrscherin! Brangene lebt noch! Wie froh ich jetzt bin, daß dies so ist! Anfangs wagte ich es nicht, Euch die Wahrheit zu sagen, und dies aus Furcht, daß Euch diese Nachricht unlieb sei.«

»Spart Euren Spott!« rief sie voller Verzweiflung aus. »Mir ist wahrhaftig nicht zum Spaßen zumute, nachdem ich sie auf solche Weise verloren habe.«

»Herrscherin, Ihr könnt da völlig sicher sein! Laßt allen Zweifel! Ich treibe keinen Spott mit Euch! Brangene lebt! Wenn Ihr's wünscht, bringe ich sie hierher!«

Die Königin rief: »Dann hast du dein Glück gemacht. Wenn sie wirklich am Leben ist, sollst du zeit deines Lebens in Reichtum schwelgen dürfen. Dies verspreche ich dir bei meiner Treue.«

Der Ritter aber eilte frohgemut davon und unterrichtete auch seinen Gefährten vom Willen der Königin, so daß alle beide sowohl froh als auch erleichtert waren. Sie führten Brangene mit sich und brachten sie unverzüglich in die Kemenate der Königin.

Das belauschte Stelldichein im Baumgarten

Neider Tristrants – angeführt von Markes Neffen Antret – wecken Markes Verdacht. Eine Umarmung von Neffen und Gattin bringen ihn derart auf, daß er Tristrant vom Hofe weist. Die Liebenden leiden schwere Sehnsuchtsqualen.

(V. 3300–3771) Nun gibt es freilich ein einziges Mittel, mit dessen Hilfe beider Tod zu verhindern wäre: Sie müßten einander wiedersehen. Überlegt nun mit mir, wie dies einzurichten wäre. Wie sollte man es wohl anstellen, sie aus ihrer Not zu befreien? Ich meine, es bleibt Brangene vorbehalten, die beiden zueinanderzuführen.

Die Königin klagte dem Mädchen die furchtbare Qual, die sie litt. Sie machte kein Hehl aus ihrer Verzweiflung und aus ihren Qualen; auch vertraute sie ihr an, es würde etwas Schlimmes geschehen, wenn sie Tristrant nicht in Kürze wiedersehen könne. Erneut also mußte sich Brangene (wie schon so oft) auf den Weg machen, Tristrant herbeizuholen. Als sie bei ihm angekommen war, klopfte sie leise an die Tür. Kurneval war sogleich zur Stelle und ließ sie eintreten. Nachdem sie eingetreten war, eilte sie zu Herrn Tristrant, der sie freundlich willkommen hieß. Der Kranke fragte Brangene: »Wie geht es meiner Herrin?«

»Sehr schlecht, und dies allein aus Liebe zu dir. Doch sie wird sicher geheilt, wenn sie Euch sprechen kann, wenn man überdies an den mißgünstigen Neidern, die sie mit diesen Qualen und mit diesem großen Leid beschwert haben, Rache nehmen könnte.«

Tristrant antwortete höflich: »Richte meiner Herrin aus: Keine Gefahr wird es vermögen, mich auch fernerhin von ihr fernzuhalten. Mag mir's mißgönnen, wer immer es will; doch wenn es irgend möglich ist, will ich mich noch heute nacht mit ihr treffen, und zwar in ihrem Baumgarten. Sie soll mich dort erwarten. Sobald in dem Bächlein, das – vom Quell austretend – ihre Kemenate durchfließt, Blätter schwimmen, soll sie rasch hinzutreten und nach einem Span Ausschau halten, in den ein Kreuz mit fünf Enden eingeschnitten ist. Leider kann ich mich ja mit ihr nicht mündlich verständigen. Sobald sie also das Kreuz entdeckt – sei's bei Tag oder bei Nacht –, soll sie mich unter der Linde erwarten, die an jenem Quell steht, dessen Wasser die Kemenate durchfließt. Sage dies meiner Herrin und wünsche ihr Genesung.«

Brangene teilte dies ihrer Herrin mit. Da wurde die Königin wieder frohgemut und ließ etwas zu essen herbeibringen. Hatte sie vorher ganz kraft- und regungslos dagelegen, so fühlte sie jetzt neuen Lebensmut. Brangene hatte ihr ja auch einen wirksamen Heiltrank gebracht, der sie vollkommen genesen ließ. Dank dieser glückbringenden Benachrichtigung trafen sich die beiden um Mitternacht im Baumgarten, und sie verscheuchten voller Fröhlichkeit und Freude all ihren Kummer. So waren sie dank Brangenes Eingreifen in kürzester Frist wieder genesen. Die Aufpasser aber führten sie hinters Licht: Während sie des Nachts zusammenkamen, um miteinander zu plaudern, lag Tristrant tagsüber auf dem Lager, klagte über seine schlechte Verfassung und gab vor, sterbenskrank zu sein. So genoß der tapfere, weitberühmte Held in aller Heimlichkeit sein Liebesglück. Sooft er es nur wünschte, begab er sich in den Baumgarten, um mit der Geliebten Küsse zu tauschen. Die Neider aber beratschlagten erneut, welche List anzuwenden sei, um ihre Liebe zunichte zu machen. Sie rätselten hin und her, ob die Königin Tristrant auch noch weiterhin ihre Liebe schenken werde.

Einer sagte nein, der andere ja, und der dritte meinte: »Ich meinerseits bin im Zweifel und hätte nur gar zu gern Gewißheit darüber.« Ihr Anführer Antret erwiderte darauf: »Ich werd's mit einer List schon in Erfahrung bringen. Unweit lebt ein überaus kenntnisreicher Zwerg. Wenn er es will, liest er alles, was war oder sein wird, aus den Sternen. Ich werde ihm viel Silber geben, damit er uns die Wahrheit enthüllt.« Alle waren darüber hell begeistert und fragten, wo denn dieser Zwerg zu finden sei. Da kam Satanas, der Kumpan des Zwerges, und zeigte ihnen dessen Aufenthaltsort.

Als sie den Zwerg gefunden hatten und er ihnen Aufschluß geben sollte, wie es um die bewußte Sache stand, musterte dieser Unhold die Sterne und sprach darauf: »Tristrant ist wiederum mit der Herrscherin zusammen. Wenn der König sich meinem Rat anvertraut so werde ich ihn alles mit eigenen Augen sehen lassen. Er wird dann eingestehen müssen, daß ich euch die Wahrheit gesagt habe. Sollte ich aber gelogen haben, so dürft ihr mich – nach dem Willen des Herrschers – allen nur erdenkbaren Folterqualen unterwerfen.«

Ich glaube aber, daß es sein teuflischer Gefährte war, der aus seinem Munde sprach, denn er beschrieb in allen Einzelheiten, auf welche Weise sich Tristrant mit der Königin traf. Und der Zwerg meinte: »Habe ich nicht die reine Wahrheit gesagt, so könnt ihr mir ohne alles Erbarmen den Kopf abschlagen lassen.«

Sie machten sich also ans Werk. Der Zwerg mußte mit ihnen vor den König treten, dem sie mitteilten, was er behauptet hatte. »Ich habe eine Idee, wie Ihr völlige Gewißheit erlangen könnt«, meinte der Unhold. »Wenn es mein Herrscher wünscht, können er und sein Gefolge sich überzeugen. Der König mag vorgeben, in den Wald auf die Jagd reiten zu wollen. Dann wird sich Tristrant ohne Verzug mit der Königin treffen. Ich aber werde den König sehen lassen, wie sie einander begegnen, so daß er ohne jeden Trug die Wahrheit in Erfahrung bringen kann.«

Der König wurde tieftraurig, doch konnte er diesen Rat schlecht abweisen und mußte dem Vorschlag der Neider Folge leisten. So ließ er denn den ganzen Hof wissen, man solle alle Vorbereitungen treffen, da er am nächsten Morgen frühzeitig zur Jagd in den Wald reiten wolle. Auch ließ er öffentlich ausstreuen, daß er sieben Tage und Nächte ausbleiben werde, worüber sich die Königin herzlich freute. Nachdem der König im Forst angekommen war und der Zwerg Gewißheit darüber hatte, daß Tristrant mit der Herrscherin zusammentreffen werde, schlug er dem König vor, auf der Stelle allein – nur in seiner Begleitung – zurückzureiten. Er wolle ihn die Wahrheit seiner Behauptung mit eigenen Augen sehen lassen. Der König schwang sich auf sein Roß und ließ den Zwerg hinter sich aufsitzen. Als er an jenem Ort angekommen war, zu dem ihn der Zwerg gewiesen hatte, zeigte ihm dieser die Linde an der Quelle.

»Ich will Euch nun sagen, Herr, was Ihr tun sollt!« sprach dieser gottverfluchte Zwerg. »Es gibt hier nur ein einziges Versteck: Ihr müßt hinauf auf den Baum und Euch dort ganz still verhalten. Vom Baume aus wollen wir beobachten, was die beiden tun werden.«

Es schien aber der Mond so hell, daß man meinen konnte, es sei heller Tag. Der edle König band sein Roß unfern an einem Ast fest und stieg danach – wie es ihn der Zwerg geheißen hatte – auf den Baum. Ich aber meine, daß ihm dessen Kumpan Satanas, also der Teufel in höchsteigener Person, beim Aufstieg behilflich war. Ich bin absolut sicher: Nur er war's, der ihm hinaufhalf, wollte er doch teilhaben an seiner Macht. Wie also hätte es ihm einfallen können, ihn allein auf den Baum steigen zu lassen? Möge Gott sie alle beide verdammen!

Sie brauchten da oben nicht lange zu hocken, bis Tristrant herbeikam. Er riß ein paar Blätter ab, warf sie in den Bach und übergab dem dahinfließenden Wasser auch den Span mit dem eingeschnittenen Kreuz. Während all dies geschah, saß der König mit seinem Gefährten oben auf dem Baum. Da erblickte Tristrant ihre Schatten, die der Mond auf den Wasserspiegel der Quelle warf. Er war klug genug, nicht emporzublicken, sprach aber zu sich selber: ›Nun ist der Tod mir sicher! Ach, wüßte es nur die Königin, daß uns hier ein Hinterhalt gelegt wurde.‹

Inzwischen schwammen Blätter und Holzspan durch die Kemenate der Königin. Rasch griff die Edeldame nach einem kleinen Netz und erhaschte den Span, um dann das eingeschnittene Kreuz zu mustern. Sogleich war ihr klar, daß Tristrant sie am vereinbarten Ort erwartete, und sie eilte dorthin, wo sie den kühnen Helden auch wirklich erblickte. Herr Tristrant blieb jedoch regungslos sitzen und gab ihr nur verstohlen Zeichen mit der Hand.

›Der allmächtige Gott bewahre mich!‹ sprach die Königin zu sich. ›Warum steht der Jüngling nicht auf und kommt mir entgegen? So etwas bin ich nicht gewohnt bei ihm. Was dies wohl bedeutet?‹

Nun bemerkte sie jedoch, daß er ihr wiederum Zeichen gab. Sie überlegte fieberhaft: ›Was immer es sei – irgend etwas beunruhigt ihn! Vielleicht ist jemand in der Nähe, der uns beobachtet.‹ Und als sie vor der Quelle stand, erblickte sie gleichfalls die Schatten der beiden Späher, die der Mond auf den Spiegel des Wassers warf. Die Edeldame aber bewies große Geistesgegenwart, denn sie richtete die Augen nicht in die Höhe und tat gerade so, als sei sie völlig ahnungslos. Dann aber begann sie mit kluger Überlegung zu sprechen: »Tristrant, warum hast du mich gebeten, hierherzukommen?«

»Edle Frau, bitte steht mir bei und helft, daß mir mein Herrscher wieder seine Gunst schenkt, daß er mich wie zuvor an seinem Hofe leben läßt.«

»Dafür rühre ich keinen Finger, das laß dir nur versichern. Ganz im Gegenteil: ich bin herzlich froh darüber, daß mein Gebieter dir grollt. In dieser Angelegenheit lehne ich jeden Beistand ab, des kannst du sicher sein. Schließlich bin ich nur deinetwegen in schlimme Nachrede gekommen. Nur um meines Gebieters willen war ich dir gewogen, bist du doch sein Neffe, hast du doch mehr für ihn getan als irgendein anderer. Doch nun bin ich durch dich unschuldig in Verruf geraten, so daß es mir völlig gleich wäre, wenn mein Herr dich umbrächte.«

»O nein, edle Frau! Ich flehe dich an: Denke an deinen guten Ruf und vergilt mir, daß ich um deinetwillen schwere Mühsal auf mich genommen habe. Eigentlich müßte es dir zu

Herzen gehen, daß mir der König ein solches Unrecht zufügt. Bist aber erst du mir wohlgesinnt, wird auch seine Huld nicht ausbleiben. Schließlich grollt er mir ohne allen Grund.«

Die edle Königin aber erwiderte: »Von mir erwarte nicht den geringsten Beistand! Wendet mein Herr dir wieder seine Gunst zu, will ich dir's gönnen und mich darüber freuen, doch ich denke nicht daran, ihn eben darum zu bitten.«

Da meinte Herr Tristrant: »Dann muß ich wohl sein Reich verlassen! Auch wenn's meinen Herrscher wenig bekümmert. Hat mich aber sein Groll erst einmal aus dem Lande getrieben, werden ihm daraus derart viele Nachteile erwachsen, daß er sie das ganze Leben lang nicht wettmachen kann. Mir selbst kann's dabei nur besser ergehen. Schließlich komme ich an Orte, wo man mich sicher freundlicher behandeln wird, wo mich wackere Menschen achten und lieben. Mein Herrscher scheint vergessen zu haben, daß ich nach der Rückkehr in mein Reich ein ebenso hochgestellter und mächtiger König bin wie er. Zudem bin ich mir sicher, daß man mich andernorts nicht fortweisen wird. Ich werde dort solche Dienste leisten, daß man mich gewiß freundlicher, ja ehrenvoller behandeln und mit einem Gefolge von zehn Rittern ausstatten wird, denen weder Streitroß noch Reitpferd fehlt. Herrscherin, vielleicht bin ich Euch noch so viel wert, meinen Herrscher um Eurer Ehre willen darum zu bitten, mir meinen Besitz auszulösen. Dann bin ich bereit, sein Reich auf der Stelle zu verlassen.«

Sie aber erklärte: »Nein! Dies tue ich auf gar keinen Fall! Denn deinetwegen ist sein Herz von Groll erfüllt wider mich. Und wenn er dir niemals wieder seine Gunst zuwendete – mir wär's egal.«

Damit ging die Edeldame davon. Tristrant aber, der edle Held, rief aus: »Daß mir mein Herrscher ein solches Unrecht zufügt, möge Gott erbarmen!« Damit kehrte er in seine Unterkunft zurück.

Nachdem Tristrant den Baumgarten verlassen hatte, riß der König das Schwert aus der Scheide, um den Zwerg oben auf dem Baume zu erschlagen. Der kleine Kerl sprang jedoch vom Baum herab und entschwand. Der König war von Herzen froh über all das, was er vernommen hatte. Verdrießlich stimmte ihn lediglich, daß ihm der Zwerg entwischt war. Zu dessen Flucht mochte ihm Satanas, sein Kumpan, verholfen haben. Nun wartete der König voller Ungeduld auf den Anbruch des Tages. Er wollte überlegen, wie es ihm gelingen könne, Tristrant wieder zum Bleiben zu bewegen. Zunächst aber handelte er gemäß den Gegebenheiten und ritt in den Wald zurück. Dabei zerbrach er sich den Kopf und suchte nach einem guten Einfall, mit dessen Hilfe er Tristrant zum Bleiben veranlassen könnte. Am anderen Morgen kehrte er bereits frühzeitig in die Stadt zurück und begab sich zu seiner Gattin. Freundlich und liebevoll bat er sie, ihm die reine Wahrheit darüber zu sagen, was sie nächtens mit Tristrant gesprochen hatte. Sie aber sagte: »O Herr, eigentlich hättest du mir diese Frage ersparen können. Er ist mir schließlich in den letzten zwölf Tagen kein einziges Mal vor Augen gekommen, und ich will ihn auch nie wiedersehen. Durch sein Verschulden habe ich derart viel Leid erdulden müssen, daß mich nicht danach verlangt, ihn jemals wiederzusehen.«

Er aber entgegnete: »Die Wahrheit, Madame, ist jedoch die, daß Ihr ihn in eben dieser Nacht wiedergesehen habt. Man ließ mich nämlich einen Baum besteigen, von dem aus ich dich unter mir beobachtete und alles hörte, was er dir sagte. Du brauchst dich jedoch nicht zu beunruhigen. Steh mir bitte bei mit deinem Einfallsreichtum und hilf mir, ihn zum Bleiben zu bewegen. Er soll herrschen dürfen über alles, was sich hier an meinem Hof befindet. Des kannst du völlig sicher sein.«

Die Edelfrau aber erwiderte: »Was jenen kühnen Helden betrifft, so will und kann ich dir meine Hilfe nicht leihen. Nachdem ich ihn heute nacht angehört hatte, schieden wir im Zorn voneinander. Auch wäre es mir wahrlich weit lieber, man vertriebe ihn vom Hofe, als daß er weiterhin hier verbliebe. Ich habe ja keinerlei Vorteil davon. Zudem kann es durchaus wieder passieren, daß dir deine Vasallen Lügenmärchen über uns erzählen und ich noch tiefer in Schande versinke. Also lassen wir doch Tristrant reiten, wohin es ihm gefällt.«

Der König sagte: »Aber nein doch, liebste Gefährtin! Wir hätten davon weder Vorteil noch Nutzen. So ändere bitte deinen Entschluß und hilf mir dabei, ihn bei Hofe festzuhalten. Ich mag ihn nur höchst ungern entbehren.«

»Dann tu's doch selber. Ich habe nicht den Mut, mit ihm darüber zu sprechen.«

»Warum denn lehnst du es ab, mit ihm darüber zu sprechen? Sprich mit ihm einfach so, wie es dir ums Herz ist.«

»O nein, denn dies kommt mir nicht zu.«

»Du hast doch wahrlich keinen Grund, dich so zu zieren. Zeige dich ihm gegenüber bitte freundlich und wohlwollend. Ich gestatte es dir ausdrücklich, ihn wie deinen engsten Vertrauten zu behandeln. Mag er bei dir weilen, sooft es ihm gefällt. Neulich, als er dich küßte, hat mich einfach der Jähzorn überwältigt, doch wird mir dies gewiß nicht mehr widerfahren. Wohl glaubte ich im Recht zu sein, doch ihr habt mir beide – der edle Ritter und auch du selbst – klar genug gezeigt, daß er mir in Treue ergeben ist.«

Da entgegnete die edle Königin: »Wenn du ihn wieder für dich gewinnen willst, dann bitte doch meine Dienerin, sie möge um deinetwillen zu dem Helden gehen und ihn anflehen. Freilich fürchte ich, daß sie diese Mission ebenso ungern übernehmen wird wie ich selbst.«

Nunmehr sprach er eifrig auf Brangene ein. Er bat sie eindringlich und appellierte an ihren Edelmut, sie möge ihm doch dabei helfen, Tristrant zum Bleiben zu veranlassen.

»Warum habt Ihr ihn denn erst davongetrieben?«

»Man hat mir arge Lügenmärchen erzählt über ihn.«

»Und wer hat dies getan?«

»Ein Herzog war's.«

»Dann mag doch er ihn zum Bleiben veranlassen!«

»Das kann er nun wieder nicht.«

»Dann kann ich's schon gar nicht.«

»O weh, noch nie ist mir solches Leid widerfahren!«

»Ist dies wirklich wahr?«

»Gewiß! Ich leiste jeden Eid darauf.«

»O nein! Dies wage ich nicht zu glauben.«

»Du kannst diese Mission ohne alle Sorge übernehmen. Ich werde ihn als meinen Freund behandeln. Auch soll er bei Isalde weilen dürfen, sooft er es nur wünscht.«

»Ach nein! Ich glaube nicht, daß er hierbleibt. Zudem wär's kaum von Vorteil für ihn. Wie leicht kann ihn schon morgen das gleiche Mißgeschick treffen. Sollte ihm an meinem Ratschlag gelegen sein, so werde ich ihn darum bitten, nur eilends davonzureiten. Und zwar dorthin, wo man ihm wahre Freundschaft entgegenbringt.« Da bot der König Brangene eine hohe Belohnung an dafür, daß sie den edlen Helden zum Verweilen überredete. »Ich will alles wiedergutmachen, was ich ihm auch an Leid zugefügt habe. Ich lasse sogar sein Bett in meine Kemenate bringen und will es ihm gestatten, sich von früh bis spät in der Umgebung der Königin aufzuhalten. Er hat mich davon überzeugt, daß er völlig unschuldig ist und mich nicht arglistig verraten hat.«

Nachdem der edle König sie so eindringlich und liebreich darum gebeten hatte, übernahm schließlich Brangene die übertragene Aufgabe, und dies nur gar zu gern. Sie ritt in die Stadt zu Tristrants Unterkunft und mußte ihn natürlich nicht erst lange darum bitten, aus freien Stücken dazubleiben. So ward mit kluger Überlegung zustande gebracht, daß Tristrant wieder an den Hof kam. Der König aber befahl all seinen Verwandten und Vasallen, die Anordnungen Tristrants strikt zu befolgen. Er ließ sie alle wissen, dieser sei bei ihm von einem der Herzöge arg verleumdet worden. »Ich könnte ihn schon bei Namen nennen! Und es wird ihm hier an meinem Hofe in Zukunft etwas übler ergehen. Mein Neffe«, wandte sich der edle König an Tristrant, »du sollst fortan meine Kemenate mit mir teilen, stets an meiner Seite sein und an der meiner Königin, sooft es dir nur gefällt. Es sollte dies auch dein eigener Wunsch und Wille sein. Und dies selbst dann, wenn sie sich vor Wut und Verzweiflung die Haare ausreißen. Und wenn sie dich noch so sehr hassen, ich werde mich nicht trennen von dir! Auch werde ich es schon zu verhindern wissen, daß dir hier irgendein Leid widerfährt.«

Da gab Tristrant Kurneval den Befehl, unverzüglich sein Bett in die Kemenate des Königs zu bringen. Vor lauter Freude hatte er keinen Gedanken mehr für das Leid, das ihm widerfahren war. Und er hatte fortan sein Vergnügen mit der Königin, sooft er es nur wünschte.

Der Kemenatensprung

Der beim König wieder zu Gunst gelangte Zwerg Aquitain rät Marke, Tristrant erneut auf die Probe zu stellen. Er solle vorgeben, Tristrant auf eine siebentägige Reise schicken zu wollen, dann würde dieser in der Nacht unbedingt Isalde aufsuchen. Aquitain werde den Zwischenraum zwischen den Betten mit Mehl bestreuen und sich unter Isaldes Bett auf die Lauer legen, um Marke zu alarmieren. Auch sollten die Feinde Tristrants vor den Türen auf das Alarmzeichen warten. Tatsächlich geht Tristrant in die Falle. Zwar entdeckt er das Mehl und springt hinüber zu Isalde, doch dabei bricht ihm eine Wunde auf, so daß er sein Bett nicht mehr erreicht und mit dem Fuß den Boden berührt. Der wutschnaubende Marke läßt Tristrant binden und verurteilt Isalde auf Antrets Rat zum Verbrennen, Tristrant zum Tode durch Rädern.

Tristrants und Isaldes Flucht

Vergebens setzt sich Tinas bei Marke für die zum Tode Verurteilten ein.

Der Kapellensprung

(V. 4049–4202) Unmutig und voller Zorn hatte der edle Tinas den König verlassen. Sein Herz war von großem Schmerz erfüllt. Noch war er nicht lange geritten, als man ihm Herrn Tristrant entgegenführte, begleitet von einer großen Menschenmenge. Man hatte ihm die Hände auf den Rücken gebunden. Bei diesem Anblick begann Tinas heftig zu weinen: »Könnte ich nur offen sehen lassen, wie wohlgesonnen ich dir bin«, flüsterte er Tristrant zu. »Laß dir versichern, daß ich dir herzlich gern helfen würde, unbekümmert um das, was mir danach widerführe. Selbst wenn ich gewiß wäre, daß man mich danach gefangensetzen und wie einen Dieb henken würde – ich ließe mich auch von der drohenden Todesgefahr nicht abschrecken. Selbst den Tod scheute ich nicht, könnte ich dich nur aus dieser mißlichen Lage befreien. Da mir dies jedoch leider nicht möglich ist, will ich dir wenigstens – dank der mir verliehenen Gewalt – die Hände lösen.« Er zerschnitt Tristrants Fesseln und verbot jenen, die ihn eskortierten, in allem Ernst und sehr entschieden, ihn nochmals zu binden. Und er fügte hinzu, daß Tristrants hohe Abkunft es verbiete, ihn in Banden vor Gericht zu stellen. »Wird er nach Recht und Stand behandelt, kann's euch nur zum Vorteil gereichen.« Mit Tränen in den Augen küßte er den edlen Helden; bittere Tränen vergoß er, sowohl vor aller Augen als auch im Herzen. »Ach, welch ein Jammer! Daß ich dich je erblickt habe! Nie werde ich dieses schreckliche Unglück vergessen können!« Er fühlte nun einmal echte, wahre Freundschaft zu Tristrant und war ihm im Herzen treu ergeben. Als die Krieger, die Tristrant bewachten, den Truchseß so heftig weinen sahen, waren sie angesichts dieses großen Leides selber bedrückt und traurig. Während sie mit dem edlen Helden an einer Kapelle vorbeigingen, bat der kühne Held seine Bewacher, ihn hineingehen zu lassen und draußen die Pforte zu bewachen, bis er sein Gebet gesprochen habe. Sie aber erwiderten, er habe sie schon viel zu lange aufgehalten. Da meinte einer von ihnen: »Es dauert doch nicht lange! Auch hat uns Tinas gebeten, ihn rücksichtsvoll zu behandeln. Lassen wir doch den reuigen Mann hineingehen, damit er seine Sünden bekennen und versuchen kann, sich der Gewalt des Teufels zu entziehen. Was kann's uns schon viel schaden, ihm diesen Wunsch zu erfüllen?« Und er flüsterte seinen Gefährten zu: »Es kann ja nichts passieren dabei. Die Kapelle hat nur eine einzige Pforte, und diese ist so schmal, daß wir sie ohne Schwierigkeiten im Auge behalten können. Die andere Seite grenzt an die hochwogende See. Ob's ihm nun Glück oder Unglück bringt: Mag er ruhig seine Sünden bereuen! Uns kann's gewiß nicht weiter schaden.«

Sie ließen ihn also hineingehen, was er sich auch nicht zweimal sagen ließ. Doch als er erst in der Kapelle war, handelte er ebenso klug wie entschlossen: Zunächst versperrte er – zum Ärgernis seiner Wächter – die Pforte. Dann kletterte er vorsichtig an der Wand empor, bis er sich an einem Fenster festklammern konnte. Er wollte nämlich – hört nur gut zu! – sein Leben zu retten suchen. Er zwängte sich also durch das Fenster, sprang – nachdem ihm dies gelungen war – in die See und schwamm an das Ufer. Danach rannte er den Strand entlang, sich häufig umsehend, ob er auch nicht verfolgt würde.

Kurneval hatte sich inzwischen fast zu Tode geweint. Stets war er Tristrant voller Liebe und Treue ergeben gewesen und daher von tiefem Schmerz erfüllt. Grad jetzt ritt er aus der Stadt, und er führte Tristrants Pferd und Schwert mit sich. So erschien er, als hätte man ihn ausdrücklich zur Hilfe herbeigerufen. Sobald Tristrant ihn erblickte, lief er ihm entgegen, denn als Kurneval ihm so entgegenritt, wurde ihm gleich um vieles leichter zumute. Der getreue Kurvenal aber bereute es sehr, so spät gekommen zu sein. Er hatte eilends zum Gericht reiten wollen, denn ihm war folgender Gedanke gekommen: ›Vielleicht braucht mich mein Herr! Wenn es der Wille des barmherzigen Gottes ist, kann er möglicherweise entfliehen, und wenn er dann durch einen glücklichen Zufall Roß und

Schwert wiederbekommt, kann ihm die Flucht gelingen.‹ Dies war Ausdruck der herzlichen Freundschaft, die er für seinen Herrn empfand. Mehr als einmal hatte er es schon in dieser Situation bedauert, je das Licht der Welt erblickt zu haben, und am liebsten wäre er gemeinsam mit seinem Herrn in den Tod gegangen. Nachdem er in wenigen Augenblicken so weit gekommen war, daß er seinen Herrn erblickte, ritt er rasch auf ihn zu, um in Erfahrung zu bringen, was geschehen sei. Als nun die beiden Helden einander sahen und erkannten, waren sie von Herzen froh und erleichtert. Tristrant schwang sich auf sein Roß, gürtete sein Schwert um und machte Anstalten davonzusprengen. Kurneval erfaßte geistesgegenwärtig die Situation und rief Tristrant zu: »Machen wir uns also davon!«

»Wohin wollen wir uns wenden?«

»Wenn der König und sein Hofgesinde es erfahren, daß Ihr entkommen seid, wird's – wie ich fürchte – für uns höchste Zeit zur Flucht.«

»Ich will aber nicht fort, während die Königin zu Tode gequält wird. Entweder rette ich auch sie, oder ich sterbe mit ihr gemeinsam. Zudem erfüllt mich tiefer Grimm über einige der Vasallen, an denen ich mich erst noch rächen muß.«

Er ritt also zum Gerichtsplatz, verbarg sich jedoch im dichten Gestrüpp und tarnte sich – wie's in dieser Lage notwendig war – sorgfältig mit Zweigen. Auf diese Weise richtete er es klug bedacht so ein, daß niemand ihn sehen oder erspähen konnte. Er selbst jedoch konnte alles beobachten, was vor dem Gebüsch geschah.

Die Befreiung Isaldes von den Aussätzigen

(V. 4203–4330) Inzwischen wurde jenen, die vor der Kapelle Wache hielten, die Zeit zu lang. Man rief den Wächtern, die an der Pforte standen, zu: »Laßt ihn rauskommen! Sein Beten dauert schon viel zu lange!« Einer von ihnen sprang zur

Pforte und schrie: »Erhebt Euch endlich von den Knien! Wir stehen hier lange genug herum!«

Als aber niemand antwortete, wurden die Draußenstehenden wütend und begannen die Tür aufzubrechen, um voller Zorn ihr Mütchen an dem Helden zu kühlen. Doch alle Anstrengungen waren umsonst: Er war nirgendwo zu finden.

Schon bald danach erhielt der König die Nachricht, daß Tristrant entflohen sei. Dies gefiel ihm natürlich ganz und gar nicht, und er befahl allen Leuten, die zum Gericht gekommen waren, ihn zu verfolgen und totzuschlagen. »Ich verspreche folgende Belohnung: Wer ihn einfängt und wieder herschafft, erhält an Geld und Gut so viel, wie er nur begehrt. Ich werde ihm so viel geben, daß er sein ganzes Leben lang in Reichtum schwelgen kann.« Da schwangen sich sämtliche Ritter auf die Pferde. Ich aber meine, daß sie lange nach ihm suchen können; sie werden ihn gewiß nicht finden, mochte dies manchem auch lieb oder leid sein. Antret ritt schon bald wieder zurück, war er doch im Grunde höchst zufrieden damit, Tristrant nicht entdeckt zu haben. Er fürchtete nämlich, dem Helden bei einer Begegnung das Leben als Pfand lassen zu müssen.

Als alle, die sich auf die Suche begeben hatten, zurückkehrten, ohne den edlen Helden Tristrant entdeckt oder etwas über ihn in Erfahrung gebracht zu haben, wollte der König seine Rachgier an der Herrscherin stillen. Schreckliche Drohungen stieß er aus, und er kündigte an, mit ihrer Liebe ein für allemal und auf fürchterliche Weise ein Ende machen zu wollen. So gab er Befehl, sie herbeizuschaffen und hinzurichten. Nach seinem Willen sollte sie auf dem Scheiterhaufen verbrannt werden. Da eilte plötzlich – bereits vom Aussatz gezeichnet – ein Herzog herbei und bat seinen Herrscher um Gehör. Als der König ihm zu reden befahl, begann der Kranke: »Da die Königin nun einmal sterben soll und ihr zudem beschlossen habt, sie einem schrecklichen Tode zu überliefern, scheint mir der Verbrennungstod noch nicht schrecklich genug für sie zu sein. Es gibt nun aber einen noch schmählicheren Tod. Gewiß, es liegt in deiner Macht, sie hängen oder verbrennen zu lassen. Ich will dir jedoch eine Todesart nennen, die sie – wenn sie auf diese Weise stirbt – zudem mit Schmach und Schande überhäufen wird.« Und als der Herrscher gebot, es ihn wissen zu lassen, fuhr er fort: »Übergib die Dame mir! Ich bringe sie auf die schimpflichste und grauenvollste Art ums Leben!«

»Wie das?« fragte ihn der König.

Jener erwiderte: »Ich bringe sie einfach zu meinen Kranken. Dann soll sie einer nach dem anderen – der Reihe nach – vornehmen. Das wird gewiß kein angenehmes Leben für die Königin. Ganz im Gegenteil: sie wird vielmehr schon bald umkommen. Und wären es gleich vier Isalden: Überlieferte man sie meinen Hausgenossen, so würden sie sämtlich im Handumdrehen zum Tode befördert. Auf diese Weise wird sie große Qualen erleiden und schließlich auf die schmählichste Art den Tod finden.«

Da rief der mächtige König aus: »Du sprichst die Wahrheit! Doch wer gibt mir die Gewähr, daß man die Herrscherin – wenn ich sie dir übergebe – auch wirklich umbringt?«

»Ich schwöre dir einen heiligen Eid!« sprach dieses Ungeheuer in Menschengestalt. »Sollte ich die Herrscherin am Leben lassen, dann hänge mich mit allen meinen Gevattern an einem Baum auf oder erschlage uns, und alle meine Kranken dazu.« Da lieferte ihm Marke die Königin aus.

Der Leprakranke war überglücklich und setzte die schöne Königin vor sich auf sein Maultier. Nachdem sich der mächtige König auf diese unerhörte Weise an ihr gerächt hatte, sprach man von ihm im ganzen Lande nur noch mit Verachtung, hatte er doch schimpflich und schmachvoll gehandelt.

Nun führte den Kranken sein Weg vorbei am Versteck Tristrants. Kurneval, der die Herrin schon von weitem erkannte, rief: »Paßt auf! Da bringt man meine Herrin!« Da konnte man erneut erkennen, was wahre Liebe vermag: Tristrant beklagte bitter die unerhörte Schmach, daß der Aussätzige es gewagt hatte, sie anzurühren und gar mit seiner unreinen Hand fortzuführen, und der Held schnallte den Sattelgurt seines Rosses fester. Beide – er und Kurneval – blieben so lange in ihrem Hinterhalt, bis der Kranke nahe genug herangekommen war. Dann aber stießen sie ihren Rossen die Sporen kräftig in die Weichen, und nun kühlte Tristrant seinen Zorn an dem, der die Königin mit sich führte: Das Verderben brach herein über ihn, denn Tristrant versetzte ihm einen solchen Schwertstreich, daß er den Mann in der Mitte des Körpers glatt durchtrennte. Sein Oberteil fiel mitsamt der Herrscherin zu Boden. Danach fielen die beiden mit Schwerthieben über die übrigen Kranken her, und ich möchte schon glauben, daß sie keinen von ihnen am Leben lassen wollten. Dies gelang freilich nicht ganz: Einer von ihnen konnte entkommen. Tristrant aber hob die Frau auf und floh eilends in einen großen Wald.

Marke befiehlt voller Haß einem Knappen bei Strafe der Blendung, Tristrants Jagdhund Utant aufzuhängen. Der Knappe läßt jedoch das Tier voller Mitleid frei, so daß es Tristrant nachsetzt und ihn eine Weile an Verfolgung durch den König glauben läßt. Nachdem sich Utant den drei Flüchtlingen zugesellt hat, reiten sie immer tiefer in den Wald hinein.

Das Waldleben

Im Wald errichten sie aus Ästen und Laub eine Hütte und leben zwei Jahre lang ein entbehrungsreiches Leben, das den Liebenden nur die Erfüllung ihrer Liebe vergoldet. In nie ruhender Vorsicht legt Tristrant nächtens sein Schwert zwischen sich und Isalde. Dies kommt ihnen zustatten, als sie ein Jäger Markes entdeckt, der seinen Herrn zur Hütte führt. Marke ist gerührt, tut ihnen nichts zuleide, vertauscht Tristrants Schwert gegen das seine und legt seinen Handschuh auf Isalde. Als die Liebenden am Morgen an diesen Zeichen mer-

ken, daß sie entdeckt worden sind, reiten sie tiefer in den Wald und gelangen in die Nähe des Klausners Ugrim, des Beichtvaters von Marke. Bei ihm will auch Tristrant Buße tun, doch Ugrim fordert die Trennung von Isalde. Dies ist beiden jedoch erst nach vier Jahren möglich, als die Zauberkraft des Trankes nachläßt. Durch Vermittlung Ugrims (Briefsendung an Marke, überbracht durch Tristrant) kommt es zur Aussöhnung zwischen Marke und Isalde. Marke nimmt die Gattin wieder bei sich auf, doch Tristrant verbannt er aus seinem Reich. Tristrant scheidet im Zorn, läßt jedoch Isalde seinen Hund, den er ihrer Fürsorge empfiehlt.

Tristrant bei Artus (Das Wolfseisen)

Nach kurzem Aufenthalt beim König von Ganoje gelangt Tristrant zu König Artus. Er vollbringt zahlreiche Heldentaten und gewinnt in Walwan einen treuen Freund, der ein Wiedersehen mit Isalde ermöglichen will.

Tristrants erstes Wiederkehr-Abenteuer (Das Wolfseisen)

(V. 5151–5487) Tristrant war überglücklich über den Plan Walwans, und Walwan richtete es tatsächlich ein, daß sich der König (Artus) zu dem bewußten Ort (zur Jagdhütte in der Nähe von Tintajol) auf die Jagd begab. Hört her, mit welchem klugen Anschlag es Walwan dahin brachte, daß sein Vorhaben gelang. Ich will's euch erzählen. Der Wald, in dem König Artus auf die Jagd ritt, gehörte nicht ihm allein. Miteigentümer war sein Freund, der König Marke. Und wenn es geschah, daß sich ein Teil des Wildes auf den Felsenberg nahe bei Tintajol flüchtete, kamen die beiden Herren stets überein, die fröhliche Hatz gemeinsam zu beginnen und ihren Jagdhunden zu folgen. Die Jagd konnte – ganz nach Belieben –

entweder bis zur Jagdhütte oder bis zur Stadt führen. Nun bat Walwan die Jäger, sie sollten (wenn sie ihm gewogen seien) einen Hirsch gen Tintajol treiben und ihm nachsetzen. Die Jäger erfüllten seine Bitte und taten, was er von ihnen gewünscht hatte. Der Hirsch wurde also – ganz nach Walwans Willen – erst in der Nähe der Stadt gestellt. Nun kam König Artus auf seinem Roß heran und befahl, den Hirsch zu erlegen. Doch sowohl Herr Walwan als auch der edle Held Tristrant baten, den Hirsch so lange am Leben zu lassen, bis sie ihn niederstrecken würden. So verlängerten sie listig die Jagd, denn man erlegte den Hirsch infolge ihres Einspruches erst, als der Abend nahte. Nachdem man den Hirsch erlegt und bestimmt hatte, wer ihn forttragen sollte, wollte der König aufbrechen, doch der Tag hatte sich bereits geneigt. Da sprach der König zu Walwan: »Diese Unannehmlichkeit verdanke ich allein dir. Du hast es zu verhindern gewußt, daß wir den Hirsch rechtzeitig erlegten. Nun müssen wir noch an die drei Meilen reiten, und dies bei Dunkelheit.«

»Warum nur diese Eile?« meinte Herr Walwan. »Ganz in der Nähe liegt doch Tintajol. Ihr könnt dort ohne weiteres rasten und die Nacht bei König Marke verbringen. Oft genug hat er Euch ja dringlich eingeladen, ihn in seinem Hause zu besuchen.«

Doch König Artus wandte ein: »Du weißt doch recht gut, wie die Dinge liegen. Dein Freund Tristrant ist bei Marke in Ungnade gefallen.«

Der tapfere Held aber sagte: »Sendet doch Keie zu König Marke und laßt ihm ausrichten, Ihr möchtet bei ihm Herberge nehmen, doch müsse er vorher all jenen, die Euch begleiten, Frieden und Sicherheit geloben.«

Tatsächlich mußte Keie hinreiten. Als dieser in Tintajol angekommen war und Marke die Botschaft von Keies Herrn vernahm, sprach er ohne langes Besinnen: »All seinen Begleitern seien Frieden und Sicherheit gelobt, was immer sie getan haben mögen. Alle Feindschaft sei vergessen.«

Keie, der von Herzen froh darüber war, verweilte nicht

länger und beeilte sich, seinem Herrn die Botschaft zu überbringen. »Was müssen wir denn jetzt noch für Unannehmlichkeiten befürchten?« rief der Held Walwan, und Tristrant war natürlich hoch erfreut über diesen Gang der Dinge.

Als König Marke hörte, sein lieber Gast sei eingetroffen, ging er ihm mit brennenden Kerzen entgegen. Der Hausherr empfing (ich verbürge mich – ganz nach Wunsch – hoch und teuer für die Wahrheit meiner Worte) seinen Gast und seine Begleiter auf das beste – bis auf einen. König Artus begab sich zur Königin, die ihn und die Seinen herzlich willkommen hieß. Hört nun genau zu: Als die Königin Herrn Walwan begrüßen wollte, mochte dieser seinen Freundschaftsbund mit Tristrant nicht verleugnen. Und da sie – wenn auch mit Bedauern – Tristrant den Willkommenskuß verweigern mußte, verzichtete auch Walwan darauf. (Isalde mußte sich notgedrungen und zu ihrem großen Kummer so und nicht anders verhalten.) Aus eben diesem Grunde also erhielt Walwan keinen Willkommenskuß, ohne deswegen etwa erzürnt zu sein.

Der König gewährte seinen lieben Gästen überaus gastfreundlich Herberge und versorgte sie mit allem, was Gott an Speisen und Getränken wachsen ließ. Nachdem alle nach Wunsch und Begehr gegessen und getrunken hatten, bat der Hausherr seinen königlichen Gast, er möge an seiner Statt dafür Sorge tragen, daß keiner von denen, die mit ihm gekommen waren, ihm Ehre und Ansehen besudele. Er sagte, er hätte ihnen allen Frieden und Sicherheit gewährt und wolle auch allergrößte Sorge für ihr leibliches Wohl tragen. »Sollte es aber irgend jemandem einfallen, mir Schmach und Schande zuzufügen, dann spielt er ein gefährliches Spiel. Ich würde ihm die angetane Schmach mit einem schmählichen Tode vergelten. Ich warne ihn noch einmal ausdrücklich: Es kann schon sein, daß er mir dann für alles zahlen muß, was er mir bislang angetan hat.«

Sein Gast erklärte sofort: »Ihr könnt auf mich rechnen! Wer Euch Schmach zufügen will, wird dafür büßen!«

So wurde also Tristrant begrüßt und gewarnt zugleich. Dennoch ließ er nicht ab von dem altgewohnten Tun: Keine Drohung vermochte ihn davon abzuhalten, ein Wiedersehen mit seiner geliebten Gebieterin herbeizuführen. Dies aber sollte Ursache für große Bedrängnis werden, die er durchleiden sollte.

Ich lüge euch nichts vor: In alten Zeiten verfügten die Könige zwar über prächtige Säle, doch nicht – wie später – über bequeme Schlafgemächer. Und so war es auch um Markes Hof bestellt. Seine Gäste konnten einzig und allein in dem großen Saalbau der Burg ihre Schlafstätten finden, wobei sie nebeneinander lagen. Der König und seine Gattin aber ruhten – nach der damaligen Sitte – am anderen Ende des Saales. Sie pflegten getrennt voneinander zu schlafen. Tristrant, der dies wohl bemerkt hatte, faßte daher den Entschluß, sich zur Königin zu schleichen.

Der grimme Hausherr hatte jedoch einen Balken mit Wolfseisen spicken lassen. Außerdem hatte er befohlen, die Lichter zu löschen, da er sehr wohl wußte, daß Tristrant es auf Gedeih und Verderb versuchen würde, zur Herrscherin zu gelangen. Sollte er sich dabei am Eisen verletzen, wollte er ihn ergreifen und ihm das Leben nehmen. Dies also hatte sich der König ausgedacht, um seine Gattin zu beschützen. Herr Tristrant aber ahnte nicht, daß man ihm eine solche Falle gestellt hatte.

Nachdem alle eingeschlafen waren, vermochte er sich nicht zu bezwingen und schlich zur Königin. Es kam aber, wie es mußte und wie der König es vorausgesehen hatte. Er zog sich auf seinem Schleichpfad eine tiefe Wunde zu, wollte jedoch nicht mehr umkehren, ohne vorher die Königin gesehen zu haben. So riß er einen Streifen von seinem Hemdsaum ab und verband damit die Wunde. Danach ging Herr Tristrant weiter, um mit der Königin zu plaudern. Dabei durchtränkte das Blut allmählich den Verband, so daß es selbst von dem mehrfach zusammengelegten Tuch nicht mehr zurückgehalten werden konnte und sein Bein über und über benetzte. Nicht lange verweilte Tristrant bei der Herrscherin, was sie – ihr könnt's mir glauben – sehr bedauerte. Er erzählte ihr auch, was ihm auf dem Weg widerfahren war. Dieser Bericht erschreckte sie sehr und ließ sie bitterlich weinen. Nur gar zu bald mußten sie voneinander scheiden, ohne daß etwas anderes geschehen wäre als umhalsen, küssen, einander betrachten und zärtlich umarmen. Schließlich begab sich der Edelmann wieder zu seiner Lagerstatt. Er legte sich nieder und begann nun zu bluten wie ein Schwein. »Nun ist's unwendbar um mich geschehen! Der König wird in seinem Zorn fürchterliche Rache an mir nehmen!« Als der Edle seiner Verzweiflung auf diese Weise Ausdruck gab, hörte dies Herr Walwan. Er fragte, was ihm widerfahren sei, und als er die ganze Geschichte erfuhr, war er völlig verstört und klagte so laut, daß alle anderen, die im Saale lagen, dies hörten.

Als nun auch König Artus vernahm, daß der kühne Tristrant sich schwer verletzt hatte, beklagte er dies sehr, und auch die anderen waren überaus betrübt. Einer sprach zum anderen: »Dies wird ihn das Leben kosten! Der Hausherr hat's ja schon vorher unmißverständlich angedroht. Man wird ihn also schwerlich beschwichtigen können. Er ist rettungslos verloren.«

»Entweder nehmen wir alle mit ihm den bitteren Tod auf uns, oder wir helfen ihm aus dieser Not!« meinte jener, den Tristrant vor einiger Zeit vom Pferd gestochen hatte (Delekors). Herr Walwan stimmte zu, und schließlich waren alle, die Artus begleitet hatten, der gleichen Meinung. Sie waren fest entschlossen, entweder gemeinsam dazubleiben oder ihm zur Flucht zu verhelfen – ob's ihnen nun Glück oder Unglück brächte. Sowohl der Herrscher als auch seine Vasallen versicherten dies in unwandelbarer Treue. Da nahm nun Keie das Wort: »Ihr wollt alle rechte Hofleute sein. Doch woran erkennt man dies? Mir will scheinen, daß nur jener rechte höfische Haltung an den Tag legt, der klug genug ist, ihm aus der Klemme zu helfen.« Nachdem er dies mit feinem Hohn gesagt hatte, gab er ihnen voller Arglist einen Rat, der sich freilich am Ende als ganz ausgezeichnet erweisen sollte. »Laßt Euch sagen, Ihr Herren, was Ihr tun sollt: Beginnt einen großen Tumult und tragt dafür Sorge, daß wir uns bei diesem Getümmel dann gegenseitig verletzen, dann ist ihm sicherlich geholfen.«

Da sagte Herr Walwan: »Lob und Dank sei dir gesagt! Wahrhaftig, du hast die Lösung gefunden!« Sogleich nahm der Held einen Anlauf und schnitt sich tüchtig dabei. Die anderen waren sofort dabei, es ihm nachzutun: Sie sprangen auf, erhoben einen großen Tumult und stießen sich gegenseitig in die Falle. Nicht eher hörten sie auf damit, bis ein jeder von ihnen Schnittverletzungen davongetragen hatte, ausgenommen Keie. Der hatte sich nämlich – klug bedacht – beiseite geschlichen. Da packte ihn Herr Walwan und versetzte ihm einen solchen Stoß, daß er auf den Baumstamm niederstürzte und von den scharfen Klingen am schwersten von allen verletzt wurde. »Weh, welch ein Unglück!« schrie Held Keie überlaut. »Gibt es denn Wölfe hier im Saal, daß man Fallen aufstellen muß? Möge Gott sie vernichten! Das ganze Bein habe ich mir zerschnitten! Gott sende uns schleunigst nach Hause! Was zum Teufel sollen wir denn noch hier? Wo hat man je bei einem König eine solche Niedertracht erlebt? Das ist doch wirklich eine sonderbare Sitte, seine Gäste mit Sensenklingen zu verletzen. Machen wir uns nur schnell von dannen! Der Gastgeber hier führt nichts Gutes im Sinne!«

Diese Spiegelfechterei schreckte den König aus dem Schlaf, und er rief zornig: »Nanu! Was stellt Ihr Herren denn an? Ich hielt Euch für wohlerzogen! Ihr aber tobt hier in der Nacht herum wie die Waldungeheuer!«

»Ich kann sie nicht bändigen!« rief ihm König Artus zu. »So treiben sie es jede Nacht. Auch bei mir daheim können sie's nicht lassen und nehmen weder auf mich noch auf meine Gattin Rücksicht dabei.«

Schnell war König Markes Zorn verraucht. Alle seine Gäste waren über das Geschehen überaus vergnügt und legten sich wieder zur Ruhe nieder. Der kühne Tristrant aber kehrte zurück zur Königin, und nun lagen sie Seite an Seite eng aneinandergeschmiegt. Ihr braucht nicht erst lange zu fragen, ich sag's euch auch so: Beide waren überglücklich und schenkten einander Lust wie Freude, bis der anbrechende Tag sie trennte. Nun aber widerfuhr dem König großes Herzeleid: Als sich nämlich die Ritter erhoben, verband jeder von ihnen unter großem Wehklagen seine Wunden. König Marke war tief beschämt, daß ihnen allen ein solches Mißgeschick widerfahren war. Alle seine Gäste hinkten, doch sie konnten sich immer noch damit trösten, daß es bei ihnen glimpflich abgelaufen war, da Keie am meisten abbekommen hatte.

So hatte also Walwan das Tristrant gegebene Versprechen gehalten. Artus aber verließ mit seinen Herren ohne Verzug das Land Markes und kehrte in die Bretagne zurück.

Wenig später wollte Tristrant davonziehen. Alle waren darüber von Herzen betrübt. Was man aber auch sagen mochte, ihn zurückzuhalten: Er wollte auf den Ausritt nicht verzichten und seinen Entschluß um alles in der Welt nicht rückgängig machen. Der Jüngling wollte nun einmal unbedingt fort.

Herrn Walwan tat es sehr leid, daß Tristrant nicht bleiben mochte. Zwar beschwor er ihn bei ihrer Freundschaft, bei der Erinnerung an ihre gemeinsamen Abenteuer, die ihnen sowohl Glück als auch Abwechslung gebracht hatten. Es vermochte jedoch niemand, ihn von seinem Vorsatz abzubringen. Das Hofgesinde des Königs Artus beklagte dies sehr, und der edle König Artus bot ihm Landbesitz an – sei es als Eigentum oder als Lehen. Es half aber alles nichts. Er wollte nun einmal fort. Nachdem er seine Rüstung angelegt hatte, überkam Herrn Walwan großes Weh, und er beteuerte, daß ihm solch ein Leid noch nie widerfahren sei. Gleiches sagten von sich die Königin und der mächtige König Artus.

Die Befreiung von Karahes

Tristrant gelangt mit Kurneval in das vom Krieg verwüstete Land des Königs Havelin, der sich vor den Nachstellungen seines Feindes Riol von Nantes in seine Hauptstadt Karahes zurückgezogen hat. (Riol befehdet Havelin, da er ihm – seinem Dienstmann – die Hand seiner Tochter verweigert hat.) Tristrant erbietet sich zur Hilfe, gewinnt in Havelins Sohn Kehenis einen Freund und ist von der Schönheit der Tochter Havelins – Isaldes – beeindruckt.

Die Verteidigung von Karahes

(V. 5729–6102) Hört her, was ich euch sagen will: Am Morgen bei Tagesanbruch begab sich Tristrant auf das Brachfeld vor der Stadt, um den Zweikampf mit dem Grafen Riol zu bestehen. Er ritt auf einen Hügel und sah Riol schon von fern heranreiten. Riol erblickte gleichzeitig Tristrant, der ihn kampfbereit auf dem Felde erwartete. Nie zuvor hatte er so etwas erlebt, und so wollte er prüfen, ob jener Mann den Kampf mit ihm auch wirklich wagte. Ohne zu zögern, ritt er ihm entgegen, und schließlich galoppierte er auf den Helden zu. Der tapfere Tristrant sprengte ihm seinerseits entgegen, stach ihn vom Pferde und ritt ihn dann mit seinem Roß so lange nieder, bis er sich ihm ergeben mußte. Ich sage die volle Wahrheit: In diesem Kampf ließ Tristrant voller Ingrimm Schwerthiebe auf den Helm seines Gegners herniederprasseln und zerstückelte auch dessen Schild. So mußte sich Riol in größter Todesangst notgedrungen gefangengeben. Er ergab sich Tristrant auf Gnade und Ungnade und gelobte, als sein Gefangener in die Stadt zu kommen und nicht vorher davonzuziehen. Riol tat, was von ihm verlangt wurde, und er hätte um alles in der Welt nicht zu widerstreben gewagt: Nachdem ihn Tristrant mit so wildem Grimm niedergezwungen hatte, war der junge Ritter heilfroh, mit dem Leben davonzukommen. Endlich kamen auch die Gefolgsleute des Grafen (sie hätten schon etwas früher kommen sollen!), um ihren Herrn zu suchen. Von allen Seiten stürmten sie auf Tristrant ein und bedrängten ihn so heftig, daß er – ohne den Kampf aufzunehmen – den Platz räumte und entfloh. Danach berannten die Feinde – nach Ritterart – die Stadt, bis sie das Stürmen schließlich satt hatten und sich zurückzogen. Wenig später erschien Graf Riol allein in der Burg. Er hielt also sein Gelübde und erfüllte, was man von ihm verlangt hatte. Tristrant, der wohlerfahrene Held, der ihn bezwungen hatte, sprach zu ihm: »Wenn Euch an guter Behandlung gelegen ist, müßt Ihr die Stadt sieben Tage lang verpflegen. Und werden uns nicht noch heute Wein und Korn gebracht, so schwöre ich Euch, daß ich Euch in das tiefste Turmverlies sperre, das hier in der Stadt zu finden ist. Dessen könnt Ihr sicher sein.«

Graf Riol, ein feingebildeter Hofmann, hätte es sich zur größten Schande angerechnet, wenn man ihn in ein Turmverlies geworfen hätte. Er dachte also, daß es unter diesen Umständen weit vorteilhafter sei, den Verlust von Lebensmitteln hinzunehmen. Daher ließ er gleich Nahrungsmittel für sechs Wochen aufladen. Dafür wollten aber die Feinde des Königs Vergeltung üben. Sie schickten, um ihn zu schmähen, Havelin folgende Botschaft: Lasse er den Grafen Riol nicht frei, würden sie die Stadt am nächsten Morgen in der Frühe zerstören. Und weiter ließen sie ihm sagen: Wenn man Riol noch länger gefangenhalte, würden sie nach der Eroberung der Stadt allen Einwohnern die Schädel einschlagen und niemanden am Leben lassen.

»Gott stehe uns bei!« sprach Tristrant. »Doch Drohungen machen Riol nicht frei. Das muß schon auf andere Weise vor sich gehen.« Kaum hatte Tristrant dies gesagt, erhielt der König Botschaft von zwei seiner Neffen: Sie kämen mit zweihundert tapferen Rittern zu Hilfe, die überdies mit Lebensmitteln wohl versehen seien, so daß sie ohne Schwierigkeiten zwölf Wochen oder gar noch länger verweilen könnten. Sie seien übers Meer gekommen und ritten bereits auf die Stadt zu. Tristrant bat den König, ihnen einen herzlichen Empfang zu bereiten, und so zog der König den Edelleuten persönlich mit großem Gefolge entgegen und hieß seine Verwandten willkommen. Niemand braucht da viel zu fragen, ob er sie freundlich empfing. Nach dem Empfang teilte der König seinen Verwandten mit, was Tristrant vollbracht hatte. Er wolle in dieser schwierigen Lage ganz und gar auf dessen Rat vertrauen; so bat er denn seinen Sohn, seine Verwandten und alle seine Vasallen, sich Tristrants Befehl unterzuordnen. Und er fügte hinzu: Wer sich weigere, einen Befehl Tristrants auszuführen, füge damit ihm – dem König – eine Kränkung zu. Alle Edelleute erklärten sich jedoch mit dieser Entscheidung einverstanden.

Als der König wahrnahm, daß die Feinde ihre Drohung wahrmachen wollten, gab Tristrant als Befehlshaber allen Rittern den Befehl, die Harnische und Beinschienen anzulegen und die Helme festzubinden. Er rief: »Sie sollen uns – so Gott es will – auf dem Schlachtfeld bereit finden, und wären es noch so viele!« Sein Befehl wurde ausgeführt. Man versammelte sich an einem festgesetzten Ort, in einem Hofe, und Tristrant forderte nun die Edelleute auf, ihm hinaus vor die Stadt in den Kampf zu folgen. Nachdem er aus der Stadt geritten war, ließ der treffliche Jüngling seine Scharen im Schutze der Stadtmauern Aufstellung nehmen. Seinen Herrscher aber bat er, in der Burg zu bleiben. Mit Tristrant ritten hundert Ritter, gewappnet mit festen Halsbergen, außerdem alle Leute, die er für den Kampf hatte anwerben können und die kampfestüchtig waren. Sie waren bewaffnet mit Streitkolben, Wurfspießen, Schilden, Hellebarden und Speeren. Ein großer Teil von ihnen trug scharfe Schwerter, mit denen sie wuchtige Hiebe austeilen konnten. Tristrant suchte aus der Schar der tapferen Stadtbewohner eine Anzahl wackerer Helden aus, die ausgezeichnete Panzer und Helme trugen. Auch vergaß er nicht, gute Schützen zu postieren, die ihm von großem Nutzen sein konnten, wenn er zurückgedrängt würde. Sie sollten in diesem Falle – ihn unterstützend – das

Feld zum Stehen bringen. Nun hielt es ihn aber nicht mehr länger an seinem Platz, und er befahl sein Geschick in Gottes Hand. Vor der Stadt ließ er den einen Neffen des Königs Aufstellung nehmen, und zwar mit der Hälfte jener Ritter, die er mitgebracht hatte. Den zweiten Neffen ließ er mit der anderen Hälfte etwas entfernt von der Stadt Aufstellung nehmen. Er bat sie, auf ihren Positionen zu verharren und sich nicht in Bewegung zu setzen, bis er es ihnen persönlich oder durch Kurneval befehlen würde. Er selbst ritt mit Kehenis und zweihundert Helden den Feinden entgegen, in wahrhaft mannhaftem Entschluß.

Als sie sich den Feinden so weit genähert hatten, daß er sie erblicken konnte, hielten sie an und zogen sich zu einem kleinen Haufen zusammen. Als ihre Feinde sie erblickten, stürmten sie sofort auf sie ein, mancher noch ungewappnet, so daß viele den Tod finden sollten. Tristrant und seine Gesellen verharrten (dies war eine ausgezeichnete Kriegslist!) regungslos so lange, bis die Feinde nahe genug herangekommen waren. Dann aber warfen sie die Schilde vor und gingen zur Attacke über, so daß die Gegner sich zur Flucht wandten. Tristrant fügte ihnen dabei große Verluste zu. Vierzig nahm er gefangen; ungezählt bleiben jene, die er erschlug. Es blieben allerdings noch genügend Feinde übrig, die sich nun zum Kampfe stellten. Sie mußten jedoch schwere Wunden hinnehmen, ehe es ihnen gelang, Tristrant zurückzudrängen. Da ergriff Tristrant, der kühne Held, wohlbedacht die Flucht, so daß er keine Verluste hinnehmen mußte. Und bald erhielt er auch Unterstützung vom Neffen des Königs, denn er wurde bis zu jenem Ort verfolgt, wo dieser im Hinterhalt lag. Tristrant wandte sich an ihn und gab ihm den Befehl, nun auf die Feinde loszusprengen. Der Edelmann gab seinem Rosse die Zügel frei und galoppierte los: »Greif dir den da! Ich schlag den hier tot!« Sie erhoben ein gewaltiges Kampfgeschrei und waren mit großem Eifer darauf bedacht, in ungeheurem Kampfesgrimm an der Seite Tristrants zu fechten. In diesem Streit verlor so mancher das Leben. Bevor das Treffen zu

Ende ging, hatten sie wiederum dreißig Ritter oder mehr gefangengenommen. Auf dem Schlachtfeld schrie so mancher Ritter Ach und Weh. Und nicht zu zählen war die Zahl jener Helden, die unter den Schwertstreichen Tristrants fielen. Mit der Schneide seines Schwertes spaltete er so manchen festen Helm, so daß von seiner Hand viele Recken den Tod fanden. Endlich mußte Tristrant aber wiederum zurückweichen. Er zog sich ungeschlagen auf das Heer des anderen Grafen zurück und erteilte ihm den Befehl, aus dem Hinterhalt zum Angriff überzugehen. Dies ließ sich der Edelmann nicht zweimal sagen. Er ergriff als kühner Krieger das Banner mit eigener Hand und fiel mit wildem Grimm über die Feinde her.

Nun entbrannte die erbittertste Feldschlacht seit Menschengedenken. Als die jungen Ritter mit ihren Lanzen die Panzerringe der Feinde durchstießen, entbrannte ein ungeheures Gemetzel. Weithin hörte man die Schwerter klingen, als die wackeren Streiter mit ihnen zuschlugen. Man erzählt da so manche Geschichte von Herrn Dietrich. Nun, Kehenis und Tristrant fochten mit solcher Unerschrockenheit, daß Herr Dietrich wie auch Hildebrand schwerlich besser hätten kämpfen können. Schließlich kam Tristrant zur Überzeugung, nun sei der Zeitpunkt gekommen, da der König bei seinem Erscheinen den Sieg davontragen könne. Als er abseits vom Getümmel Kurneval erblickte, bat er ihn, loszureiten und den König herbeizuholen. Indes hatte einer der Feinde die Zügel des Rosses ergriffen, auf dem der tapfere Kämpe Kehenis saß. Dies tat Nampetenis, zweifellos auch ein tapferer Held. Er zog Kehenis mit sich fort und zwang ihn, sich ihm gefangenzugeben. Sobald Tristrant dies gewahr wurde, kam er seinem Freunde höchst erbost mit wuchtigen Schwerthieben zu Hilfe, so daß Nampetenis, der tapfere Recke, Kehenis wieder freilassen mußte. Danach wandte sich Tristrant wohlüberlegt wieder dem Kampfgetümmel zu. So manchen Helm zerspellte er, so manchen Schild rötete er mit Blut. Auch der Recke Kehenis machte da viele Kinder zu

Waisen. Und schließlich vollbrachten die Neffen des Königs schreckenerregende Heldentaten und entrissen vielen Edeldamen den Geliebten. Im Vorwärtsdringen teilten sie wuchtige Schwerthiebe aus und zerspellten einen Helm nach dem anderen. Wohlerfahren in diesem gefährlichen Kampfspiel, töteten oder verwundeten sie viele Feinde.

Tristrant wie seine Gefährten stritten mit einer ungeheuren Kampfeswut. Als die Rosse, die sie tragen sollten, unter ihnen getötet wurden, fochten sie zu Fuß weiter. »Hier ist nicht der Ort, um auszuruhen! Wir müssen um unser Leben kämpfen!« schrien die wackeren Kämpen. »An Flucht ist nicht zu denken, denn wenn's nach ihrem Willen ginge, kämen wir nicht lebend vom Platze.« So fielen unter den Hieben der Jünglinge viele Helden; die Schilde wurden zerstückelt; die Harnische zerbarsten, so daß aus ihnen das Herzblut hervorschoß. Im wütenden Kampfe wurden viele Halsbergen durchschlagen. Bald konnte man im Heer des Grafen Riol allenthalben zerborstene Helme und viele Tote sehen. Das reichlich hervorströmende Blut ließ ein riesiges Blutmeer entstehen, so daß sie an manchen Stellen bis zu den Knien im Blute waten mußten. Nie zuvor geschah es, daß eine so kleine Schar ein solches Gemetzel begann, wie es hier Tristrant zustande brachte. Bei diesem grausigen Anblick entsank den Feinden der Mut, zumal der kühne Tristrant viele Helden niedergemäht hatte. Und auch unter den Streichen von Kehenis fielen viele Recken, so daß die Vögel für eine gute Weile auf diesem Schlachtfeld ihre Nahrung finden mochten. Endlich warfen die Neffen des Königs ihre Schilde über den Rücken und gingen zu folgender Kampfweise über: Beidhändig packten sie ihre Schwerter und droschen so auf die Feinde ein, daß allenthalben das Blut hell hervorspritzte und so mancher durch den Blutverlust ums Leben kam. So nahmen die vortrefflichen Helden Rache für das Leid, das man ihrem Oheim zugefügt hatte; es war dies auch nur recht und billig. Ein Kämpfer stürzte über den andern nieder, und der Staub war derart blutgetränkt, daß er nicht mehr emporwirbelte. Viele prachtvolle Helme wurden von den Helden in Stücke gehauen. Alles, was ihre Schwertschneiden erreichten, war rettungslos verloren. So kühlten die Edelleute in unerbittlichem Haß ihren Zorn an den Feinden. Übers Schlachtfeld irrten reiterlose Rosse. Schilde wurden derart zerstückelt, daß am Ende nur noch der Griff übrigblieb. Viele Recken fanden da den Tod.

Am Ende griff der König mit einer großen Kriegerschar in den Kampf ein. »Karahes!« schrie er lauthals. Und nun brach das Verderben über seine Feinde herein. Angst beschlich sie in diesem furchtbaren Kampf, wollte es ihnen doch scheinen, das ganze Schlachtfeld wimmle nur so von tapferen Streitern der Gegenpartei. Da gaben sie den Kampf auf und wandten sich zu kopfloser Flucht. Es waren allerdings schon viele Fürsten mitsamt ihren Vasallen erschlagen worden. Wenn ihr mir Glauben schenkt, will ich weitererzählen: Mit dem Ende der Schlacht endete auch der Krieg, und dies zum hohen Ruhme des Königs. Er verließ das Schlachtfeld und ritt in die Stadt zurück. Dann bat er alle Edelleute, sich bei ihm zu versammeln und anzuhören, was er ihnen zu sagen habe. Allen dankte er: Großen und Kleinen, seinen lieben Gefolgsleuten, die mit dem Leben davongekommen waren, und auch Herrn Tristrant, der in seinem Lande mit großer Autorität die Befehlsgewalt übers ganze Königreich ausgeübt hatte. Seine Neffen, die ihm zum Ruhm und Nutzen mit ihrem Gefolge übers Meer zu Hilfe gekommen waren, belohnte er großzügig und entließ sie in allen Ehren in ihr Land. Ihnen folgten ihre Krieger.

Isalde Weißhand

Begünstigt von seinem Freunde Kehenis, wirbt Tristrant schließlich um Havelins Tochter, doch er nimmt sie – nach vollzogener Trauung – ein ganzes Jahr lang nicht zur Frau.

Das kühne Wasser

(V. 6144–6263) Eines Tages ritten der König und die Königin, begleitet von Tristrant, seiner Gattin und Kehenis, spazieren. Dabei kamen sie durch einen Hohlweg, der nahe der Stadt Karahes gelegen war. Da trat Isaldens Pferd mit den Hufen in ein tiefes Rinnsal, so daß ihr das Wasser bis unter ihr Gewand spritzte und ihr Knie netzte. Sie aber rief aus: »Das sind merkwürdige Manieren, Wasser! Verdammt sollst du sein, so hoch unter mein Gewand zu spritzen! Gar bis dahin, wo mich noch nie eines Ritters Hand zu berühren wagte!«

Als ihr Bruder Kehenis dies hörte, meinte er, dies sei doch gar nicht möglich. Der Edelfrau war's zwar nicht recht, daß er ihre Worte vernommen hatte, doch sie sprach: »Es ist wahr, was ich sagte!«

Kehenis aber erwiderte: »Du bist doch jetzt bereits ein Jahr lang verheiratet. Wie kann es da auch nur eine einzige Stelle deines Körpers geben, die von der Hand meines liebsten Freundes noch nicht berührt wurde? Du lügst!«

Sie sagte darauf: »Ich lüge nicht! Dein Freund ist so wohlerzogen, daß er mit seiner Hand nicht einmal mein entblößtes Knie zu berühren wagte.«

Da rief er erschrocken aus: »So bist du gar nicht seine Frau geworden?«

»Nein! Ich schwör's bei meinem Leben. Weder seine Hand noch die eines anderen Mannes hat mich je berührt!«

»Wenn's so ist, dann hat er schändlich gehandelt!« Kehenis war höchst aufgebracht über das Gehörte, und er klagte beim Vater wie bei all seinen Vasallen darüber, daß Tristrant seine Schwester nicht zu seiner Frau gemacht habe. »Wir sind für unser Leben mit Schmach und Schande bedeckt! Dafür soll er mit dem Leben zahlen! Gewiß hat er's lediglich daher nicht getan, da er uns eines Tages wieder verlassen will.«

»Gott möge uns verdammen,« rief der König hitzig aus, »wenn wir es ihm gestatten!«

»So laßt uns sofort Rache nehmen!« rief Kehenis. »Es ist grad ein so günstiger Augenblick, wie er nie wiederkehrt!«

Der König scharte seine Verwandten und Vasallen um sich, um Tristrant unverzüglich – noch während des Rittes – zu erschlagen. Dies kam nun aber plötzlich Kehenis schwer an, und er bat, sich noch eine Weile zu gedulden. »Ich will ehrenhaft handeln und ihm in aller Form Frieden wie Freundschaft aufkündigen. Dies sei ihm offen und ehrlich ins Gesicht gesagt.«

Kehenis begab sich also zu Tristrant und rief ihm zu: »Hiermit kündige ich dir Frieden und Freundschaft! Nicht länger kann ich dein Freund sein!«

»Warum dies?«

»Ich kann dir nicht länger freund sein!«

»Und aus welchem Grunde?«

»Du hast meine Schwester und damit uns alle geschmäht!«

»Aber womit denn?«

»Was soll ich's denn noch aussprechen? Du selbst weißt es gut genug!«

»Ich weiß es durchaus nicht!«

»Soll ich dir's wirklich noch sagen?«

»Ich wäre froh darüber!«

»Meine Schwester ist immer noch Jungfrau! Wie vor eurer Eheschließung.«

»Und wem schadet das?«

»Es ist schmählich für uns alle!«

»Wieso denn eigentlich?«

»Denk nur selber nach!«

»Ich versteh's wirklich nicht!«

»Dann will ich dir's erklären.«

»So tu's nur!«

»Uns ist nun klar, daß du die Absicht hast, sie zu verlassen.«

»Aber keineswegs!«

»Wahrhaftig! Das wäre auch ein starkes Stück! Schließlich ist sie ebenso vornehmer Abkunft wie du!«

»Du kannst es mir glauben, Kehenis: Nie hatte ich eine solche Absicht. Aus einem ganz anderen Grunde habe ich sie nicht zur Frau gemacht.«

»Aus welchem Grunde denn?«

»Wenn ich's sagte, würdet Ihr es Isalde übelnehmen.«

»Aber nein!«

Da sprach Tristrant entschlossen: »Eure Schwester Isalde hat sich mir gegenüber nicht so verhalten, daß sie dessen würdig wäre, mir näherzukommen.«

»Aber sie ist doch ganz ohne Falsch!«

»Nein!«

»Aber sie liegt doch an Eurer Seite! Was soll sie denn noch tun? Schließlich bleibt es Euch überlassen, nach Eurem Wunsch und Gutdünken zu verfahren.«

»Kehenis, bemeistert Euren Zorn! Zürnt mir nicht, bevor Ihr nicht wißt, um was es hier eigentlich geht. Es gibt nämlich eine Frau, die aus Liebe zu mir ihren Hund daheim wie öffentlich weit liebevoller behandelt, als Eure Schwester mich je behandelt hat. Also beschwichtigt Euren Zorn und begleitet mich. Ich bringe Euch an einen Ort, wo Ihr Euch mit eigenen Augen von der Wahrheit meiner Worte überzeugen könnt. Und sollte ich gelogen haben, mögt Ihr mich dann unverweilt zum Duell herausfordern.«

Kehenis entgegnete: »Ich bin einverstanden!«

Vor dem Auszug mußte Tristrant jedoch sowohl Kehenis als auch dessen Vater feierlich bei seiner Treue geloben, daß er zur Edelfrau zurückkehren werde. Er werde es sonst bereuen. Und sollte Kehenis später berichten, er habe gelogen, solle man mit ihm nach Gutdünken verfahren.

Das zweite Wiederkehr-Abenteuer (Dornbusch-Episode, Traumkissen-Episode, Verleumdung Tristrants bei Isalde, Tristrant in Aussätzigen-Verkleidung)

Tristrant gelangt mit Kehenis zu Tinas von Litan, der Isalde unterrichtet, die nun Marke zu einer Jagd ins Blankenland veranlaßt. Hinter einem Dornbusch beobachten Tristrant und Kehenis den nahenden Jagdzug. Die zurückbleibende Isalde, deren Schönheit Kehenis blendet, liebkost Utant so zärtlich, daß Kehenis den Worten seines Freundes Glauben schenken muß. Kehenis selbst hat sich in eine Begleiterin Isaldes, Gymele von der Schitriele, verliebt. Isalde ermöglicht listig (Vorspiegelung von Unwohlsein) ein Wiedersehen mit Tristrant im Jagdzelt.

Das Traumkissen

(V. 6654–6804) Nachdem sich der Tag geneigt hatte, begab sich Tristrant, unser Held, zur Königin. Unverweilt wurden er und sein Freund zu ihr geführt; die Königin aber hieß beide herzlich willkommen. Die schöne, edle Herrscherin zog Tristrant an ihre Seite und hieß Kehenis zu Gymele von der Schitriele gehen. Bei der Königin befanden sich zu dieser Zeit nur diejenigen, die sie ins Vertrauen gezogen hatte. Es waren dies Brangene, Gymele und der Kämmerer Perenis, die aus Zuneigung zu Isalde klug ihr Geheimnis zu wahren wußten. Kehenis aber begann, um Gymeles Liebesgunst zu werben. Obwohl sie ihn zurückwies, blieb er hartnäckig und bedrängte sie ohne Ende mit Zudringlichkeiten, bis ihr dies schließlich lästig wurde. Sie fuhr ihn an: »Habt Ihr vielleicht den Verstand verloren? Ihr seht doch, daß Ihr es hier nicht mit einer Bauernschlampe zu tun habt, die Ihr so im Handumdrehen um Liebesgunst angehen könnt. Ich glaube fast, Ihr seid selber so ein Bauerntrampel, denn anders läßt sich

Euer Verhalten nicht begreifen. Ich sage Euch freiweg ins Gesicht: Kein Wort will ich mehr von Euch hören! So einen Liebhaber wie Euch mag ich ganz und gar nicht! Selbst wenn Ihr mir fünf Jahre lang gedient, mir alle Wünsche erfüllt und alle meine Befehle ausgeführt hättet: jetzt wäre noch längst nicht der Augenblick gekommen, da Ihr mich mit leichter Hand erobern könnt.« Und nach einigem Besinnen fuhr die Edeldame fort: »Gewiß, Ihr scheint mir schon ein wackerer Mann zu sein. Und wäret Ihr mein Landsmann, dazu von gleichem Stande wie ich, und wären meine Verwandten bereit, mich Euch in aller Form zur Frau zu geben, würde ich Euch vielleicht zum Manne nehmen.«

Kehenis mußte also sein Werben einstellen, und er bereute, überhaupt damit begonnen zu haben. Der sonst so kluge Mann wußte nun gar nicht mehr, was er sagen sollte. Als sich die Königin anschickte, sich mit Tristrant zurückzuziehen, wandte sie sich an Kehenis: »Um Tristrants willen werde ich Euch in dieser Nacht eine liebenswürdige Geliebte zugesellen. Nehmt still und diskret entweder Brangene oder Gymele von der Schitriele. Welche von den beiden Euch lieber ist, die mögt Ihr bitten, sich nun zu Euch zu legen.«

Die Antwort ließ auf sich warten, glaubte er doch lange, sie treibe ihren Spott mit ihm. Sie aber versicherte ihm, daß sie es treu und aufrichtig mit ihm meine, und machte ihm deutlich, daß dies ihr voller Ernst sei. Da sagte er wohlüberlegt zu ihr: »Möge es Euch der Herrgott auf seinem himmlischen Thron immerdar lohnen! Wenn ich die Wahl habe, entscheide ich mich für Gymele. Ich habe auch schon mit ihr über dieses Thema geplaudert, denn als ich bei ihr saß, bat ich um ihre Liebesgunst.«

Da befahl die Königin der Gymele, sie solle sich an die Seite von Kehenis legen, worüber dieser hoch erfreut war. Gymele handelte nach diesem Gebot und ließ für sich und Kehenis ein gemeinsames Lager herrichten. Man entledigte den Helden der Beinschienen, und während er sich behaglich auf dem Lager ausstreckte, wandte sich Gymele verstohlen an die

Herrscherin: »Edle Herrin, ist es Euch wirklich lieb, daß ich auf diese Weise meine Ehre verliere?«

»Aber nein!« erwiderte die Königin. »Hier, nimm mein Kissen! Wenn mich die Sehnsucht nach Tristrant überfällt, lege ich es unter mein Haupt, damit ich Ruhe finde und einschlafe. Du weißt ja recht wohl, wie es damit bestellt ist. Also lege es ihm unters Haupt! Er wird dann die Besinnung verlieren und die ganze Nacht über fest schlafen. Du aber kannst dann mit Gewißheit sicher und ungefährdet an seiner Seite ruhen. Handelte ich anders, wäre dies eine unverzeihliche Schlechtigkeit!«

Um dieses Kissen aber war es so bestellt: Wer immer es unter den Kopf bekam, schlief regungslos Nacht und Tag; er blieb so lange liegen, bis man das Kissen unter seinem Haupte wieder hervorzog. Auf diese Art und Weise wurde also Kehenis hintergangen: Gymele nahm das Kissen ohne viel Aufhebens mit sich und sprach dann zu Kehenis: »Hebt ein wenig Euern Kopf, damit ich Euch recht in die Arme nehmen kann. Meine Herrscherin hat's mir befohlen.« Kehenis sagte Gott tausendfach Dank und wurde von kaum noch zu bändigender Begier gepackt. Gymele jedoch schob ihm listig und geschickt das Kissen unters Haupt. Der Held schlief auf der Stelle ein und war die ganze Nacht über außerstande, sich der Liebe hinzugeben, worüber er später niedergeschlagen genug sein sollte.

Als am anderen Morgen der Tag anbrach, erhob sich Gymele nach erquickendem Schlaf rasch von ihrem Lager und zog das Kissen unter den Ohren des Helden hervor, um den genasführten Toren auf diese Weise zu wecken. Dieser tastete mit der Hand um sich, und als er nirgendwo einen Frauenkörper entdecken konnte, überkam ihn tiefe Beschämung. Die Nacht war vergangen, der Tag brach an, doch Kehenis wäre am liebsten sechzig Meilen entfernt gewesen. Er mußte allerdings noch ein Weilchen bei den Edelfrauen und den Dienerinnen verweilen, wobei er Worte zu hören bekam, die ihn zutiefst verletzten. Gymele wandte sich ihm nämlich spottlustig zu: »Hätte ich diese Nacht gewußt, wie wohlerzogen und dezent Ihr daliegen könnt, wären Euch gewisse Dinge nicht verweigert worden. Hättet Ihr mich nur um meine Liebesgunst gebeten! Ich hätte Euch ganz bestimmt gewähren lassen.«

Kehenis wäre vor lauter Verdruß fast auf der Stelle in Ohnmacht gesunken. Und hätte man ihm in diesem Augenblick ein Ohrläppchen geritzt, wäre bestimmt kein einziger Tropfen Blut hervorgequollen. Nur gar zu gern wäre er jetzt daheim gewesen!

Er muß beschämt und verspottet davonziehen. Inzwischen ist Kurneval mit Tristrants Knappen auf einen Gefolgsmann Markes – Pleherin – gestoßen. Pleherin glaubt, Tristrant vor sich zu haben, verfolgt den kleinen Trupp und fordert den vermeintlichen Tristrant im Namen Isaldes zum Kampf heraus. Es gelingt ihm jedoch lediglich, den Flüchtlingen ein Pferd abzujagen. Pleherin berichtet sein Erlebnis der Königin, die sich der Feigheit Tristrants schämt und ihm durch ihren Pagen Perenis ihren Unwillen mitteilen läßt. Als Tristrant den Versuch unternimmt, Isalde in Aussätzigenverkleidung zu nahen, um sich zu rechtfertigen, läßt sie ihn vom Hofe prügeln. Der erzürnte Tristrant kehrt nun nach Hause zurück und macht Isalde Weißhand zu seiner Frau. Auf den Rat Kurnevals will er Isalde Blondhaar auf jeden Fall mindestens ein Jahr lang meiden.

Das dritte Wiederkehr-Abenteuer (Vermittlung durch Piloise, Tristrant in Pilgerverkleidung, Gefährliche Kampfspiele)

Isalde Blondhaar bereut ihr Verhalten und schickt ihren Knappen Piloise zu Tristrant, um ihn zur Verzeihung zu bewegen. Tristrant läßt sich überreden, will aber erst das Kur-

neval versprochene Jahr abwarten. Danach begeben sich Tristrant und Kurneval in Pilgerverkleidung nach Cornwall. Durch Vermittlung seines Nachricht überbringenden Freundes Tinas kommt es (im Verlaufe eines Jagdzuges) wiederum vor dem Dornbusch zu einem Rendezvous und anschließend zur Liebesvereinigung.

Gefährliche Kampfspiele

(V. 7704–7864) Als Tristrant am Morgen aufbrach, konnte er Kurneval nicht sogleich finden. Mir ist unbekannt, aus welchem Grunde er ihn nicht entdecken konnte. Jedenfalls suchte der Held den Wald so lange nach ihm ab, bis Königin Isalde und König Marke gegessen hatten und mit ihrem Gefolge aufsaßen, um zu einem anderen Lagerplatz zu reiten. Dieser Umstand sollte Tristrant vor neue Prüfungen stellen.

Der edle Tristrant überlegte: ›Ich suche jetzt schon viel zu lange nach ihm. Vielleicht hat er sich bereits an jenen Ort begeben, wo wir uns einschiffen wollten. Wenn ich mich doch nur mehr beeilt hätte!‹ Nachdem er dies überlegt hatte, machte sich der Edle auf den Weg zu seinem Gefährten. Dabei stieß er auf ein Lager, in dem das Gefolge des Königs rastete. Als er die vielen Menschen entdeckte, stutzte er und wollte bereits umkehren. Dann aber fürchtete er, daß man ihn bereits entdeckt habe, und dachte: ›Nun mußt du schon hin!‹ In der Tat war er ihnen bereits so nahe gekommen, daß Umkehr ihm wenig genutzt hätte. So schritt er denn ohne längeres Zögern auf sie zu. Viele Menschen sah er auf diesem Platz. Einige übten sich im Speerwurf, andere im Weitsprung über einen Graben, manche auch im Steinschleudern. Da erkannte ihn einer der Ritter; er war mit ihm befreundet und tat daher so, als wäre ihm der Fremdling völlig unbekannt. Der kühne Held aber ging geradenwegs seines Weges und dachte bereits mit Freude und Erleichterung: ›Niemand beachtet mich!‹

Nachdem er der Gefahr entronnen und – ohne daß ihm jemand etwas antat – glücklich davongekommen war, machte sich jener Ritter, der ihn erkannt hatte, auf den Weg. Er trabte ihm nach und bat ihn, er möge doch stehenbleiben. Der Edelmann wünschte jedoch nicht, von irgend jemandem erkannt zu werden. Da sprach ihn der Ritter mit seinem Namen an und bat ihn, eingedenk ihrer Freundschaft mit ihm ins Lager zurückzukehren, ohne sich dort zu erkennen zu geben.

Tristrant erwiderte: »Ich täte nicht gut daran!«

»Es wird dir wahrhaftig nichts geschehen.«

»Und warum soll ich denn hin?«

»Um den Speer zu werfen, über den Graben zu springen und den Stein zu schleudern. Du wirst bei keinem Wettkampf unterliegen.«

Tristrant aber erwiderte: »Du handelst unüberlegt, mich darum zu bitten, ich möge nichtigen Ruhmerwerbs wegen etwas tun, was mich das Leben kosten kann.«

Der andere aber versicherte: »Auf Ehrenwort! Ich bringe dich ganz bestimmt wieder hierher zurück!«

Tristrant aber wandte erneut ein: »Es ist töricht von dir, so etwas von mir zu erbitten. Ich wiederum handelte unbesonnen, wollte ich mich um so eitlen Ruhmes willen an einen Ort begeben, wo man mich vielleicht gefangensetzen oder gar erschlagen würde. Du redest unvernünftig und solltest besser stilleschweigen. Ich hätte wenig Nutzen von der ganzen Sache!«

Der Ritter jedoch drang weiter in ihn: »Dann will ich dich auf eine solche Weise bitten, daß du ohne allen Zweifel meinen Wunsch erfüllen wirst. Ich bitte dich also, dies um der Königin willen zu tun, bei der du so manche Liebesnacht verbracht hast.«

Da folgte ihm der Held ohne weiteres Widerstreben zurück ins Lager und tat alles, was der Edelmann von ihm erbeten hatte. Schweigend ging er hin, ergriff den Speer und tat einen so ungeheuer weiten Wurf, daß alle Zuschauer erklärten, nie einen so weiten Speerwurf gesehen zu haben. Alle Gefolgsleute eilten herbei, um den Wurf zu begutachten, so daß ein großes Gedränge entstand. Nun nahm er Anlauf und übersprang den Graben mit so gewaltigem Satz, daß seine graue Hose zerriß und man sehen konnte, daß er darunter scharlachrote Kleider trug. Ich versichere euch: Sofort schlang er seine Kleider fester um sich und drückte den Hut tief in die Stirn. Und er tat gut daran. Dann begab er sich an einen anderen Ort und schleuderte dort den Stein so weit, daß wiederum niemand je einen so weiten Wurf gesehen hatte. Unglücklicherweise zerriß dabei sein grauer Rock, so daß man – weiß Gott – wiederum Scharlach hindurchleuchten sah. Nun aber eilte er davon, und ich meine, daß er damit nur gut und richtig handelte. Man ließ den edlen Helden auch seiner Wege ziehen. Es kam demnach so, wie es das Schicksal vorherbestimmt hatte: Niemandem fiel ein, danach zu fragen, wer eigentlich dieser Starke gewesen sei, bis Tristrant bereits weit fort war. So kam er zu seinem Glück nochmals mit dem Leben davon.

Als am Abend der König eintraf, vernahm er, was da ein Pilger für wunderbare Taten vollbracht hatte. Auch wurde ihm berichtet, man habe durch dessen grauen Rock scharlachrote, golddurchwirkte Kleider schimmern sehen. Der König ging – gefolgt von vielen jungen Helden – hin, um die Weite des Steinwurfes, des Sprunges und des Speerwurfes in Augenschein zu nehmen. Sofort kam ihm der Gedanke an Tristrant, und er sagte: »Das kann nur Tristrant gewesen sein!« Sogleich befahl er seinem Gefolge, überall eifrig nach ihm zu suchen, ihn eventuell irgendwo zu entdecken. Das gesamte Hofgesinde ritt in den Wald, um nach ihm zu suchen. Doch der tapfere Held Tristrant war bereits (wenn ich recht verstanden habe) mit Kurneval zusammengetroffen und kehrte in sein Reich zurück. Kehenis, der Recke, bereitete ihm einen freundschaftlichen Empfang. Gleiches taten der edle König, die Königin und Tristrants liebe Gefährtin.

Kehenis und Gariole I

In der Nähe von Karahes lebt der mächtige Nampetenis, der seine Gattin Gariole eifersüchtig hütet (so schließt er sie beim Ausreiten in der Burg ein, aus der überdies alle männlichen Personen entfernt werden). Gariole verdrießt dies, sie ist sehr allein und erinnert sich gern ihrer früheren, unerfüllt gebliebenen Liebe zu Kehenis. Kehenis reitet in Abwesenheit des Nampetenis vor dessen Burg und erbittet von Gariole Liebeserfüllung. Um sie zu ermöglichen, stellt Gariole Wachsabdrücke der Schlüssel her, nach denen Tristrant bei einem kunstreichen Schmied Nachschlüssel herstellen läßt.

Das vierte Wiederkehr-Abenteuer (Tristrant in Spielmannsverkleidung, Die Doppelgänger Haupt und Plot)

Tristrant erhält Nachricht vom Tode seines Vaters, doch will er Kurneval die Regentschaft in seinem väterlichen Reich übertragen und selbst in Karahes bleiben. Vorher möchte er jedoch ein letztes Mal in Kurnevals Begleitung Isalde Blondhaar aufsuchen. Diesmal nahen sich beide in Spielmannsverkleidung. Wiederum wird durch Vermittlung des Tinas ein Wiedersehen (diesmal im Baumgarten) ermöglicht, doch Tristrant wird von Antret entdeckt und muß – waffenlos – fliehen (Flucht mit Kurneval im Boot über einen tiefen Fluß). Antret gibt Marke Nachricht, der alle Wege sperren und nach Tristrant fahnden läßt. Dieser befindet sich jedoch bei Tinas in guter Obhut. Isalde entspannt die Lage, indem sie zwei Spielleute, Haupt und Plot, dafür gewinnt, sich für Boten Tristrants auszugeben und das Abenteuer mit Antret auf sich zu beziehen. Die List gelingt, Marke wird getäuscht, Tristrant aber kann ungefährdet das Land verlassen.

Das fünfte Wiederkehr-Abenteuer (Tristrants Verwundung, Tristrant in Narrenverkleidung)

Nach zweijährigem Aufenthalt in seinem väterlichen Reich und nach der Investitur Kurnevals wird Tristrant erneut in einen Konflikt mit Riol von Nantes verwickelt. Zwar besiegt er die Feinde des Kehenis, der nach dem Tode seiner Eltern Landesherr geworden ist, doch er selbst wird durch einen Steinwurf schwer verwundet. Nach seiner Genesung ist sein Aussehen völlig verändert, so daß er beschließt, in Narrenverkleidung nach Cornwall zu seiner Geliebten zu reisen.

Tristrant in Narrenverkleidung

(V. 8720–9032) Allein und unbeeindruckt von allen eventuellen Gefahren, brach der kühne Held auf. Er führte (das ist die reine Wahrheit) als einzige Waffe eine ungeheuer große Keule mit sich. So ging er los und schlenderte zu jenen Schiffen, die aus Cornwall gekommen waren. Dort angelangt, gebärdete er sich wie ein rechter Narr und streunte zwischen den Schiffen umher, bis ihn ein Kaufmann aufgriff, der direkt aus Tintajol gekommen war. Dieser nahm ihn mit sich, um ihn seiner Herrscherin – der Königin – und seinem Herrscher – dem König – zu bringen. Und ich versichere euch, ohne zu lügen, daß Tristrant selbst herzlich froh über diesen Verlauf der Dinge war. Bald darauf faßte der Kaufmann den Entschluß, in seine Heimat zurückzukehren. Übrigens las er Tristrant jeden Wunsch von den Augen ab, war er doch froh, diesen Narren zu besitzen. Er lichtete also den Anker und fuhr in sein Heimatland zurück. Ihr könnt mir glauben: Unterwegs gebärdete sich Tristrant auf dem Schiff derart närrisch, daß er mit seinen Narreteien die gesamte Mannschaft zum Lachen brachte. Stets stand er im Mittelpunkt der Aufmerksamkeit aller. Man versicherte einander, nirgendwo sei ein spaßigerer Affe zu finden. Als Nahrung gab man ihm unter anderem ein Stück Käse. Bei alledem ging Tristrant seine geliebte Herrin nicht aus dem Sinn. Er verbarg den Käse in seiner Kapuze und beschloß, ihn der Königin zu bringen. Er selbst aber aß – um seinen Hunger zu stillen – irgendwas, was ihm gerade in die Hände fiel.

So kamen sie ohne Zwischenfall an das Gestade von Tintajol. Da stießen sie auf König Marke, der ihnen gerade auf dem Strand entgegenritt. Unverzüglich übergaben sie ihm den Narren. Dieser sah aus wie ein Affe und gebärdete sich, daß jedermann überzeugt war, er sei tatsächlich ein ausgemachter Narr. Man begann ihn an den Ohren zu ziehen und trieb mit ihm mancherlei Schabernack, so daß er manchen Puff hinnehmen mußte. Besonders Herzog Antret war darauf aus, seine Narrheit auszunutzen. Er quälte ihn – wie es seit jeher seine Art war – mit einem Gemisch von Erlogenem und Wahrem. Plötzlich setzte der Narr ihm nach, um ihn zu erschlagen. (Ich hätte gewiß kaum Klagen vernommen, wenn er ihn eingeholt hätte. Es wären ihm schließlich nur alle hinterlistigen Ränke, die er gegen Tristrant geschmiedet hatte, und seine gehässige Heimtücke mit einem Schlag heimgezahlt worden.) Nur seinem Glück hatte er es zu danken, daß er – wenn auch mit knapper Not – mit dem Leben davonkam.

Während der König zu seinem Hof ritt, lief der Narr immer hinter ihm her. Hoch über seinem Kopf schwang er seine Keule und trieb dazu allerlei äffische Possen und Albernheiten. Zahlreiche Ritter zogen ihm nach. Tristrant ging schnurstracks vor die Königin, die ihn freilich so empfing, wie man einen Narren zu empfangen pflegt. Er aber pflanzte sich vor der Herrscherin auf und verlangte, daß sie ihn zur Begrüßung küsse. Sie wehrte ab, wußte sie doch nicht, wen sie vor sich hatte. Sie erkannte nämlich Tristrant nicht. Er aber starrte sie unausgesetzt mit verliebten Blicken an, bis ihn der König anfuhr: »Nanu, du Narr! Laß das bleiben! Was fällt dir ein, meine Gebieterin mit so gierigen Blikken anzustieren?«

»Ich hab ein Recht darauf! Und auch den Mut!«

»Wie das?«

»Sie hat allen Grund, mir hold zu sein.«

»Und aus welchem Grund?«

»Ich will's Euch sagen.«

»So sprich!«

»Sie liebt mich nämlich!«

»Du machst dich wohl lustig über uns?«

»Aber nein! Keineswegs!«

»Natürlich tust du's.«

»Und es kann durchaus sein, daß ich sie schon bald liebevoll in die Arme schließen werde.«

»Wen?«

»Die Königin.«

»Meine Herrscherin?«

»Gewiß doch, deine Ehefrau!«

»Schweig still! Davon kein Wort mehr!«

»Ich mag aber nicht stilleschweigen!«

»Sieh dich lieber bei den anderen Frauen um!«

»Ich kann aber nicht lügen.«

»Und doch tischst du uns hier Lügen auf!«

»Was ich sage, ist die reine Wahrheit.«

»Deinetwegen kann sie ganz unbesorgt sein.«

»Da wäre ich gar nicht so sicher.«

»Sie kommt auch ohne deine Liebe zurecht.«

»Sie liebt mich aber weit mehr als sich selbst.«

Der König sprach: »Wie käme eine so schöne Dame dazu, sich mit einem Narren abzugeben?«

»Ich bin schließlich ein tapferer Ritter und habe um ihretwillen bereits viele Heldentaten vollbracht!«

»Was soll das heißen?«

»Viele Mühsal habe ich um ihretwillen auf mich genommen. Viel Freude und ebensoviel Leid habe ich um ihretwillen erfahren. Soll ich dir vielleicht die Wahrheit enthüllen? Nur um ihretwillen bin ich ein Narr geworden. Zieht man mich (öffentlich oder heimlich) an den Ohren, erdulde ich dies um ihretwillen. Denn sie trägt in ihrem Herzen wahre, echte Liebe zu mir. Selbst wenn sie es mir nicht glauben sollte: Mit niemandem auf der Welt meine ich es besser als mit ihr.«

Damit setzte er sich vor ihr auf den Boden und blickte ihr vor allen Menschen (nicht etwa verstohlen) dreist und verliebt in die Augen. Dies alles aber geschah in Gegenwart des Königs. Dieser vermochte seine Blicke nicht abzuwenden von dieser Szene und musterte den Narren lange und gründlich. Er meinte – wie die meisten Zuschauer auch –, es sei dies nur ein äffischer Gesell, doch die Klügeren unter ihnen (Ritter wie Edeldamen) begannen zu flüstern: »Es ist doch deutlich zu merken, daß der da durchaus nicht wie ein Narr redet!«

Nun erklärte Tristrant: »Bin ich auch allein, so bin ich doch viel weiser als ihr alle miteinander, ob's euch nun paßt oder nicht. Ihr alle seid nur Neidhammel, und es paßt euch eben ganz und gar nicht, daß ich so wohlgebildet daherrede!« (Es waren dies aber recht hintersinnige Worte!) Und er fuhr fort: »Ich will euch jetzt beweisen, daß ich die ganze Zeit über einzig und allein an meine Herrin gedacht habe. Ich habe ihr nämlich von fernher übers Meer dies kleine Angebinde hier mitgebracht.« Dabei griff er in die Kapuze und holte den Käse hervor. »Es wäre gewiß nicht recht, wenn ich alle Mühsal und alle Beschwernis ungelohnt auf mich genommen hätte!« Und zur Herrscherin gewandt, sprach er: »Liebe und schöne Herrin! Bitte nehmt dieses Geschenk von mir entgegen. Bei meiner Treu, ich versichere Euch: Wäret Ihr mir nicht so lieb, ich hätte Euch dies Kleinod gewiß nicht mitgebracht!«

Da begannen alle, die dies angehört hatten, unbändig zu lachen, und sie erklärten einstimmig, er sei ganz ohne allen Zweifel ein ausgemachter Narr. Er aber hatte auf diese Weise seinen Plan klug überlegt durchgeführt und alle so weit gebracht, daß sie geschworen hätten, in keinem Reich der Welt je einen verrückteren und possenhafteren Narren gesehen zu haben.

So hatte der Narr mit seinem Gebaren erreicht, daß man

ihn nicht hinaustrieb, als der König den Saal verließ, und er blieb ja auch nur gar zu gern da. An Langeweile litt er nicht dabei: Den mitgebrachten Käse, den er sieben Tage und Nächte in seiner Kapuze aufbewahrt hatte, brach er über seinem Schoß entzwei und bat dann die Königin Isalde, diesen Käse gemeinsam mit ihm zu verzehren. So inständig er aber auch bitten mochte: Sie war nicht töricht genug, sich seinem Wunsche zu fügen. Da nahm Tristrant, der Affe, einfach einen Brocken Käse und schob ihn der Königin in den Mund. Dies aber empörte sie so sehr, daß sie ihm eine schallende Ohrfeige versetzte. »Herrscherin«, sprach da der Narr, »Ihr züchtigt mich weit härter, als Ihr es eigentlich tun dürftet. Wüßtet Ihr, wer ich bin, würdet Ihr mich nicht so strafen. Ihr solltet mich nicht so schlagen, wenn Ihr auch nur einen Funken Zuneigung zu Tristrant hegt.»

Sofort fragte die Herrscherin, was er von Tristrant wisse. Da flüsterte ihr der Narr listig viele Dinge zu, die sich zwischen ihnen abgespielt hatten. Auch zeigte er ihr den Ring, den sie ihm einst geschenkt hatte. Endlich raunte der edle Held ihr zu: »Ich selbst bin Tristrant!« Jetzt erst erkannte sie ihn und war unsäglich glücklich. Die Herrscherin befahl nun, man solle auf den Narren alle Sorgfalt verwenden und ihm unter der Treppe ein bequemes Lager herrichten. Es wurde nun also ganz vorzüglich gesorgt für ihn.

Jetzt endlich war der Narr vollkommen glücklich und zufrieden. Tagsüber trieb er mancherlei Possen, des Nachts aber schlich er zu seiner Herrin. Dies war nun sein gleichmäßiger Tagesablauf, und es verlief alles recht günstig, da niemand irgendwelchen Argwohn schöpfte. Es war damit Tristrant dank seiner überlegenen Klugheit gelungen, nach Wunsch und Willen in aller Heimlichkeit mit seiner Herrin zusammenzusein. Es vergingen nun – vom Tag seiner Ankunft gerechnet – drei Wochen. Da entdeckten unversehens zwei Kämmerer, daß der betrügerische Narr in den Armen der Herrscherin lag und sie liebte. Sie vertrauten diese Sache heimlich drei Freunden an, die sich auch bereit erklärten, mit ihnen zusammen den Narren gefangenzusetzen. Eines Abends drangen sie in Abwesenheit des Königs in die Kemenate ein und planten, den Narren gemeinsam zu fangen, und dies auf folgende Weise: Einer postierte sich in der Nähe des Bettes, zwei andere nahmen innerhalb der Kemenate hinter der Tür Aufstellung, die letzten zwei schließlich lauerten vor der Kemenate. Dies alles geschah still und in aller Heimlichkeit. Ihr Plan war nun, den Helden in dem Augenblick zu erschlagen oder gefangenzunehmen, da er sich entfernen würde. Doch der umsichtige Tristrant bemerkte sehr wohl, daß man ihm auflauerte, und griff nach seiner Keule. So bewaffnet, begab sich der edle Held zu seiner Gebieterin. Keine Gefährdung und keine Furcht konnten ihn davon abhalten. Isalde war ihm schließlich von Herzen zugeneigt, und er wiederum liebte sie mehr als alles auf der Welt. Als er so erschien, überkam die lauernden Häscher Furcht, und sie wagten es nicht, über ihn herzufallen. Er aber begab sich zur Herrscherin, küßte sie zärtlich und sprach dann traurig: »Nun ist es Zeit, uns zu trennen. Man ist uns auf die Spur gekommen. So ist Trennung für uns beide die beste Lösung. Fortan werde ich leider nicht mehr kommen und dich wiedersehen können. Und ich werde darüber sehr unglücklich sein. So vernimm denn meine Bitte: Sei du mir immer treu, wie auch ich dir stets treu bleiben werde. Und wenn dir ein Bote von mir diesen Ring hier bringt, so tu heimlich alles, worum ich dich dann bitten werde. Gott verdamme die, die uns leider nur allzu früh trennen!«

»Der Teufel soll sie holen!« rief die edle Herrscherin unter bitteren Tränen aus. Tristrant aber entfernte sich und schwang dabei drohend seine Keule, als wolle er all jene erschlagen, die ihm auflauerten, wenn sie es wagen sollten, über ihn herzufallen. Da verließ sie aller Mut, und sie ließen den Helden ziehen, ohne es zu wagen, ihn anzugreifen. Nachdem er fort war, sprangen jene, die sich in der Kemenate aufgehalten hatten, durch die Tür und überhäuften die Aufpasser vor der Tür mit Vorwürfen. Wie es eigentlich geschehen konnte, daß er ihnen entkam, ohne daß sie ihn erschlugen oder gefangennahmen? Sie sollten sich in Grund und Boden schämen! So suchte ein jeder, die Schuld auf den anderen zu schieben, und sie begannen zu streiten: »Wärst du ihn angegangen, wär' ich schon nicht zurückgeblieben!«

»Genau wie ich, bei meiner Treu!«

Jetzt tat's ihnen sehr leid, daß sie ihn nicht gefangengenommen hatten, und sie verfolgten ihn mit Gebärden, als ob sie nun endlich über ihn herfallen wollten. Als sie ihn jedoch so drohend einherschreiten sahen, erschien er ihnen so schrekkenerregend, daß sie wiederum allen Mut verloren und den Recken ungehindert seiner Wege ziehen ließen. So kam er ohne weitere Widrigkeiten heim, wie es ihm vom Schicksal vorherbestimmt war. Und keiner von denen, die im Hinterhalt gelegen hatten, mochte irgendeinem Menschen erzählen, was sich zugetragen hatte.

Kehenis und Gariole II

Mit Hilfe der angefertigten Nachschlüssel gelangt Kehenis in Begleitung Tristrants zu Gariole und genießt die Erfüllung seiner Liebe. Nach dem Abschied entdeckt der zurückkehrende Nampetenis an mehreren Anzeichen, daß sich die beiden Freunde in der Burg aufgehalten haben. Die verängstigte Gariole gesteht die Wahrheit, so daß der wütende Nampetenis die ahnungslosen Freunde mit acht wohlgerüsteten Begleitern verfolgt.

Kehenis' Tod und Tristrants Verwundung

(V. 9180–9234) Nampetenis schwang sich – mit ihm acht seiner Leute – aufs Pferd, und jeder von ihnen hatte Schild und Lanze ergriffen. In Windeseile setzte der Recke seinen Feinden nach, um ihnen ohne Rücksicht auf eigenes Heil oder Unheil heimzuzahlen, was sie ihm an Schmach und Schande zugefügt hatten. Die beiden Flüchtlinge hatten keine Aussicht, ihm zu entkommen, zumal ihre Rosse inzwischen verendet waren. Tristrant, der Held, hörte gar wohl, daß man hinter ihnen herjagte, und sprach zu Kehenis: »Ich glaube, man wird über uns herfallen! Wie sollen wir jetzt unser Leben retten? Das beste wird sein, wenn wir uns bis zum letzten Atemzug tapfer unserer Haut erwehren.« So faßten sie wieder festen Mut.

Da war auch schon Nampetenis heran. Unerwartet wurde er mit seinen Leuten von den beiden Männern angegriffen. Mit sprühender Kampfeslust setzten sich die zwei zur Wehr, wollten sie doch ihr Leben, das aufs äußerste gefährdet war, teuer verkaufen. Dabei wurde Kehenis von den Verfolgern erschlagen. Bevor er sein Ende nahm, machte der Held mit eigener Hand drei seiner Gegner nieder. Und was war mit Tristrant? Schon nach kurzem Gefecht hatte der Held vier seiner Feinde erschlagen und den fünften verwundet. Er selbst freilich wurde ebenfalls schwer verwundet, so daß für ihn der Spaß am Kampfe ein für allemal vorbei sein sollte. Nampetenis hatte ihn nämlich mit zwei vergifteten Jagdspeeren getroffen, so daß man ihn tot glaubte und ihn auf dem Kampfplatz liegen ließ. Nun freilich hätte Nampetenis die ihm angetane Schmach gern verschmerzt, wären die auf beiden Seiten gefallenen Recken nur noch am Leben gewesen. Klagend rief der Held: »Ich habe den erlittenen Schaden auf eine Weise gerächt, daß ich's zeit meines Lebens bereuen muß! Und auch mir ist der Tod jetzt sicher, werden doch die Vasallen dieser zwei Männer dafür sorgen, daß meine Tage gezählt sind! Auch habe ich meine Rache mit dem Leben meiner lieben Gefolgsleute viel zu hoch bezahlt!« In tiefer Trauer ritt er von dannen.

Der Tod der Liebenden (Das schwarze und das weiße Segel)

Kehenis wird in Karahes bestattet, Tristrant siecht dahin und entschließt sich am Ende, einen Boten (seinen Hausverwalter) zu Isalde Blondhaar zu senden, da sie allein Hilfe zu bringen vermag. Ein weißes Segel soll schon von fern Erfolg, ein schwarzes Mißerfolg der Mission anzeigen.

(V. 9326–9523) Sobald Isalde den Ring erblickte, verließ sie Gatten, Reich, Schätze, Gewänder: kurz, alles, was sie bislang in ihrem Leben zu eigen gewonnen hatte. Allen Besitz zurücklassend, fuhr sie mit dem Kaufmann fort. Lediglich die benötigten Arzneien nahm sie mit sich. Auf diese wollte und konnte sie nicht verzichten, daher blieben sie auch nicht daheim zurück. Aus ihrem Verhalten läßt sich schließen, daß sie aus echter und wahrer Liebe handelte. Aus Liebe zu Tristrant gab sie ohne Bedenken ihre königliche Würde auf, ohne daß sie dies auch nur im mindesten bekümmerte.

Als das Mädchen meinte, es sei an der Zeit, daß ihr Vater mit der Königin zurückkehren müsse, hielt sie Tag und Nacht am Meeresstrand Ausschau, um Tristrant die Nachricht zu bringen, welches Segel das Schiff trug. Ich habe keine Ahnung, wer Tristrants Gattin von dieser Sache in Kenntnis setzte. Jedenfalls befahl sie dem Mädchen unter Androhung des Todes folgendes: Sobald sie bemerkte, daß ihr Vater zurückkehre, müsse sie ihr unverzüglich berichten, was für ein Segel sein Schiff gehißt habe. Auch solle sie die Nachricht von der Ankunft ihres Vaters unbedingt vor Tristrant geheimhalten; sie könne ihm sonst schweren Schaden zufügen.

Als nun das Mädchen wieder einmal an den Strand kam, erblickte sie fern auf dem Meer ein schneeweißes Segel. Sofort eilte sie in die Stadt und führte (wie ich meine) wortwörtlich alles aus, was ihr die Herrscherin aufgetragen hatte, wagte sie es doch nicht, sich anders zu verhalten. Daher kehrte sie ohne

Verzug in die Stadt zurück und teilte der Herrscherin mit, ihr Vater sei zurückgekehrt und die Farbe seines Segels sei weiß.

Nachdem die Herrscherin diese Nachricht erhalten hatte, teilte sie Tristrant mit, sein Verwalter sei zurückgekehrt. Darüber war der Edle von Herzen froh. Er richtete sich sogar auf seinem Lager auf, fühlte er sich doch sogleich weit besser. Es war die frohe Kunde, die ihm die Kraft gegeben hatte, sich aufzusetzen. Nun fragte er seine Gattin, ob sie vielleicht wisse, wie das Segel des Schiffes beschaffen sei. Da griff sie – was sie später sehr bereuen sollte – zu einer ganz abscheulichen Lüge: Weniger boshaft, eher leichtfertig und töricht, flüsterte sie ihm zu, das Segel sei nicht von weißer Farbe. Diese Nachricht traf den Edlen so furchtbar, daß sie auf der Stelle tödlich wirkte. Sein Haupt sank auf das Bett zurück. Noch einmal streckte sich der edle Recke im Sterben auf seinem Lager, dann war es vorbei.

Als nun der Edle gestorben war, wäre ihm seine Gattin, die das schlimme, ihn tötende Wort ausgesprochen hatte, vor Herzeleid fast nachgefolgt. Völlig fassungslos erhob sie ein lautes Wehgeschrei: »O weh! Ach und weh! Welch Unglück hat mich getroffen!« Klar genug stand ihr ja auch vor Augen, daß sie allein seinen Tod verschuldet hatte. Und bald war die ganze Stadt von Klagegeschrei erfüllt: Alte wie Junge begannen zu weinen und zu klagen. Man trug den Edelmann in ein prachtvolles Münster, wo kurz nach drei Uhr des Nachmittags unter lauten Klagegesängen die Totenmesse gehalten wurde. Während man auf Wunsch der Herrscherin die Totenwache hielt, ertönte von allen Glocken Trauergeläut.

Als die Königin von Cornwall ans Gestade kam und das Totengeläut hörte, erschrak sie zutiefst in ihrem Herzen. »Wehe nun und immerdar!« rief sie aus. »Tristrant ist tot!« Ihre Wangen wurden weder bleich noch rot; keine Träne netzte sie, auch wenn ihr Herz von furchtbarem Leid schmerzvoll zusammengepreßt wurde.

Vernehmt nun, was sie tat: In tiefem Schweigen näherte sie sich der Bahre, auf der Tristrant lag, an der weinend, wehklagend seine Ehefrau stand. Die Königin redete sie an: »Edle Frau, tretet ein wenig zurück, laßt mich näher treten, denn ich habe wohl vor Euch das Recht, ihn zu beweinen. Glaubt's nur getrost: Ich habe ihn weit mehr geliebt als Ihr!«

Sie hob das Totentuch, das über die Bahre gebreitet war, in die Höhe, rückte den Leichnam Tristrants ein wenig zur Seite, setzte sich auf die Bahre, schmiegte sich niedersinkend eng an den Helden und starb im gleichen Augenblick.

Als Tristrants Gattin das jammervolle Sterben der Königin miterleben mußte, schrie sie laut auf vor Weh. Mit ihr wehklagten alle Umstehenden, und wer da keine Träne fand, mochte wohl ein Herz aus Stein haben.

Von Oberg Eilhart hat dieses Werk gedichtet. Er hat uns erzählt, wie Tristrant geboren wurde, wie sein Leben verlief und wie er starb. Mag sein, daß jetzt jemand einwendet, man müsse seine Lebensgeschichte eigentlich anders erzählen. Gewiß, es ist uns wohl bewußt, daß man sie in der Tat hie und da auch anders erzählt. Doch Eilhart, der sich auf verläßliche Gewährsleute stützen konnte, versichert euch, daß sich alles genau so und nicht anders zugetragen hat.

Hört nun aber noch, was Tristrants Gattin tat: Sie wand sich vor Schmerzen und weinte bitterlich. Danach gebot sie, man solle die beiden Toten unverzüglich in den Sarg legen.

Wenig später drang die Nachricht zu König Marke, daß Tristrant und seine Ehefrau, die Königin, verstorben seien. Nun auch vernahm er die Geschichte ihrer unverbrüchlichen Liebe, die sie unlösbar fest aneinandergekettet hatte. Dabei wurde ihm versichert, dies habe einzig und allein ein Liebestrank bewirkt. Aus diesem Grunde hätten sie (gegen den eigenen Willen) in heißer Liebe zueinander entbrennen müssen. Marke beklagte nun zutiefst, nicht rechtzeitig (schon zu ihren Lebenszeiten) davon gehört zu haben. Verzweifelt rief er: »Gott ist mein Zeuge! Nie hätte ich die Königin Isalde und meinen Neffen Tristrant fortziehen lassen. Für immer wäre ich ihnen in fester Freundschaft verbunden geblieben, nur um den Helden stets und ständig an meiner Seite zu wissen. Zeit meines Lebens werde ich es bereuen, ihn davongetrieben zu haben. Es war aber auch töricht genug von den beiden, mir nichts davon zu sagen, daß sie jenen unglückseligen Trank genossen hatten, der sie ganz gegen ihren Willen zu unverbrüchlicher Liebe zwang. Ach, liebreizende Königin! Du auserwählter Held Tristrant! Für immer wollte ich euch Land und Leute, mein ganzes Königreich zu eigen geben, wäret ihr nur noch am Leben.«

Ohne langes Überlegen reiste der König mit dem Boten übers Meer. Hoch und heilig schwor er, noch nie habe er ein so schreckliches Unglück erlebt. Und er brachte die beiden Toten übers Meer in sein Königreich.

Ich kann euch noch berichten, daß sie unter großem Wehklagen und mit vielem Pomp bestattet wurden, und ich versichere euch, daß man sie beide in dasselbe Grab legte. Auch wird erzählt (man hat mir beteuert, es sei dies die reine Wahrheit), der König habe auf der Seite, wo seine Frau lag, einen Rosenstock gepflanzt, auf jener Seite, wo Tristrant lag, einen Weinstock. Diese wuchsen – so versichert man ferner – mit der Zeit zusammen und verbanden sich schließlich so fest miteinander, daß es unmöglich war, sie voneinander zu trennen, man hätte sie denn abhacken wollen. Daran wird die unheimliche, fortwirkende Kraft des Liebestrankes erkennbar.

Damit nun habe ich von Anfang bis Ende erzählt, was ich über Tristrant, den kühnen Recken, zu erzählen wußte.

Gottfried von Straßburg, »Tristan«

Inhaltsübersicht

Einleitung

Gottfrieds Tristan-Epos beginnt mit einer an das Publikum gerichteten Captatio benevolentiae. Die Einleitung enthält ferner Aufschlüsse über den Sinn des Werkes, über dessen

Quelle und schließlich didaktische Reflexionen über die Liebe.

Riwalin und Blanscheflur

In einer Art Vorspiel erzählt Gottfried die Liebesgeschichte von Riwalin und Blanscheflur, der Eltern Tristans. Riwalin, Landesherr von Parmenie und Lehensmann Morgans, begibt sich auf eine Bildungsreise zu König Marke von Cornwall und verliebt sich in dessen Schwester Blanscheflur. Als er nach schwerer Verwundung darniederliegt, naht sich ihm Blanscheflur in Verkleidung. Es kommt zur Liebesvereinigung (Blanscheflur empfängt Tristan), anschließend zur Entführung nach Parmenie, wo Riwalin die Geliebte vor dem Altar ehelicht. Im Verlaufe eines gegen Morgan gerichteten Feldzuges findet Riwalin den Tod. Die Kunde von diesem Unglück führt zur vorzeitigen Geburt Tristans und zum Tode seiner Mutter Blanscheflur.

Tristans Kindheit

Es folgt die Schilderung von Tristans Kindheit. Tristan wächst in der Obhut des Marschalls seines toten Vaters (Rual) und dessen Gattin (Floraete) auf; beide geben ihn – um ihn so vor Nachstellungen Morgans zu schützen – als ihr eigenes Kind aus.

(V. 2043–2148) Nachdem das Kind nach christlichem Brauche getauft und mit den Sakramenten versehen worden war, nahm die tugendreiche Gattin des Marschalls ihr liebes Kindlein wieder in ihre liebevolle Obhut. Sie ließ ihn nie aus den Augen und gab wohl acht, daß es ihm nie an irgend etwas mangelte. Seine liebe Mutter umsorgte ihn mit liebevollem Eifer. Sie wachte über jeden seiner Schritte, damit er ja nicht etwa strauchelte. Nachdem sie ihn sieben Jahre lang auf diese Weise umsorgt hatte, war er so weit, daß er verstand und begriff, was man ihm sagte oder wies. Da übergab ihn sein Vater, der Marschall, der Obhut eines klugen Mannes. Mit ihm sandte er ihn in fremde Länder, damit er dort Fremdsprachen erlerne. Vor allem aber sollte er ihn unverzüglich lesen und schreiben lehren, damit er mit dem Studium der Bücher beginnen könne. Damit trat er zum ersten Male aus dem freien Leben seiner Kindheit. Er machte Bekanntschaft mit den ersten ihm aufgezwungenen Sorgen, die ihm bis dahin unbekannt geblieben waren, da man sie ihm ferngehalten hatte. In seiner ersten Jugendblüte, da ihm alles Glück des Lebens winkte und er mit unbeschwerter Freude in den Frühling seines Lebens eintreten sollte, war des Lebens schönster Teil bereits dahin. Als er gerad in froher Lust erblühte, überfiel ihn der Rauhreif der Sorgen, der ja oft der Jugend Abbruch tut, und ließ die Blüten seines Glückes welken. Kaum war die Freiheit ihm bewußt, da wurde sie ihm auch schon wieder genommen. Die Wissenschaften und der Lernzwang brachten ihm die ersten Sorgen. Doch nachdem er erst einmal begonnen hatte, ließ er sich keine Mühe verdrießen und lernte mit so großem Eifer, daß er schon nach kurzer Frist so viele Bücher studierte, wie es nie zuvor oder danach ein Kind geschafft hat. Neben seinem Studium der Wissenschaften und der Sprachen beschäftigte er sich gern und viel mit allen Saiteninstrumenten. Er wandte von früh bis spät viel Fleiß darauf, bis er sie alle ganz vorzüglich beherrschte. Er nützte jede Stunde aus: Heute lernte er dies, morgen das, in diesem Jahr ging's gut, im nächsten noch besser. Daneben lernte er aber auch, mit Schild und Speer gewandt zu reiten, das Roß an beiden Seiten klug zu spornen, es kühn und auf ritterliche Weise zum Galopp anzutreiben, zu wenden, die Zügel schießen zu lassen, es nur durch den Schenkeldruck zu lenken. Er tummelte sich gern und oft, lernte gut parieren, mutig kämpfen, rasch laufen, gewaltig springen und den Speer werfen, so gut er es nur konnte. Auch wird von ihm berichtet, daß er sich im Pirschen und in der Treibjagd so gut übte, daß es ihm niemand gleichzutun vermochte. Die höfischen Gesellschaftsspiele erlernte und beherrschte er alle. Auch war er so herrlich anzusehen, daß nie zuvor von einer Frau ein liebreizenderes Kind geboren wurde. Nach Geistesbildung wie nach Anmut war er für jedermann ein wahres Vorbild. Doch war der Reichtum seiner Gaben bereits von fortdauerndem Unheil überschattet, denn leider waren Not und Mühsal sein Los. Als Tristan vierzehn Jahre alt war, holte ihn der Marschall wieder heim. Er ließ ihn häufig kreuz und quer durch seine Lande ziehen und reiten, damit er Land und Leute kennenlernte und aus eigener Anschauung erkannte, wie seine Untertanen lebten. Dies tat der rühmenswerte Jüngling auch zur vollen Zufriedenheit und so, daß zu dieser Zeit im ganzen Reiche kein Jüngling so wohlgeartet lebte wie Tristan. Wo er auch hinkam, trat man ihm mit Zuneigung und mit Freundesblicken entgegen. So soll man auch stets denjenigen begrüßen, der nur nach Vollkommenheit strebt und dem alles Übeltun ein Greuel ist.

Die Entführung

(V. 2149–2350) Nun geschah es zu dieser Zeit, daß aus Norwegen übers Meer ein Handelsschiff nach Parmenie kam und an seiner Küste Anker warf. So lag es grad vor Canoel, vor jener Feste, die der Marschall zum Wohnsitz ausersehen hatte, auf der sich außer ihm auch sein junger Herrscher Tristan aufhielt. Nachdem die fremden Kaufleute ihre Waren ausgebreitet hatten, wurde rasch bei Hofe bekannt, was es da alles zu kaufen gebe. Unter anderem traf eine Nachricht ein, die Tristan Unglück bringen sollte. Es hieß, man könne dort auch Falken und andere prächtige Beizjagdvögel kaufen. Darüber wurde so viel geredet, bis sich schließlich zwei Söhne Ruals (denn Kinder pflegen in solchen Dingen nicht lang zu überlegen) zu einem klugen Schritt entschlossen: Sie nahmen Tristan, ihren vermeintlichen Bruder, in die Mitte und zogen ihn zu ihrem Vater, um ihn inständig zu bitten, er möge doch ihnen allen um Tristans willen Falken kaufen. Der edle Rual hätte nämlich nie und nimmer etwas abgeschlagen, um was ihn sein Liebling Tristan bat. Er schätzte ihn nämlich viel höher und behandelte ihn weit besser als irgendeinen anderen, der im Lande oder bei Hofe lebte. Nicht einmal um seine eigenen Kinder war er so besorgt wie um ihn. An diesem Verhalten kann alle Welt erkennen, daß er wahrlich untadelig treu, ehrenhaft und wacker war. Er stand auch unverzüglich auf und nahm seinen Sohn Tristan gleich einem Vater an der Hand. Ihm folgten seine anderen Söhne, dazu eine Schar seines Gefolges, die – um zu kaufen oder zu schauen – zum Liegeplatz des Schiffes gingen. Woran man nur Gefallen fand und was man zu besitzen wünschte, fand man dort in Fülle zum Kauf angeboten. Schmuckstücke, Seide, Prunkgewänder – dies alles fand man dort in Hülle und Fülle. Auch gab's da wunderschöne Beizjagdvögel; viele Wanderfalken, Zwergfalken und Habichtvögel in allen Größen und Altersstufen. All dies ward dort in großer Auswahl angeboten. Für Tristan ließ man also Falken und Zwergfalken kaufen, doch auch für seine angeblichen Brüder kaufte man um seinetwillen ein. Jeder der drei erhielt, was er nur begehrte. Nachdem jeder ihrer Wünsche, die sie zuvor geäußert hatten, erfüllt war und sie den Markt bereits verlassen wollten, wollte es der Zufall, daß Tristan auf dem Schiff ein Schachbrett hängen sah: Spielbrett und Brettumrandung waren mit Einlegearbeit höchst geschmackvoll und wahrhaft meisterhaft verziert worden. Daneben hingen die Figuren, aus edlem Elfenbein von Meisterhand geschnitten. Der wohlerzogene Tristan betrachtete dies alles unverwandt und sprach: »Ei, Ihr edlen Kaufleute, Gott schütze Euch: Versteht Ihr Euch denn auf das Schachspiel? Bitte sagt es mir!« Dies aber fragte er in ihrer Landessprache.

Als er sie in ihrer Sprache anredete, musterten sie alle den

Jüngling noch weit aufmerksamer, da die Kenntnis ihrer Sprache in diesem Lande unbekannt war. Sie schauten ihn mit prüfenden Blicken an und gestanden sich im stillen, noch nie einen solchen Jüngling gesehen zu haben, so schön und von so ausgezeichnetem Benehmen. Und einer von ihnen sprach: »Ja, mein Freund, unter uns gibt's manchen, der dies Spiel recht gut beherrscht. Wollt Ihr's erproben, so läßt es sich leicht einrichten. Kommt her, ich will Euer Gegner sein.«

Sogleich sprach Tristan: »Einverstanden!«, und beide setzten sich ans Spiel.

Der Marschall sagte: »Tristan, ich möchte jetzt wieder nach Hause zurückgehen, Doch wenn du willst, magst du bleiben. Ich nehme meine anderen Söhne mit mir und lasse deinen Lehrer hier bei dir, damit er auf dich achtgebe.«

Danach begab sich der Marschall mit seinem ganzen Gefolge zurück. Nur Tristan blieb, und bei ihm blieb sein Erzieher, der sich um ihn kümmerte. Von ihm kann ich euch – nach dieser Erzählung wahrhaftig – berichten, daß noch niemand durch höfisches Betragen und vornehme Gesinnung besser und eindrucksvoller geadelt ward. Mit Namen hieß er Curvenal. Ihn zierte so mancher Vorzug, so daß er sehr wohl zum Lehrer dessen taugte, der durch die Lehren Curvenals um manche höfische Tugend reicher ward.

Tristan, der hochbegabte und wohlerzogene Jüngling, saß nun beim Schachspiel, und er zog dabei so vortrefflich, daß ihn die Fremden erneut ansahen und jeder bei sich eingestand, daß er noch nie einen so hochtalentierten Jüngling gesehen habe. Doch sie bewunderten weit weniger seine Überlegenheit im Benehmen und im Spiel als die Tatsache, daß dieser Knabe so viele Sprachen beherrschte. Sie gingen ihm vom Munde, wie sie es noch nie gehört hatten, so weit sie auch herumgekommen waren. Der fein gebildete Jüngling ließ in seine hofgemäß-elegante Konversation gelegentlich fremdsprachige Fachwörter des Schachspieles einfließen. Auch sang er ganz vorzüglich Lieder und kunstreiche Weisen, sowohl mit Refrain als auch zur Geigenbegleitung. Solche hofgemäße Kunstbegabung ließ er in so reichem Maße erkennen, daß sich die Kaufleute schließlich miteinander einig wurden: Wenn sie mittels irgendeiner List den Jüngling entführen könnten, würde es ihnen sowohl Ansehen als auch reichen Gewinn einbringen. So handelten sie unverzüglich: Sie befahlen den Ruderern, sich bereitzuhalten, und lichteten dann wie selbstverständlich die Anker. Sie stießen ab und fuhren los. Dies alles spielte sich aber so leise ab, daß weder Tristan noch Curvenal etwas merkten, bis sie bereits eine Meile vom Landeplatz entfernt auf offener See waren. Beide waren nämlich so sehr in ihr Spiel vertieft, daß sie alles andere darüber vergaßen. Nachdem sie das Spiel – von Tristan für sich entschieden – beendet hatten, hob er den Blick und schaute sich um. Da sah er wohl, was geschehen war. Nie habt ihr zuvor einen Menschen gesehen, der so verzweifelt war wie er. Er sprang auf, ging zu den Kaufleuten und sprach: »Ach, Ihr edlen Kaufherren! Was tut Ihr? Wohin bringt Ihr mich?«

»Seht, mein Freund«, sprach einer von ihnen, »kein Mensch kann etwas daran ändern. Ihr müßt uns auf der Fahrt begleiten. Seid unbesorgt und wohlgemut.«

Da begann jedoch der arme Tristan so jammervoll zu wehklagen, daß sich ihm sein Freund Curvenal anschloß und solch bittere Tränen weinte, daß sich schließlich die ganze Schiffsbesatzung angesichts der Herzensklage beider verärgert und verdrossen zeigte. So setzten sie denn Curvenal am Ende in ein kleines Boot, legten ihm ein wenig Brot und ein Ruder hinein, damit er während der Fahrt nicht zu hungern brauche. Dann sagten sie, er könne fahren, wohin er wolle, doch Tristan müsse sie begleiten. Nach diesen Worten fuhren sie weiter und ließen ihn – von vielen Gefahren umdroht – auf dem Meer treiben.

Das Eingreifen Gottes (Sturm auf dem Meer) bewegt jedoch die Kaufleute dazu, Tristan freizugeben. Er gelangt so dank göttlicher Fügung nach Cornwall, in das Land seines Oheims Marke.

Die Jagd

In Begleitung zweier Pilger stößt Tristan auf einen Jagdzug seines Oheims. Er gibt sich für das entlaufene Kind eines Kaufmanns aus, brilliert beim Zerlegen eines Hirsches mit seinen weidmännischen Kenntnissen und wird vom Jägermeister an den Hof Markes geführt.

Tristan bei Marke

(V. 3379–3756) So war denn – wie ihr es gehört habt – Tristan zu Hause, ohne es zu wissen. Er selbst wähnte sich in der Fremde. Der feingebildete Marke (ganz unvermutet nun sein Vater) verhielt sich rühmlich gegen Tristan, was diesem wohl zustatten kam. Er gab vor seiner ganzen Hofgesellschaft seinem Wunsch und Willen Ausdruck, sie möchten dem fremden Knaben mit Güte und Freundlichkeit begegnen, sich auch im Gespräch und im Umgang mit ihm stets achtungsvoll verhalten. Dazu waren auch alle gern bereit. So war also der edle Tristan ins Gefolge Markes aufgenommen. Der war des froh und sah ihn gerne, zog ihn doch sein Herz zu Tristan hin. Er ließ oft und gern seine Blicke auf ihm ruhen, und Tristan stand ihm jederzeit zur Unterhaltung zur Verfügung. Auch war er ihm – wenn sich die Gelegenheit ergab – stets dienstbereit. Wo Marke immer ging und stand: Tristan war stets an seiner Seite, und Marke wußte dies wohl zu schätzen. Er war ihm von Herzen zugetan und freute sich, wenn er ihn erblickte.

Schon wenig später (noch in der Woche nach Tristans Ankunft) ritt Marke – von vielen Herren des Hofes begleitet – selbst mit Tristan auf die Jagd, um seinen Jagdbrauch zu beschauen und seine Jagdkunst zu erleben. Zuvor ließ er sein Jagdroß bringen, um es Tristan zu schenken: Ein besseres Pferd ritt Tristan nie – so kräftig, so schön, so schnell wie dieses! Auch ließ er ihm ein zierliches Jagdhorn geben, das lieblich und hell ertönte. Dann sprach er: »Tristan, erinnere dich daran, daß du jetzt mein Jägermeister bist! Also lasse uns jetzt deine Jagdkunst sehen. Nimm deine Hunde, reite voran und lasse den Anstand so besetzen, wie es dir richtig erscheint.«

»Nein, Herr, so wird es nicht möglich sein«, erwiderte Tristan höflich. »Laßt nur die Jäger frei darüber entscheiden, wo sie den Anstand wählen wollen und wann sie die Meute von der Leine lassen. Sie kennen sich hier in der Gegend aus und sind weit besser unterrichtet, auf welcher Bahn der Damhirsch wechselt, wohin er vor der Meute flieht. Sie kennen hier Weg und Steg im Wald, doch ich, der nie darin geritten, bin hier ganz fremd und unbekannt.«

»Weiß Gott, Tristan, du hast recht. Du bist hier wirklich überfordert. Die Jäger müssen sich selbst um einen guten Anstand bemühen.«

Und so geschah es: Die Jäger leinten die Hundemeute an und suchten dann nach einem Anstand, der ihnen aussichtsreich erschien. Bald hetzten sie die Hundemeute auf einen Hirsch, den sie im Wettstreit bis zum Abend verfolgten. Als ihn die Hunde endlich stellten, eilten Marke, Tristan und viele andere Höflinge hin, um den Hirsch zu erlegen. Es ertönte mächtiger Hörnerschall. Man ließ so manchen Jagdruf hören. Dieser Hörnerklang erschien Herrn Marke und vielen anderen, die ihn begleitet hatten, sehr wohltönend und angenehm.

Nachdem der Hirsch gefällt war, baten die Jäger ihren Jägermeister – Tristan, ihren lieben Gast –, er möge nun den Jagdbrauch des Entbästens von Anfang bis Ende zeigen. »Dies soll geschehen«, sprach Tristan. Und er machte sich sofort ans Werk. Ich aber denke, daß es wirklich überflüssig ist, euch ein zweites Mal die gleiche Geschichte zu erzählen. Ganz so, wie ich es euch beim ersten Hirsch beschrieben habe, entbästete er nun auch diesen. Als die Gesellschaft es erlebte, wie man den Bast, die Furkie und die Curie machen muß, erklärten alle einmütig, daß niemand einen besseren Jagdbrauch je kennenlernte und auch niemand je einen besseren ersinnen könne. Nun ließ der König die Pferde mit dem Hirsch beladen und ritt fort.

So ritten er, sein Jäger Tristan und das ganze Gefolge mit dem Geweih und der Furkie wieder heim. So ward der edle Tristan der ganzen Hofgesellschaft lieb und wert. Der König und die Seinen pflegten mit ihm stets freundschaftlichen Umgang. Er wiederum war ihnen allen – ob reich, ob arm – stets dienstbereit. Gern hätte er jeden von ihnen auf Händen getragen, wenn es ihm nur möglich gewesen wäre. Gott selbst verlieh ihm diese Gabe, daß er ganz und gar in der Gesellschaft aufging. Mit ihnen allen konnte er lachen, tanzen, singen, reiten, laufen, springen, besinnlich und ausgelassen sein. Er lebte, wie man es sich wünscht und wie die Jugend leben soll. Was irgend jemand auch begann – er war immer mit dabei.

Eines Tages geschah nun dies: Wie es üblich ist, blieb Marke nach dem Essen noch ein wenig sitzen, um sich zu unterhalten. Diesmal lauschte er versunken einer Melodie, die ein Harfner spielte, ein Meister seines Faches. Er kam aus Wales und war der beste Harfner, den man dort kannte. Da trat Tristan aus Parmenie ein. Er setzte sich zu seinen Füßen nieder und lauschte aufmerksam der Melodie und den lieblichen Weisen. Nicht einmal bei Todesstrafe hätte er verbergen können, daß er im Innersten bewegt war, so übervoll war ihm das Herz. »O Meister«, sprach er, »Ihr spielt vortrefflich! Der innig-sehnsuchtsvolle Ausdruck der Melodie ist Euch vortrefflich geglückt. Soviel ich weiß, stammt dies Lied von den Bretonen, und es handelt von Herrn Gurun und seiner Geliebten.«

Der Harfner hörte sehr wohl die Worte Tristans, doch er tat, als habe er nichts vernommen, bis er die Melodie beendet hatte. Dann wandte er sich an den Knaben: »Mein liebes Kind«, sprach er, »was weißt du denn von der Herkunft des Liedes? Verstehst du gar etwas davon?«

»Ja, bester Meister«, erwiderte Tristan. »Vor einiger Zeit verstand ich mich ganz gut darauf, doch nun hat mein Können nachgelassen, so daß ich es vor Euch nicht wage.«

»O nein, mein Freund, nimm diese Harfe und lasse hören, was man alles in deinem Lande spielt!«

»Befehlt und erlaubt Ihr, Meister, daß ich Euch vorspiele?« fragte Tristan.

»Gewiß, lieber Freund, nun spiel nur auf!«

Als Tristan nach der Harfe griff, fügte sie sich gut in seine Hände. Die aber waren – wie ich gelesen habe – ganz über alle Maßen schön, so weich und zart und fein und schlank, dazu so weiß wie ein Hermelin. Sie glitten prüfend durch die Saiten und ließen Melodien ahnen, unbekannt, süß und wohllautend. Und schließlich fielen ihm seine bretonischen Lieder ein. Da griff er erst einmal nach dem Schlüssel, um alle Saiten neu zu stimmen – die eine tiefer, jene höher, wie er sie zum Spielen brauchte. Nachdem die Harfe neu gestimmt war, begann Tristan, der neue Spielmann, mit großem Eifer und Bedacht sein neues Hofamt auszuüben. Melodien, Akkorde, das eigenartig fremde Vorspiel waren so herrlich und von so süßem Wohlklang, daß die Klänge der Harfensaiten viele herbeieilen ließen, und einer rief nach dem anderen. Die ganze Hofgesellschaft kam in großer Eile angelaufen, denn keiner wollte dieses Ereignis versäumen. Marke aber beobachtete dies alles und ließ seine Blicke vor allem auf seinem Freunde Tristan ruhen. Er war zutiefst erstaunt, daß dieser über ein solches höfisches Talent und eine solche Kunstbegabung verfügte und dies doch so gut verborgen hatte.

Jetzt aber begann Tristan zu spielen: Erst ließ er eine Melodie von der stolzen Geliebten des schönen Graland erklingen. Er spielte so schön und harfte so lieblich im Tone der bretonischen Lieder, daß viele, die da standen oder saßen, beim Zuhören ihrer selbst vergaßen. Herzen und Ohren wurden betört, berückt und fortgeführt aus der Wirklichkeit. So mancherlei Gedanken gingen durch die Köpfe seiner Zuhörer, und mancher dachte still bei sich: ›Begnadet ist der Kaufmann, der einen solch feinerzogenen Sohn hat!‹ Die weißen Finger Tristans glitten in raschen Läufen und kraftvoll durch die Saiten, daß der weite Saal des Palastes von Harfentönen widerhallte. Es fehlte nicht an Blicken, die wie gebannt und fasziniert dem Spiele seiner Hände folgten.

Nachdem die Melodie verklungen war, schickte der edle König einen Boten zu Tristan und ließ ihn bitten, eine weitere zu spielen. »Sehr gern!« sprach Tristan. Und er begann so kraftvoll wie zuvor ein weiteres Liebeslied, das Lied von der vornehmen Thisbe aus dem alten Babylon. Er spielte so schön und gestaltete die Melodie des Liedes so meisterhaft, daß selbst der Harfner darob erstaunte. Dort, wo es die Melodie des Liedes erlaubte, flocht der kunstbegabte Knabe mit süßer, lieblich-klarer Stimme dann seine Sangesstrophen ein. Er sang die Verse dieses Liedes bretonisch, walisisch, lateinisch und französisch, und das klang so wundersüß aus seinem Munde, daß niemand recht entscheiden konnte, was lieblicher zu hören sei und rühmenswerter: sein Harfenspiel oder sein Gesang. Ob dieser Überraschung und ob Tristans Kunst entspannen sich allenthalben Gespräche, Unterhaltungen, und alle waren einer Meinung: Solch eine Kunstfertigkeit habe im ganzen Reich nicht ihresgleichen. Und überall vernahm man dies: »Ach, was das für ein Knabe ist! Welch einen Schatz birgt dieses Haus! Alle Knaben, die es hier gibt, können unserem Tristan nicht das Wasser reichen!«

Nachdem Tristan seine Melodie nach Wunsch vollendet hatte, sprach Marke: »Tristan, komm zu mir! Dem, der dich unterrichtet hat, gebührt dafür der Segen Gottes! Und dir zumal! Welch schönes Spiel! Gern will ich deine Lieder hören, wenn sich der Abend neigt und dich der Schlaf noch nicht bezwingt. Tust du dies mir und dir zur Freude?«

»O ja, Herr.«

»Doch nun sage mir: Spielst du noch andere Saiteninstrumente?«

»Nein, Herr«, sprach jener.

»Wirklich nicht? Sag mir die Wahrheit, so wahr du mich ins Herz geschlossen!«

»O Herr«, sprach Tristan ohne Zögern, »Ihr braucht mich nicht so ernsthaft zu mahnen. Ich hätte es Euch auch so gesagt, da Ihr es gern wissen möchtet und ich es also sagen muß. O Herr, ich habe mich auf allen Saiteninstrumenten versucht, wenngleich ich sie nicht so beherrsche, daß ich nicht gerne weiterlernte. Auch habe ich diese edle Kunst nicht intensiv und lang genug gepflegt. Ich habe sie nebenbei ungefähr sieben Jahre lang geübt, das ist die Wahrheit. Von Leuten aus Parmenie lernte ich fiedeln und die Saiten schlagen, zwei Waliser – Meister ihres Faches – lehrten mich harfen und rotten, und zwei Bretonen aus der Stadt Lut brachten mir das Spiel auf Leier und Sambiut bei.«

»Was ist das, Sambiut, meiner Lieber?«

»Das schönste Saiteninstrument, das ich kenne.«

»Seht«, sprach nun die ganze Hofgesellschaft, »Gott hat diesen Knaben mit vielen Gaben beschenkt und so sein Leben glückvergoldet.«

Doch Marke fragte weiter: »Tristan, ich hörte dich doch eben bretonisch und walisisch singen, dazu lateinisch und französisch. Beherrschst du diese Sprachen alle?«

»Ja, Herr, so ziemlich.«

Nun drängte sich die ganze Schar heran, und wer nur eine fremde Sprache aus einem Nachbarlande kannte, der stellte Tristan auf die Probe, jeder auf seine Weise. Doch Tristan stand freundlich allen Rede und Antwort: Norwegern, Iren, Deutschen, Schotten und Dänen. Da wünschte so mancher, die Bildung Tristans zu besitzen, und viele wären liebend gerne so wie er gewesen. Es gab da manchen, der im stillen inbrünstig wünschte: ›Ach, Tristan, wäre ich wie du! Wie glücklich ist dein Leben, Tristan! Du hast das höchste Maß an Bildung, das man auf Erden nur erwerben kann.‹

Dabei machten sie zugleich ihrem Erstaunen lauthals Luft:

»Hört, hört!« rief dieser, »hört!« rief jener, »alle Welt mag's vernehmen: Ein vierzehnjähriger Knabe verfügt über alle nur denkbaren Künste!«

Der König sprach nun: »Höre, Tristan! Was mir gefällt, besitzt du alles. Was ich begehre, hast du alles. Ob Jagen, Sprachen, Saitenspiel. So laß uns beide Freunde sein. Sei du der meine, wie ich der deine bin. Tagsüber reiten wir auf die Jagd, die Abende verschönen wir uns daheim mit höfischen Unterhaltungskünsten. Aufs Harfen, Fiedeln und aufs Singen verstehst du dich, so tu's für mich. Ich biete dir dafür Vergnügungen, die dir gewiß begehrenswert erscheinen werden: Ich gebe dir an schönen Kleidern und Rossen, was du immer willst. So kann ich Kunst mit Kunst vergelten. Sieh her: Mein Schwert und meine Sporen, meine Armbrust und mein goldenes Horn sollst du, mein Freund, fortan bewahren. Behüte sie: Dies sei dein Amt! Sei weiter hohen Sinnes und glücklich!«

So ward der heimatlose Knabe am Hofe überall beliebt. Nie ward ein Kind vom Schicksal derart glückbegünstigt wie der junge Tristan. Was immer er tat oder sprach, das schien und war auch so vortrefflich, daß alle Welt ihm Freundlichkeit entgegenbrachte und ihn schätzte. Genug damit. An dieser Stelle brechen wir die Erzählung ab und wenden uns der Geschichte von Tristans Vater, Marschall Rual li Foitenant (der Getreue), zu. Hören wir, was er um Tristans willen unternahm, nachdem er ihn verloren hatte.

Rual

Nach langem Umherirren gelangt Rual auf der Suche nach Tristan an Markes Hof. Rual entdeckt Tristan seine wahre Herkunft und klärt damit sein Verwandtschaftsverhältnis zu Marke. Um sein väterliches Erbreich zurückzuerobern, wird

Tristan (gemeinsam mit dreißig Jünglingen) bei glänzendem Hoffest von Marke zum Ritter geschlagen. (In diesen Teil ist ein Literaturexkurs mit Aufschlüssen über die zeitgenössische Literaturszene eingelagert.)

Vaterrache

Tristan nimmt Abschied von Marke und begibt sich mit ritterlichem Gefolge nach Parmenie. In der Hauptstadt Canoel belehnt Tristan die Landesherren.

Tristans Kampf mit Morgan

(V. 5267–5633) Danach erging unverzüglich Botschaft an alle Herren Parmeniens, an alle Mächtigen, die Gewalt hatten über die festen Städte und Burgen des Landes. Als alle in Canoel zusammenkamen, Tristan sahen und aus seinem Munde vernahmen, was sich in Wahrheit zugetragen hatte (wie's die Erzählung über ihn berichtet und ihr es hörtet), da jubelten ihm alle ein tausendfach Willkommen zu. Das Land und seine Menschen erwachten nun nach langem Leid und waren von Herzen froh. Aus Tristans, ihres Herren, Hand empfingen alle – jeder einzelne – ihr Lehen, ihre Untertanen, ihr Land. Sie schworen ihm den Vasalleneid und wurden so seine Untertanen. Die ganze Zeit hindurch trug jedoch Tristan heimlich in seinem Herzen den bitteren Schmerz, den ihm Morgan zugefügt hatte. Dieser Schmerz verließ ihn nie, an keinem Tag und zu keiner Stunde. So hielt er denn mit Verwandten und Lehensmannen Rat und sagte, er wolle ohne Verzug in die Bretagne reisen, um aus der Hand seines Feindes sein Lehen zu erhalten, damit er seines Vaters Land mit vollem Recht beherrschen könne. Wie gesagt, so getan. Er machte sich aus Parmenie mit Gefolge auf den Weg, alle wohlvorbereitet und gerüstet, wie es aus gutem Grund jeder tut, der zu gefährlichem Beginnen fest entschlossen ist.

Als Tristan in der Bretagne eintraf, kam ihm durch Zufall die sichere Nachricht, Herzog Morgan reite auf der Jagd durch die Wälder. Sogleich befahl Tristan seinen Rittern, ihre Rüstungen anzulegen, doch sollten sie Brustpanzer und andere Rüstungsteile unter dem Mantel verhüllen, damit man unter dem Gewand auch nicht einen einzigen Panzerring sehen könne. Bald war sein Befehl ausgeführt. Alle hüllten sich in ihre Reisemäntel und schwangen sich dann auf die Rosse. Dem Troß wurde befohlen, sich ohne Aufenthalt – doch auch ohne Hast – zurückzuziehen. Der Reiterhaufe aber teilte sich in zwei Gruppen: Der größere Teil, der etwas mehr als sechzig Ritter zählen mochte, sollte sich mit dem Troß zurückziehen, um ihn unterwegs zu beschützen. Nachdem dies geschehen war, verblieben bei Tristan gut dreißig Ritter. Schon nach kurzem Ritt stieß Tristan auf Jäger mit ihrer Meute. Er fragte sie, wo sich der Herzog befinde. Nachdem sie es ihm gesagt hatten, ritt er schleunigst in die gewiesene Richtung und erblickte gar bald auf einem Wiesengrund im Walde viele bretonische Ritter. Man hatte für sie auf der Wiese Zelte und Hütten errichtet, die man mit Laub und bunten Blumen verziert und gepolstert hatte. Die Herren führten ihre Hunde und Jagdfalken mit sich. Sie begrüßten Tristan und seine Gruppe höflich, wie es der Hofbrauch vorschreibt, und sie unterrichteten ihn, daß sich Morgan, ihr Herr, unweit im Wald auf der Jagd befinde. Rasch sprengten sie hin, und sie fanden Morgan im Kreise bretonischer Ritter, die auf Kastilianern ritten.

Als sie sich genähert hatten, empfing Morgan die Fremdlinge (ohne um ihre Absichten zu wissen) gastfreundlich und liebenswürdig, wie man Gäste zu begrüßen pflegt. Nach seinem Beispiel handelte sein Gefolge: Jeder sprengte einzeln heran, die Gäste zu begrüßen. Als das Begrüßungszeremoniell vorüber war, hob Tristan zu reden an und sprach zu Morgan: »Herr, ich bin meines Lehens wegen hergekommen und möchte, daß Ihr mich hier auf der Stelle belehnt und mir nicht vorenthaltet, was mir von Rechts wegen zusteht. Ihr würdet damit hofgemäß und richtig handeln.«

Morgan erwiderte: »Sagt mir doch, Herr, woher Ihr kommt und wer Ihr seid.«

Und Tristan gab zur Antwort: »In Parmenie bin ich geboren, und Riwalin hieß mein Vater. Als sein Erbe stehe ich hier, Herr. Ich selbst heiße Tristan.«

Da sagte Morgan: »Herr, Ihr kommt mir hier mit völlig unsinnigen Märlein, die Ihr besser für Euch behalten hättet. Ich muß mich da nicht lang besinnen: Wäre ich Euch wirklich irgend etwas schuldig, ich würde es Euch unverzüglich geben. Es sollte nicht daran fehlen, könntet Ihr Euch eines solchen Standes rühmen, dessen man zu solchem Lehen bedarf. Doch uns allen ist wohlbekannt (und man spricht ja überall davon), wie Blanscheflur mit Eurem Vater davonlief, zu welchem Ruhm ihr dies geriet und wie die ganze Liebschaft endete.«

»Liebschaft? Was wollt Ihr damit sagen?«

»Ich habe dazu nichts weiter zu sagen, denn was ich sagte, ist wahr.«

Da rief Tristan: »Herr, jetzt begreife ich, was Ihr mit diesen Worten sagen wollt! Ihr wollt behaupten, ich sei unehelich geboren und hätte damit mein Lehen wie mein Lehensrecht verloren.«

»Ganz recht, mein Herr und guter Mann! Das meine ich, das meinen andere auch.«

»Ihr sprecht wie ein Verleumder!« rief Tristan. »Bisher war ich des Glaubens, daß jemand, der einem anderen Schmerz genug bereitet hat, gut beraten wäre, ihm mit Vernunft und Anstand gegenüberzutreten. Besäßet Ihr Anstand und Vernunft, Ihr hättet mir – nach allem Schmerz, den Ihr mir bereitet habt – nicht Dinge gesagt, die alte Wunden aufreißen und alte Schuld vergrößern. Den Vater habt Ihr mir erschlagen, doch scheint Euch wohl mein Herzeleid noch nicht genug, denn Ihr behauptet, meine Mutter – die mich gebar – habe mich wie eine Dirne geboren. Bei Gott, dem Allmächtigen! Mir ist wohl bewußt, daß mir viele Edelleute (ich kann sie gar nicht alle nennen) den Vasalleneid geschworen haben. Hätten sie an mir den Makel, den Ihr mir zusprecht, wahrgenommen, nicht einer hätte seine Hände zwischen die meinen gelegt. Sie wissen nämlich allesamt in Wahrheit, daß mein Vater Riwalin meine Mutter noch vor seinem Tode zu seiner Ehefrau machte. Wenn Ihr wollt, daß ich die Wahrheit dieser Worte hier im Zweikampf mit Euch erhärten soll, bin ich gern dazu bereit.«

»Schluß jetzt! Zum Teufel mit Euch!« schrie Morgan. »Was wollt Ihr hier schon beweisen? Ein echter Edelmann wird nie die Klinge mit Euch kreuzen!«

»Das wird sich zeigen!« rief Tristan. Er riß das Schwert heraus und sprengte auf Morgan zu. Der Hieb spaltete ihm Hirnschale und Hirn bis hin zum Zungenbein. Danach stieß er ihm das Schwert mitten ins Herz. So bewährte sich die Wahrheit des Sprichworts, das da sagt: Schuld kann zwar ruhen, doch nie verfaulen.

Das ging so schnell, daß die Begleiter Morgans, kühne Bretonen, ihm nicht beistehen konnten. Sie konnten nicht schnell genug helfend eingreifen, um seinen Tod zu verhindern. Dann aber griff ein jeder, der es nur konnte, zu den Waffen. Bald stand dort eine starke Streitmacht, die – waren die Männer auch überrascht – unverzagt und voller Manneskühnheit über die Feinde herfiel. Nicht einer dachte da an Vorsicht oder an Schutz vor den Waffen der Feinde. In Scharen stürmten sie heran und trieben die Feinde in wuchtigem Ansturm aus dem Wald hinaus aufs freie Feld.

Man hörte allenthalben Geschrei, lautes Weinen und Wehklagen. Die Kunde von Morgans Tod durcheilte wie auf Flügeln das Land und löste große Trauer aus. In Kürze war die schlimme Nachricht in Städten und im ganzen Reich bekannt, das ganze Land durchflog nur dieses Klagewort: »Weh, unser Herr ist tot! Was soll nun aus dem Reiche werden? Ihr tapferen Helfer, strömt herbei aus Städten und starken Burgen! Zahlt es diesen Fremdlingen heim, was sie uns angetan haben!«

Nun trieben sie die Fremden in beständigen Kämpfen vor sich her, wenngleich sich diese jederzeit unverzagt zum Kampfe stellten. Zuweilen machten sie sogar kehrt, sprengten in geschlossenen Haufen zurück und stachen viele Feinde nieder, um sich dann erneut zur Flucht zu wenden und sich dorthin zurückzuziehen, wo sie ihre eigene Hauptmacht wußten. Nachdem sie sich mit den übrigen Rittern vereinigt hatten, bezogen sie auf einem Berge ein festes Lager und verbrachten dort die Nacht. Die Streitmacht ihrer Feinde wuchs jedoch über Nacht gewaltig an, so daß sie die verhaßten Fremdlinge schon bei Tagesanbruch in gewaltigem Ansturm vor sich hertreiben konnten. Sie stachen viele Gegner nieder, brachen wieder und wieder mit Lanzenstößen und Schwerthieben in die Reihen ein, so daß die Waffen bald verbraucht waren. Bei diesen heftigen Angriffen wurden in der Tat viele Schwerter und Lanzen schon nach kurzem Waffengang unbrauchbar. Denn war die Streitmacht der Fremden auch klein, so setzte sie sich doch kühn zur Wehr, so daß der Gegner bei seinen Angriffen schwere Verluste hinnehmen mußte. Beide Parteien erlitten in diesem Kampfe zunehmend schmerzliche Verluste. Man fügte Schaden zu, mußte ihn aber auch selber hinnehmen. Die Kämpfe wogten unablässig hin und her, bis die umringte Streitmacht allmählich in Bedrängnis kam, denn sie wurde zunehmend kleiner, während das Heer der anderen immer größer wurde, erhielt es doch von früh bis spät Zulauf, so daß es an Zahl und Kampfkraft ständig zunahm. Noch vor Einbruch der Nacht wurden die Fremden in einer Wasserburg belagert, in der sie sich verteidigten und so die Nacht überlebten. Sie wurden aber von ihren Feinden mit Truppen rings umgeben – gleich einem festen Zaun. Was sollten nun die schwer bedrängten Fremdlinge – Tristan und die Seinen – in dieser Lage tun? Ich will euch erzählen, wie es ihnen erging, wie ihre Not ein Ende nahm, wie sie den Feind besiegten und davonkamen.

Nachdem Tristan – seinem Ratgeber Rual folgend – aus seinem Land gezogen war, um die Belehnung zu erlangen und dann sofort zurückzukehren, ward der edle Rual ständig von bangen Ahnungen bedrängt, die ihn grad das vermuten ließen, was Tristan tatsächlich widerfuhr. (Zur Tötung Morgans hatte er allerdings nicht geraten.) Er sammelte also hundert Ritter und folgte Tristan auf dem Wege, den dieser auch eingeschlagen hatte. Nicht lange dauerte es, bis er in die Bretagne gekommen war. Und nun erfuhr er auch sehr bald, was sich zugetragen hatte. Diese Nachricht ließ ihn sofort zu den Bretonen eilen, die ihren Gegner eingeschlossen hatten. Als sie auf ihrem Ritt so weit gekommen waren, daß sie die Feinde erblickten, da gab es im ganzen Heer nicht einen, der sich schmählich zu feiger Flucht gewandt hätte. Geschlossen flogen sie mit hoch flatternden Wimpeln heran und ließen laut ihr Feldgeschrei ertönen: »Ritter aus Parmenien! Aus Parmenien Ritter!« Wimpel auf Wimpel jagte hinein in die Zeltstadt der Bretonen, Tod und Verderben bringend. Sie fetzten die Zelte entzwei und schlugen die Bretonen auf ihren Lagerstätten tot. Kaum hatten die Belagerten die Landeswimpel und das Feldgeschrei wahrgenommen, da machten sie einen Ausfall und stürmten ins Freie. Tristan spornte sie zum Kampfe. Da brach über die einheimischen Ritter fürchterliches Verderben herein mit Fangen und Niederhauen, mit Schlagen und Stechen. Von beiden Seiten wurden ihre Linien durchbrochen, auch wirkte lähmend auf ihre Kampfkraft, daß von beiden Seiten unablässig das gleiche Kampfgeschrei ertönte: »Ritter aus Parmenien!« Sie dachten nicht mehr an Widerstand. Es gab keine Gegenwehr mehr, kein Halten, keinen Kampfeswillen. Sie alle liefen und rannten davon, um sich im Wald und in Burgen zu verbergen und zu retten. In diesem ungleichen Kampf erschien Flucht noch als die beste Verteidigung, die einzige Rettung vor dem Tode.

Nachdem der Sieg errungen war, ließen sich die Ritter auf dem Schlachtfeld nieder und schlugen dort ihr Lager auf. Jene Kampfgefährten, die erschlagen auf dem Schlachtfeld lagen, ließ man zur letzten Ruhe betten. Jene, die verwundet waren, bettete man auf Bahren und zog dann in die Heimat zurück. Auf diese Weise hatte sich nun Tristan mit eigener Hand belehnt und ein weiteres Reich gewonnen. Er war sein eigener Lehensmann, wie es sein Vater nie gewesen. Er hatte sein Recht durchgesetzt und seine Angelegenheiten geordnet. Er hatte sich »durchgesetzt« in Sachen des Rechtes, und »geordnet« hatte er seine Gefühle: Das Unrecht war zu Recht geworden, sein bekümmertes Gemüt war leicht und froh. Unangefochten hielt er nun sein Vatererbe und sein Reich in Händen, so daß ihm fortan niemand den Rechtsanspruch auf dieses Land bestreiten konnte.

Auf dem Siegesfest schlägt Tristan die beiden Söhne Ruals und seinen Erzieher Curvenal zu Rittern und gibt Rual das Land Parmenie als Erblehen in Verwaltung, um sich dann zu Marke zurückzubegeben, der ihm die Erbfolge in Cornwall versprochen hat.

Morold

Nach seiner Rückkehr erfährt Tristan, daß der riesenstarke Morold, Schwager des irischen Königs Gurmun, mit einem kleinen Gefolge eingetroffen sei, um von Marke den fälligen Tribut (bestehend aus Geld und adligen Kindes-Geiseln) einzutreiben. Als alle landsässigen Adligen ängstlich zurückweichen, fordert Tristan den Iren zum Zweikampf heraus. Es gelingt ihm, Morold zu töten (ein Splitter seines Schwertes bleibt in der Hirnschale Morolds stecken), wird aber selbst von dem (vergifteten) Schwert Morolds verwundet. Morold wird von den Seinen nach Irland zurückgeführt, wo seine Schwester Isolde den Schwertsplitter entdeckt und aufbewahrt.

Tantris

Tristan wird zwar als Sieger gefeiert, doch die Wunde beginnt zu eitern. Als alle ärztliche Kunst versagt, beschließt der sterbenskranke Tristan, in Kaufmannsverkleidung nach Irland zu fahren und bei Morolds Schwester (die sein überwundener Gegner als heilkundige Helferin erwähnt hat) Heilung zu suchen.

Tristans erste Irland-Fahrt

(V. 7503–8225) Tristan blieb nun allein auf dem Meer. Mit schweren Sorgen und unter Schmerzen trieb er in seinem Boot dahin, bis der helle Morgen anbrach. Als die Bewohner Dublins das kleine, führerlose Boot auf den Wellen treiben sahen, ward schnell ein Schiff hinausgesandt, um das Boot zu untersuchen. Als sich die ausgesandte Mannschaft näherte, konnte sie zwar keinen Menschen erblicken, doch erklangen vom Boot her wundersam und zu ihrem Ergötzen liebliche Harfentöne, und zur Harfe sang ein Mann so wohltöhnend, daß sie dieser Gruß wie ein wahres Wunder anmutete. Solange Tristan harfte und sang, verharrten sie wie festgebannt. Doch der Genuß, den er ihnen bereitete, war nur kurz, denn er musizierte zwar mit dem Mund und mit den Händen, doch es kam dies nicht aus seinem Inneren, nicht aus dem Grunde seines Herzens. Und strömt Musik nicht aus dem Herzen, so überläßt man sich dem Spiel gewöhnlich nur für kurze Zeit. Und überdies ist eine Musik, die man nur oberflächlich – nicht mit Herz und Gemüt – betreibt, nicht echt und wahr, soviel man auch spielen mag. Wohl zwang die Jugend Tristan, sich mit Mund und Hand Abwechslung zu verschaffen, so daß er harfte und sang, doch es bereitete dies dem Leidenden Qual und Beschwernis genug. Als er zu spielen aufhörte, kam das andere Boot näher heran. Sie zogen es am Bootsrand näher und blickten neugierig hinein. Als sie ihn in so ärmlichem Aufzug und in so jämmerlicher Verfassung erblickten, waren sie betroffen, daß dieser Sieche so wunderschön mit Hand und Mund zu musizieren wußte. Dennoch begrüßten sie ihn mit Wort und Hand wie einen Mann, dem achtungsvoller Gruß gebührt. Dann baten sie Tristan, er möge ihnen doch erzählen, wie er in diese Lage gekommen war.

»Ich sage es euch gern«, sprach Tristan. »Ich war bei Hof ein Spielmann, reich an höfischen Künsten und wohlvertraut mit Hofessitten. Ich konnte sprechen und schweigen, die Leier und die Geige, die Harfe und die Rotte spielen, auch scherzen und spaßen, kurzum, ich konnte alles, was unsereiner als Spielmann können muß. Auf diese Weise häufte ich großen Reichtum an, so daß ich schließlich übermütig wurde und mehr besitzen wollte, als mir das Schicksal zugedacht hatte. So warf ich mich auf den Handel, und dies ward schließlich mein Verderben. Als Teilhaber gewann ich einen reichen Handelsherrn. Wir zwei beluden nun in Spanien (wo ich zu Hause bin) ein Schiff mit allem, was uns günstig schien, und wollten damit nach Britannien. Da überfiel uns unterwegs auf offenem Meer eine Piratenbande. Die nahm uns alles fort, erschlug meinen Gefährten und auch die ganze Schiffsbesatzung. Daß ich allein mit dieser Wunde überlebte, verdanke ich nur meiner Harfe, die ihnen bewies, daß ich (wie ich ihnen erzählte) ein Spielmann sei. Mit Mühe gewann ich sie dazu, mir dieses kleine Boot zu überlassen und so viel an Verpflegung, daß ich bis heute am Leben blieb. So trieb ich vierzig Tage und Nächte unter Qualen und Klagen übers Meer. Es trieb mich hin, es trieb mich her, wohin die wilden Wellen und die Winde mich verschlugen. Ich weiß nicht, wo ich bin, noch weniger, wo ich landen werde. Ihr Herren, bitte seid so freundlich und führt mich hin, wo Menschen wohnen. Der Hergott wird es euch vergelten.«

Die Boten erwiderten: »Freund, wir lohnen dir dein Harfenspiel und deinen lieblichen Gesang. Nicht länger sollst du ohne Hoffnung und Hilfe auf den Wellen treiben. Was dich zu uns verschlagen hat – ob Gott, ob Wogen oder Wind: Wir bringen dich jetzt unter Menschen.«

Dies taten sie: Sie brachten ihn – wie er es gewünscht hatte – mit seinem Boot in die Stadt. Nachdem sie sein Boot am Landeplatz festgemacht hatten, sagten sie: »Sieh hin, Spielmann! Schau dir diese Burg da droben und die schöne Stadt darunter an. Nun, weiß du, welche Stadt es ist?«

»Nein, Ihr Herren, ich weiß es nicht.«

»So wollen wir's dir sagen: Du bist in Dublin auf Irland.«

»Ich danke dem Heiland, daß ich nur wieder unter Menschen bin. Vielleicht findet sich einer unter ihnen, der sich meiner erbarmt und mir Beistand leistet.«

Die Boten aber gingen in die Stadt und berichteten allesamt Wunderdinge über sein Schicksal. Überall sprachen sie davon, sie hätten an ihm so viel Wundersames entdeckt, daß man sich dies kaum vorstellen könne. Sie schilderten alle Einzelheiten: Wie sie – als sie näher kamen – liebliches Harfenspiel gehört hätten und zu der Harfe einen Gesang, dem selbst der Herrgott in seinen Himmelschören gern lauschen würde. Und sie sagten, dies hätte ein armer Dulder, ein tödlich verwundeter Spielmann getan. »Geht hin, dann werdet ihr's ihm ansehen, daß er nicht lange mehr zu leben hat. Doch bei all seinen Qualen hat er doch lebensfrohen Mut! In allen Königreichen dürfte man solch ein Herz vergebens suchen, das so bitter-schweres Unglück so gelassen hinnimmt.«

Die Bürger gingen hin, unterhielten sich eifrig mit Tristan und fragten ihn dieses und jenes. Jedem von ihnen berichtete er die gleichen Einzelheiten, die er bereits den Boten mitgeteilt hatte. Dann baten sie ihn, er möge ihnen etwas vorspielen. Er erfüllte ihre Bitte und harfte nun mit vollendeter Kunst, kam's doch so recht vom Herzen. So strebte er danach, durch seine Kunst (durch Harfenspiel und durch Gesang) die Gunst der Bürger zu erwerben. Dies Ziel suchte er zu erreichen. Als der bedauernswerte Spielmann trotz der Qualen, die ihn plagten, so lieblich zu harfen und zu singen anhob, empfand ein jeder mit ihm Mitleid. Sie ließen den Armen aus dem Boot ans Ufer heben, und man bat einen Arzt, er möge Tristan in seinem Hause aufnehmen und alles zu seinem Besten tun. Er solle ihm auf ihre Kosten helfen und seine Qualen lindern. Dies geschah denn auch. Doch obwohl er ihm – nachdem er ihn in seinem Hause aufgenommen – alle Pflege angedeihen ließ und alle seine ärztliche Kunst anwandte, schlug nichts an. Die Nachricht durchflog ganz Dublin. Besucher strömten ein und aus und beklagten sein Unglück.

Nun fügte es sich, daß ihn auch ein Geistlicher besuchte und seine Fertigkeiten im Saitenspiel und im Gesang kennenlernte. Er selbst war in diesen Künsten wohlerfahren, vermochte jedes Saiteninstrument mit großer Meisterschaft zu spielen und beherrschte auch viele Fremdsprachen. Sein Leben lang hatte er sich darum bemüht, sich höfische Bildung und feines Benehmen anzueignen. Er gehörte dem Hofstaat der Königin an, hatte sie seit ihrer Jugend als ihr Lehrer unterrichtet und ihr so manche Wissenschaft und seltene Künste beigebracht. Dies alles dankte sie ganz allein ihm. Nun aber bemühte er sich eifrig um die Erziehung ihrer Tochter Isolde, aller Mädchen Krone, die man in allen Ländern rühmt und von der auch diese Geschichte berichtet. Sie war der Königin einziges Kind, so daß ihre Mutter sie mit großer Sorgfalt erziehen ließ, und dies seit jener Zeit, da ihre Tochter dem Unterricht zu folgen vermochte. Der Mutter Lehrer wurde auch der ihre, und er unterwies sie sowohl in den Wissenschaften als auch im Spiel der Saiteninstrumente. Als er bei Tristan einen solchen Reichtum an Fähigkeiten und an Künsten entdeckte, fühlte er zutiefst Erbarmen mit dessen Unglück. Er begab sich zur Königin und berichtete ihr, daß sich seit kurzem ein unbekannter Spielmann in der Stadt befinde. Er sei fürwahr ein rechter Dulder, fast tot bei lebendigem Leibe, doch würden seine Kunstfertigkeit und sein heiterer Lebensmut von keiner Mutter Sohn erreicht. Er sprach zu ihr: »Ach, edle Königin, wäre es nur einzurichten, daß wir den Kranken dahin brächten, wo Ihr ihn ohne Sorge um Euern Ruf besuchen könntet. Ihr solltet dieses Wunder erleben, wie da ein todgeweihter Mann so herzbewegend und so lieblich die Harfe spielt und dazu singt, während es doch gegen seine Krankheit kein Mittel gibt. An Heilung ist nicht mehr zu denken. Sein wohlerfahrener Arzt, der ihn bislang in Pflege hatte, hat ihn aufgegeben. Mit allen seinen Künsten vermag er ihm keine Hilfe mehr zu leisten.«

Die Königin erwiderte: »Nun gut, ich will den Kämmerern gebieten, daß sie ihn zu mir bringen, sofern er es ertragen kann, daß man ihn aufhebt und auf der Bahre zu uns bringt. Dann will ich sehen, ob jede Hilfe zu spät ist oder ob er noch zu retten ist.«

Das wurde getan und geschah. Als die Königin den schlimmen Zustand des Kranken sah und die Färbung der Wunde begutachtete, erkannte sie das Gift. Sie sprach: »Ach, armer Spielmann, du bist mit einer vergifteten Waffe verwundet worden.«

Tristan erwiderte: »Ich kann nicht sagen, womit man mich vergiftet hat. Nur so viel weiß ich, daß die Kunst der Ärzte dagegen machtlos ist. Ich weiß nun keinen Ausweg mehr. Ich will mich einfach Gott ergeben und die Stunde meines Todes erwarten. Doch wer mir in dieser argen Not gütig Hilfe leisten kann, dem möge Gott es lohnen. Hilfe ist mir not, denn ich bin lebendigen Leibes tot.«

Die weise Königin aber fragte: »Sag mir deinen Namen, Spielmann.«

»Gebieterin, ich heiße Tantris.«

»Nun, Tantris, du kannst sicher sein, daß ich dein Leben retten werde. Ich selbst will deine Ärztin sein. Sei also froh und zuversichtlich.«

»Habe Dank, gütige Königin! Dein Mund soll immerdar erblühen! Dein Herz soll nimmermehr vergehen! Deine Weisheit möge ewig leben und den Hilfsbedürftigen Hilfe bringen! Dein Name soll auf dieser Welt hoch gepriesen werden!«

»Tantris«, sprach die Königin erneut, »wenn es dir möglich ist und du dich nicht (was verständlich wäre) zu schwach fühlst, hörte ich gern dein Harfenspiel. Es heißt, du kannst es ganz vorzüglich.«

»Gebieterin, laßt dies außer acht! Mich kann kein Leiden daran hindern, Euch nach bestem Können jeden Wunsch, den Ihr aussprecht, zu erfüllen.« Man brachte ihm seine Harfe und schickte auch sogleich nach der jungen Königstochter. Sie war der Liebe Siegel, mit dem dereinst sein Herz für alle Welt fest versiegelt und verschlossen werden sollte, geöffnet nur für sie allein. Wirklich kam die schöne Isolde herbei und beobachtete aufmerksam, wie Tristan die Harfe spielte. Er aber harfte herrlicher als je zuvor in seinem Leben, da er nun endlich hoffen konnte, von seinem Leid erlöst zu werden. Also sang und harfte er für sie nicht wie jemand, der mit dem Leben abgeschlossen hat. O nein, es klang so lebensfrisch, wie einer singt, der Hoffnung hegt. Sein Harfenspiel und sein Gesang erfreuten sie alle so sehr, daß er schon nach kurzer Zeit aller Herzen für sich einnahm und so sein Glück bereitete. Die ganze Zeit jedoch, während er musizierte – sei's hier, sei's da: die Wunde stank schrecklich und verbreitete einen solchen Gestank, daß niemand auch nur eine Stunde bei ihm verweilen mochte.

Und wieder sprach die Königin: »Nun, Tantris, wenn sich erst dein Zustand so weit gebessert haben sollte, daß dieser Geruch verschwindet und man bei dir verweilen kann, dann laß dir dieses Mädchen Isolde anvertrauen. Sie studiert eifrig die Wissenschaften und das Spiel der Saiteninstrumente. Vieles hat sie schon gelernt, wenn man die Zeit bedenkt, die sie darauf verwandte. Bist du nun in die Wissenschaften und Künste tiefer eingedrungen als ihr Lehrer und als ich, dann unterrichte sie um meinetwillen. Zum Lohn will ich dein Leben retten und deinem Körper die Gesundheit und neue Lebensfrische schenken. Ich habe es in meiner Hand, dies zu tun oder zu lassen.«

Da sprach der kranke Spielmann: »Nun gut, wenn es sich

darum handelt, daß ich durch meine Kunst mein Leben erhalten kann, so werde ich – will's Gott – geheilt. Gnadenreiche Königin, wenn Ihr mir die Bedingung stellt, hier dieses Mädchen – Eure Tochter – zu unterrichten, so werde ich gewiß genesen. Ich habe in meinem Leben bereits so viele Bücher gelesen, daß Euch mein Dienst mit Sicherheit zufriedenstellen wird. Auch bin ich überzeugt, daß es niemanden in meinem Alter gibt, der so viele edle Saiteninstrumente zu spielen versteht. Was immer Ihr wünscht und von mir verlangt, soll nach bestem Vermögen geschehen.«

Man wies ihm eine kleine Kammer zu, wo er fortan zu jeder Zeit Pflege und Bequemlichkeit fand, wie er es sich nur wünschen konnte. Nun erst konnte er die Früchte seiner Umsicht ernten, die er auf dem Schiffe walten ließ, als er die Seite mit dem Schilde deckte und so die Verletzung vor den Fremden – den Iren – klug verbarg, bevor sie Cornwall verließen. So blieb ihnen unbekannt, daß Morold ihn verwundet hatte. Hätten sie etwas davon gewußt, daß Tristan verwundet worden war, so hätte er auf Irland wohl anderen Empfang gefunden. Zu gut war jedermann bekannt, was das für schlimme Wunden waren, die Morold mit dem Schwerte schlug, das er in allen Kämpfen benutzte. Nur seiner überlegenen Weitsicht verdankte er seine Heilung. Hieran mag jedermann erkennen und sich wohl merken, daß ein Mann, der stets weise Bedachtsamkeit und klugen Weitblick vereint, einen gutdurchdachten Plan stets zu gutem Ende führt.

Die kluge Königin verwandte ihre ganze Kunst und all ihr großes Wissen darauf, grad jenen Mann zu retten, für dessen Leben sie mit Freuden das eigene Leben, ja sogar die Ehre hingegeben hätte. Ihr Haß auf diesen Mann war stärker als ihre Liebe zu sich selbst. Und dennoch war sie von früh bis spät mit Gedanken und Werken darauf bedacht, ein jedes Mittel anzuwenden, das ihm Linderung, Stärkung und Heilung bringen könne. Dies ist nun weiter nicht verwunderlich, denn sie erkannte ja nicht ihren Feind. Hätte sie es freilich gewußt, um wen sie sich so eifrig bemühte, wem sie das

Leben rettete: gäbe es etwas Ärgeres als den Tod, dann hätte sie es ihm fürwahr viel lieber geschenkt als eben dieses Leben. Doch sie wußte nur Gutes von ihm und war ihm daher wohlgesonnen.

Ich könnte euch noch manches erzählen und viele Worte davon machen, wie groß der Herrin Heilkunst und wie wunderbar und stark die Heilkraft der Medizin war, die sie hatte, wie sie bei dem Kranken anschlug. Was aber würde ich damit erreichen? Den kunstverständigen Ohren klingt ein schickliches und feines Wort weit angenehmer als eines, das man der Apothekerbüchse entnimmt. So gut ich's kann, will ich mich davor hüten, euch solche Worte vorzusetzen, die euren Ohren mißbehagen und eure Herzen wenig freuen. Viel lieber will ich weniger Worte um irgendeine Sache machen, als euch durch ungefüge Reden, die sich bei Hofe nicht geziemen, das ganze Kunstwerk zu verleiden.

So will ich denn von der Heilkunst der Herrscherin und der Heilung des Kranken nur in aller Kürze berichten. Innerhalb von zwanzig Tagen brachte sie ihn so weit, daß man ihn überall gerne sah und ihn niemand der Verletzung wegen mehr zu meiden brauchte, der gerne bei ihm weilen wollte. Von da an nahm die junge Königstochter ständig Unterricht bei ihm. Er aber wandte alle seine Zeit und all sein Können auf, sie zu bilden. Das Beste, was er von den Wissenschaften und dem Musizieren verstand (ich will es gar nicht alles nennen), bot er ihr zur Wahl, damit sie nach eigenem Ermessen entscheiden könne, was sie am liebsten lernen wolle. Dies tat denn auch die schöne Isolde. Sie entschied sich für die besten seiner Künste. Wie alles, was sie begann, so trieb sie auch die neuen Studien voller Eifer, und sie lernte schnell. Dabei kam ihr wohl zustatten, was sie früher bereits gelernt hatte. Schon früher hatte sie sich in vielen schönen Künsten und auch in höfischem Benehmen wohl geübt. Die Schöne konnte nicht nur die Sprache ihrer Heimat, sondern auch Französisch und Latein. Sie spielte die Fiedel ganz vorzüglich im welschen Stil. Auch verstand sie es, mit ihren zarten Mädchenfingern nicht nur die Leier gut zu spielen, sondern sie entlockte auch der Harfe volle Töne. Sie ließ die Töne in rascher Folge schwellen und zart verklingen. Auch konnte das begabte Mädchen gar lieblich und mit wohltönender Stimme singen. Dieses vorher erworbene Können kam ihr nun zugute, und ihr Lehrer, der Spielmann, vermehrte ihr Wissen und Können. Neben all diesen Fächern mußte sie sich unter seiner Anleitung mit der »Moralität« befassen. Es ist dies die Wissenschaft vom feinen Anstand. Alle edlen Damen sollten sich damit schon in früher Jugend beschäftigen. Die Lehren der »Moralität« sind läuternd und beglückend, sowohl auf Gott als auch auf die Welt bezogen. Sie lehrt uns, wie wir Gott und der Welt zugleich gefallen können. Sie ist Amme aller vornehmen Menschen, damit sie aus ihren Lehren Nahrung und Lebenskraft gewinnen können. Besitz und Ansehen finden sie nur dann, wenn sie den Lehren der »Moralität« getreulich folgen. Demgemäß widmete sich die Königstochter diesen Lehren besonders eifrig, sie erzog ihr Denken und ihren Geist ganz in ihrem Sinne. Dadurch gewann sie ein feines Benehmen, gebändigte und edle Haltung und auch ein liebliches, angenehmes Auftreten.

So machte das reizende Mädchen im Zeitraum eines halben Jahres solche Fortschritte in Bildung und Anstand, daß jedermann ihre hohen Gaben rühmte und auch ihr Vater – der König – darüber sehr erfreut war. Auch ihre Mutter war sehr froh darüber. Fortan geschah es wiederholt, daß sie ihr Vater zu sich in die Halle bat, wenn er frohgestimmt war oder wenn sich fremde Ritter beim König am Hofe aufhielten. Mit dem, was sie an feinem Anstand und höfischen Unterhaltungskünsten beherrschte, verkürzte sie ihrem Vater und vielen anderen manche Stunde. Mit ihrem Vater erfreute sich daran die ganze Hofgesellschaft. Sie bot den Augen aller Menschen (ob vornehm oder geringen Standes) Beglückung, und sie war die Wonne der Ohren wie auch aller Herzen. Sowohl die Sinne als auch ihr Herz tief in der Brust beglückte sie. Die liebliche und reine Isolde sang, dichtete, las vor. Voller Eifer tat sie, was die Freude der ganzen Hofgesellschaft war. Sie fiedelte ihre Tanzweisen, Lieder und unbekannte, nie gehörte Melodien im französischen Stil von Sens und Saint-Denis. Sie hatte davon ein reiches Repertoire. Mit Händen, weiß wie Hermelin, schlug sie die Leier wie die Harfe von beiden Seiten so vorzüglich, daß weder in Lud noch in Themse je Frauenhände lieblicher die Saiten schlugen als hier die liebliche, die schöne Isolde. Vortrefflich sang sie außerdem ihre Pastourelle, ihre Rotrouenge und ihr Rondeau, Chanson, Refloit und Folate. So erfüllte sie viele Herzen mit Sehnsuchtsdrang und weckte viele Wünsche wie Gedanken. So mancher Mann gedachte ihrer, und dies ist schließlich – wie ihr wißt – durchaus verständlich, wenn man ein solches Wunderbild an Schönheit und Geschick erblickt, wie es sich in Isolde offenbarte. Mit wem soll ich das schöne, hochbegabte Mädchen wohl vergleichen wenn nicht mit einer der Sirenen, die mit Hilfe des Magnetsteins die Schiffe an sich heranziehen? Genauso zog Isolde – wie ich meine – gar viele Herzen und Gedanken an, auch wenn sie sich vor Sehnsuchtsqualen schon sicher dünkten. Und der Vergleich von Verliebtheit und einem ankerlosen Schiff ist doch äußerst treffend. Beide ziehen steuerlos ins Ungewisse, ohne je ein festes Wegziel anzusteuern. Sie treiben umher, werden von den Wellen hierhin und dorthin geworfen. So treibt sie das steuerlose Sehnen, das ungezügelte Begehren genauso wie ein ankerloses Schiff umher. Wie der Magnetstein beim Sange der Sirenen alle Schiffe anzieht, so zog die kunstfertige, kluge, liebliche, junge Königstochter aus fest versiegeltem Herzensschrein Gedanken unwiderstehlich an. Ihr Sang drang in vieler Herzen. Laut drang er durch das Tor der Ohren und lautlos durch der Augen Fenster. Der Sang, der laut zu hören war, war einerseits der liebliche Gesang des Mädchens, aber auch ihr wohltönendes Saitenspiel; der Sang drang laut und unverhohlen durchs Königreich der Ohren in das Herz hinein. Der lautlose Gesang war jedoch die wunderbare Schönheit der Sängerin, der sich mit herrlichem Klang still und heimlich durch das Fenster der Augen in viele vornehme Herzen stahl. Mit Zaubermacht nahm sie dann die Gedanken sofort gefangen, schlug sie in feste Bande von Sehnsucht und von Liebesqual.

So hatte die schöne Isolde dank Tristans Unterricht große Fortschritte erzielt. Sie zeigte weiblich-zartes Wesen, vornehme Haltung und edle Sitte. Sie konnte glänzend musizieren, beherrschte viele schöne Künste. Sie konnte Liebeslieder texten und komponieren, ihre Werke kunstvoll gestalten, verstand zu schreiben und zu lesen. Nun aber war auch Tristan geheilt und völlig wiederhergestellt. Seine Hautfarbe zeigte mehr und mehr die frische Farbe der Gesundheit. Er lebte nun in beständiger Furcht, daß ihn irgendwer bei Hofe oder im Lande erkennen könne. So überlegte er unentwegt, wie er mit passender Begründung Abschied nehmen und der Gefahr entgehen könne. Er wußte nämlich gut genug, daß die beiden Königinnen ihn sonst nur höchst ungern oder gleich gar nicht ziehen lassen würden. Doch er wußte auch, daß sich sein Leben fortan in großer Ungewißheit befand. So ging er denn zur Königin und fing mit kluger Überlegung (so wie es ihm stets eigen war) zu reden an. Er kniete nieder und begann: »Herrin, was Ihr mir an Huld, an Pflege und an Hilfe angedeihen ließet, möge Euch Gott im ewigen Leben vergelten. Ihr habt an mir so gütig und so voller Edelsinn gehandelt, daß Gott Euch ewig belohnen muß. Ich aber will Euch bis zum Tode für Eure Hilfe dankbar sein, indem ich Euch an jedem Orte, an den ich Armer komme, preise. Gütige Königin, nun gebt mir bitte die Erlaubnis, in meine Heimat zurückzufahren. Es zieht mich wieder zu den Meinen; ich kann nicht länger bei Euch weilen.«

Die Herrscherin lächelte ihn an und sagte: »Dein Schmeicheln ist vergebens. Ich lasse dich nicht fort. Vor Ablauf des Jahres darfst du uns nicht verlassen.«

»Nicht doch, edle Königin! Bedenkt doch die Bedeutung der heiligen Ehe und dazu die Liebe zwischen Mann und Frau. Ich habe daheim eine Ehefrau, die ich liebe wie mich selbst. Ich bin aber sicher, daß sie jetzt schon glaubt, ja völlig überzeugt ist, ich sei nicht mehr am Leben. Nun bin ich voller Angst und Sorge, daß man sie einem andern gibt. Dann wären meine Hoffnung, mein Lebensglück und alle meine Freude, die ich noch gern erleben möchte, dahin. Ich würde nimmer froh.«

Da sprach die weise Königin: »Wahrlich, Tantris, dieser Grund überzeugt. Solch eine Gemeinsamkeit soll kein gerecht denkender Mensch zerbrechen. Gott stehe dir und deiner Gattin bei. Um seinetwillen will ich dich (wenngleich sehr ungern) ziehen lassen. Muß ich den Abschied auch gewähren, so bleibe ich dir hold und wohlgesonnen. Ich und meine Tochter Isolde wollen dir für die Reise und deinen Lebensunterhalt ein Pfund roten Goldes geben. Nimm dies zum Abschied von Isolde.«

Da verneigte sich der fremde Gast und nahm mit aufgehobenen Händen wie mit dankerfülltem Herzen von allen beiden Königinnen (der Mutter und dem Mädchen) Abschied. Er sprach: »Der Herrgott möge Euch dafür mit Gnade und mit Ehren belohnen!«

Er zögerte nicht länger, fuhr fort nach England und von England dann ohne Aufenthalt heim nach Cornwall.

Die Brautwerbefahrt

Nach seiner Rückkehr jubelnd begrüßt, erzählt Tristan seine Erlebnisse und rühmt vor allem die Schönheit seiner Schülerin. Dies gibt seinen Neidern – zahlreichen Baronen des Landes – die Handhabe, von Marke die Vermählung (mit Isolde) und damit die Sicherung eines legitimen Erben zu fordern, um so Tristan als potentiellen Regenten auszuschalten. Auf sein Verderben sinnend (nach Morolds Tod werden alle in Irland landenden Bewohner Cornwalls und Englands getötet), schlagen sie Marke vor, Tristan zum Brautwerber zu bestim-

men. Tristan ist einverstanden, nimmt jedoch – neben anderen – die nunmehr angstbebenden Ratgeber mit auf die Reise. Vor Develin ankommend, erfährt Tristan, Gurmun habe sich mit seinem Hofstaat nach Weisefort begeben. Tristan, der sich bei den Iren für einen von Seeräubern verfolgten Kaufmann aus der Normandie ausgibt, begibt sich allein an Land.

Der Drachenkampf

Tristans Plan zielt darauf ab, einen das Land verheerenden Drachen zu töten und damit (hat doch Gurmun dem Drachenbesieger die Hand seiner Tochter versprochen) die Erfüllung seiner Aufgabe zu ermöglichen. Es gelingt ihm, das Untier zu besiegen, doch Kampfeserschöpfung und der giftige Dunst der (als Beweis unter die Rüstung geschobenen) Drachenzunge lassen ihn in Ohnmacht sinken, so daß der betrügerische und feige irische Truchseß Markes sich bei Hofe als Drachensieger ausgeben kann. Die mißtrauische Irenkönigin reitet mit ihrer Tochter und ihrer Nichte Brangäne aus und findet den ohnmächtigen Tristan.

Tristans Rettung nach dem Drachenkampf

(V. 9369–9619) Es geschah nun gerade so, wie es vom Schicksal vorbestimmt war: Isolde, die junge Königstochter, sah ihn als erste, ihn, der ihr Leben und ihr Tod, ihr Glück und ihr Unglück werden sollte. Sein Helm erglänzte in der Sonne und zeigte, wo der Fremdling lag. Als sie den Helm erblickte, wandte sie sich um und rief ihre Mutter herbei: »Schnell, Herrscherin, reitet näher heran! Ich sehe dort etwas glänzen. Es scheint ein Helm zu sein. Ich glaube, ich habe ihn entdeckt.«

Die Mutter sagte: »Wahrhaftig! Ich glaube es auch. Der

Herrgott ist uns gnädig. Ich glaube, wir haben den gefunden, den wir suchen.«

Und sie riefen sogleich ihre zwei Begleiter herbei, um dann zu viert zu Tristan hinzureiten. Als sie sich ihm genähert hatten und ihn dort leblos liegen sahen, hielten sie ihn für tot. Beide Isolden riefen: »Er ist tot! Unsere ganze Hoffnung ist nun dahin. Der Truchseß hat ihn zuerst meuchlerisch erschlagen und dann in diesen Teich geworfen.«

Alle vier stiegen von den Pferden und hatten ihn bald aufs trockene Land gezogen. Rasch nahmen sie ihm den Helm ab und lösten auch die Kettenhaube. Die kundige Isolde musterte ihn und erkannte, daß er noch lebte, daß sein Leben aber an einem Haare hing. Sie sprach: »Wahrhaftig, er ist noch am Leben! Rasch, nehmt ihm die Rüstung ab! Ist mir das Glück beschieden, daß er nicht auf den Tod verwundet ist, so kann noch alles glücklich enden.«

Als sich die liebliche Gemeinschaft der drei Frauen daranmachte, mit ihren Händen – weiß wie Schnee – dem Fremdling die Rüstung abzunehmen, fanden sie die Drachenzunge. »Seht her!« rief die Königin. »Was ist dies wohl? Was mag das sein? Brangäne, edle Nichte, sprich!«

»Es sieht wie eine Zunge aus.«

»Du hast recht, Brangäne, und ich meine, daß sie dem Drachen gehörte. Uns ist das Glück hold! Isolde, liebste, schönste Tochter, nun bin ich völlig sicher, daß wir den fanden, den wir suchten. Es war die Zunge, die ihm Lebenskraft und Bewußtsein geraubt hat.«

Sie nahmen ihm die Rüstung ab, und als sie an seinem Körper weder Verletzungen noch Wunden entdeckten, waren alle herzlich froh. Die Königin, die klug und wohlerfahren war, nahm Theriak und flößte ihm davon so viel ein, bis er in Schweiß ausbrach. Sie sprach: »Der Mann wird überleben. Sobald sein Körper den giftigen Dunst der Zunge ausgeschieden hat, wird er die Augen öffnen und sprechen.«

Dieser Zeitpunkt war auch bald erreicht. Es dauerte nicht lange, da schlug er die Augen auf und sah sich um. Als er –

über sich geneigt – die liebliche Schar der drei Frauen erblickte, dachte er bei sich: ›Ach, mein gütiger Herr und Gott, du hast mich wahrlich nicht vergessen. Drei Lichter strahlen rings um mich, die hellsten auf der ganzen Welt, die Freude, der Trost vieler Herzen, die Wonne vieler Augen. Hier die strahlende Sonne Isolde, dort das fröhliche Morgenrot ihrer Mutter Isolde, da die liebliche Brangäne wie das milde Licht des Mondes.‹ Er raffte sich auf und sprach mit schwacher Stimme: »Ach, wer seid Ihr? Und wo bin ich hier?«

Die kluge Frau Isolde sprach: »Ach, Ritter, kannst du sprechen? Sprich! Wir helfen dir aus deiner Not!«

»Ja, schönste Dame, gütige Frau! Ich weiß nicht, wie mir Kraft und Bewußtsein so jählings schwinden konnten.«

Die junge Isolde musterte ihn: »Das ist doch Tantris, unser Spielmann!« sagte sie. »Wenn mich meine Augen nicht trügen.«

Die beiden andern stimmten zu: »Es scheint tatsächlich so zu sein.«

Die Weise nahm erneut das Wort: »Bist du es, Tantris?«

»Ja, Gebieterin.«

Die Kluge fragte weiter: »Sag, woher und wie bist du gekommen? Was willst du hier an diesem Ort?«

»Herrlichste aller Frauen, ich fühle mich leider noch zu schwach und zu erschöpft, Euch meine Geschichte ausführlich erzählen zu können. Ich bitte Euch um Gottes willen, laßt mich zunächst einmal an einen Ort bringen, wo ich bis zum Morgen des nächsten Tages Pflege finde. Wenn ich erst wieder zu Kräften gekommen bin, dann will ich gern alles tun und sagen, was Ihr nur immer von mir verlangt.«

Da hoben die vier mit vereinten Kräften Tristan empor, setzten ihn auf eines der Pferde und führten ihn dann mit sich fort. Durch die Geheimtür brachten sie ihn ungesehen in die Burg, so daß niemand etwas von ihrer Ausfahrt und von ihrem Ritt bemerkte. Dort fand er nun Ruhe und Pflege. Die bereits erwähnte Zunge, seine Waffen und seine Rüstung hatten sie gleichfalls mitgenommen. Nicht einmal ein Panzerring war zurückgeblieben, sie hatten den Mann wie seine Rüstung mitgebracht.

Als der neue Tag erwachte, ergriff die Weise seine Hand und sprach: »Gedenke nun, Tantris, der Gunst, die ich dir heute wie auch damals erwiesen habe, habe ich dich doch bereits zum zweiten Male gerettet. Ich bin dir hold und wohlgesonnen. Gedenke deiner Gattentreue und sprich: Wann kamst du nach Irland, und wie hast du den Drachen besiegt?«

»Gebieterin, ich will es Euch erzählen. Vor kurzer Zeit (es sind von heute an gerechnet drei Tage) landete ich in Begleitung anderer Kaufleute mit einem Schiff in diesem Hafen. Da kam uns eine räuberische Schar entgegen, die uns (ich weiß nicht, aus welchem Grunde) die Habe und das Leben nehmen wollte, wenn ich es nicht mit Gold verhindert hätte. Nun steht es um den Kaufmann so: Wir müssen häufig Aufenthalt in fremden, unbekannten Ländern nehmen. Wir wissen nicht, wem wir dort Vertrauen schenken sollen, denn oft trifft uns Gewalttat. Ich aber weiß recht gut, wie nützlich es ist, wenn ich es irgendwie erreiche, daß man mich dort, wohin ich komme, kennt und schätzt. Ein guter Ruf in fremden Ländern läßt des Kaufmanns Reichtum wachsen. Seht, Gebieterin, daran habe ich gedacht. Schon lange wußte ich um alles, was an dem Drachenkampfe hing. Ich habe den Drachen einzig und allein darum erschlagen, damit ich hier in diesem Lande von allen Menschen künftig friedlich und freundlich aufgenommen werde.«

Isolde erwiderte: »Du wirst fortan dein Leben lang Frieden, Schutz und stetes Ansehen bei uns finden. Du bist zu deinem wie zu unserem Heil hierhergekommen. Verlange, was dein Herz begehrt. Von meinem königlichen Herrn und mir wird dir jeder Wunsch erfüllt.«

»Ich danke Euch, Gebieterin. So überantworte ich mein Schiff und mich von nun an Eurem Schutz. Tragt dafür Sorge, daß ich nicht bereuen muß, meinen Besitz und mein Leben Eurem Schutz anvertraut zu haben.«

»Nein, Tantris, das brauchst du wahrhaftig nicht zu befürchten. Sei fortan unbesorgt um dein Leben und deine Habe. Ich verpfände dir durch Handschlag meine Ehre und mein königliches Wort, daß dir hier in Irland kein Haar gekrümmt wird, solange ich lebe. Erfülle mir aber auch deinerseits eine Bitte. Stehe mir bei in einer Sache, die mein Ansehen und mein ganzes Lebensglück betrifft.« Und sie erzählte ihm (was ich euch bereits berichtet habe), daß sich der Truchseß des Drachensieges rühme, wie er sich eifrig und zudringlich um Isoldens Hand bemühe und seine Lüge, seinen Betrug sogar durch Kampfentscheidung zur »Wahrheit« erheben wolle, falls ein anderer ihm den Anspruch streitig machen wolle.

Tristan sagte darauf: »Ach, gütige Gebieterin, macht Euch darüber keine Sorgen! Mit Gottes Hilfe habt Ihr mir bereits zum zweiten Male Gesundheit und Leben wiedergegeben. So ist es nur recht und billig, wenn ich Euch in diesem Streitfall wie auch in anderer Bedrängnis nie meinen Beistand versage, solange ich dazu fähig bin.«

»Gott soll dir's lohnen, lieber Tantris. Ich will mich gern auf dich verlassen und dir auch offen eingestehen: Sollte dieses Unerhörte wirklich eintreten, wären Isolde und ich lebendigen Leibes auf ewig tot.«

»Nein, sprecht nicht so, Gebieterin! Nachdem Ihr mich in Euern Schutz genommen habt und nun mein Leben wie mein Besitz auf Eurer Ehre ruhen, so daß ich nicht mehr sorgen muß, faßt Ihr nun Mut, liebe Herrin! Laßt mich nur erst wieder zu Kräften kommen, dann bin ich Manns genug, Ordnung zu schaffen. Doch wißt Ihr, Herrin, wo die Zunge geblieben ist, die man bei mir fand? Wo kam sie hin? Blieb sie zurück?«

»O nein, ich habe sie und alles, was dir gehört, sichergestellt. Isolde, meine schöne Tochter, und ich haben alles eigenhändig hierhergebracht.«

»Das wird uns nützen!« sagte Tristan. »Laßt nun, gütige Königin, alle Eure Sorgen schwinden. Helft mir nur, daß ich wieder zu Kräften komme, dann wird alles schon glücklich enden.«

Nun teilten sich die beiden Königinnen gleichermaßen in Tristans Pflege. Sie kümmerten sich um ihn und verwandten alle Überlegung darauf, die Mittel zu verschaffen, die helfen und seine Heilung fördern konnten. Das war ihr ganzes Sinnen und Trachten.

Als der Truchseß auf einberufener Ratsversammlung den angemaßten Lohn verlangt, bezichtigt ihn die Königin der Lüge, so daß eine Kampfentscheidung angesetzt werden muß.

Der Splitter

(V. 9983–10536) Die beiden Damen gingen fort und nahmen ihren Spielmann wieder mit neuem Fleiß in ihre Pflege. Mit liebevoller Sorgfalt und voller Eifer waren beide stets um ihn bemüht und taten alles, um die Genesung zu befördern. So wurde Tristan rasch gesund, und seine Schönheit kehrte wieder. Isolde musterte ihn wieder und wieder, sie betrachtete seinen Wuchs und seine edle Manneshaltung. Verstohlen suchten ihre Blicke seine Hände und sein Antlitz, die wohlgeformten, starken Arme und Beine, die sein Geheimnis offenbarten. Sie musterte ihn von Kopf bis Fuß, und alles, worauf ein Mädchen beim Manne achtet, gefiel ihr gut und schien ihr rühmenswert. Dieweil die schöne, edle Jungfrau sowohl die Mannesschönheit Tristans als auch den Adel seines Wesens beschaute und bewunderte, sprach insgeheim ihr Herz: ›Herr und Gott, du Wundertäter, war irgend etwas mangelhaft, was du vollbrachtest oder vollbringst und was du hier geschaffen hast, dann ist es ganz gewiß ein Mangel, daß dieser wunderbare Mann, dem du solche Mannesschönheit geschenkt hast, gezwungen ist, von Land zu Land zu irren, um seinen Lebensunterhalt zu sichern. Wer so wie er begünstigt ist, dem sollte wahrhaftig rechtens ein Reich oder Land zu Diensten stehen. Die Welt ist seltsam eingerichtet: In vielen Königreichen sitzt ein Schwächling auf dem Thron, und ihm ist keines zugefallen. Ein so stattlicher, mit so vielen Vorzügen ausgestatteter Mann sollte auch über Besitz und Ansehen verfügen. Das Leben tat ihm schweres Unrecht. Herr und Gott, du hast ihm einen Stand beschieden, der seinen Gaben nicht entspricht.‹

Oft sprach die Jungfrau so bei sich. Die Mutter hatte inzwischen dem König alles mitgeteilt, was jenen Kaufmann anbetraf (und was ihr selbst ja bereits gehört habt). Sie erzählte, was sich zugetragen und daß er einzig und allein verlange, man möge ihm für die Zukunft Sicherheit und Frieden gewähren, wenn er wieder einmal nach Irland käme. Sie teilte ihm vertraulich alles von Anfang bis zum Ende mit.

Inzwischen gebot jedoch das Mädchen ihrem Knappen Paranis, er möge Tristans Brustpanzer und Waffen säubern und glänzend blank polieren und sich auch um die anderen Sachen mit Eifer und Sorgfalt kümmern. Nachdem dies geschehen war, lag alles blank geputzt und wohlgeordnet beieinander. Nun ging das Mädchen heimlich hin, um alles einzeln zu betrachten. Und wiederum erging es Isolde so, wie es das Schicksal vorbestimmte: Zum zweiten Male entdeckte sie noch vor allen anderen ihr Herzeleid! Unwiderstehlich zog die Rüstung ihr Herz und ihre Blicke an. Ich weiß nicht, wie sie dazu kam, das Schwert von Tristan aufzuheben. Wahrscheinlich tat sie es aus Neugier, die ja Mädchen und Kindern (weiß Gott auch vielen Männern) eignet. Sie zog die Waffe aus der Scheide und betrachtete sie von allen Seiten. Da entdeckte sie die Lücke. Sie starrte lange unverwandt auf diese Scharte und überlegte fieberhaft: ›Barmherziger Gott, ich fürchte fast, ich habe das fehlende Stück, das hier hineingehört. Wahrhaftig, ich muß sofort Gewißheit haben!‹

Sie holte es und paßte es ein. Und siehe: Das verhängnisvolle Stück Eisen schloß genau die Lücke und fügte sich so völlig ein, daß jetzt das Schwert vollkommen schien. Genauso hatte es ja schließlich noch vor zwei Jahren ausgesehen. Erinnerung an den alten Schmerz ließ ihr das Herz zu Eis erstarren. Erst färbte sich Isoldes Antlitz vor Zorn und Herzeleid totenbleich, dann wieder feuerrot. Sie rief: »Ach, unglückselige Isolde! Weh und ach! Wer hat die mörderische Waffe aus Cornwall hierhergebracht? Mein Oheim wurde mit ihr erschlagen. Der ihn erschlagen hat, hieß Tristan. Wer aber gab sie diesem Spielmann, der doch mit Namen Tantris heißt?«

Und sie begann, über diese beiden Namen zu grübeln und ihre Silben zu vergleichen. »Mein Gott!« sprach sie vor sich hin. »Die Namen stürzen mich in große Unruhe, doch weiß ich nicht, warum und wie. Sie klingen ähnlich. Tantris«, sprach sie, »und Tristan sind sich äußerst ähnlich!« Nun fing sie an, die beiden Namen wieder und wieder vor sich hin zu sprechen. Dann verfiel sie darauf, sie beide in ihre Laute zu zerlegen, und sogleich fand sie, daß beide Namen exakt aus den gleichen Lauten zusammengesetzt waren. Dann zerlegte sie die beiden in ihre Silben und stellte sie um. So kam sie hinter das Geheimnis. Sie fand die gesuchte Lösung: Vorwärts las sie Tristan, rückwärts las sie Tantris. Nun wußte sie Bescheid, was es mit diesen Namen auf sich hatte. »Ja, ja«, sprach die Schöne vor sich hin, »wenn dies die rechte Lösung ist, dann ließ mein Herz mich lang schon ahnen, daß hier Betrug im Spiele ist. Seit ich ihn kennenlernte und seit ich auf seinen Körperwuchs, sein Wesen und auf alle Dinge, die ihn betreffen, sorgfältig achtete, habe ich's genau gewußt, daß er von fürstlicher Geburt ist! Wer außer ihm hätte es auch gewagt, aus Cornwall zu seinen Todfeinden zu reisen, die ihm überdies noch zweimal das Leben retteten! Gerettet? Nein, noch lange nicht! Das eigene Schwert bringt ihm den Tod! Nun rasch, Isolde, räche dein Leid! Kommt er durch dasselbe Schwert um, mit dem er deinen Oheim erschlug, so ist die Rache erfüllt!« Sie griff das blanke Schwert und lief damit zu Tristan hin, der gerade im Bade saß.

»Bist du es, Tristan?« rief sie aus.

»O nein, Gebieterin, ich heiße Tantris!«

»Dann bist du eben – so viel weiß ich – sowohl Tristan als auch Tantris. Und beide sind dem Tod geweiht. Für das, was Tristan mir angetan, wird jetzt Tantris zahlen. Du sollst für meinen Onkel büßen!«

»Nein, liebe Jungfrau, haltet ein! Um Gottes willen, was wollt Ihr tun? Bedenkt doch, wer Ihr seid! Ihr seid ein Mädchen, eine Dame! Macht Ihr Euch einer Mordtat schuldig, so ist das Ansehen der reizenden Isolde für immerdar vernichtet! Die Sonne von Irland, die viele Herzen beglückt hat, ach, sie ist dann erloschen. Weh über Eure weißen Hände! Wie paßt das blanke Schwert zu ihnen?«

In diesem Augenblick trat die Königin, ihre Mutter, durch die Tür herein. »Halt!« rief sie aus. »Was soll das heißen? Tochter, was tust du da? Ziemt das einer Edelfrau? Hast du den Verstand verloren? Scherzt du oder ist's dein Ernst? Was soll das Schwert in deiner Hand?«

»Ach Frau Mutter, laß dich an unser beider Herzeleid erinnern! Dies hier ist der Mörder, der deinen Bruder erschlagen hat, es ist Tristan! Nun haben wir Gelegenheit, uns zu rächen, ihn mit dem Schwert zu durchbohren. So günstige Stunde kehrt nie wieder!«

»Dies Tristan? Woher weißt du das?«

»Ja, es ist Tristan! Ich bin sicher! Hier ist sein Schwert! Betrachte es und sieh die Scharte in der Schneide! Dann wirst du wissen, daß er's ist! Hier diesen Splitter setzte ich in diese Unglücksscharte ein, und wehe, ich sah, daß beide Teile wie zu einem Stück verschmolzen!«

»Ach!« rief die Mutter. »Isolde, welche Erinnerungen weckst du? Weh, daß ich je geboren ward! Wie bin ich doch betrogen worden, wenn dies hier Tristan ist!«

Schon hob Isolde das Schwert empor und trat auf Tristan zu, doch die Mutter wehrte ihr und rief: »Halt ein, Isold, halt ein! Weißt du nicht mehr, was ich gelobte?«

»Das ist mir gleich! Fürwahr, er soll jetzt sterben!«

Da flehte Tristan: »Gnade, schöne Isolde!«

»Pfui, du Verruchter,« rief Isolde. »Pfui! Du forderst Gnade? Du verdienst keine Gnade! Dein Leben mußt du lassen!«

»Nein, Tochter!« fiel die Mutter ein. »Die Dinge liegen leider so, daß wir uns nicht rächen können. Es sei denn, wir brechen unseren Schwur und mißachten damit unsere Ehre. Handle jetzt nicht übereilt! Sein Leben und sein Besitz stehen unter meinem Schutz! Wie es auch kam, ich habe ihn in meinen Schutz und Schirm genommen.«

»Habt Dank, Gebieterin!« sprach Tristan. »Erinnert Euch daran, Gebieterin, daß ich mein Leben und mein Gut Eurer Ehre anvertraute. Ihr habt gelobt, mich zu beschützen!«

»Das lügst du!« rief die Junge aus. »Ich weiß genau, was sie versprochen hat. Dem Leben und dem Eigen Tristans hat sie niemals Sicherheit und Frieden garantiert!« Und sie drang erneut auf ihn ein.

Tristan aber flehte: »Ach, schöne Isolde, Gnade, Gnade!« Er konnte aber unbesorgt sein, denn die lautere Königin war dabei und trat dazwischen. Doch selbst dann, wenn er in diesem Augenblick gefesselt im Bade gelegen hätte und Isolde allein im Raum gewesen wäre, wäre ihm dennoch nichts geschehen. Das liebliche und edle Mädchen, das in ihrem Herzen bislang weder Bitternis noch Haß gefühlt hatte, wie sollte es wohl einen Menschen töten können? Nur ihr Herzeleid und ihr Zorn hatten sie dazu verleitet, so zu tun, als ob sie es gern täte. Vielleicht hätte sie es auch getan, hätte sie nur das Herz dazu gehabt. Dies aber war völlig unfähig zu so starkem Haß. Doch war es auch nicht sanft genug, nicht dennoch Zorn und Groll zu hegen, da sie nun jenen Mann vernahm und vor Augen hatte, der ihr solchen Schmerz zugefügt. Sie hörte ihren Feind, sie sah ihn an, doch sie konnte ihn nicht erschlagen. Ihr fraulich-zartes Fühlen hielt sie im letzten Augenblick zurück. So kämpften in ihrem Inneren zwei Widersacher, zwei feindliche Gegensätze um den Sieg: Dies waren Zorn und weibliches Fühlen. Wo beide aufeinandertreffen, gibt es keine Harmonie. Sobald der Zorn Isolde reizte, den

Feind zu töten, nahte fraulich-zartes Fühlen und sprach besänftigend: »Tu es nicht!« So war ihr Herz denn zwiegeteilt: Ein Teil war gut, der andere schlecht. Jetzt warf sie das Schwert auf den Boden, um es gleich darauf wieder aufzunehmen. Sie wußte nicht, für welches ihrer Gefühle sie sich entscheiden sollte, für die Güte oder den Zorn. Sie wollte und sie wollte nicht. Jetzt wollte sie's tun, dann wollt' sie's lassen. So schwankte sie unentschlossen, bis fraulich-zartes Fühlen schließlich den Zorn besiegte. So blieb ihr Todfeind am Leben, und Morolds Tod blieb ungerächt.

Da warf sie das Schwert von sich und rief weinend: »Weh, daß ich diesen Tag erlebte!«

Doch ihre kluge Mutter sprach: »Herzallerliebste Tochter, die Herzensqual, die du empfindest, bedrückt mich selber noch weit stärker und ärger als dich. Gottes Barmherzigkeit hat verhindert, daß sie dir so sehr zu Herzen geht wie mir. Das größte Leid, das mir bislang widerfuhr, war meines Bruders Tod. Doch fürchte ich, daß mir nun um deinetwillen, liebe Tochter, solches Leid zuteil wird, das mir noch weit mehr zu Herzen geht, denn ich liebe nichts so sehr wie dich. Bevor ich es zuließe, daß dir etwas widerfährt, das mir um deinetwillen Kummer bereiten würde, wollte ich lieber diesen ganzen Haß begraben. Ich erleide lieber einen Kummer als deren zwei. Außerdem beschäftigt mich zur Zeit weit mehr jener widerwärtige Mensch, der seinen Anspruch auf dich durch den Zweikampf behaupten will. Sofern wir drei – dein Vater, der König, ich und du – uns nicht zu wehren wissen, ist unser Ansehen für immer dahin, wir werden niemals wieder froh.«

Und Tristan, der immer noch im Bade saß, fiel ein: »Ihr edlen Damen, es ist wahr, daß ich Euch Herzeleid bereitet habe, doch ich tat's in äußerster Notwehr. Wenn Ihr (wie Ihr es solltet) zurückdenkt, werdet Ihr mir zugestehen müssen, daß es damals für mich um Tod und Leben ging. Doch man wählt nicht gern den Tod, solange man sich noch wehren kann. Doch was immer auch geschehen ist: Ihr braucht Euch nunmehr um den Handel mit dem Truchseß keine Sorgen mehr zu machen. Sofern Ihr mich am Leben laßt und mich der Tod nicht daran hindert, will ich ihn zum guten Ende bringen. Gebieterin Isolde und abermals Isolde, ich weiß doch, daß Ihr stets und immer besonnen wart, gütig, aufrichtig und verständig. Ich würde Euch gerne etwas anvertrauen. Wenn Ihr Euer feindseliges Betragen zügeln und Euern Haß begraben könntet, den Ihr lange gegen Tristan hegtet, wollte ich Euch eine gute Botschaft sagen.«

Die Königin, Isoldens Mutter, sah ihn lange an. Ihre Wangen erglühten, ihre hellen Augen füllten sich mit Tränen. »Ach«, sagte sie, »nun vernahm ich's und weiß es sicher, daß Ihr es seid. Bis jetzt hegte ich noch Zweifel. Nun aber habt Ihr ungefragt die Wahrheit vor mir eingestanden. O weh, Herr Tristan, daß Ihr nun endlich meiner Macht so völlig ausgeliefert seid und ich sie doch nicht brauchen kann, wie ich es sollte und auch möchte. Doch herrscht Gewalt ja überall! Ich meine also, daß ich die Gewalt durchaus an meinem ärgsten Feinde üben kann, daß ich – um einen Bösewicht zu strafen – sogar das Recht beugen darf! O Gott, will ich's denn wirklich? Ich glaube – ja. Fürwahr, ich will es.«

In diesem Augenblick glitt Brangäne leise in den Raum. Die stolze, kluge, schöne Jungfrau erschien in ihrem schönsten Putz mit einem Lächeln auf den Lippen. Sie erblickte das entblößte Schwert und die Verstörtheit beider Damen. »Wie denn!« begann das edle Mädchen. »Was sollen diese Drohgebärden? Was habt ihr drei denn miteinander? Was bedeutet dieses Schwert, das hier liegt?«

»Sieh«, rief die edle Königin, »Brangäne, meine liebe Nichte! Sieh nur, wie wir betrogen wurden! Verblendet haben wir die Schlange statt einer Nachtigall aufgezogen. Den Raben gaben wir die Körner, die wir den Tauben geben sollten. O Gott, wir retteten den Feind und glaubten einem Freund zu helfen. Mit unseren eigenen Händen haben wir zweimal unseren Todfeind Tristan dem grausigen Tode entrissen. Sieh nur hin! Ja, der dort sitzt, ist Tristan! Ich selber bin noch unentschlossen, ob ich mich räche oder nicht. Wozu rätst du, Nichte?«

»Nein, Gebieterin, tut es nicht! Eure Güte und Eure Weisheit sind viel zu groß, als daß Ihr Euch zu einer solchen Freveltat entschließen könntet. Nie könnt Ihr so unbeherrscht sein, den Mord an einem Manne zu erwägen, dem ihr Sicherheit und Frieden zugesichert habt. Bei Gott, ich glaube fest, daß Ihr niemals einen solchen Gedanken fassen konntet! Bedenkt auch, daß Ihr ihn in einer Sache braucht, bei der es um Euer Ansehen geht! Ist Euch der Tod des Feindes lieber als Euer königliches Ansehen?«

»Was also soll ich dann tun?«

»Gebieterin, bedenkt Euch selber! Kommt weg und laßt ihn aus dem Bad. Inzwischen könnt Ihr überlegen, was Euch die beste Lösung sei.«

Damit zogen sich die drei ins Frauengemach zur Beratung zurück. Die kluge Königin Isolde begann: »Ihr beiden, sagt mir doch, was dieser Mann wohl meinen mag. Er hat uns beiden mitgeteilt, er wolle gute Botschaft bringen, wenn wir den Haß begraben wollten, den wir so lange wider ihn hegten. Ich möchte wissen, was er meint.«

Brangäne sprach: »Ich rate, daß ihn niemand irgendwelchen Groll merken läßt, bis wir erfahren haben, was er eigentlich will. Vielleicht ist seine Absicht gut und geeignet, Euer Ansehen zu mehren. Man soll den Mantel nach dem Wind hängen. Wer weiß, vielleicht kam er nach Irland, um Euer Ansehen zu vergrößern. Drum verschont ihn jetzt und preiset Gott dafür, daß Ihr Euch vor der gräßlichen Schmach, die Euch durch den Betrug des Truchseß droht, mit seiner Hilfe schützen könnt. Gott war uns gnädig bei unserer Suche. Hätten wir nämlich Tristan nicht so rasch gefunden, wäre er wohl – weiß Gott – jetzt schon tot. Jungfrau Isolde, dann stünde es – bei Christus – schlecht um Eure Sache. Drum seid nicht unwirsch gegen ihn, denn dann, wenn Ihr ihn schlecht behandelt und er aus diesem Grunde flieht, wäre seine Flucht nur zu verständlich. Bedenkt dies also und behandelt ihn beide so achtungsvoll, wie er's durchaus erwarten darf. Dies rate ich Euch. Und hört auf mich! Tristan ist schließlich so hochgeboren wie Ihr, auch ist er gebildet, klug, ein Ritter ohne jeden Tadel. Was Ihr auch gegen ihn empfindet: behandelt ihn mit feinem Anstand. Er unternahm die Fahrt nach Irland ganz sicher aus sehr gewichtigem Grund.«

Damit erhoben sie sich und begaben sich dorthin, wo Tristan still und allein auf dem Lager saß. Tristan erfaßte sofort die Lage. Er sprang auf und warf sich den drei Frauen zu Füßen. So lag er vor den vornehmen Schönen auf den Knien und sprach im gleichen Augenblick: »Erbarmen, Ihr lieblichen Damen! Habt Erbarmen mit mir! Laßt mir zugute kommen, daß ich in Euer Reich gekommen bin, um Euer Ansehen zu erhöhen und Euch zu nutzen.«

Als die drei strahlend schönen Damen die Worte hörten, wandten sie die Augen und sahen stumm einander an. So standen sie ein Weilchen, während Tristan kniete. »Gebieterin«, sprach da Brangäne, »der Ritter kniet nun schon zu lange.«

Sogleich begann die Königin: »Was soll ich mit ihm tun? Mein Herz sträubt sich dagegen, den Feind als meinen Freund zu grüßen. Wie soll ich mich nun recht verhalten?«

Brangäne erwiderte: »Liebe Herrin, und auch Ihr, Jungfrau Isolde, folgt meinem Rat: Ich weiß natürlich, daß Ihr Euch nur schwer dazu entschließen könnt, ihm freundlich zu begegnen, ist doch der alte Kummer noch nicht verwunden. Versprecht ihm aber zumindest beide, daß er um sein Leben nicht zu fürchten braucht. Vielleicht vermag er dann etwas zu seinen Gunsten vorzubringen.«

Die Damen sprachen: »Gut, so sei es!«

Nachdem sie dies versprochen hatten, hießen sie ihn aufstehen und setzten sich alle vier nieder. Tristan aber fuhr fort: »Seht, Frau Königin, sofern Ihr nun mit mir in guter Freundschaft leben wollt, so bin ich – wahrlich ohne jede Arglist – dazu bereit, in einem Zeitraum von nur zwei Tagen zu bewirken, daß Eure Tochter, die Ihr liebt, einem vornehmen König anverlobt wird, der ihr zum Gatten wahrlich ziemt. Er ist stattlich, freigebig, weiß Lanze und Schild wie ein vornehmer und auserlesener Ritter zu führen, ist von königlicher Abkunft und darüber hinaus noch weit reicher als ihr Vater.«

»Wahrhaftig«, sprach die Königin, »wenn ich den Worten Glauben schenken dürfte, würde ich Euch jeden Wunsch erfüllen und alles tun, um was Ihr mich bittet.«

Tristan erwiderte: »Gebieterin, ich will Euch bald Gewißheit geben. Wenn ich in der Versöhnungsstunde nicht auf der Stelle den Beweis dafür erbringen kann, entlaßt Ihr mich aus Eurem Schutz und braucht mich auch nicht mehr zu schonen.«

Die kluge Königin sprach: »Brangäne, sprich, was rätst du, was sagst du dazu?«

»Ich finde diesen Vorschlag gut und rate Euch, ihn anzunehmen. Laßt beide alle Zweifel fahren! Erhebt euch und küßt ihn zur Versöhnung. Auch ich will mich mit ihm versöhnen. Bin ich auch keine Königin und arm, so bin ich doch verwandt mit Morold.«

So küßten ihn denn alle drei, doch die junge Isolde tat's erst nach langem Widerstreben.

Der Truchseß

Am Tage des Zweikampfes erscheinen – durch Tristan herbeigerufen – seine Schiffsgefährten bei Hofe. Angesichts der als Beweis vorgewiesenen Drachenzunge nimmt der Truchseß feige Abstand von einer Kampfentscheidung, so daß Tristans Anspruch auf Isolde feststeht.

Der Liebestrank

Tristans Brautwerbung führt nunmehr bei Gurmun zum Erfolg. Zusätzlich erreicht er die Freilassung der cornischen und englischen Geiseln.

(V. 11429–874) Während sich Tristan und seine Landsleute auf die Rückfahrt vorbereiteten, bereitete die weise Königin mit geheimer Kunst in einem kleinen Glasgefäß einen Liebestrank. Geheimes Wissen hatte sie den Trank ersinnen und ihn klug mit Zauberkraft versehen lassen. Sobald zwei Menschen diesen Trank genossen, waren sie einander rettungslos in Liebe verfallen. Sie mußten fortan miteinander Kummer und Freude, Tod und Leben teilen. Die weise Königin nahm den Trank und flüsterte Brangäne zu: »Brangäne, meine liebe Nichte, du sollst mit meiner Tochter fahren. Sei darüber nicht traurig. Richte dich darauf ein und höre auf meine Worte: Nimm hier dieses Gläschen mit dem Trank, verwahre es und hüte es mehr als alle anderen Dinge. Sieh zu, daß keines Menschen Auge es je erblickt. Vor allem aber verhindere, daß irgend jemand davon trinkt. Nun aber gib besonders acht: Wenn sich Isolde und Marke in der Hochzeitsnacht liebend vereint haben, gib ihnen statt Wein diesen Trank. Laß sie ihn gemeinsam bis zum Grunde leeren. Gib acht, daß niemand außer ihnen noch davon trinkt, denn dies hat seinen guten Grund. Trink auch du nicht davon. Der Trank hier ist ein Liebestrank, das muß dir stets vor Augen stehen. Mit aller Dringlichkeit befehle ich Isolde deiner Obhut an. Sie ist mir teuer wie mein eigenes Leben. So sind wir also beide – ich und sie – dir anvertraut, bei deinem Seelenheil. Mehr brauche ich wohl nicht zu sagen.«

Brangäne erwiderte: »Liebe Gebieterin, wenn es Euer beider Wunsch ist, dann will ich gerne mit ihr fahren und – so gut ich es vermag – auf ihre Ehre und auf ihre anderen Angelegenheiten achten.«

Nun also nahmen Tristan und seine Gefährten überall

Abschied. Mit großer Erleichterung verließen sie Wexford. Bis zum Hafen hin gaben ihnen aus Liebe zu Isolde der König, die Königin und die gesamte Hofgesellschaft das Geleit. Mit Tränen in den Augen schritt die ganze Zeit die schöne, reizende Isolde an der Seite Tristans. Er ahnte nicht, daß ihn seine künftige Geliebte, seine immerwährende Herzensqual begleitete. Ihr Vater und ihre Mutter verbrachten die Trennungsstunde in großer Trauer. Doch auch bei vielen anderen sah man Tränen in den Augen. So bekümmerte Isolde bei diesem Abschied viele Herzen, bereitete sie ihnen heimliches Weh. Sie weinten unablässig um Isolde, ihrer Augen Wonne. Es erhob sich ein allgemeines Weinen. Gemeinsam weinten viele Herzen und viele Augen öffentlich und insgeheim. Als nun Isolde, die Sonne, Isolde, die Morgenröte, und das Mondlicht, die schöne Brangäne, sich trennen mußten (die eine von den beiden anderen), waren alle von Weh und Herzeleid gezeichnet. Mit großem Schmerz lösten die drei ihr festes Herzensbündnis. Immer wieder küßte die Königin Isolde die beiden anderen. Nun waren auch die Edelleute aus Cornwall und die Irenritter (die ihren Königinnen folgten) zum Ankerplatz der Schiffe gekommen und nahmen voneinander Abschied. Zuletzt ging Tristan selbst an Bord. Isolde, die schöne junge Königin, die schönste Blüte Irlands, schritt schmerzbewegt und tiefbetrübt an seiner Hand. Zum Abschied neigten sie sich beide vor dem Geleit und baten Gott, er möge Land und Leute schützen. Dann stieß man ab und stach in See. Die Schiffsbesatzung aber stimmte zweimal mit heller Stimme an: »In Gottes Namen fahren wir!« So fuhr man auf das Meer hinaus.

Den Damen hatte man auf Anweisung Tristans für die Reise eine Kajüte als Privatraum zur Verfügung gestellt, wo sie ihre Bequemlichkeit hatten. Der Raum war der Königin und ihren Jungfrauen vorbehalten, und außer Tristan durfte ihn kein Mann betreten. Einzig er ging gelegentlich hinein, um die Königin zu trösten, die dort in Schmerz und Tränen saß. Sie weinte und klagte, weil sie nun von ihrem Heimatland, seinen wohlvertrauten Menschen, von Freunden und Verwandten scheiden, weil sie mit unbekannten Menschen ins Ungewisse fahren mußte. So suchte Tristan sie wieder und wieder auf das zärtlichste zu trösten. Kam er zu ihr und fand er sie wieder in Trauer, dann legte er behutsam und freundlich den Arm um sie, so ehrfurchtsvoll, wie sich ein Vasall seiner Herrscherin nähern muß. Der Treue hoffte, daß er damit der Schönen den Kummer lindern könne. Doch immer dann, wenn Tristan sie mit seinem Arm umfing, erinnerte sich Isolde an den Tod ihres Oheims und sagte dann zu ihm: »Laßt das, Schiffsherr! Hebt Euch fort! Nehmt sofort die Arme weg! Ihr seid wahrhaftig unausstehlich! Was fällt Euch ein, mich anzurühren?«

»Ach, Schönste, tu ich damit Unrecht?«

»Natürlich, denn ich hasse Euch!«

Er fragte: »Holdselige Frau, warum denn dies?«

»Den Oheim habt Ihr mir erschlagen!«

»Das wurde doch schon beigelegt!«

»Das ist egal! Ihr seid mir dennoch zuwider, denn ohne Euch wären Kummer und Sorge meinem Leben fremd geblieben. Ihr ganz allein habt mir mit Betrug und listiger Verschlagenheit diesen Herzenskummer aufgebürdet. Wer ließ Euch nur zu meinem Unheil aus Cornwall nach Irland kommen? Den Menschen, die mich von Kindheit an auferzogen, habt Ihr mich betrügerisch abgelistet und führt mich nun ins Ungewisse. Ich weiß nicht, wofür man mich verkaufte und was nun aus mir werden soll.«

»Nein, schöne Isolde, seid zuversichtlich! Ihr werdet doch viel lieber in der Fremde eine mächtige Königin als daheim geringgeschätzt und arm sein. Im fremden Land in Ansehen und in Luxus – im Reich des Vaters mit Schmach bedeckt: das unterscheidet sich ein wenig.«

»Nun, Schiffsherr Tristan«, sprach die Jungfrau, »was immer Ihr sagen mögt: Mir wäre ein bescheidenes Leben, verschönt von wahrer Herzensneigung und Glück, denn doch weit lieber als Herzensqual und Mühen, auch wenn sie von Macht und Reichtum verbrämt sind.«

»Ihr habt schon recht«, sprach Tristan. »Doch wenn man beides zusammen haben kann, sowohl Reichtum als auch Zufriedenheit, dann gelten diese beiden erstrebenswerten Güter gemeinsam doch weit mehr als jedes nur für sich. Sagt selber: Wäre es dahin gekommen, daß Ihr dort den Truchseß zum Manne nehmen mußtet, wie wäre Euch denn dann zumute? Dann wäre Euch diese Fahrt gewiß erfreulicher erschienen. Das ist also der Dank, daß ich Euch half und Euch von ihm befreite.«

»Da könnt Ihr lange warten«, erwiderte das Mädchen, »ehe ich mich dafür bei Euch bedanke. Wohl habt Ihr mich von ihm befreit, doch nur um mich danach noch ärger in Herzensqualen zu verstricken. Ehe ich mit euch gefahren wäre, hätte ich viel lieber noch den Truchseß geheiratet. So schlecht er auch sein mag: hätte er nur ein Weilchen an meiner Seite gelebt, so hätte er um meinetwillen seine Fehler schon getilgt und mir auf diese Weise – weiß Gott! – gezeigt, daß er mich liebt.«

Da meinte Tristan: »Diese Ansicht ist wundersam und seltsam genug. Ich halte es für äußerst unwahrscheinlich, daß jemand – seiner Natur entgegen – rechtschaffen handelt. Das glaubt kein Mensch, daß Bosheit sich in edles Wesen wandeln kann. Seid getrost, meine Schöne! Schon bald gebe ich Euch einen König zum Gemahl, bei dem Ihr einen Überfluß an Freude, Glück, Reichtum, Vortrefflichkeit und Ansehen finden werdet.«

Die Schiffe glitten durch die Flut. Sie hatten guten Wind und machten darum auch rasche Fahrt. Nun waren aber die Damen – Isolde und ihre Jungfrauen – die Beschwerlichkeiten der Seereise, Wellen und Wind, nicht gewohnt. Es dauerte nicht lange, da fühlten sie sich höchst unwohl. Da ordnete der Schiffsherr Tristan an, die Küste anzusteuern, damit man sich erholen könne. Man landete in einer Bucht. Der größte Teil der Schiffsbesatzung ging von Bord, sich auf dem Strande zu ergehen. Tristan selbst begab sich eilends zu seiner strahlend schönen Gebieterin, um sich nach ihrem Befinden zu erkundigen. Nachdem er sich zu ihr gesetzt hatte, begannen sie, über allerlei, was sie beide betraf, zu plaudern. Während sie so sprachen, erbat sich Tristan einen Trunk. Nun hielten sich aber in dem Raum – abgesehen von der Königin – nur einige junge Hofdamen auf. Eine von ihnen sagte: »Seht, hier steht ja ein kleines Fläschchen voller Wein!« Ach, leider nicht, es war kein Wein, wenn ihm der Trank auch ähnlich sah. Im Fläschchen war das ewige Leid, die Herzensqual, die endlos ist, an der sie beide sterben sollten. Das Mädchen wußte nichts davon. Sie erhob sich und eilte hin, wo jenes Fläschchen mit dem Trank bislang verborgen worden war. Sie reichte es ihrem Schiffsherrn Tristan. Der aber bot es erst Isolde. Sie trank nur widerwillig und nach langem Zögern. Dann gab sie es Tristan, der gleichfalls davon trank. Und beide glaubten, Wein zu trinken. In diesem Augenblick erschien Brangäne. Sie erkannte das Fläschchen und begriff, was geschehen war. Vor Entsetzen schrak sie derart zusammen, daß alles Leben aus ihr wich und sie totenbleich wurde. Mit erstorbenem Herzen ging sie hin, ergriff das verfluchte, unheilvolle Fläschchen, trug es hinaus und warf es in die tobende, aufgewühlte See. »Weh mir, ich Unglückselige!« rief sie aus. »Weh, daß ich je geboren ward! Ich Arme habe Ehre und Treue verwirkt! Möge es Gott immerdar erbarmen, daß ich diese Reise antrat, daß mich der Tod nicht holte, als ich bestimmt war, mit Isolde auf diese Unglücksfahrt zu gehen! O weh, Tristan und Isolde! Der Trank ist Euer beider Tod!«

Als nun das Mädchen und der Mann – sowohl Isolde als auch Tristan – von jenem Trank getrunken hatten, stahl sich die Unrast dieser Welt, die Fallenstellerin der Herzen, stahl Liebe sich heimlich in beider Herz. Bevor sie noch beide etwas merkten, pflanzte sie ihr Siegesbanner auf und unterwarf beide ihrer Macht. Beide, die zuvor ihr Leben für sich gelebt, wurden vereint und eins. Nicht länger war bei ihnen von Feindschaft die Rede. Der Haß Isoldes war verflogen. Liebe, die Versöhnerin, hatte beider Herzen von Haß gereinigt und sie beide so in Liebe vereint, daß jeder für den anderen klar und lauter wie ein Spiegel war. Sie hatten beide nur noch ein Herz: Ihr Gram war sein Schmerz, sein Schmerz ihr Gram. Beide waren für alle Zeiten in Liebe und Leid vereinigt, doch Zweifel und Scham bewogen sie dazu, ihr Fühlen voreinander zu verbergen. Sie schämte sich – er ebenso. Sie zweifelte an seiner Neigung – er an der ihren. Wenn auch die Sehnsucht beider Herzen blind ein gemeinsames Ziel verfolgte, so fiel es beiden doch sehr schwer, das erste Wort zu finden. So verbarg jeder vor dem anderen sein Verlangen.

Als Tristan Liebe in sich keimen fühlte, erinnerte er sich sofort seiner Treuepflicht und seiner Ehre und wollte sich ihr entziehen. Er dachte bei sich: ›Nein, Tristan, laß ab! Besinne dich! Verbanne solche Wünsche!‹ Sein Herz war jedoch nicht zu bezwingen. So rang er gegen seine Wünsche, so stritt er gegen sein Verlangen. Er wollte zu ihr, wollte fort. Der schon gefangene Mann versuchte es wieder und wieder, sich der Verstrickung zu entwinden, und widerstand geraume Zeit. Zwiefach bedrückende Not ward dem Getreuen aufgebürdet: Wenn er vor Isolde stand und bei ihrem Anblick die süße Liebe ihm Verstand und Herz bezwingen wollte, gedachte er seiner Ehre, die ihm half, den Bann zu brechen. Doch seine angestammte Herrscherin, die Liebe, überkam ihn erneut und zwang ihn zum Gehorsam. So quälten ihn heftig Treue und Ehre, doch weit mehr noch quälte ihn die Liebe. Sie peinigte ihn unsäglich und fügte ihm größere Qualen zu als Treue und Ehre zusammen. Sobald ihre Schönheit sein Herz erfreute, wandte er seine Augen, doch es war seine größte Pein, wenn er sie nicht sehen konnte. Oft grübelte er (wie ein Gefangener) hin und her, wie er ihr entkommen könne, und er dachte häufig: ›Wende dein Verlangen doch auf andere Ziele! Schau dich um! Liebe und begehre eine andere!‹ Doch gleich fühlte er wieder die Bestrickung. Oft und oft überprüfte er sein Denken und Fühlen, ob sie sich gewandelt hätten, doch er fand in ihnen nur immer Isolde und die Liebe.

Isolde ging es ebenso. Auch sie versuchte verzweifelt, sich zu befreien, denn auch ihr war dieses Leben unerträglich. Sie fühlte – gleich einem Vogel – den Leim der zauberischen Liebe und merkte, daß sie ihr bereits mit allen Sinnen fest verhaftet war. Sie wollte fliehen und suchte nach einem rettenden Ufer, doch der Leim hielt sie fest und machte jeden Fluchtversuch zunichte. Die Schöne sträubte sich nach Kräften und blieb doch bei jedem Schritt immer fester haften. Nur widerwillig gab sie nach. Sie versuchte es mit allen Mitteln, doch wenngleich sie mit Händen und Füßen loszukommen suchte, versanken Hände und Füße immer tiefer in dem verblendend-süßen Zauber der Liebe und des geliebten Mannes. Ihre festgebannten Sinne konnten nirgends fort, sie fanden weder Brücken noch Stege, auch nur einen halben Schritt zu tun: Stets war die Liebe ihr Begleiter. Was auch Isolde denken mochte: ein jeglicher Gedanke war erfüllt von Liebe und von Tristan. Doch dies alles verbarg sie vor dem anderen. Der Trieb des Herzens und die Blicke der Augen stimmten nicht zusammen. Die Liebe zog das Herz zu ihm, die Scham zwang sie, die Augen abzuwenden. Der Widerstreit zwischen Mädchen und Mann, zwischen Liebe und Scham verwirrte sie sehr. Zwar liebte das Mädchen den Mann, doch sie wandte die Augen ab. Schamhaftigkeit erstrebte Liebe, konnte sich jedoch nicht offenbaren. Doch was half das schon? Ein jeder weiß, daß Scham und Jungfräulichkeit vergänglich sind und ihre Blüte nur eine kurze Weile währt. Sie widerstehn nicht lange. So ließ denn auch Isolde ihr Widerstreben und ergab sich ihrem Schicksal. Besiegt ergab sie sich am Ende mit allen Fasern ihres Wesens der Liebe und dem geliebten Mann. Zuweilen suchten ihn ihre Augen, um ihn verstohlen zu betrachten. Nun folgten ihre klaren Augen willig dem Zuge ihres Herzens. Herz und Augen stahlen sich immer wieder heimlich und voller Liebe zum geliebten Manne hin, er wiederum erwiderte ihre Blicke liebevoll und innig. Auch er ergab sich seinem Schicksal und in die Allgewalt der Liebe. Sobald sie sich begegneten und es der Anstand zuließ, schenkten Mann und Mädchen einander liebevolle Blicke. Die Liebenden erschienen sich nun gegenseitig weit schöner als zuvor. Das ist der Liebe Recht, ist ihr Gesetz, das heute so wie gestern gilt und gelten wird, solange man liebt. Solange die Liebe wächst, solange sie Überfluß trägt an Blüten und köstlichen Früchten, wächst der Liebenden Wohlgefallen aneinander und wird größer als zuvor. Die verschwenderische Liebe entfaltet sich erst nach und nach. Das ist der Lebenskeim der Liebe, der Liebe ewig leben läßt.

Nur immer reicher wird die Liebe
und adelt so das Recht auf Liebe.
Entfaltete sich nicht die Liebe,
so stürbe bald das Recht der Liebe.

Es kommt zur Liebesvereinigung und zu rauschhaften Stunden während der letzten Etappe der Schiffsreise.

Brangäne

Da Isolde ihre Jungfernschaft verloren hat, bittet sie Brangäne, in der ersten Nacht – noch vor ihr – das Lager Markes zu teilen. Nach langem Sträuben erklärt Brangäne ihr Einverständnis, fühlt sie sich doch (eingedenk ihrer ungenügenden Wachsamkeit) schuldig. Nach dem pomphaften Hochzeitsfest und dem gelungenen Betrug an Marke lebt Isolde als geachtete Königin an Markes Hof. Heimlich findet sie die Erfüllung ihrer Liebe bei Tristan, ist jedoch beunruhigt, da sie in Brangäne eine gefährliche Mitwisserin sieht. Brangänes Treue, die sie bei einem von Isolde inszenierten Mordanschlag bewährt, gewinnt ihr jedoch Isoldes volles Vertrauen, die nun ungestört ihr heimliches, stets gefährdetes Glück mit Tristan genießt.

Gandin

Marke wird von dem Irenritter Gandin, einem ausgezeichneten Rotte-Spieler, zu einem leichtsinnigen Versprechen bewogen. Nachdem Gandin zur Rotte zwei Leiche (Musikstücke) vorgetragen und Markes Beifall gefunden hat, verlangt er von ihm als Lohn die (von ihm schon lange heimlich geliebte) Isolde. Marke schreckt davor zurück, den Anspruch Gandins im Kampf zurückzuweisen, so daß erst der herbeieilende Tristan die Königin (durch eine List) zu retten vermag: Er gibt sich am Strand vor Gandin für einen Spielmann aus und begeistert den Iren mit seinem Harfenspiel so lange, bis die einsetzende Flut den Weg zum Schiff trockenen Fußes nur noch zu Pferd ermöglicht. Als Gandin dem berittenen Tristan Isolde anvertraut, reitet Tristan – Gandin verhöhnend – davon.

Marjodo

An Markes Hof hat Tristan in Markes Truchseß Marjodo einen Freund gefunden, der allerdings gleichfalls in Isolde verliebt ist. Eines Nachts entdeckt er seines Freundes Liebesverhältnis mit der Königin. Marjodo verdächtigt nun Tristan und Isolde vor Marke, doch trotz einsetzender Beobachtung bleibt deren Liebe unentdeckt, da Marjodos verändertes Verhalten Tristans Mißtrauen geweckt und ihn dazu veranlaßt hat, auch Isolde zur äußersten Vorsicht zu mahnen.

List wider List

Marke prüft Isolde durch Vorgeben einer Wallfahrt und die Frage, wessen Schutz er sie überantworten soll; ferner durch die – vorgespiegelte – Absicht, Tristan nach Parmenie zurück-

schicken zu wollen. In beiden Fällen besteht Isolde – beraten von Brangäne – die Probe, indem sie Gleichgültigkeit und gar Haß wider Tristan vorspiegelt.

Der Zwerg Melot

Marjodo bestellt den Zwerg Melot als Aufpasser, der bald hinter das Geheimnis der Liebenden kommt. Erneute Verdächtigungen durch Marjodo und Melot bringen Marke dazu, Tristan den Zugang zu den Frauengemächern zu verbieten, so daß die Liebenden in schwere Trübsal fallen. Marke gibt einen Jagdzug vor und reitet fort. Mit Hilfe Brangänes kommt es zu mehrmaligem Wiedersehen der Liebenden an einem Quell unter einem Ölbaum des Baumgartens.

Am Ölbaum

Um die Liebenden zu überraschen, besteigt Marke mit Melot den Ölbaum. Als sich die Liebenden nächtens beim Mondschein treffen, erblickt Tristan im Spiegel der Quelle die Schatten der Lauscher und gibt Isolde versteckt ein Warnungszeichen, so daß den Spähern eine Komödie vorgespielt werden kann (vorgeblicher Groll Isoldes gegen Tristan, der seinerseits von Abschiedsplänen spricht). Marke ist wütend über Melot und schenkt Neffen wie Gattin wieder volles Vertrauen, so daß sie ihr Liebesspiel fortsetzen können.

Das Gottesurteil

(V. 15047–764) Ich sage es frei heraus: Es gibt auf Erden keine Nessel, die so brennend scharf ist wie der böse Nachbar. Und nichts ist so sehr zu fürchten wie ein hinterlistiger Hausgenosse. Für hinterlistig aber halte ich den, der seinem Freunde Freundschaft heuchelt, während er ihn doch im Herzen haßt. Das ist ein schlimmer Hausgenosse, denn er trägt in seinem Munde Honig, daneben aber lauert in seinem Stachel schon das Gift. Und so erzeugt der giftige Neid dem Freund bei jeder Unternehmung, von der er hört, von der er sieht, nur lauter Unheil. Und niemand kann sich davor schützen. Wenn aber jemand seinen Feind in aller Offenheit befehdet, auf seinen Schaden sinnt, dann halte ich dies nicht für Falschheit. Wer seine Feindschaft nicht verhehlt, wird niemals großen Schaden stiften. Vor dem aber, der Freundschaft heuchelt, möge man sich sehr in acht nehmen.

Auf diese Weise handelten Melot und Marjodo. Beide umgaben Tristan mit ihrer heuchlerischen Freundlichkeit. Beide trugen ihm heuchlerisch Hilfe und Freundschaft an, während in ihren Herzen Tücke und Arglist wohnten. Tristan aber war stets auf der Hut und warnte auch Isolde. »Seht«, sprach er, »Herzenskönigin, seid bei allem, was Ihr sagt und tut, auf Eure und auf meine Sicherheit bedacht. Uns umdrohen von allen Seiten große Gefahren. Zwei Giftschlangen in Taubengestalt umschmeicheln uns ständig mit süßlicher Freundlichkeit. Seid vor ihnen auf der Hut, holdselige Königin! Denn wo man Hausgenossen findet, die äußerlich zwar Tauben gleichen, doch wie die Schlangenbrut geschwänzt sind, da muß man sich bekreuzigen wie vor Hagel und vor jähem Tod. Holdselige Herrin, schöne Isolde, nehmt Euch sehr in acht vor der Schlange Melot und dem Hunde Marjodo.«

Und dieser Vergleich traf wirklich zu. Der glich einer Schlange, dieser einem Hunde. Denn beide folgten – wie Hund und Schlange – den Liebenden und stellten ihnen ständig mit jeder Handlung, jedem Tun heimtückische Fallen. Unablässig und voller Tücke reizten sie Marke mit Beschuldigungen und falschen Ratschlägen. So kam es, daß er in seiner Liebe wiederum schwankend wurde, die Liebenden erneut verdächtigte und durch hinterlistige Fallen hinter ihr Geheimnis zu kommen suchte.

Wie seine falschen Räte es ihm geraten hatten, ließ er eines Tages sich selbst zusammen mit Isolde und Tristan zur Ader. Diese aber argwöhnten nicht, daß ihnen aus diesem Tun irgendwelche Not erwachsen könne. Sie sahen nicht den Hinterhalt. Die kleine, vertraute Schar blieb tagsüber in der Kammer, um sich bei völliger Ruhe zu erholen. Am nächsten Tag zur Schlafenszeit zerstreute sich das Hofgesinde, auch Marke legte sich zur Ruhe. Im Schlafgemache blieben (wie vorher festgelegt) nur noch Marke, Isolde, Tristan, Melot, Brangäne und ein Kammerfräulein. Auch hatte man die Lichter und ihren Schein wegen der Grelle mit Vorhängen verhüllt. Als man zur Frühmesse läutete, zog sich Marke – von Argwohn gepeinigt – still und schweigend an und gebot dann Melot, sich gleichfalls zu erheben und ihn zur Messe zu begleiten. Nachdem sich Marke entfernt hatte, nahm Melot Mehl und bestreute den Estrich rings um Markes Bett, damit man jeden durch seine Spuren überführen könne, der sich dem Bett nahte oder sich von ihm entfernte. Danach gingen die beiden fort, doch dachten sie beim Gottesdienst wohl kaum ans Beten. Brangäne entdeckte unversehens das Mehl und damit auch die Falle. Sie schlich heimlich zu Tristan, warnte ihn, kehrte dann wieder zu ihrem Lager zurück und legte sich nieder. Tristan war zutiefst erregt über diesen Hinterhalt. Sein Herz entbrannte von Sehnsucht nach der Geliebten, und er grübelte, wie er zu ihr gelangen könne. So machte er das Sprichtwort wahr, daß Liebe keine Augen hat und Leidenschaft keine Furcht kennt, ist sie in allem Ernst entbrannt.

›O weh‹, so dachte er bei sich. ›Herr und Gott, was soll ich tun, um die verwünschte Falle zu umgehen? Wenn ich das Wagnis riskiere, so geht es um einen hohen Einsatz.‹ Er erhob sich vom Bett und schaute überall umher, wie er hinüberkommen könne. Es war hell genug, so daß er das Mehl erkennen konnte. Für einen Sprung schien ihm der Abstand zu weit, doch wagte er auch nicht, hinüberzugehen. Für eine dieser beiden Möglichkeiten mußte er sich jedoch entscheiden und die vorteilhaftere wählen. Er nahm also beide Füße fest zusammen und sprang dann mit einem Satz hinüber. Der liebesblinde Tristan wagte den Sprung, das kühne Ritterspiel, doch übernahm er sich dabei. Zwar erreichte er Isoldes Bett, doch verlor er den Einsatz, denn seine Wunde öffnete sich wieder. Daraus sollte ihm später viel Leid und viel Verdruß erwachsen, denn selbstverständlich wurde dadurch sowohl das Bett als auch das Laken über und über vom Blut befleckt. Nicht lange lag er bei Isolde, da waren Bett, Bettzeug und Seidenstoffe überall mit Blut besudelt. Dann sprang Tristan zurück in sein Bett, wo er bis zum Morgen gedankenversunken lag.

Bald kam Marke zurück und betrachtete den Estrich. So genau er seine Falle prüfte – er fand nicht die geringste Spur. Doch als er an das Bett herantrat, erblickte er überall Blutflecken. Sogleich ergriff ihn Herzeleid. »Wie«, sprach er, »Frau Königin. Was hat das zu bedeuten? Wie kam denn dieses Blut hierher?«

»Die Ader öffnete sich wieder. Grad eben kam das Blut zum Stehen.«

Da wandte er sich Tristan zu, um auch ihn zu untersuchen. Als sei dies nur ein Scherz, schlug er die Bettdecke zurück und rief: »Auf, auf, Herr Tristan!«

Als er dort gleichfalls Blut entdeckte, verstummte er, ließ Tristan liegen und wandte sich wortlos ab. Was er gesehen hatte, lag ihm schwer und drückend auf dem Herzen. Er grübelte unentwegt wie ein Mann, dem schmerzliche Erkenntnis kam. Er war ihr eifrig nachgejagt, bis er sein Herzeleid gefunden hatte. Doch hatte er als Wahrheitszeugnis für das heimliche Verhältnis der beiden einzig und allein die Blutspuren. Dies war jedoch kein überzeugender Beweis. Zweifel und Argwohn, die er bereits überwunden hatte, ergriffen erneut Besitz von ihm. Da er den Estrich vor seinem Bett unberührt gefunden hatte, ließ ihn dies hoffen, daß sich sein Neffe nicht an ihm vergangen hatte. Doch er hatte dann sowohl der Königin als auch Tristans Bett voller Blut gefunden, so daß ihn – wie jeden Zweifler – erneut Argwohn und Zorn überfielen. Der Zweifel ließ ihm keine Ruhe. Er überlegte hin und her. Er wußte weder, was er wollte, noch was er am Ende glauben sollte. Wohl hatte er in seinem Bett die Spuren unerlaubter Liebe gefunden, doch vor dem Bett war nichts zu finden. So ward ihm die Wahrheit einerseits enthüllt und andrerseits verschlossen. So geriet er verwirrt in die Irre, vermutete einmal Wahrheit, einmal Lüge, doch war er sich weder des einen noch des anderen sicher. Er wollte sie nicht schuldig sprechen, doch konnte er auch nicht mehr an ihre Unschuld glauben. Dies alles bedrückte den Zweifler wahrlich schwer genug.

Der ganz und gar verwirrte Marke wurde nun so sehr wie nie zuvor von Grübeleien geplagt, auf welche Weise er sich aus dem Zwiespalt retten und endlich Gewißheit erlangen könne. Er grübelte, wie er der Bürde des Zweifels endlich ledig würde und wie er schließlich auch den Hof von jenem Verdacht abbringen könne, den er selbst unausgesetzt gegen seine Frau Isolde und seinen Neffen Tristan hegte. Er holte seine Landesfürsten zusammen, auf deren Treue er rechnen konnte. Er machte sie mit seinem Unglück bekannt und sagte ihnen, welch ein Gerücht am Hofe entstanden sei und wie sehr er um sein Eheglück wie um sein Ansehen fürchten müsse. Ganz gegen seine Überzeugung erklärte er, er wolle sich des liebevollen und vertrauten Umgangs mit der Königin enthalten, bis sie öffentlich vor ihnen allen ihre Unschuld und ihre eheliche Treue bewiesen hätte. Zu verbreitet sei das Gerücht von beider Schuld bereits im ganzen Lande. Er bat um Rat, wie er mit Blick auf ihr Vergehen jede Ungewißheit auf eine Art ausräumen könne, die seinem Ansehen nicht abträglich wäre, es falle so aus oder so. Da rieten ihm sogleich

Freunde und Vasallen, er solle in London – einem Ort in England – ein Konzil einberufen und dort dem hohen Klerus – den gelehrten und mit Gottes Recht vertrauten Kirchenfürsten – seine Sorge vortragen. Das Konzil wurde sofort in London einberufen, und zwar in der Woche nach Pfingsten, im Mai. Auf die Ladung des Königs hin kamen – wie er gebeten und befohlen hatte – zu der Versammlung Geistliche und Laien in Menge. Es kam auch Marke mit Isolde, und beide waren schwer bedrückt von Angst und Sorge. Isolde fürchtete, ihr Leben und ihre Ehre zu verlieren, und auch Marke hatte große Sorgen, daß er bei Überführung seiner Gattin Isolde sein Lebensglück und seine Würde selbst zunichte machen würde.

Nachdem Marke das Konzil eröffnet hatte, klagte er seinen Landesfürsten, daß man ihm mit diesem schändlichen Gerücht das Herz beschwere. Er bat sie inständig bei Gott und ihrer Ehre, sie möchten ihm doch in dieser Angelegenheit raten, ihm einen Ausweg weisen. Er wolle dies Vergehen endlich vergelten und gerecht bestrafen, damit die ganze Sache endlich so oder so zum Ende käme. So mancher Mann ergriff das Wort und legte seine Meinung dar. Der sagte dies und jener das, der sagte Schlechtes, jener Gutes. Zum Schluß erhob sich einer der Fürsten, die zum Reichsrat gehörten. Er war durch Lebensreife und durch Klugheit zu klugem Rat durchaus geeignet. Er war von vornehmem, durch Alter gezeichnetem Äußeren, weißhaarig und wohlerfahren. Der Bischof von Themse stützte sich auf seinen Krummstab und sprach: »Mein Herr und König, hört mich an! Ihr habt uns Landesfürsten Englands vor Euch versammelt, um bei uns getreuen Rat zu finden, der Euch im Augenblick sehr nötig ist. Auch ich bin einer dieser Fürsten und habe meinen Sitz im Rat. Ich bin auch alt genug, um auf eigene Verantwortung etwas tun, lassen und sagen zu können, was ich zu sagen habe. Ein jeder rede für sich selber. Ich, Herr, will Euch meinerseits offen sagen, was ich denke und glaube. Wenn Euch mein Ratschlag gut erscheint und Ihr Gefallen daran findet, dann folgt mir und meinem Rat. Meiner Herrscherin und Herrn Tristan werden schwere Verfehlungen nachgesagt, doch hat man sie bisher – nach dem, was ich gehört habe – noch durch keinen Beweis überführen können. Wollt Ihr wirklich einen üblen Verdacht mit zweifelhaftem Urteil beseitigen? Wollt Ihr hier wirklich über Ehre und Leben des Neffen und der eigenen Gattin ein Urteil sprechen, da sie doch niemand bisher irgendeines Vergehens überführte und sie auch so leicht nicht überführt werden können? Gewiß ist es leichter, Tristan eines solchen Vergehens zu beschuldigen, als ihn dann auch – wie es das Recht verlangt – durch Beweis zu überführen. Genauso ist es leicht, Isolde etwas nachzusagen, statt es auch wirklich zu beweisen. Da sie aber der gesamte Hof dieses Verbrechens so dringend verdächtigt, sollt Ihr und die Königin von Bett und Tisch geschieden sein bis zu dem Tag, da sie ihre Unschuld bewiesen hat, und dies vor Euch wie vor dem gesamten Volke, das dieses Gerücht kennt und immer weiter verbreitet. Es ist nun leider so, daß jedes Ohr solchem Gerede weit offen steht und wenig danach fragt, ob's Lüge oder Wahrheit ist. Ob wahr, ob falsch: wird man auch nur gerüchteweise angeschuldigt, ist jeder gern bereit, das Allerschlimmste anzunehmen. Wie dem auch sei, ob diese Sache nun wirklich auf Wahrheit beruht oder nicht: Verdächtigungen und Gerüchte sind nun bereits so weit verbreitet worden, daß sie Euch schaden und zudem dem Hofe zum Ärgernis geworden sind. So ist denn, Herr, mein Rat und Vorschlag dieser: Da nun meine Herrscherin, die Königin, so schändlichen Vergehens beschuldigt wird, so hole man sie in den Rat, vor unser aller Angesichts. Dann soll der Hof – wie's Rechtens ist – hier Eure Klage hören und auch das, was sie zu erwidern hat.«

Der König erwiderte: »Das will ich tun, mein Herr. Der Vorschlag und der Rat erscheinen mir angemessen und auch richtig.«

Man ließ Isolde holen, und sie kam ins Schloß vor das Konzil. Nachdem sie Platz genommen hatte, erhob sich –

dem Gebot des Königs gehorchend – der ergraute und weise Bischof von Themse und sprach zu ihr: »Frau Isolde, laßt, tugendreiche Königin, Euch nicht durch meine Worte kränken. Mein Herrscher, der König, hat es mir befohlen, hier für ihn zu sprechen. Nun muß ich tun, was er geboten hat. Vor Gott jedoch erkläre ich: Nur widerwillig bringe ich hier vor, was Eurer Würde Abbruch tut und Euern guten Ruf befleckt. Wäre es mir doch erspart geblieben! Holde, edle Königin, hier Euer Herr und Gemahl gebietet mir, Euch anzuklagen, da man Euch öffentlich verdächtigt. Wir kennen freilich beide nicht die Quelle der Verdächtigungen. Auf jeden Fall beschuldigt man Euch selbst und seinen Neffen Tristan bei Hofe und im ganzen Land. So Gott will, Frau Königin, wird es sich erweisen, daß Ihr an dieser Untat schuldlos seid. Der König aber ist voller Argwohn, weil es der ganze Hof behauptet. Er selber freilich hat an Euch bislang nur Gutes finden können. Allein der Hofgerüchte wegen mißtraut er Euch, wenngleich er nichts beweisen kann. Wenn er Euch hier vor allen seinen Freunden und Vasallen anklagt, so tut er es, damit er endlich vor ihnen allen mit unserer Hilfe dies Gerücht und diese Verleumdung zunichte machen kann. So scheint mir gut und richtig, wenn Ihr ihm wegen dieses Verdachtes vor uns allen Rede und Antwort steht.«

Als nun die wohlbesonnene Isolde, die kluge Königin, erwidern sollte, erhob sie sich und sprach: »Herr König, Herr Bischof, Ihr Fürsten und der ganze Hof, Euch allen sei versichert: Wenn ich den eigenen Gatten und mich selbst vor Schande schützen muß, so werde ich dies heute und immer tun. Ihr Herren, ja, ich weiß gar wohl, daß mich das plumpe, törichte Gerücht bereits seit Jahr und Tag bei Hofe und im ganzen Land verfolgt. Ihr alle aber wißt sehr genau, daß kein Mensch so glücklich ist, daß er es der ganzen Welt zu jeder Zeit recht machen kann. Schon bald wird ihm ein Makel angehängt. So bin ich auch nicht erstaunt darüber, daß mich Gerede in Bedrängnis bringt. Nur gar zu gern wetzt man an mir die Zunge, nur gar zu gern sagt man mir Verfehlungen und Freveltaten nach, bin ich doch fremd in diesem Lande, in dem ich nirgendwo Freunde oder Verwandte zu meinem Beistand rufen kann. Niemand findet sich hier, den mein Leid empört. Ihr alle hier, jeder von Euch, ob arm, ob reich: Ihr alle traut mir gern und willig eine solche Gemeinheit zu! Wenn ich nur einen Einfall hätte; wenn ich wüßte, wie ich mich verhalten soll, um meine Unschuld überzeugend darzutun, damit ich Eure Huld erringe und meines Gatten Ehre wahre, dann wollte ich es gerne tun. So ratet mir, was soll ich tun? Welch Zeugnis Ihr durch Urteilsspruch von mir verlangt, ich will es gern erbringen, damit ich Euer aller Mißtrauen auf diese Art beseitige. Doch weit mehr noch geht's mir darum, die Ehre meines Gatten und die eigene Ehre zu bewahren.«

Der König sprach: »Frau Königin, damit will ich zufrieden sein. Wenn Ihr – wie Ihr uns vorgeschlagen – für Eure Unschuld Zeugnis bringen wollt, dann gebt uns dafür sichere Bürgschaft. Tretet unverzüglich vor und vertraut Euch dem Gottesurteil des glühenden Eisens an, denn dies erlegen wir Euch auf.«

Die Königin tat dies. Sie unterwarf sich dem Urteil, das nach Ablauf von sechs Wochen in der Stadt Caerleon durchgeführt werden sollte. Der König und die Fürsten zogen sich zurück, das Konzil war damit beendet.

Isolde aber blieb in Sorge und Kummer allein zurück. Sorge wie Kummer bedrückten sie sehr. Sie trug Sorge um ihre Ehre, und sie fühlte verborgenen Kummer, da sie ihre Lüge als Wahrheit erscheinen lassen sollte. Von diesen zwei Nöten belastet, wußte sie weder aus noch ein. Zum Schluß befahl sie sich der Hilfe des gnadenreichen Christus, der ja in Nöten immer hilfreich ist. Sie fastete und betete und flehte ihn in ihrer Angst und Not um Hilfe an. In dieser Not nun ersann Isolde – auf Gottes vornehme Gesinnung vertrauend – einen listigen Ausweg. Sie schrieb einen Brief und sandte ihn

Tristan. Darin teilte sie ihm mit, er solle sie unbedingt in Caerleon erwarten. An jenem Morgen, da ihr Schiff dort landen würde, solle er am Ufer ihrer harren.

Dies geschah. Tristan erschien in Pilgerkleidung. Sein Antlitz war entstellt und aufgedunsen; Kleidung und Aussehen hatte er völlig verändert. Als nun Marke und Isolde ankamen und landeten, erblickte ihn die Königin, und sie erkannte ihn sofort. Sobald das Schiff den Grund berührte, gebot Isolde, man solle den Pilger fragen, ob er die Kraft besitze und stark genug sei, sie um Gotteslohn vom Steg des Schiffes bis zum Ufer zu tragen, denn sie wolle sich in diesen Tagen von keinem Ritter tragen lassen. Da riefen sie ihn alle an: »He, frommer Mann, kommt einmal näher! Tragt meine Herrscherin ans Ufer!«

Der Pilger tat, worum man ihn bat. Er nahm seine Herrin, die Königin, auf seine Arme und trug sie ans Ufer. Isolde aber flüsterte ihm hastig zu, er solle sich – sobald sie an das Ufer kämen – mit ihr zu Boden fallen lassen, ganz gleich, was dann geschehen würde. Dies tat er: Als er aus dem Wasser ans Ufer trat, strauchelte der Pilger wie von ungefähr und stürzte hin. Er stürzte so, daß er am Boden der Königin zur Seite lag und ihre Arme ihn umschlangen. Dies dauerte nur kurze Zeit, denn aus dem Gefolge stürzte eine große Schar herbei, die dem Pilger mit Knüppeln und Knütteln übel mitspielen wollte. »Nein, laßt das!« rief Isolde. »Der Pilger konnte nichts dafür. Er ist zu schwächlich schon und kränklich. Er stürzte, ohne es zu wollen.«

Für diese Haltung fand sie bei allen Dank und Anerkennung. Ein jeder war des Lobes voll, daß sie den Armen sein Ungeschick nicht büßen ließ. Isolde meinte lächelnd: »Und wäre es denn verwunderlich, wenn dieser Pilger ein wenig mit mir scherzen wollte?«

In diesen Worten sahen alle den Ausdruck ihrer Frauentugend und ihrer edlen Bildung. Ihr ward in reichem Maße Preis und Ruhm gesagt. Nur Marke sah und hörte alles schweigend an. Isolde fuhr fort: »Jetzt weiß ich nicht, was werden soll.

Ihr saht ja alle, was geschah. Ich kann doch nun nicht mehr behaupten, daß außer Marke nie ein andrer Mann in meinen Armen lag, niemals ein andrer an meiner Seite ruhte.«

Damit ritten sie los gen Caerleon, und während des Rittes scherzten sie über den Vorfall mit diesem Pilger. Dort aber warteten schon in großer Zahl Fürsten, Kleriker, Ritter und eine große Menge Volkes. Bischöfe und Prälaten, die die Messe lasen und das Gericht segneten, waren bald mit allen Vorbereitungen fertig. Das Eisen lag schon in der Glut.

Unterwegs hatte die edle Königin Isolde ihr Silber, ihr Gold, ihr Geschmeide und was sie an Pferden und Gewändern besaß, verschenkt, um die Gunst Gottes zu gewinnen, damit er ihr die Schuld verzieh und ihr Ansehen wiederherstellte. So war sie schließlich zum Münster gekommen und hatte dort mit tiefbewegtem Herzen das Hochamt gehört. Die kluge, edle Königin war ganz erfüllt von frommer Andacht. Unmittelbar auf ihrem Körper trug sie ein rauhes, härenes Hemd, darüber ein wollenes Gewand, das kurz gehalten war, denn es endete eine Handbreit über den Knöcheln. Die Ärmel waren beinahe bis zum Ellenbogen aufgeschlagen. Auf diese Weise blieben Arme und Füße bloß. Viele Augen und Herzen betrachteten sie bekümmert und mitleidig. Immer wieder musterte man ihr Gewand und ihr Aussehen. Man brachte nun den Reliquienschrein, auf den Isolde schwören sollte. Man forderte sie also auf, vor Gott und aller Welt zu zeugen, ob sie der Sünde schuldig sei oder nicht. Isolde aber hatte Ehre und Leben ganz der Gnade Gottes anbefohlen. Erbebend bot sie – der schweren Schuld eingedenk – Hand und Herz dem Schreine und dem Schwur. Sowohl Hand als auch Herz befahl sie der Gnade Gottes an, seinem Schutz und seiner Obhut.

Nun gab es viele in der Runde, die (voll abgrundtiefer Bosheit) der Königin den Eidestext gern derart vorgeschrieben hätten, daß sie der Schwur verderben mußte. Marjodo, Markes Truchseß, der vor Neid voll Gift und Galle war, tat selbstverständlich alles, um Isolde Schaden zuzufügen. Doch gab es andererseits auch viele, die sich als ehrenwert erwiesen und Isolde den Eid erleichtern wollten. So stritt man um den Eidestext Isoldens heftig hin und her. Wie es so üblich, war ihr dieser gar übel-, jener wohlgesonnen. Da sprach die Königin: »Herr und König, was sie auch immer reden mögen: mein Eid muß doch in erster Linie Euch selber gefallen. Daher urteilt bitte selber, ob Ihr mit diesem Eidestext, den ich Euch vorzuschlagen habe, zufrieden seid. Wenn alle reden, dann kommt am Ende nichts heraus. Hört her, was ich beschwören will: daß außer Euch kein Mann mich je besessen hat, daß außer Euch kein lebendiger Mann in meinen Armen, an meiner Seite ruhte, es sei denn jener arme Pilger, den Ihr ja selbst mit eigenen Augen in meinen Armen saht. Dies kann ich freilich nicht bestreiten, ihn schließe ich nicht ein in diesen Schwur. Gott und alle Heiligen, die es gibt, mögen mir bei diesem Gottesurteil zu Glück und Heil verhelfen. Wenn Euch, Herr, dieser Schwur nicht ausreicht, verbessere ich ihn nach Eurem Wunsch, so oder so.«

Der König sprach: »Gebieterin, er scheint – soweit ich sehen kann – in jeder Hinsicht auszureichen. Nun nehmt das Eisen in die Hand. Möge Euch Gott bei allem, was Ihr uns eben versichert habt, in Eurer Bedrängnis seinen Beistand leisten.«

Die schöne Isolde sagte »Amen!«. In Gottes Namen griff sie zu und trug das Eisen, ohne sich zu verbrennen. Dadurch wurde vor aller Welt offenkundig, daß der tugendreiche Christus nachgiebig ist wie ein Mantel im Wind. Er paßt sich ohne Schwierigkeiten den Wünschen aller Menschen an. Er fügt sich einem jeden Anspruch, wie man's mit Recht erwarten darf. Jedem dient er, sei es bei Aufrichtigkeit oder bei Betrug. Sei's im Ernst, sei's im Spaß, stets ist er, wie man ihn sich wünscht. Das zeigte überzeugend die geschickte Königin Isolde. Daß ihre Ehre gerettet wurde, verdankte sie einzig und allein ihrem Betrug, ihrem Meineid, den sie vor Gott geschworen hatte, um ihr gesellschaftliches Ansehen wiederherzustellen. Fortan wurde sie wieder von ihrem Gatten

Marke geliebt und verehrt, im ganzen Land vom Volk verherrlicht und geachtet. Was auch ihr Herz begehren mochte: sobald der König ihre Wünsche entdeckte, wurden sie erfüllt. Er überschüttete sie mit Ehren und Besitztümern. Mit allen Fasern seines Herzens, mit jedem Gedanken hing er nunmehr ohne jeden Vorbehalt an ihr. Sein Zweifel und sein Argwohn waren wieder ganz und gar verschwunden.

Petitcreiu

Tristan hat sich nach Swales zum Herzog Gilan begeben, der ein wunderbar gefärbtes Hündchen – Petitcreiu – besitzt. Vom Klange eines Zauberglöckchens, das dieses Hündchen am Halsband trägt, werden alle Sorgen und Leiden verscheucht. Tristan befreit Gilan von den Nachstellungen des fürchterlichen Riesen Urgan, dem Gilan jährlich Tribut zahlen muß, indem er das Ungeheuer in trickreichem Kampfe tötet. Als Lohn verlangt er das Hündchen, um es Isolde senden zu können. Isolde reißt jedoch das Glöckchen – ihm so seine Wunderkraft nehmend – vom Halsband, da sie nichts vor Tristan voraus haben möchte. Sie veranlaßt Tristan zur Rückkehr, da er nichts mehr zu befürchten habe.

Die Minnegrotte

Als Blicke und Gebärden der Liebenden erneut Markes Verdacht und Eifersucht wachrufen, verbannt er sie von seinem Hofe. Leichten Herzens scheiden die beiden, begleitet von Curvenal, während Brangäne zurückbleibt, um die Aussöhnung mit Marke anzubahnen.

(V. 16679–17274) Die drei Gefährten wandten sich der Wildnis zu. Fast zwei Tagereisen weit ritten sie durch Wald und ödes Feld. In dieser Gegend kannte Tristan seit langem eine Felsengrotte, die er vor einiger Zeit durch Zufall gefunden hatte. Bei einem Jagdzug hatte ihn sein Weg dorthin geführt. Diese Grotte war vor vielen Jahren (noch vor der Zeit des Korinäus) zur Heidenzeit, als Riesen noch das Land beherrschten, in den Fels gehauen worden. In solche Grotten nahmen sie ihre Zuflucht, wenn sie sich zurückziehen wollten, um sich nur ihrer Liebe hinzugeben. Wo immer man eine solche Grotte fand, war sie mit einer eisernen Tür verschlossen. Die Liebe gab ihr auch den Namen: La fossiure a la gent amant, das heißt: die Liebesgrotte. Der Name ist gut und passend gewählt. Es heißt in der Geschichte, die Grotte sei geräumig und rund gewesen, weiß wie Schnee, gewaltig hoch und überall völlig glatt. Den Abschluß bildete oben die meisterhaft gewölbte Kuppel, deren Schlußstein kronenförmig, mit herrlicher Schmiedearbeit und mit Edelsteinen reich verziert war. Der Boden bestand aus grasgrünem Marmor, glatt, spiegelblank und kostbar. In der Mitte ragte lang gestreckt und breit ein Lager, das man – durchscheinend klar und wunderschön – aus Kristall geschnitten hatte. Ringsum waren Buchstaben eingraviert, die aussagten, daß man dieses Bett einstmals der Liebesgöttin weihte. Ganz oben in der Grotte befanden sich des Lichtes wegen kleine Fenster, die alles ausleuchteten. Der Grotteneingang unten war durch eine Eisentür gesichert. Draußen, oberhalb des Einganges, standen einsam drei dichtbelaubte Linden. Weiter oben befanden sich keine Bäume mehr, doch unterhalb war der Berg ringsum mit unzähligen Bäumen bewachsen, die dem Fels mit ihren Ästen und ihrem Laub Schatten spendeten. Etwas abseits befand sich ein Wiesengrund. Ihm entsprang ein frischer, kühler Quell, so durchscheinend klar wie das Licht der Sonne. Ihn umstanden gleichfalls drei schöne, prächtige Linden, die ihn vor Regen und Sonne beschirmten. Das leuchtende Bunt der Blumen und das Grün des Rasens erstrahlten lieblich im Wettstreit auf dem Wiesengrund. Es war, als wolle eins das andere an Glanz und Farbe übertreffen. Auch konnte man dort zu jeder Zeit süßen Vogelsang hören, weit schöner und lieblicher als anderswo. Auge und Ohr fanden da Erquickung und Freude: Das Auge erquickte sich an der Pracht der Farben, das Ohr erfreute sich am Sang der Vögel. Man fand da Schatten wie auch Sonne. Luft und Wind waren sanft und lind. Der Felsenberg und die Grotte waren wohl eine Tagesreise weit von einer öden Felsenwildnis umgeben – unwegsam, ohne Weg noch Steg. Wenngleich der Weg durch diese Wildnis beschwerlich war, ließ sich Tristan nicht schrecken: Er durchquerte sie mit seiner Geliebten, und beide nahmen in der Grotte des Felsenberges ihren Aufenthalt.

Nachdem sie angekommen waren, sandten sie Curvenal zurück. Er sollte bei Hofe und wo man sonst noch fragen würde, erzählen, Tristan und die schöne Isolde seien schmerzbewegt und leidvoll nach Irland gereist, um dort öffentlich vor allen Leuten ihre Unschuld darzutun. Er selbst sollte sich dann am Hofe aufhalten und alles tun, was ihm Brangäne sagte. Auch sollte er sie – ihre treue Freundin – ihrer unverwandten Freundschaft und Liebe versichern. Auch sollte er die Pläne Markes erkunden und sie sofort benachrichtigen, falls dieser einen schlimmen Anschlag auf ihr Leben planen sollte. Er sollte schließlich überhaupt Tristan und Isolde in seine Obhut nehmen und ihnen im Abstand von zwanzig Tagen alles Wichtige berichten. Was soll ich euch noch mehr erzählen? Er tat, was sie ihm auftrugen. Tristan und Isolde aber schlugen in dieser abgelegenen Klause ihren Wohnsitz auf.

Nun gibt es viele, die Erstaunen und Neugier plagen und die nur gar zu gerne wissen möchten, wie sich Tristan und Isolde, die zwei Gefährten, in dieser öden Wüstenei ernährten. Nun gut, ich will's ihnen sagen und so ihre Neugier stillen. Der gegenseitige Anblick war den beiden Nahrung genug. Die Ernte ihrer Augen brachte ihnen Speise und Trank. Sie genossen dort lediglich Liebe und Lust und weiter nichts. Das Liebespaar machte sich keine Sorgen um seinen Lebensunterhalt. Sie trugen schließlich alle beide unter ihrer

Kleidung die beste Nahrung, die es auf der Welt gibt. Sie bot sich ihnen unentgeltlich und erschöpfte sich auch nie. Es waren dies die lautre Treue und die balsamsüße Liebe, die Liebe, die Leid und Seele zutiefst beseligt, die Herz und Geist ernährt. Sie war für beide die beste Speise. Und wahrlich, nie verlangten sie nach andrer Speise als nach jener, die dem Herzen lustvolles Verlangen, dem Auge beseligende Freude schenkte und die auch sonst dem Körper guttat. Dies genügte ihnen vollauf. Die Liebe glitt auf Schritt und Tritt zu jeder Zeit an ihrer Seite gleich einem Pflug durch den Boden und gab ihnen mit vollen Händen, was man zum vollsten Glück braucht. Auch bekümmerte es sie herzlich wenig, daß sie in dieser Einsamkeit allein und fern den Menschen lebten. Was brauchten sie auch andere Menschen, was sollte noch ein Dritter dort? Es waren eins und eins zusammen, so daß die Zahl gerade war. Hätte sich ein Dritter noch hinzugesellt, wäre die Zahl ungerade geworden, und sie hätten ihn alle beide als beschwerlich, als überflüssige Last empfunden. Das Liebespaar hatte bereits an sich selbst so viel an Geselligkeit, daß der edle Artus nie auf irgendeiner seiner Burgen ein solches Fest gegeben hat, auf dem sie so viel Seligkeit und Wonne hätten finden können. Es gab auf der ganzen Welt kein Glück, das den beiden damals so begehrenswert erschienen wäre, dafür auch nur einen Glasring hinzugeben. Was sich jemand auf dieser Welt nur wünschen kann, was ihm als höchstes Glück erscheinen mochte, all das besaßen sie ja schon. Sie hätten für ein besseres Leben nicht eine Bohne hingegeben (abgesehen von ihrer Ehre). Was fehlte ihnen schließlich auch? Sie hatten dort ihren Hofstaat und alles, wovon menschliches Glücklichsein abhängt. Ihr beständiges, treues Gefolge waren der grüne Lindenbaum, der Schatten, die Sonne, der Bach, der Quell, die Blumen, das Gras, das Laub, die Blüten, die das Menschenauge erfreuen. Auch diente ihnen der Vogelsang der zarten, zierlichen Nachtigall, der Drossel, der Amsel und anderer Waldvögel. Der Zeisig und die Lerche dienten ihnen im Wettstreit. So diente dieser ganze Hofstaat stets ihren Ohren, ihren Sinnen. Ihr Hoffest war die Liebe selbst, die Krone allen Menschenglücks. Stets dienstbereit, zauberte sie ihnen wohl tausendmal an jedem Tag die ganze Hofgesellschaft von des Artus Tafelrunde herbei. Was also brauchte wohl ihr Herz, ihr Leib noch bessere Speise? Es hatte sich der Mann zur Frau, die Frau zum Manne gesellt: Was also brauchten sie noch mehr? Sie hatten alles, was sie brauchten, und waren genau dort, wo sie weilen wollten.

Nun gibt es auch viele, die ungereimte Geschichten erzählen, denen ich nicht zu folgen vermag. Sie behaupten, zu solchem Leben sei auch andere Nahrung notwendig gewesen. Ich möchte aber daran zweifeln und meine, mehr war gar nicht nötig. Doch wenn sich jemand findet, der in diesem Leben eine bessere Speise kennenlernte, der teile uns sein Wissen mit. Ich selber habe irgendwann auch auf diese Weise gelebt und brauchte keine andere Nahrung.

Laßt es euch bitte nicht verdrießen, wenn ich euch jetzt den tieferen Sinn erläutere, um dessentwillen die Grotte in dem Felsenberg so hergerichtet worden war. Sie war, wie ich bereits erzählte, kreisrund, geräumig, hoch und steil, schneeweiß rundum die Wände und vollkommen glatt. Der runde Grundriß bedeutet die Offenheit der Liebe. Offenheit paßt gut zur Liebe, die ja immer frei von allen Winkelzügen sein muß, und Winkel in der Wand der Liebe bedeuten Falschheit und Betrug. Die Weite der Grotte bedeutet die Stärke der Liebe, ist doch ihre Kraft unbegrenzt. Die Höhe bedeutet das Hochgestimmtsein des Herzens, das sich hoch bis zu den Wolken aufschwingt. Keine Tat ist ihm zu schwer, solang es emporstrebt, wo hoch oben die Tugenden im Schlußstein der Wölbung ineinanderfließen. Es fehlt den Tugenden natürlich auch nicht an Zierde, daher sind sie für alle Zeit zu ihrem höchsten Preis mit Edelsteinen verziert. Wir alle aber, deren Herzen nicht so hochgestimmt sind, wir, die wir am Boden festkleben, die wir uns nicht zu lösen und aufzusteigen vermögen, wir schauen allesamt hinauf und staunen jenes Wunderwerk von schöner Menschentugend an, des Schimmer deren Ruhm verkündet, die über uns in Wolken schweben und deren Glanz herniederdringt. Wir staunen sie bewundernd an, so daß uns schließlich Flügel wachsen, mit denen unser Herz sich aufwärts schwingt, um so der Tugend Ruhm zu künden. Die weiße, völlig glatte Wandung bedeutet die Lauterkeit der Liebe. Das makellose Weiß soll durch keinen Flecken getrübt werden, und nirgends soll der Argwohn einen Buckel oder eine Vertiefung finden. Der Marmorboden mit seiner immergrünen Farbe und Festigkeit bedeutet die Beständigkeit in der Liebe, und dieser Sinngebung entsprechen Farbe und Eigenschaft vortrefflich. Beständigkeit muß wahrlich so grün und frisch sein wie das Gras, so glatt und glänzend rein wie Glas. Das Bett, das in der Mitte stand, trug seinen Namen zu Recht. Derjenige, der es zu ihrer Bequemlichkeit und Ruhe aus dem Kristall herausschnitt, war mit ihrem Wesen wohlvertraut. Liebe soll ja schließlich kristallenrein, durchscheinend klar und lauter sein.

Innen an der eisernen Tür waren zwei Riegel angebracht. Die Innenklinke, die die Riegel zurückhob, war wohlüberlegt mit einem Außengriff verbunden, den Tristan auch entdeckte. Der Außengriff bewegte also die Innenklinke, mit deren Hilfe man die Riegel öffnete und schloß. Es gab da weder Schloß noch Schlüssel, und ich will euch sagen, warum: Was man außerhalb der Tür an Vorrichtungen zum Öffnen und Schließen anbringt, bedeutet alles die Falschheit. Dringt jemand – ohne daß man ihm von innen öffnet – durch die Tür der Liebe ein, so kann man dies nicht Liebe nennen, sondern ehestens Falschheit und Gewalttat. Daher wird die Liebe durch eine eiserne Tür geschützt. Kein Mensch vermag die Tür zu öffnen, wenn er nicht reine Liebe hegt. Aus Eisen ist sie deshalb, damit man sie mit keinem Werkzeug zerbrechen kann. Man öffnet sie nicht durch Gewalttat oder Kraft, nicht durch Klugheit oder Gelehrsamkeit, nicht durch Falschheit oder Lüge. Die Riegel an der Innenseite – die beiden Siegel wahrer Liebe – waren einander gegenüber an der

Wand angebracht. Der eine war aus Zedernholz, der andere war aus Elfenbein. Hört nun zu, was diese beiden bedeuten: Das Siegel aus Zedernholz bedeutet, daß Liebe immer mit Klugheit und Verstand gepaart ist. Das aus Elfenbein bedeutet die Lauterkeit und Keuschheit der Liebe. Mit diesen beiden Siegeln, mit diesen zwei vortrefflichen Riegeln wird die Wohnstatt der Liebe versperrt vor Falschheit und Gewalt. Der gut verborgene Handgriff, der von außen zu der Innenklinke führte, war lediglich ein dünner Zinnstab; die Innenklinke aber war aus gutem Grunde ganz von Gold. Das Material von Griff und Klinke entsprach in jeder Hinsicht trefflich der tieferen Bedeutung beider: Das Zinn bedeutet das beständige Streben nach dem Geheimnis der Liebe, das Gold bezeichnet die Erfüllung. So Zinn wie Gold sind gut gewählt: Ein jeder Mensch vermag sein Liebesstreben selber zu bestimmen; er kann es zügeln oder mehren, er kann es kürzen und verlängern, er kann es lösen und bezwingen. So kann er es – dem Zinne gleich – ganz ohne Mühe so und so, hin und her biegen, ohne doch irgend etwas zu erreichen. Nur der, der ohne Eigennutz hingebungsvoll nach Liebe strebt, kann mit dem dünnen Griff aus Zinn (dem wertlosen Metall) die goldene Klinke der Erfüllung bewegen und erlangt Zutritt zu überwältigendem Glück.

Ganz oben in der Grottenwölbung befanden sich drei kleine Fenster, die – kunstreich in den Fels gehauen – von außen kaum zu sehen waren. Durch sie fiel Sonnenlicht herein. Die Güte ist das eine Fenster, Selbstlosigkeit das andere, das dritte Ausgewogenheit. Durch diese drei lachte das beseligende Licht, der beglückende Glanz der Ehre herein – des Lichtes hellster Glanz – und erleuchtete die Grotte weltlichen Glücks. Es hat auch einen tieferen Sinn, daß die Grotte ganz einsam in der Wildnis lag. Dies soll bedeuten, daß man Liebe nicht einfach auf der Straße oder irgendwo auf freiem Felde finden kann. Sie ist verborgen in der Wildnis, und der Weg zu ihr ist mühselig und schwer. Ein Gürtel schroffer, wild und regellos hingeworfener Felsenberge umgibt sie. Die Wege durch die Wildnis werden uns leidgeplagten Duldern gründlich von Felsgestein versperrt. Wenn wir dem rechten Pfad nicht ganz genau folgen und auch nur einen falschen Schritt zur Seite tun, kehren wir aus dieser Wildnis nie mehr glücklich zurück. Doch wer – vom Glück begünstigt – schließlich zur Liebeseinsamkeit gelangt, dem wird seine Mühe überreich vergolten. Er findet dort seines Herzens Lust: Was nur das Ohr zu hören wünscht, was nur das Auge ergötzt, des ist der abgelegene Ort erfüllt, und niemals will er fort.

Ich weiß es: Ich war selber dort und bin in jener Einsamkeit den Vögeln und dem Wild gefolgt. Durch weite Wälder habe ich den Hirsch und das Reh verfolgt. Doch ich vertat nur meine Zeit, denn nie habe ich etwas erlegen können. Alle Mühen und alle Anstrengungen waren nicht vom Glück des Erfolges gekrönt. Wohl kam ich zu der Felsengrotte; ich fand den Griff und sah die Klinke. Zuweilen nahte ich mich auch dem kristallenen Bett. Oft nahte ich mich, um mich dann genauso oft zurückzuziehen, und niemals habe ich darauf geruht. So habe ich rings den Grottenboden trotz seiner harten Marmorplatten mit meinen Schritten ausgetreten. Hätte ihn seine grüne Farbe nicht geschützt (seine größte Kraft, die ihn stets erneut), so könnte man dort noch heute die Spur der wahren Liebe finden. Häufig ließ ich meine Blicke über die strahlend helle Wandung gleiten, auch schaute ich so manches Mal nach oben, wo die Kuppel sich allmählich bis zum Schlußstein wölbt. Ich blickte auf den Schmuck der Krone, auf ihren sternengleichen, rühmenswerten Glanz, bis meine Augen brannten. Die sonnenhellen Fenster haben mir oft ihren Strahlenglanz tief ins Herz gesenkt. Seit meinem elften Lebensjahr ist mir die Grotte wohlbekannt, auch wenn ich nie nach Cornwall kam.

Den zwei einander treu ergebenen Gefährten – Tristan und seiner Geliebten – waren in dieser Einsamkeit des Waldes und des Wiesengrundes alle Stunden der Muße und des Tätigseins aufs angenehmste ausgefüllt. Eins war dem andern stets zur Seite. Am Morgen lustwandelten sie beide durch das betaute

Gras zur Aue, wo alles – Blumen und Rasen – vom kühlen Morgentau erfrischt ward. Auf diesem kühlen Wiesengrunde ergingen sich die Liebenden. Beim Aufundabgehen plauderten sie und lauschten dem lieblichen Gesang der Vögel. Dann wandten sie sich dorthin, wo der kühle Waldquell murmelte, und beide lauschten seinem Flüstern und auch des Bächleins leisem Rieseln. Dort, wo der Bach den Wiesengrund erreichte, setzten sie sich nieder, um auszuruhn. Sie lauschten seinem Plätschern und betrachteten das Spiel der Wellen, und sie freuten sich immer wieder daran. Wenn dann die helle Sonne emporstieg und mit ihren Strahlen sich die Hitze senkte, suchten sie im Schatten der Linde und im leichten Morgenwinde Kühlung. Dann fühlten beide sich an Leib und Seele wieder erquickt. Sowohl das Auge als auch das Herz wurden erfreut: Die liebe Linde ergötzte sie mit angenehmem Duft und bot mit ihren Blättern kühlen Schatten. In ihrem Schatten strich der Windhauch lieblich, sanft und kühl. Die Ruhebank unter der Linde bestand aus Blumen und Gras: Es war der farbenfrohste Rasen, der eine Linde je umschloß. Die beiden treuen Liebenden saßen dort eng aneinandergeschmiegt und erzählten einander Liebesgeschichten jener, die vor langer Zeit aus Liebe den Tod gefunden hatten. Die zwei erörterten gemeinsam, beklagten und betrauerten all das, was Liebe über Phyllis von Thrakien und die arme Kanake gebracht hatte; wie das Herz der Byblis aus Liebe zum eigenen Bruder brach; daß es der liebeskranken Dido, der Königin von Tyrus und Sidon, aus sehnsuchtsvoller Liebe so jammervoll ergangen war. Oft beschäftigten sie sich mit solcherlei Geschichten.

Sobald sie ihrer aber nicht mehr gedenken wollten, wandelten sie zurück zu ihrer Wohnstatt, um dort durch die Beschäftigung mit anderen Dingen neue Lust zu finden. Dann erklangen gar lieblich und voll sehnsüchtigem Verlangen ihr Harfenspiel und ihr Gesang. Beim Musizieren spielten und sangen sie wechselseitig. Sie harften und sangen Lieder über die Liebe. Wenn es ihnen gefiel, tauschten sie beim frohen

Musizieren die Rollen: Wenn einer von ihnen zur Harfe griff, so war es bei ihnen üblich, daß dann der andere wohltönend und voller Liebessehnsucht sang. Sobald der Klang der Harfe und der des Gesanges harmonisch zusammentönten, tönte es dort so lieblich in der Liebesgrotte, daß sie zu Recht der süßen Liebe Namen trug: La fossiure a la gent amant. Und was von dieser Grotte auch immer in alten Sagen erzählt ward, bewährte sich an Tristan und Isolde. Die wahre Herrin dieser Grotte erwählte nun erst diesen Ort zum Schauplatz ihres Treibens. Was diese Grotte früher auch an Zeitvertreib und Unterhaltung gesehen, war noch nicht die echte Liebe. Es war nicht so lauter und so makellos wie das Liebesspiel der beiden. Noch nie empfanden Liebende solch Liebesglück wie diese zwei. Sie folgten einzig und allein der Stimme ihres Herzens und konnten sich tagtäglich auf verschiedene Art die Zeit vertreiben. So ritten sie von Zeit zu Zeit, sofern es sie danach verlangte, mit der Armbrust auf die Jagd in die Wildnis. Sie jagten nach Vögeln und anderem Waldgetier. Oftmals gingen sie auch mit ihrem Hunde Hüdan auf die Rotwildjagd. Bis dahin war es Hüdan noch gewohnt, beim Hetzen Laut zu geben. Doch schon bald hatte Tristan ihn so abgerichtet, daß er die Fährte des Hirsches, des Rehes und anderen Wildes durch Wald und Forst verfolgte, ohne beim Jagen jemals anzuschlagen. Auf diese Art verbrachten sie so manchen Tag, doch stand ihnen der Sinn nicht (wie es bei der Jagd zu sein pflegt) nach Jagdbeute, sondern sie taten es einzig und allein der Kurzweil wegen, die man ja auch beim Jagen findet. Ich weiß es sicher: Beide trieben die Jagd mit Hund und Armbrust mehr zur Unterhaltung und zur Ergötzung als um der Nahrung willen. Ihr Tun und Handeln wurde eben zu jeder Zeit und überall allein von ihren Wünschen und von ihrem Herzenstrieb bestimmt.

Der trauernde Marke gelangt – geführt von seinem Jägermeister – auf einem Jagdzug zur Grotte und erblickt durch ein Fenster Neffen und Gattin nebeneinander auf dem kristalle-

nen Lager. Da der vorsorgende Tristan zwischen sich und Isolde sein blankes Schwert gelegt hat, wird Marke erneut getäuscht. Entflammt von Begier nach Isolde, verdeckt er das Fenster mit Blumen, Gras und Laub, um Isoldes Antlitz vor dem einfallenden Sonnenlicht zu schützen, und entfernt sich dann. Bald nach dem Erwachen merkt Tristan an dem zugesetzten Fenster, daß ihr Versteck entdeckt ist. Marke beruft indes seinen Rat ein und schildert sein Erlebnis. Da man seinen Wunsch heraushört, rät man zur Heimholung des Paares. Durch Curvenal zurückgeholt, leben beide wiederum am Hofe. Marke ist glücklich und schließt die Augen vor allem Verdacht, da seine Sinne nach Isolde verlangen.

Scheiden

Markes Gebot, sich voneinander entfernt zu halten, hat das Verlangen der Liebenden unerträglich gesteigert. Es kommt bei hellem Sonnenlicht zu einer Liebesbegegnung im Baumgarten, wo Marke das vom Liebesspiel erschöpfte Paar im Schlaf überrascht. Der erwachende Tristan sieht Marke davongehen und nimmt sofort Abschied von Isolde. Marke kann seine Beschuldigung vor den herbeigeholten Räten nicht beweisen, schweigt still und läßt den Betrug ungerächt. Tristan segelt in die Normandie, um seinen Liebesgram durch ritterliche Taten zu betäuben. Lange Zeit ficht er in Deutschland für Kaiser und Reich und vollbringt glänzende Heldentaten. Danach begibt er sich nach Parmenie, wo er jedoch nur noch Ruals Söhne antrifft. Rual und Floraete sind inzwischen gestorben. Ihre beiden Söhne bemühen sich um Tristan und suchen seinen Gram zu zerstreuen.

Isolde Weißhand

Tristan erfährt von einem Krieg im Herzogtum Arundel, gelegen zwischen Britanje und England. Herzog Jovelin muß sich der Attacken seiner Nachbarn erwehren. Jovelin, seine Gattin Karsie, sein Sohn Kaedin und seine Tochter Isolde (Weißhand) leben in Karke, wohin sich auch Tristan begibt. Mit seiner Hilfe werden Jovelins Feinde geschlagen, so daß Tristan in der herzoglichen Familie in hoher Gunst steht. Isolde Weißhand erinnert ihn an seine Geliebte; er hofft, in ihren Armen seinen Liebesgram zu vergessen, und wirbt um sie, begünstigt von seinem neuen Freund Kaedin und dessen Eltern. Ab und an läßt ihn der Gedanke an seine Geliebte innehalten, doch dann entflammt ihn erneut die Gegenwart der neuen Isolde, zumal – wie er meint – Isolde Blondhaar schließlich bei Marke ihr Glück findet und sich nicht mehr um ihn kümmert.

(Hier bricht Gottfrieds Fragment ab.)

Der Prosaroman »Tristrant und Isalde«

Inhaltsübersicht

Da die Prosa dem Handlungsgang der Eilhart-Version getreu folgt, sei für den Inhalt auf die Inhaltsübersicht des Eilhart-Textes (S. 113) verwiesen.

Die Liebesgeschichte von Ribalin und Blanceflor

(Z. 1–38) Es war einmal ein König mit Namen Marchs von Kurnewal, der langdauernde und blutige Kriege gegen den König von Schotten führte. Nachdem dies lange Zeit gedauert hatte, kam König Ribalin von Johnoys dem König Marchs mit großer Heeresmacht zu Hilfe, und er diente ihm so trefflich und so lange, bis der Krieg beendet war. Auch gefiel es Ribalin dort am Hofe von Marchs ausgezeichnet, mehr noch als andernorts, denn der König hatte eine wunderschöne Schwester namens Blanceflor, reizend und ohne allen Makel. Ribalin entbrannte in leidenschaftlicher Liebe zu ihr und begann sie zu lieben. Sie erwiderte seine Liebe, doch verbarg sie dieses Gefühl vor allen anderen tief in ihrem Herzen. Ribalin jedoch merkte und verstand, daß seine Liebe erwidert wurde, daß sie ihn ebenfalls liebte, und dies war der Grund dafür, am Hofe zu bleiben, solange es nur möglich war. Er zeigte auch bei Erledigung aller nur möglichen Aufgaben und Angelegenheiten großen Eifer, um den König günstig und wohlwollend zu stimmen. Kurzum, es gelang ihm alles so gut, daß ihm die Jungfrau gegeben ward und der König sie ihm bereitwillig als Ehefrau anvermählte. Nach ihrem Beilager dauerte es nicht lange, da wurde die Edelfrau schwanger. Ribalin kam nun mit seinem Schwager, dem König Marchs, überein, mit seiner Gattin heim in sein Königreich Johnoys zu reisen. Dies wurde ihm bereitwillig zugestanden. Als sie nun auf dem Meer waren und wegen des ungünstigen Wetters lange fahren mußten, setzten bei der Edeldame die Wehen ein, und es war eine so schwere Geburt, daß sie diese nicht überstand und daran starb. Man schnitt aus dem Leib der Toten das Kindlein und rettete so sein Leben. Dieses Kindlein wuchs heran und wurde später ein mannhafter und berühmter Held mit Namen Tristrant. Von ihm erzählt diese Geschichte, seinetwegen wurde sie begonnen.

Tristrants Kampf mit Morholt

(Z. 320–379) Die Boten eilten zu ihrem Herrn und richteten ihm die Botschaft von Anfang bis Ende aus. Morholt fragte danach, wer jener sei, der ihn bestehen wolle, auch wann und wo der Kampf stattfinden solle. Darüber unterrichteten sie ihn ebenfalls. Daraufhin bereiteten sich beide Seiten so vor, wie es zum Kampfe erforderlich ist. Als der festgesetzte Tag anbrach, ließ König Marchs den besten Harnisch herbeibringen, den er hatte. Er rüstete seinen Neffen mit großer Sorgfalt und gab ihm auch ein Schwert. Wo man damit kraftvoll dreinschlug, konnte ihm kein Stahl widerstehen. Mit tränenfeuchten Augen befahl er ihn dann der Obhut Gottes, des Allmächtigen, damit er sein Beschützer sei und ihn heil wieder zurückbrächte. Er küßte ihn, drückte ihn an seine Brust und rief den Himmel droben um Hilfe an, er wie sein ganzes Volk. Damit begab sich Tristrant zum Schiff. Pferd, Schild und Schwert nahm er mit sich und fuhr allein zur Insel. Viele wohlgemeinte Segens- und Siegeswünsche rief man ihm nach. Morholt kam ihm von der anderen Seite entgegengefahren. Er befestigte sein Schiff am Ufer. Herr Tristrant stieß das seine jedoch weit auf die Flut hinaus. Jener sprach: »Held, warum tust du das?«

Der andere antwortete: »Wir sind beide hierhergekommen, um entweder zu unterliegen oder zu siegen. Ei«, sprach Herr Tristrant, »wer den Sieg davonträgt, kommt auf jeden Fall davon, des bin ich sicher.«

Als sie so miteinander redeten, bat der gewaltige Herr Morholt Tristrant eindringlich, auf den Kampf zu verzichten und mit ihm in seine Heimat zu fahren. Er wolle all sein Hab und Gut mit ihm teilen und ihm auch sein halbes Erbteil lassen. Sein Leben lang wolle er um seinetwillen Leib und Leben einsetzen. Vor allem möge er seiner Schönheit und Jugend gedenken und sein Leben retten. Es täte ihm von Herzen leid, ihn erschlagen zu müssen. Und er sprach weiter: »Schöner Jüngling, besinne dich und fahre mit mir, bevor du dein junges, stolzgemutes Leben verlierst.«

Herr Tristrant erwiderte: »Das tu ich sehr gern, sofern du dem König den Tribut erläßt und ihn fürderhin nie mehr bedrängst.«

»Dies kann nimmermehr geschehen!« sprach Morholt. »Der Tribut wird König Marchs nicht erlassen! Wer immer dies vernähme, könnte meinen, ich hätte dies aus Furcht getan.«

Da sprach Herr Tristrant, der kühne Held: »Dann fordere ich dich zum Kampfe. Bevor du den Tribut noch erhältst, wirst du wünschen, ihn nie gefordert zu haben.«

Nach diesen Worten schwangen sie sich beide auf die Pferde, sprengten mit großem Zorn und Haß aufeinander zu und durchstachen beide den Schild des Gegners. Herr Tristrant aber wurde bei dieser ersten Attacke verwundet. Wieder sprengten sie mit aller Macht aufeinander zu. Diesmal stach Tristrant Morholt vom Pferd, wurde jedoch zum zweiten Male mit einer vergifteten Lanzenspitze verwundet, die beim Anritt abbrach. Morholt war bald wieder auf den Beinen und griff Tristrant zu Fuß an. Der kühne Held sprang gleichfalls vom Roß, und nun begann zwischen den beiden ein so verbissener und harter Zweikampf, wie er vordem noch nie gesehen ward. Lange wogte der Streit hin und her. Morholt war ein gewaltig starker Mann. Er versetzte dem Jüngling einen Hieb, daß dieser auf beide Knie niederbrach. Doch er sprang gewandt wieder empor, erholte sich von diesem Hieb und schlug Morholt die Schwerthand ab. Als Morholt sich besiegt sah, wandte er sich zur Flucht und meinte, sich retten zu können. Herr Tristrant aber lief ihm behende nach und schlug ihm durch den Helm eine tiefe Wunde in das Haupt, so daß er tot zu Füßen des Jünglings niederfiel. Ein Splitter des Schwertes blieb jedoch in dem Helm stecken. Da sprach Herr Tristrant: »Ich sehe nun wohl, daß du hier zurückbleiben wirst, und mein Herr König Marchs ist erlöst von dir. Nun hast du genug des Tributs erhalten, und in Zukunft wirst du nichts mehr fordern. Denn dein Übermut hat dich zu Fall gebracht.«

Der Drachenkampf

(Z. 664–702) Nun wartete die erschreckte Gesellschaft bis nach Tagesmitte, und man meinte untereinander, selbst wenn man ihnen das Leben ließe, würden sie wohl als Gefangene in Irland bleiben müssen. So ging man alle Möglichkeiten durch. Indes kam ein Mann vorbei und geriet mit ihnen ins Gespräch. Er erzählte Tristrant, im Königreich gebe es einen Drachen, der das Land häufig verwüste, indem er Menschen und Vieh töte. Der König aber habe folgendes ausrufen lassen: Wer den Drachen erschlüge, dem wolle er seine Tochter zur Frau geben. Nachdem Herr Tristrant dies gehört hatte, zögerte er nicht, sondern rüstete sich, wie es vonnöten war, und ritt der Gefahr entgegen. Er war nämlich stets und immer ein furchtloser Held.

Als er über die Flur ritt, erblickte er fünf Männer, die in großer Eile flohen. Einer von ihnen war den anderen weit voraus. Auf den sprengte Herr Tristrant zu, ergriff ihn bei den Haaren und fragte ihn, vor wem er denn so eilends die Flucht ergriffen habe. Dieser aber bat flehentlich, ihn doch um Gottes willen ziehen zu lassen, und sprach: »Der Drache eilt herbei und will mich umbringen. Laßt mich mein Leben vor ihm in Sicherheit bringen!«

Herr Tristrant fragte, aus welcher Richtung der Drache denn nahe. Er wolle ihm entgegenziehen und ihn – wenn es ihm glücke – töten. Nachdem ihm dieser alles genau beschrieben hatte, ließ er ihn endlich los und davonreiten, damit er sich in Sicherheit brächte. Er selbst wandte sich gegen den Drachen.

Er versteckte sich in einem Talesgrund, bis der Lindwurm auf die Höhe seines Verstecks gekommen war. Dann stieß er seine Lanze in ihn, und als der Lanzenschaft zersplitterte, nahm er sein Schwert zur Hand und schlug mit voller Wucht so lange auf ihn ein, bis er dank seiner großen Mühe und Mannhaftigkeit den Sieg errang. Der Lindwurm aber verbrannte sein Roß unter ihm, so daß er zu Fuß fechten mußte. Nachdem er den Lindwurm erschlagen hatte, schnitt er ihm die Zunge heraus und führte sie mit sich. Der Lindwurm aber hatte ihm mit Flammen und Feuer so zugesetzt, daß seine Rüstung fast geschmolzen war. Da erblickte er vor sich einen Moortümpel. Er ging hin, um sich abzukühlen, damit er in der heißen Rüstung nicht verbrenne. Als er sich hineinwarf, wurde die ganze Rüstung kohlschwarz, ausgenommen die Halsberge, denn die war aus Gold. Nachdem er dies betrachtet hatte, ging er weiter und fand einen klaren Quell, in dem er sich nun gründlich abkühlte. Um auszuruhen, legte er sich bei dem Quell nieder. Und dies war verständlich, hatte ihm doch der Lindwurm tüchtig zu schaffen gemacht und ihn auch arg verwundet. So lag er fast ohne Besinnung da.

Der Liebestrank

(Z. 1043–1142) Herr Tristrant sprach: »Herr, vernehmt, was mit Eurer Tochter geschehen soll. Ich will sie zu meinem Oheim bringen. Dem sollt ihr sie zur Frau geben. Bei ihm ist sie besser aufgehoben als bei mir. Ich bin auch noch viel zu jung, und es kommt mir nicht zu, schon jetzt eine Frau zu nehmen, zumal ich weiß, daß Eure Tochter eines mächtigeren und edleren Mannes würdig ist, als ich es bin.«

Hierauf antwortete der König: »Wenn es dir recht ist und du es gern siehst, will ich es bereitwillig tun. Vielleicht würde es dir auch nicht guttun, da du ihr den Oheim nahmst und ihr somit viel Leid zugefügt hast. Wenn sie sich dessen stets erinnern sollte, würdet ihr wohl nicht so gut miteinander leben, wie es recht und billig ist. Wenn es also dein Wille ist, will ich sie ihm gern geben.«

Herr Tristrant sprach: »Ja, ja, Herr! Weiß Gott, ich gönne sie niemandem lieber als meinem Herrscher und Oheim.«

Damit wurde die Heirat festgelegt und die Jungfrau Herrn Tristrant anvertraut, damit er sie seinem Oheim bringe. Der König stattete seine Tochter mit so großer beweglicher Habe und solchem Reichtum aus, daß dies ganz unbeschreiblich ist. Und zwar mit allem, was einer Königin gebührt, was sie besitzen muß. Nicht minder war die alte Königin besorgt, ihre Tochter mit Geschmeide und Kostbarkeiten auszustatten. Angesichts dessen, daß sie in ein fernes fremdes Land reisen sollte, wollte sie ihre Tochter so reichlich aussteuern, daß sie vor allen anderen Standesgefährtinnen gerühmt und gepriesen würde. Auch bereitete sie einen Trank, den man wohl einen Unheilstrank nennen sollte. Diesen Trank gab sie in die Obhut einer der vertrautesten Kammerfrauen mit Namen Brangel. Sie solle den Trank sorglich aufbewahren, damit ihn niemand entdecke und daraus trinke außer allein König Marchs und die schöne Isalde, wenn sie in der Brautnacht beieinanderlägen. Sie sollten diesen Trank auch bis zum Grunde leeren, damit niemand außer ihnen etwas davon bekäme. Dies bat sie unbedingt und sorglich auszuführen. Sie hatte nämlich große Sorge, daß auch andere davon trinken könnten und großes Unheil daraus entstehen würde. Um diesen Trank war es so bestellt: Wenn zwei davon tranken, so mußten sie einander lieben. Und dies mit solcher Stärke, daß eines ohne das andere nicht existieren, nicht leben konnte. Sie konnten nicht einen einzigen Tag sein, ohne einander wenigstens zu sehen. Wenn es eintrat, daß eines das andere auch nur einen einzigen Tag lang nicht sah, so wurden sie krank und blieben dies so lange, bis sie einander wieder erblickten. Dies alles war auf die Wirkung, auf die Kraft des unseligen Trankes zurückzuführen. Er war mit solch meisterhafter Kunst hergestellt worden, daß er eine so leidenschaftliche Liebe entzündete, daß sich ihr keines von beiden vier Jahre lang entwinden oder entziehen konnte. Nach Ablauf dieser vier Jahre konnte dann eins von dem andern zwar lassen, soweit es die Kraft des Trankes betraf. Doch nach so langer Zeit lohte bereits das Feuer natürlicher Liebe. Ich meine nämlich, daß dann, wenn zwei Menschen über so lange Zeit in Güte und Liebe miteinander gelebt haben, das Feuer der Liebe so mächtig und stark geworden ist, daß es nimmer gelöscht oder erstickt werden kann. Dies will ich nun dartun am Beispiel dieser zwei lieben Menschen. Als nämlich die Kraft des Trunkes nach vier Jahren nicht mehr zu wirken vermochte, waren die Flammen natürlicher Liebe so hoch und verzehrend, mit so leidenschaftlicher Kraft in ihnen entzündet worden, daß es ihnen nicht mehr möglich war, sie zu löschen. Ihr Leben lang mußten sie brennen in den Flammen einer starken, unsäglich großen Liebe.

Nachdem der König die Brautwerbung angenommen und seine Tochter Tristrant anvertraut hatte, nahm man Abschied vom König, der Königin sowie der gesamten Hofgesellschaft und fuhr davon. Herr Tristrant widmete der jungen Herrscherin alle nur erdenkliche Fürsorge und reservierte ihr auf dem Schiff ein eigenes Gemach, in dem sie sich mit ihren Jungfrauen aufhalten konnte. Er begab sich zu dem Steuermann oder Schiffsführer und befahl ihm, die Fahrt zu beschleunigen, damit sie nicht zu lange unterwegs sein müßten. Aber Frau Isalde konnte diese Eilfahrt nicht vertragen, und sie bat, man möge anlegen, wenn sich irgendwo eine Anlegestelle finden sollte. Dies geschah. Während alle anderen sich auf das Land begaben, um sich zu ergehen und die Gegend zu beschauen, begab sich Herr Tristrant zu der Edelfrau, um nach ihrem Befinden zu schauen, solange das Schiff still lag. Dabei kam er mit den Damen ins Gespräch, und er erzählte ihnen abwechslungsreiche Geschichten, um ihnen die Zeit zu verkürzen und die Langeweile zu vertreiben. Bei diesem Reden überkam ihn heftiger Durst, und er bat um einen Trunk. Nun war der Schenk nicht anwesend. Doch ein zierliches Fräulein sagte: »Herr, ich weiß, wo etwas zu trinken ist.« Und sie eilte hin, wo der unselige Liebestrank stand. Den brachte sie ihm. Er aber meinte, es sei gewöhnlicher Wein wie jeder andere. Daher ahnte Herr Tristrant auch nicht, daß ihn dieser Trank in solches Leid, in solche Bedrängnis stürzen würde. Da es ihn sehr dürstete, tat er einen tiefen Zug, und da ihn der Wein vorzüglich dünkte, bot er ihn auch Frau Isalde an. Nachdem sie getrunken hatten, wurden ihre Herzen und alle Kräfte ihres Inneren verwandelt und in den Bann geschlagen, sie wurden in inbrünstiger Liebe zueinander entzündet und entbrannten in den heiß auflodernden Flammen der Liebe, so daß eines den anderen leidenschaftlich begehrte. Angesichts dieses Ungestüms der Leidenschaft wußten sie nicht, wie sie sich verhalten sollten. Beide meinten, sie müßten in Ohnmacht sinken, wenn sie einander nicht ihre Liebe gestehen könnten. Doch wußte weder er von ihr noch sie von ihm, was der andere empfand; jeder von ihnen glaubte, er allein litte diese Pein. Dennoch wurden beide erst bleich, dann rot, erst heiß, dann kalt. Es änderte sich ihr ganzes Verhalten. Was soll ich noch viel sagen? Ihre Liebe war so groß und ihr Kummer so stark, daß jeder von ihnen besorgt war, der andere könne etwas merken. Und wenn dies geschähe, würde die Bitte auf taube Ohren treffen. Als Herr Tristrant dies empfand und erkannte, nahm er traurig, schmerzbewegt und sehr niedergeschlagen Abschied von der Edelfrau, die allerdings keine geringere Pein empfand als er. Beide legten sich zu Bett, ohne gegessen und miteinander geredet zu haben.

Das Waldleben

(Z. 2378–2504) Nachdem sie überall im Lande – in der Weite und in der Ferne – gesucht hatten, ohne etwas zu finden, kamen sie zum König zurück. Dieser fragte sofort, ob irgendeiner von ihnen Tristrant gesehen habe. Sie verneinten jedoch alle diese Frage, auch wüßten sie nicht, wo sie noch suchen sollten. Dies bedauerte der König so sehr und so heftig, daß ich diese Heftigkeit kaum glauben kann. Auch bat er alle Fürsten, alle Edelleute und alle seine Gefolgsleute, sie möchten – sobald sie auf Tristrant träfen – seines Befehls und seiner Bitte gedenken und ihn entweder umbringen oder gefangen zu ihm schicken. Dann wolle er persönlich über ihn richten und ihn besser in Gewahrsam halten, als er dies vorher getan hatte. Während er zornig, ja wütend auf und ab ging, erblickte er einen Bracken, der angebunden war und wütend an seiner Leine zerrte. Dieser Bracke hieß Uctant, und Tristrant liebte ihn mehr als alle anderen Hunde. Er war sein Eigentum, und er hatte ihn selber aufgezogen. Der König fragte einen Knappen danach, wem der Hund gehöre, der sich so fürchterlich und grimmig gebärdete. Der Knappe sagte ihm, es sei Tristrants Pirschbracke. Sogleich befahl er dem Knappen, den Hund aufzuhängen. Wenn er ihn aber am Leben ließe, ließe er ihm die Augen ausstechen. Der Knappe ergriff den Bracken und ritt mit ihm hinweg. Es tat ihm aber von Herzen weh, daß er ihn töten sollte, und er nahm sich vor, lieber aus dem Lande zu weichen als den Bracken zu töten, denn er hatte Tristrant herzlich lieb. So ließ er den

Bracken laufen, wohin er wollte, und ritt selber heim. Der Bracke Uctant aber lief der Spur seines Herren nach und kam geradenwegs in jenen Wald, in dem sich Tristrant aufhielt. Als dieser den Hund von fern kläffen und nachjagen hörte, erschrak er zutiefst und sprach zu Curneval: »Nun sind wir verloren! Denn ich hörte meinen Bracken. Mit ihm jagt man hinter uns her. So gib einen Rat, was wir jetzt tun sollen, denn ich weiß nicht, wohin wir uns wenden sollen. Wir können weder entrinnen noch entlaufen, wollen daher ehrenvoll kämpfen und unser Leben so teuer wie möglich verkaufen, so daß ihre Weiber daheim das Nachhetzen ihrer Männer noch beklagen und beweinen werden. Sie werden ihr Nachspüren so bezahlen, daß es ihnen leid tun wird. Es steht fest, daß sie auf einen überlegenen Gegner treffen werden und derjenige, der an der Spitze daherjagt, nicht mehr vom Platze kommt.«

Curneval sprach: »Herr, das bringt uns nichts ein. Es sind wehrhafte Männer, und wir sind ihnen im Gefecht unterlegen. Es sind zu viele gegen uns. Selbst wenn wir uns ihnen kampfbereit entgegenstellen, bleiben wir doch am Ende tot auf dem Platze. Nun will ich allein für uns alle den Tod auf mich nehmen. Reitet tiefer in den Wald, rettet Euch, und nehmt auch die Edelfrau mit Euch. Was den Bracken betrifft, mit dem sie uns hetzen, will ich schon Vorsorge treffen und sichern, daß man mit ihm nicht weiter suchen und jagen kann.« Er bat seinen Herren flehentlich, rechtzeitig dahin zu reiten, wo er sich und die Edelfrau in Sicherheit wüßte. Nun seht, was dies für ein treuer Diener war! Wer hat dergleichen schon gehört oder gesehen? Er wollte willig und gern in den Tod reiten in der Hoffnung, daß sein Herr das Leben behielte.

Herr Tristrant aber sprach: »Ich verliere mein Leben ehrenvoll oder bringe meine Herrin ungefährdet in Sicherheit.«

Damit machten sich alle drei traurig und trüben Mutes auf den Weg, denn sie wähnten, nun unausweichlich in den Tod gehen zu müssen. Daher waren sie weiterhin von Niedergeschlagenheit und Kümmernis erfüllt. Der treue Curneval blickte sich häufig um, wie weit der Bracke noch entfernt sei, und er zügelte sein Pferd mit dem Vorsatz, den Bracken zu töten und dafür den Feinden sein Leben hinzuopfern. Zornentflammt hielt Curneval bei einem Baum, denn er war betrübt, daß sein Herr nicht fliehen wollte. So lugte er in die Richtung, aus der der Bracke kommen mußte, und beschloß, sowohl den Bracken als auch jene, die ihn führten, totzuschlagen. Nun kam aber das brave Hündlein allein auf der Spur nachgejagt. Als Curneval dies sah, war er höchlichst erfreut. Er sprach freundlich mit dem Bracken, der auch glücklich war, ihn gefunden zu haben. Curneval warf allen Kummer ab, hob den Hund zu sich auf das Pferd und ritt fröhlich in den Wald hinter seinem Herrn her. Nun hatte er aber dessen Spur verloren. Auch der Bracke schwieg still, obwohl er vorher ständig und ohne Aufhören gekläfft hatte, wie es so ein Hündlein ja beim Nachspüren oder auch aus Freude tut. Da ließ er ihn hinunter auf die Erde und hieß ihn nach seinem lieben Herren suchen. Der Pirscher Uctant kam sogleich auf die rechte Fährte und suchte nun ein Wild, das wie Mann und Weib aussah. Als nun Curneval seinen Herren und die Königin fand, war er sehr erleichtert, und dies war auch Tristrant. Er fragte, wem er den Hund abgenommen habe oder wie dieser herbeigekommen sei. Nachdem er ihm alles erzählt hatte, wurden sie so fröhlich, daß sie alle Klage, Angst und Not vergaßen, die sie zuvor hatten leiden müssen. Dann ritten sie den ganzen Tag lang immer tiefer in den Wald hinein, bis sie am Ende überzeugt waren, es könne sie niemand mehr aufspüren, selbst wenn alle Leute des Königreiches nach ihnen suchen würden. Doch Tristrant sprach: »Ich will erkunden, ob uns hier jemand sehen oder hören kann.« Nachdem er überzeugt war, daß sie an dieser Stelle sicher wären, ließen sie sich dort nieder und machten aus Ästen, Laub und Gras eine Wohnstatt. Dies alles trugen die zwei – Herr Tristrant und Curneval – zusammen, und auch die Edelfrau half dabei, so gut sie nur konnte.

Dort hielten sie sich zwei Jahre lang auf, und sie lebten in dieser Zeit in großer Armut. Sie hatten nichts zu essen oder zu trinken außer Kräutern, die sie im Walde fanden. Zuweilen wurde die Küche aufgebessert, wenn Herr Tristrant ein Vöglein erlegte oder in dem nahebei vorbeifließenden Wasser einen Fisch mit der Angel fing. Auch heißt es in der Geschichte, er sei der erste Angler gewesen. Doch selbst wenn er Vögel oder Fische gefangen hatte, konnten sie diese weder kochen noch braten. Auch hatten sie weder Brot noch irgendeine andere Speise oder ein anderes Getränk. So litten sie derart großen Hunger und solche Bedrängnis, daß dies unbeschreiblich ist. Dennoch versüßte und verschönte ihnen dies alles ihre Liebe, selbst ihre Ängste um ihr Leben wurden gemindert. Ich möchte aber meinen: Wenn heutzutage zwei Liebende auch nur zwei Monate in solch großer Bedrängnis, bei Hunger und in Armut leben müßten, sie würden dies nicht erleiden können, ohne dabei den Tod zu finden. Auch ist es nicht zu wünschen, daß jemand auf dieser Welt um eines anderen Menschen willen so große Not auf sich nimmt wie diese zwei. Gewiß hätten sie es angenehmer haben mögen, doch dies war ja letzten Endes ausgeschlossen. Es hatten auch ihre Pferde nichts weiter zu essen als Laub und Gras. Damit mußten sie ihr Leben fristen.

Nun dürfte man sich verwundern darüber, wie sie ein so hartes Leben und seine so große Armut ertragen konnten, während sie doch beide königlicher Abstammung waren, von Jugend an in Lust und Annehmlichkeit aufgezogen. Zumal sie vorher nicht einmal kurze Zeit solch eine Not erleiden mußten. Darauf gebe ich folgende Antwort: Rechte, wahre Liebe lernt schnell, rechte Not, Angst und Bekümmernis zu erleiden. Es heißt ja in einem verbreiteten Sprichwort: Jammer lehrt Weinen. Dies widerfuhr auch diesen beiden. Sie erlitten vollauf alle Armut, die Menschen überhaupt zu ertragen vermögen. Es kann auch nicht ausgeschlossen werden, daß sie erfroren wären, denn in der Feuchtigkeit des Waldes waren ihre Kleider nahezu völlig verfault. Dennoch blieben sie die genannte Zeitspanne – also nahezu zwei Jahre – dort, ohne aus dem Wald zu kommen und Menschen, Städte oder Dörfer zu sehen.

Tristrant als Aussätziger

(Z. 3839–3897) Wo aber habt ihr je vernommen, daß jemand um die Gunst einer Frau so unverdrossen warb wie Tristrant und daß diese Gunst durch eine so nichtige Sache und noch dazu auf das Gerede anderer Leute hin (und im Grunde gar nicht durch ihn verschuldet) verwirkt worden ist. Er sagte also: »Entweder will ich sterben, oder sie spricht mich frei von Schuld.« Also machte er sich auf den Weg und begegnete einem Aussätzigen, den er bat, ihm die Kleidung und die Klapper zu leihen. Der tat dies auch. Herr Tristrant legte die Kleider an, nahm die Klapper zur Hand und trat vor die Königin, als sei er ein Aussätziger. Die Herrscherin erkannte ihn sofort und ließ ihn fortjagen. Er aber wollte nicht weichen und drängte sich wieder in ihre Nähe. Als sie ihn erblickte, sagte sie zornig: »Jagt diesen Aussätzigen fort!« Sogleich sprangen zwei Gesellen herbei, die ihm zwei wuchtige Hiebe versetzten und ihn ungeduldig überaus roh und grob davonstießen. Als die Herrscherin dies sah, begann sie laut zu lachen, obwohl sie besser hätte weinen sollen. Dies kam ihr aber in dieser Stunde nicht in den Sinn.

Herrn Tristrant schmerzten Schmach und Schande sehr, hätte er ihr dies doch nie zugetraut. Voller Zorn und Ingrimm ging er von dannen, und als er zu Curneval und zu seinen Pferden kam, saß er auf und ritt davon. Auch teilte er seinem Diener im Vertrauen mit, wie es ihm ergangen war. Als der dies vernahm, zumal auch noch, daß die Herrscherin darüber gelacht hatte, ergriff ihn ein schrecklicher Zorn auf sie, und er begann sie aus vollem Herzen zu hassen. Hätte er es vermocht, er hätte sie um alles Ansehen und um ihre königliche Würde gebracht. Da er dies nicht vermochte, bat er seinen Herren eindringlich und flehentlich, die Herrscherin um seinetwillen ein ganzes Jahr zu meiden und jeder Begegnung auszuweichen. Wenn er dies nicht tue, wolle er nicht einen einzigen Tag mehr bei ihm bleiben. Herr Tristrant gelobte ihm, dies Versprechen ständig und unbedingt zu halten. Er unterdrückte auch allen Unwillen und Feindseligkeit, die er Herrn Cainis gegenüber fühlte, und Herr Cainis vergalt es ihm auf gleiche Weise. Sie wurden wieder die guten Freunde und Gefährten, die sie zuvor gewesen waren. So ritten sie miteinander heim, wo sie freundlich und ehrenvoll empfangen wurden. Herr Cainis erklärte nun vor seinem Vater seinen Gefährten des Gelübdes los und ledig, da sich alles, was Herr Tristrant behauptet hatte, als wahr herausgestellt habe, ja zehnmal mehr als dies. Nun wurde die Freundschaft erneuert und gefestigt, und Herr Tristrant legte sich seiner Ehefrau näher und liebevoller zur Seite, als er es zuvor getan hatte. So lebten sie liebevoll und harmonisch miteinander, ohne sich darum zu kümmern, ob die Königin von Reue oder Unheil heimgesucht würde.

Das war auch der Fall. Der üble Spaß hatte sie heftig gereut, und sie geriet in große Betrübnis und großes Leid. Es war im Monat Mai, als sie Groll gegen Tristrant gefühlt hatte. Vom Tage des heiligen Michael an fühlte sie bittere Reue, und es schmerzte sie sehr, daß Tristrant nicht zu ihr kam und sie ihn nicht sehen konnte. Darüber klagte sie sehr. Da sprach Peronis: »Es geschieht Euch nur recht, denn Ihr habt Euch an dem wackeren Helden sehr vergangen, als Ihr ihn – ungeachtet seiner Unschuld – mit Schlägen traktieren ließet.«

Sie sprach: »Du lügst und verhöhnst mich!«

»Ich lüge nicht und verhöhne dich auch nicht. Es ist die reine Wahrheit.«

Nachdem die Herrscherin alles überdacht hatte, ward sie in tiefstem Herzen betrübt. Große Verzweiflung und großer Schmerz erfüllten ihr Herz, denn sie erkannte, daß sie aus eigenem Verschulden Tristrants Huld verloren hatte. Sie wußte nicht aus noch ein vor Herzeleid und weinte bitterlich. Dann suchte sie Rat bei Peronis und Brangel, ihren beiden Ratgebern, wie sie ihre schwere Missetat gegen Tristrant büßen und vergessen machen könne. Es wäre ihr nichts zuviel. Da riet man ihr, ihm einen Brief zu senden und darin ihre Schuld und ihre Missetat zu bekennen; auch solle sie ihm jede Buße zusagen, die er ihr bestimmen würde. Die Herrscherin sprach: »Dies geschieht besser ohne Brief. Wenn nämlich mein Bote mit diesem Brief ergriffen wird, könnten die gehässigen Neider neues Unglück anrichten. Daher ist es besser, ihm einen Boten ohne Brief zu senden. Überlegt nun, wen ich hinsenden könnte, wer dazu geeignet und verschwiegen genug sei.«

Der Tod der Liebenden

(Z. 5089–5191) Vernehmt nun, wie es weiterging. Als die traurige, betrübte, leidvolle und bekümmerte Herrscherin aus Kurnewal angekommen war, schritt sie schweigend zu der Bahre, auf der Herr Tristrant aufgebahrt lag. Daneben stand seine Ehefrau, die bitterlich weinte und wehklagte, wie dies ja auch verständlich ist. Die schöne Isalde, betrübt und tödlich getroffen im Herzen und in der Seele, sprach zu ihr: »Geht zur Seite, edle Frau, laßt mich näher treten, denn ich habe mehr Grund zu weinen als Ihr, dies könnt Ihr mir glauben. Er ist mir auch viel lieber gewesen als Euch.« Nach diesen Worten verstummte sie und schlug das Laken zurück, unter dem sie – in Todesruhe, gestorben um ihretwillen – ihr höchstes Glück und all ihre Lebenszuversicht erblickte. Das arme, zu Tode betrübte Weib legte sich an seine Seite und gab sterbend ihre von Leid erfüllte Seele auf. Herrn Tristrants Ehefau sah, wie die Königin erbarmenswürdig hinschied um der großen, unüberwindlichen Liebe willen, die sie im Leben mit ihm verbunden hatte, die ihnen beiden so große Verzweiflung und Leid gebracht hatte, daß sie ihm in den Tod folgte. Nun sah sie, was sie mit einigen unbedachten Worten in ihrer Torheit (ohne arglistige Berechnung) angerichtet hatte, als sie, ohne an die Folgen zu denken, sprach, das Segel sei schwarz, obwohl es doch nicht der Fall war. Daher begann sie, in so unerhörter, herzzerreißender Klage laut zu schluchzen, daß alle Umstehenden ihren Schmerz mit unsäglichem Weinen und Klagen teilten. Und wer bei diesem jammervollen Geschehen nicht zu weinen oder Mitleid zu empfinden vermag, der hat wahrhaftig ein Herz von Stahl oder von Stein. Ich habe auch noch nie vernommen, daß der Tod zweier Menschen bei allen anderen einmütig so viel Mitleid erregte, sie zu so inniger, von treuer Verbundenheit zeugender Klage veranlaßt hat. Sie befürchteten, die Königin, die noch am Leben war, könnte ihnen unter den Händen sterben. Daher hoben sie diese empor, trösteten sie nach Kräften und führten sie nach Hause, damit sie durch den Anblick des Toten nicht weiterhin in Verzweiflung gestürzt würde. Sie aber verharrte in so großem Jammer und solchem Wehklagen, daß es kaum möglich erscheint, daß eine Frau in so furchtbarem Leid dem Tod lange zu widerstehen vermag. Sie befahl, für die beiden Toten einen kostbaren und prachtvollen Sarg anzufertigen, und stellte dazu eine große Summe von Gold und Silber sowie viele Preziosen zur Verfügung.

Es dauerte nicht lange, da kam die Botschaft von diesen Ereignissen zu König Marchs nach Kurnewal. Er erschrak gar sehr und fühlte nicht weniger Jammer und Herzeleid um die beiden als die Königin von Carechs. Auch wurde ihm jetzt gesagt, wie die Liebe zwischen den beiden entstanden war, daß sie durch Kraft und Wirkung des unglückseligen Trankes einander in Liebe verfallen waren. Als der König dies hörte, ward sein Jammer wohl zehnmal größer als zuvor, und er sprach: »Gott im Himmel sei's geklagt, daß ich dies nicht schon lange oder von vornherein zu wissen bekam. Wahrhaftig, ich hätte meine herzallerliebste Königin Isalde und meinen mir eng verbundenen Neffen ihm zuliebe hier behalten und insgeheim gewähren lassen. Damit er nur stets und immer bei mir geblieben wäre. Daß ich ihn davongejagt habe, werde ich mein Leben lang bitter bereuen. Weh mir! Daß ich beide je gesehen und kennengelernt habe. O weh, herzliebster Neffe Tristrant, welch große Torheit hast du begangen, daß du mir nichts von diesem unseligen Trank gesagt hast. O weh, meine herzallerliebste Gattin und Königin, von Herzen gern überließe ich euch beiden alles Volk, alles Land, mein Königreich, all mein Besitztum, wäret ihr nur wieder gesund und am Leben. Um diesen Preis wollte ich mein Leben lang Armut leiden und mich jeder Herrschaft entschlagen.« Der Herrscher fiel in solchen Jammer und solche Betrübnis, daß ich es kaum beschreiben kann. Er rüstete ein Schiff aus und fuhr über See zu den Toten. Als er eintraf, erneute sich beim König und der Königin von Carechs der Jammer. So nahm er bald wieder Abschied, führte aber die beiden Toten mit sich heim und ließ sie in prachtvollem Begräbnis und unter großem Wehklagen und großer Anteilnahme gemeinsam in ein Grab legen, das mit einem kostbaren Marmorstein bedeckt ward. Vorher aber ließ der Herrscher auf Herrn Tristrants Leichnam einen Weinstock, auf Frau Isaldens Leichnam einen Rosenstock setzen. Diese zwei Pflanzenstöcke wuchsen über dem Grab zusammen, so daß man sie auf keine Weise auseinanderbringen konnte. Man sagt, dies sei auf die Kraft und die Wirkung des Trankes zurückzuführen. Wie dem auch sei: Es ist damit zu einem Ende gebracht. Wie der edle, tapfere Held, Herr Tristrant, geboren, aufgewachsen und erzogen wurde, auch was er in seinem Leben vollbrachte und wie er ein Ende nahm. Desgleichen von Frau Isalde, wie sie um rechter Liebe und Treue willen ihr Leben dahingab um seinetwillen. Darum, ihr jungen Männer und Frauen, nehmt euch in acht, damit euch weltliche Liebe nicht so überwältigt, daß ihr darüber die Liebe Gottes vergeßt und völlig unerwartet solch ein Tod über euch kommt. Bedenkt, wie diese Liebe den beiden einen raschen, unvorbereiteten Tod eintrug, daß nach geringfügiger, kurzlebiger Lust langwährende Trauer und brennendes Leid folgen. Nun sind sie also tot. Gott der Herr nehme sich ihrer Seelen an und verhelfe uns dazu, daß wir nach Recht und Gerechtigkeit lieben und es uns also wohl ergehe.

Diese Geschichte hat zuerst der Meister aus Britannien niedergeschrieben. Danach hat er sein Buch einem Mann mit Namen Filhart von Oberet ausgeliehen, der es in der Folge in Reime gesetzt hat. Aber um der Leute willen, die solche gereimten Bücher nicht gern mögen und auch kein Verständnis für die Reimkunst haben, habe ich Ungenannter diese Geschichte in die vorliegende Form gebracht. Wo ich geirrt haben sollte, mögen mich alle verbessern, die dieses Buch lesen oder abschreiben.

Skandinavien

Die norwegische »Tristramsaga« des Mönches Robert

Inhaltsübersicht

Einleitung

Diese Geschichte wurde im Jahre 1226 auf Befehl des Königs Hakon von Bruder Robert niedergeschrieben. Es ist die Geschichte von Tristram und Isond, die Geschichte ihrer grenzenlosen Liebe, aufgezeichnet in norwegischer Sprache.

Kanelangres und Blensinbil

Nachdem der im Bretland aufgewachsene Kanelangres zahlreiche Kriege geführt und den eigenen König zur Unterwerfung gezwungen hat, zieht er nach Kornbretland, wo der berühmte König Markis über Engländer und Kornbriten herrscht, um dort das Leben zu genießen und zugleich von Markis höfischen Anstand zu erlernen. Am Hofe freundlich aufgenommen, verliebt er sich in Markis' Schwester Blensinbil, die ihm ihrerseits Liebe entgegenbringt. Als Markis von diesem Verhältnis erfährt, hat er nichts dagegen einzuwenden und erwartet eine Werbung des Kanelangres. Dieser wird während eines Turniers schwer verletzt. Als ihn Blensinbil heimlich besucht, kommt es zur Liebesvereinigung; Blensinbil empfängt ein Kind. Nach seiner Genesung erfährt Kanelangres, daß sein Land von den Briten verheert wird. Er entschließt sich zum Aufbruch und führt Blensinbil, die ihm ihre Schwangerschaft gestanden hat, mit sich. In seiner Heimat nimmt er die Geliebte vor dem Gesetz und in kirchlicher

Trauung zu seiner Gattin. Als Kanelangres im Kampfe mit seinen Feinden fällt, hat Blensinbil vor übergroßem Schmerz eine Frühgeburt. Sie gebiert einen Knaben, stirbt jedoch bei dessen Geburt.

Tristrams Kindheit

Roald, der Marschall des Kanelangres, läßt das Kind taufen und nennt es wegen der traurigen Umstände seiner Zeugung und seiner Geburt Tristram. Um das Kind vor Nachstellungen des siegreichen Königs zu bewahren, gibt er Tristram für sein eigenes Kind aus. Er läßt den Knaben sorgfältig erziehen und sorgt namentlich für gründliche Unterweisung in allen musikalischen Künsten.

Die Entführung

Tristram wird von norwegischen Kaufleuten entführt. Dank Gottes Hilfe (dieser läßt die Entführer vor Norwegens Küste in einen schweren Sturm geraten) gestaltet sich sein Schicksal jedoch anders: Die Kaufleute setzen den Knaben an einer unbekannten Küste aus; es ist dies die Küste Kornbretlands, des Reiches seines Oheims.

Die Jagd

In Begleitung zweier Pilger stößt Tristram auf einen Jagdzug seines Oheims. Er führt den Jägern das in seinem Lande übliche Aufbrechen und Zerwirken des Hirsches vor, so daß sie ihn voller Begeisterung nach Tintajol, in die Residenz seines Oheims, bringen.

Tristram bei Markis

Markis nimmt Tristram freundlich auf, ernennt ihn zu seinem Jägermeister und ist vor allem von seinen Gesangs- und Harfenkünsten begeistert.

Roald

Nachdem er lange suchend umhergeirrt ist, findet Roald endlich seinen Pflegesohn bei Markis und klärt das verwandtschaftliche Verhältnis zwischen den beiden auf. Markis schlägt Tristram mit zwanzig anderen jungen Männern zum Ritter, will doch Tristram ausziehen, sein väterliches Erbe wiederzugewinnen.

Vaterrache

In Begleitung von hundert Rittern fährt Tristram über See in seine Heimat. Er begibt sich zum Herzog Morgan und fordert in dessen Halle sein väterliches Erbe zurück. Morgan beschimpft ihn (»Schuft, Sohn einer Hure«) und schlägt ihm die Faust ins Gesicht, als Tristram ihn einen Lügner schilt. Darauf spaltet ihm Tristram den Schädel. Er und seine Begleiter hauen sich mit den Schwertern Bahn und können sich auch der Verfolger erwehren, die schließlich dank Roalds Hilfe niedergemacht werden. Tristram übergibt sein Land der Hut Roalds und kehrt zurück zu Markis.

Morold

Tristram kehrt zu einem Zeitpunkt zurück, da Morold, der Bruder der irischen Königin, von Markis den fälligen Tribut (sechzig Knaben als Geiseln) eintreiben will. Als niemand zu widerstehen wagt, entschließt sich Tristram zum Kampfe mit Morold. Markis ist erleichtert und erklärt sein Einverständnis. Zum Dank will er Tristram als seinen Erben einsetzen. Im Zweikampf kann Tristram seinen Feind besiegen (er spaltet ihm nach blutigem Kampf den Schädel, in dem ein Splitter seines Schwertes steckenbleibt), wird aber selbst von Morolds vergiftetem Schwert verwundet. Während die Iren Morolds Leichnam nach Irland bringen (wo ihm seine trauernde Schwester Isodd den Schwertsplitter aus der Wunde zieht), siecht Tristram unrettbar dahin.

Trantris

Als Tristram an seiner Genesung verzweifelt, läßt er sich in einem kleinen Boot aussetzen. Von Wind und Sturm umhergetrieben, landet er zufällig in Irland, nennt sich dort aus Furcht vor Entdeckung Trantris, wird dank seiner Gaben zum Erzieher der jungen Isond (Tochter des irischen Königspaares) bestellt und schließlich zum Dank von ihrer Mutter geheilt. Nach seiner Heilung fährt Tristram nach Bretland zurück.

Die Brautwerbefahrt

Daheim wird Tristram freundlich begrüßt, doch allmählich stellt sich bei den Höflingen Furcht ein, er könne sich als König dafür rächen, daß sie ihn während seiner Krankheit vernachlässigt haben. Daher fordern sie von Markis, er möge heiraten und einen Erben zeugen. Als Gattin schlagen sie ihm Isond, als Brautwerber (auf dessen Verderben sinnend) Tristram vor. Obwohl Tristram Markis deutlich macht, in welche Gefahr er damit gerät, erklärt er sich am Ende einverstanden und fährt mit zwanzig tapferen Begleitern nach Irland. Dort geben sie sich als Kaufleute aus, die der Sturm nach Irland verschlagen habe. Mit Erlaubnis des irischen Königs laufen sie in den Hafen von Dublin ein.

Der Drachenkampf

Die Stadt Dublin wird tagtäglich von einem bösen Drachen heimgesucht, der großen Schaden verursacht. Daher hat der König dem Drachenbezwinger die Hand seiner Tochter und das halbe Reich zum Lohne versprochen. Tristram vermag den Drachen nach fürchterlichem Kampfe zu töten, schneidet ihm die Zunge heraus und steckt sie in seine Hose. Von dem Gifthauch der Zunge geschwächt, wird er ohnmächtig. Der feige Truchseß des Irenkönigs ist Tristram gefolgt, schlägt dem toten Drachen das Haupt ab, bringt es im Triumph vor den König und fordert die versprochene Belohnung. Der König verlangt jedoch Bedenkzeit. Isond, die den Truchseß haßt, mißtraut ihm. In Begleitung ihrer Mutter sucht und findet sie Tristram. Man bringt ihn ins Schloß, befreit ihn von der Rüstung, findet die Zunge und läßt ihm nun alle Pflege angedeihen. Die Königin verlangt von Tristram Unterstützung gegen den betrügerischen Truchseß und stellt als Entgelt die vom König versprochene Belohnung in Aussicht. Am Gerichtstag wird der Truchseß von Tristram der Lüge bezichtigt, so daß man eine Kampfentscheidung ansetzt.

Der Splitter

Während Tristram im Bade sitzt (wobei ihn Isond mit verliebten Blicken mustert), entdeckt die Königstochter die Scharte in seinem Schwert und identifiziert ihn als den Töter ihres

Oheims. Der Hinweis auf seine Retter-Rolle (Widerlegung des Truchseß) bewahrt Tristram vor der Rache Isonds, der Hinweis auf seine Rolle als königlicher Schutzbefohlener vor der ihrer Mutter. Beide Frauen verzeihen ihm und erlangen auch die Verzeihung des Königs. Tristram bringt nun seine Werbung für Markis vor: Isond solle Königin von England werden und als Hochzeitsgabe Bretland erhalten. Der Irenkönig ist einverstanden.

Der Truchseß

Am Gerichtstag überführt Tristram den Truchseß mit Hilfe der Drachenzunge, so daß kein Kampf mehr notwendig ist. Der Lügner wird von allen verachtet. Der König verkündet nun – zu aller Zufriedenheit – die Verlobung Isonds mit König Markis.

Der Liebestrank und die Treue der Bringvet

(Kap. 46) Danach bereitete man die Reise des Mädchens und Tristrams auf das prächtigste vor. Die Königin aber braute sorgfältig aus verschiedenen Blumen und Gräsern mit Hilfe kluger Zauberkünste einen geheimnisvollen Trank, der unwiderstehlich zur Liebe verführte; kein Mann, der davon trank, konnte widerstehen und mußte jene Frau lieben, die gemeinsam mit ihm davon getrunken hatte, und dies fürs ganze Leben. Dann füllte die Königin diesen Trank in ein Fäßchen und sprach zu Bringvet, jenem Mädchen, das die Kammerzofe Isonds werden sollte: »Bringvet, hüte dieses Fäßchen wohl! Du sollst meine Tochter begleiten. In der ersten Nacht, wenn sie und der König zusammenliegen und er nach Wein verlangt, gibst du den beiden gleichzeitig von diesem Trank!«

Bringvet erwiderte: »Gern, meine Herrin, wie Ihr es wünscht!«

Darauf begaben sie sich reisefertig zum Schiff, und der König wie die Königin begleiteten ihre Tochter bis hin zum Schiff. Da setzte die Flut ein. Es weinten gleich ihnen viele Männer und Frauen, die in eben dieser Gegend geboren waren, über den Abschied Isonds, denn sie war sehr beliebt und allen Menschen wert wegen ihrer höfischen Gesinnung und ihrer Leutseligkeit. Nachdem die Jungfrau Isond das Schiff betreten hatte, zogen sie die Segel auf und segelten bei günstigem Wind hinaus auf das Meer. Das Mädchen aber weinte und klagte darüber, daß sie Verwandte, Freunde, Vaterland und die zärtliche Liebe von Vater und Mutter verloren habe unbekannter Leute wegen. Der Tausch gefiel ihr übel genug. Sie seufzte aus tiefstem Herzen und sprach: »Viel lieber wäre ich tot, als hier zu sein!« Doch Tristram tröstete sie mit viel Zärtlichkeit.

Tristram segelte bei schönem Wetter immer weiter, doch die Hitze war überaus drückend, so daß ihn dürstete und er Wein zu trinken verlangte. Sogleich sprang einer seiner Diener auf und füllte ein Gefäß aus jenem Fäßchen, das die Königin in Bringvets Verwahrung gegeben hatte. Nachdem Tristram das Gefäß ergriffen hatte, trank er es halb aus und ließ dann die Jungfrau den im Gefäß verbliebenen Rest trinken. Da der Diener sich an dem Trank vergriffen hatte, von dem sie getrunken, wurden sie beide von ihm betört. Der Trank brachte es dahin, daß sie fortan beide ein kummervolles Leben dulden mußten, erfüllt von Plage und immerwährender Kümmernis, gepeinigt von sinnlichen Begierden und sehnsuchtsvollem Verlangen. Sogleich war Tristrams Herz Isond verfallen, das ihre wiederum Tristram, und dies in so leidenschaftlicher Liebe, daß sie kein Gegenmittel anzuwenden vermochten.

Mit geschwellten Segeln fuhren sie weiter, geradenwegs auf England zu. Bald riefen die Ritter, sie sähen Land aus dem Meere auftauchen, und alle waren darüber herzlich froh, außer dem von Liebe erfüllten Tristram. Wäre es nach ihm gegangen, hätten sie das Land nie zu Gesicht bekommen. Viel lieber wäre er mit seiner Liebe, seiner Seligkeit, seiner Lust hinaus auf das Meer gefahren. So aber segelten sie auf das Land zu und landeten schließlich in einem sicheren Hafen. Die Menschen am Ufer erkannten Tristrams Schiff, und ein Jüngling schwang sich auf einen schnellen Renner und sprengte zum König, so rasch er nur konnte. Er traf ihn im Wald auf der Jagd und rief ihm zu: »Herr, eben sahen wir, wie Tristrams Schiff im Hafen anlegte!« Als der König diese Botschaft vernahm, war er von Herzen froh und glücklich. Den Jüngling machte er als Dank für diese Freudenbotschaft sogleich zum Ritter und schenkte ihm außerdem eine vorzügliche Rüstung. Danach brach der König auf in Richtung des Strandes, auch ließ er über sein ganzes Reich das Aufgebot bestellen. Die Hochzeit mit Isond wurde mit großer Pracht und königlichem Glanz gefeiert. Sie hatten an diesem Tag ihre große Lust und Freude und ließen alle Anwesenden teilhaben an ihrem Vergnügen.

Frau Isond war jedoch eine überaus kluge Edelfrau. Als der Abend sich niedersenkte, nahm sie Tristram bei der Hand und begab sich mit ihm zusammen in das Schlafgemach des Königs. Dann ließen sie Bringvet, Isonds Zofe, zu sich kommen, um mit ihr zu ratschlagen. Isond brach in bittere Tränen aus und bat Bringvet mit zu Herzen gehenden Worten, ihr in dieser Nacht Beistand zu leisten, indem sie an ihrer Statt im Palast des Königs sein Lager teilte. Sie wußte nämlich, daß Bringvet noch eine unberührte Jungfrau war; und sie wußte auch gar wohl, daß dies bei ihr nicht mehr gegeben war. Beide drangen mit zärtlichen und bewegenden Worten so lange auf das Mädchen ein, bis sie einwilligte. Bringvet legte nun den gesamten Putz der Königin an, so daß es schien, sie selbst sei die Königin. Dann legte sie sich an Stelle ihrer Herrin auf das Lager des Königs, während die Königin Bringvets Kleider angelegt hatte. Als sich der König zu Bett begab, war er ein wenig angetrunken und daher fröhlich und heiteren Sinnes.

Tristram aber löschte sofort sämtliche Kerzen in den Leuchtern. Nun zog der König Bringvet an seine Brust und liebkoste sie. Isond jedoch war bedrückt und unruhig, fürchtete sie doch, Bringvet könne sie betrügen und dem König verraten, was geschehen war. Daher hielt sie sich die ganze Nacht über in unmittelbarer Nähe auf, um in Erfahrung zu bringen, was sie sprächen.

Als der König eingeschlafen war, verließ ihn Bringvet, und nun legte sich die Königin an die Seite des Königs. Als dieser erwachte, forderte er einen Trunk Weines. Bringvet aber reichte ihm listig von jenem Wein, den die Königin in Irland bereitet hatte. Diesmal trank jedoch die Königin Isond nichts davon. Nach einem Weilchen wandte sich der König ihr zu, um mit ihr zu schlafen, ohne dessen gewahr zu werden, daß er eine andere in den Armen hielt. Und da er sie entgegenkommend und reizvoll fand, entbrannte er in großer Liebe und bezeigte ihr so viel an Zärtlichkeit und Freundlichkeit, daß Isond von Herzen froh darüber war. Wie es ihrer Jugend zukam, vergnügten sie sich mit Geplauder, mit Scherz und Lust in dem Maße, wie es dem König und der Königin angemessen war. So verging beiden die Nacht in Lust und Liebeswonnen. Isond zeigte sich heiter und glücklich, der König liebte sie innig, und alle – ob reich oder arm – verehrten und rühmten sie. Isond und Tristram kamen jedoch immer wieder heimlich zusammen, sooft sie es nur möglich machen konnten.

Isond gewinnt aus Furcht vor Verrat zwei Knechte dazu, Bringvet heimlich im Wald zu enthaupten. Als Bringvet in Todesgefahr ihre Treue bewährt, schenkt ihr Isond uneingeschränktes Vertrauen. Fortan teilt sie ihr Leben mit den beiden Männern.

Der irische Ritter

Markis wird von einem (Isond schon seit langem liebenden) irischen Ritter zu dem leichtfertigen Versprechen verleitet, ihm als Lohn für den (harfenbegleiteten) Vortrag zweier Lieder jeden Wunsch zu erfüllen. Der Ire verlangt als Lohn Isond und führt sie mit sich, da sowohl Markis als auch alle seine Höflinge feige eine Kampfentscheidung scheuen. Der von einem Jagdzug zurückkehrende Tristram listet dem Iren die Königin wieder ab, indem er ihn durch Gesang und Geigenspiel so lange aufhält, bis man das wartende Schiff nicht mehr trockenen Fußes erreichen kann. Als der Ire dem – berittenen – Tristram die Königin anvertraut, reitet dieser – den Irenritter verhöhnend – davon. Nach einer Liebesnacht im Wald kehren er und Isond an den Hof zurück, wo Tristram Markis ausschilt: Er habe die Liebe Isonds nicht verdient.

Mariadogg

Tristram hat sich mit dem königlichen Rat Mariadogg befreundet, mit dem er das Schlafgemach teilt. Mariadogg entdeckt das Verhältnis Tristrams mit der Königin, schweigt jedoch darüber, um den Ruf Isonds nicht zu gefährden. Dennoch beginnen bei Hofe Nachreden, die den Argwohn von Markis wecken, so daß er hinfort die Liebenden beobachten läßt.

List wider List

Markis prüft Isond. Er gibt eine Pilgerfahrt vor und will von ihr einen Schützer genannt wissen. Er gibt ferner vor, Tristram aus dem Lande weisen zu wollen. Isond besteht (nach anfänglichem Versagen) mit Hilfe Bringvets beide Prüfun-

gen, indem sie Haß gegen Tristram vorspiegelt. Dennoch trennt Markis die Liebenden und besteht darauf, daß Tristram den Hof verläßt und in der Stadt Wohnung nimmt. Als sowohl Isond als auch Tristram ihre Trauer nicht verbergen können, sehen Markis und sein Gefolge ihren Verdacht bestätigt.

Der arge Zwerg

Markis will die Liebenden in flagranti ertappen. Er gibt einen Jagdzug vor und schickt einen Zwerg zu Tristram, der sich als Liebesboten Isonds ausgibt und zugleich entdeckt, daß Tristram der Geliebten Zeichen sendet (Späne eines Zweiges, die er auf dem Fluß – an ihrem Turm vorbei – hinabtreiben läßt). Der Zwerg gibt Markis Nachricht von ihrer Verständigung.

Das belauschte Stelldichein im Baumgarten

Als Tristram zum Stelldichein in den Obstgarten geht, entdeckt er den Schatten Markis', der sich in jenem Baum verborgen hat, unter dem sich die Liebenden zu treffen pflegen. Auch Isond bemerkt – herantretend – den verräterischen Schatten, so daß die Liebenden ohne Wort umkehren und auseinandergehen. Markis wird in seinem Argwohn wieder wankend.

Das Gottesgericht

Um die Liebenden erneut zu versuchen, veranlaßt Markis einen Aderlaß, um dann im Schlafgemach den Zwischenraum zwischen den Betten Tristrams und Isonds mit Mehl bestreuen zu lassen. Nachdem Markis mit dem Zwerg den Raum verlassen hat, springt Tristram hinüber in das Bett der Königin, wobei seine Wunde aufbricht, so daß beider Betten mit Tristrams Blut befleckt werden. Zwar ist dies kein schlüssiger Beweis (da ja auch Isond zur Ader gelassen wurde), doch Markis fordert nunmehr auf einem Konzil zu London ein Gottesurteil. Isond baut vor, indem sie Tristram veranlaßt, sie in Pilgerverkleidung am Flußufer zu erwarten und sie auf seinen Armen vom Schiff an das Ufer zu tragen. Als er – ihrem Wunsche folgend – zu stolpern vorgibt und mit ihr zu Boden fällt, kann sie schwören, ihr sei außer Markis nur jener Pilger nahe gekommen. Tatsächlich steht ihr Gott »in seiner milden Barmherzigkeit« bei, so daß sie das glühende Eisen unverletzt tragen kann. Markis bereut seinen Argwohn und schenkt Isond fortan wiederum seine Liebe.

Der Zauberhund

Nachdem sich Tristram und Markis im Zorn getrennt haben, dient Tristram einem Herzog von Polen, der ein Zauberhündchen besitzt. Das Halsglöckchen dieses Tieres vermag allen Kummer zu vertreiben. Tristram befreit den Herzog aus der Zinsknechtschaft des Riesen Urgan (den er in listenreichem Kampfe tötet) und erlangt als Lohn das Hündchen, um es durch einen Spielmann an Isond zu schicken. Isond veranlaßt Tristram zur Rückkehr, da er nichts mehr zu befürchten habe. So kehrt Tristram frohgemut an den Hof Markis' zurück.

Die Liebesgrotte

Als Markis erneut Zeichen der Liebe zwischen Tristram und seiner Gattin entdeckt, verbannt er beide von seinem Hofe.

Sie finden Unterschlupf in einer Felsenhöhle, wo sie – dank Tristrams Jagdglück jeder Not enthoben – lange Zeit glücklich leben. Sie werden von Markis' Oberjägermeister entdeckt, der seinen Herrn zu der Höhle führt. Da die Liebenden – von ihrer Liebesbegegnung ermattet – schlafen und zudem Tristrams Schwert zwischen ihnen liegt, scheint Markis die Unschuld beider offenbar zu sein. Er deckt seinen Handschuh über eine Öffnung, durch die ein Sonnenstrahl auf Isonds Wange fällt (so daß die Liebenden merken, daß ihr Unterschlupf entdeckt ist). Daheim veranlaßt Markis Rat und Vasallen, der Rückholung beider zuzustimmen.

Scheiden

Eines Tages werden die Liebenden von Markis und dem Zwerg im Baumgarten schlafend überrascht, und dies in unzweideutiger Situation. Der aufschreckende Tristram sieht Markis davongehen und nimmt sofort Abschied von Isond, so daß der mit seinen Vasallen herbeikommende König wiederum keinen Beweis für Isonds Untreue hat. Markis verbeißt seinen Zorn und läßt den Betrug ungerächt. Tristram segelt mit seinen Gefährten in die Normandie und besteht dort wie in vielen anderen Reichen Abenteuer. Unter anderem tritt er in den Dienst des römischen Kaisers, auch zieht er nach Spanien. Schließlich besucht er die Erben Roalds, die ihn herzlich aufnehmen und ihm ein großes Reich übergeben.

Isodd

Tristram gelangt in das Land eines alten Herzogs, der drei Söhne und eine Tochter sein eigen nennt. Mit Hilfe des ältesten Sohnes – Kardins – besiegt Tristram die andrängenden

Feinde des Herzogs und gewinnt so (zur Freude ihrer Eltern und Verwandten) Herz und Hand der Herzogstochter Isodd. In der Brautnacht erinnert ihn jedoch der Ring Isonds an seine ferne Geliebte, so daß er die Ehe mit Isodd nicht vollzieht und seiner Gattin vorspiegelt, ihn habe eine alte Krankheit überkommen, so daß er sich Schonung auferlegen müsse.

Der Riese mit dem Mantel aus Ritterbärten

Isond härmt sich in Sehnsucht nach Tristram, von dem sie keine Nachricht erhält, da ihr die Neider bei Hofe seine großen Taten verschweigen. Eine solche Tat ist diese: Ein übermütiger Riese aus Afrika hat viele Fürsten und Könige besiegt und aus deren samt der Schwarte abgezogenen Bärten einen langen Mantel fertigen lassen, den er hinter sich herschleppt. Im Kampf mit Artus unterliegt dieser Unhold, während sein Neffe von der Hand Tristrams fällt.

Mariadoggs Werben um Isond

Mariadogg, der Isond umwirbt, übermittelt ihr die Nachricht von Tristrams Eheschließung, um sich dann als Ersatz anzubieten. Isond weist ihn zornig zurück, ist aber sehr betrübt über diese Nachricht.

Der Kampf mit dem Riesen Moldagogg

(Kap. 73–77) Eines Tages legte Tristram seine Rüstung an, um – wie er sagte – in den Wald auf die Jagd zu reiten. Bald jedoch schickte er seine Gefährten mit den Jägern fort. Er verbarg sein Jagdroß in einer Schlucht, ergriff sein Horn, schwang sich auf seinen Zelter und sprengte dorthin, wo er sein Streitroß und seine Waffen zurückgelassen hatte. Nachdem er sich – so gut es ging – gewappnet hatte, bestieg er sein Streitroß und ritt dann auf die Furt in jenem Flusse zu, der die Grenze zwischen dem Lande des Herzogs und dem des Riesen bildete. Er sah, daß der Fluß eine starke Strömung hatte und sehr tief war; auch waren auf beiden Seiten Sandbänke zu sehen. Dennoch entschloß er sich zu einem sehr gefährlichen Wagnis, wobei es höchst zweifelhaft war, ob er mit dem Leben davonkommen würde. Er gab seinem Pferde die Sporen und sprengte mit ihm in den Fluß, dessen Wasser sofort über beider Köpfen zusammenschlug. Er schoß tief hinab auf den Grund, so daß er schon fürchtete, nicht mit dem Leben davonzukommen. Da spannte er alle Kräfte an und kam nach vielen Mühen endlich auf der anderen Seite des Flusses empor. Dort stieg er vom Pferde, um sich ein Weilchen auszuruhen. Auch nahm er den Sattel ab, um von diesem wie auch von sich selbst das Wasser abzuschütteln. Nachdem er genügend geruht hatte, bestieg er wieder sein Pferd, ritt tief in den Wald hinein, setzte das Horn an den Mund und blies dann so kräftig und so lang anhaltend, daß dies schließlich der Riese hörte. Der war sehr verwundet darüber, was dies wohl sein könne, und eilte sogleich hin, eine Stange von härtestem Ebenholz in der Hand. Als er Tristram bewaffnet auf dem Pferde sitzen sah, schrie er ihn erzürnt an: »Herr Schuft! Wer bist du, daß du es wagst, hier in Waffen auf dem Pferd zu erscheinen?«

»Tristram heiße ich und bin der Schwiegersohn des Herzogs von Bretland. Ich habe diesen prächtigen Wald gesehen und bei mir gedacht, er ist ziemlich abgelegen und bestens geeignet, hier ein Haus zu bauen, was ich auch vorhabe. Ich sehe hier auch die unterschiedlichsten Arten prächtiger Bäume und will nun die größten – achtundvierzig an der Zahl – in der nächsten Monatshälfte fällen lassen.«

Als der Riese diese Worte vernahm und begriff, brauste er

auf: »So wahr mir Gott helfe! Wäre ich nicht freundschaftlich mit dem Herzog verbunden, würde ich dich mit dieser meiner Stange erschlagen. Du bist wirklich tolldreist vor Übermut! Mache dich schleunigst aus dem Walde und sei heilfroh darüber, daß ich dich so davonkommen lasse!«

Tristram aber entgegnete: »Jämmerlich, wer dankbar auf deine Gnade angewiesen ist! Ich werde hier so viele Bäume fällen, wie es mir paßt. Wer über den anderen siegt, soll mit ihm machen können, was er will.«

Der Riese brüllte in höchstem Grimm: »Du bist ein verrückter Schuft und aufgebläht von Übermut! Wenn du unterliegst, sollst du nicht so leichten Kaufes davonkommen! Du mußt mir dein Haupt als Pfand lassen! Du hältst mich wohl für den Riesen Urgan, den du erschlagen konntest. O nein, das ist durchaus nicht der Fall. Er war freilich mein Oheim. Und auch jener Riese, den du in Spanien getötet hast, war ein Verwandter von mir. Jetzt also bist du nach Bretland gekommen, um mir meinen Wald zu rauben! Da wirst du vorher erst mit mir kämpfen müssen und zeigen, ob du etwas taugst und dein Schild dich schützt, wenn ich dich treffe!« Damit hob er seine Stange und schleuderte sie zornig und mit großer Kraft nach Tristram. Dieser aber wich aus und sprengte auf seinen Gegner zu, um ihm einen Hieb zu versetzen. Der Riese wiederum war darum bemüht, wieder zu seiner Stange zu kommen, und so begann zwischen den beiden ein gewaltiges Scharmützel. Tristram schnitt nämlich dem Riesen den Weg zu der Stange ab und wollte ihm mit dem Schwert das Haupt spalten. Als der Riese den Schwerthieben mit Sprüngen und Wendungen auszuweichen suchte, erhielt er unversehens einen so wuchtigen Schwerthieb in den Schenkel, daß sein Bein weit davonflog. Schon zielte Tristram auf des Riesen Haupt, als dieser laut ausrief: »Herr, schenk mir das Leben! Ich will dir treu dienen, dir alle meine Schätze übergeben. All mein Land und all mein Gold soll in deinen Besitz übergehen und dir zur Verfügung stehen. Mir liegt nichts daran, etwas von meiner Habe zu behalten. Nur an meinem Leben liegt mir. Nimm mich also mit dir, wohin du nur willst und wohin es dir beliebt! Mache mit mir, was du willst!«

Als Tristram hörte, daß er um Gnade bat, nahm er Unterwerfung, Zusage, Versprechen und versichernden Handschlag an. Er fertigte ihm ein Holzbein, befestigte es unter seinem Knie und gebot ihm, er möge ihm folgen. Der Riese zeigte Tristram seine Schätze, doch dieser machte sich nichts daraus, war er doch zu jener Zeit nicht darauf aus, Besitz zu erwerben. Er sagte also dem Riesen, er wolle von seinen Schätzen nur so viel haben, als er benötige. Nachdem der Riese ihm den Treueid geschworen hatte, ließ ihm Tristram seine Schätze; er möge sie in seinem Schlosse aufbewahren. Beide kamen nun überein, daß der Riese alles tun solle, was Tristram von ihm verlangen würde. Sie einigten sich also, auch daß Tristram über den Wald verfügen und damit machen könne, was ihm gefiele. Und er versprach, niemandem etwas davon zu verraten. Dann ging der Riese mit Tristram zum Flusse und zeigte ihm, wo er hinüberreiten könne. So nahm er Abschied von ihm.

Die künstliche Isond

(Kap. 78–81) Sobald der Morgen anbrach, erhob sich Tristram und ritt heimlich allein fort. Er gelangte glücklich über den Fluß und danach zum Schloß des Riesen. Dieser hielt den geschlossenen Vertrag ein. Er verschaffte ihm Arbeiter und alles notwendige Werkzeug und tat alles genau so, wie er es versprochen hatte. Es befand sich aber dort, wo der Wald am dichtesten war, ein kreisrunder Felsen, innen ausgehauen und gewölbt, mit großer Kunstfertigkeit hergerichtet. In der Mitte des Gewölbes erhob sich ein steinerner Bogen, geschmückt mit Blättern, Vögeln und Tieren. An allen Enden dieses Stützbogens waren so ungewöhnliche Verzierungen zu sehen, daß unter den Lebenden niemand war, der ähnliches hätte herstellen können. Dieses Gewölbe war jedoch ringsherum so abgeschlossen, daß niemand weder hinein- noch hinausgelangen konnte; nur bei Ebbe der See konnte man das Innere trockenen Fußes betreten. Ein Riese aus Afrika hatte dieses Gewölbe herstellen lassen. Er hielt sich lange Zeit dort auf, bekriegte die Bewohner von Bretland und verheerte alles bewohnte Land bis hin zum Michaelsberg, der am Meeresstrand gelegen ist. Als Artus mit einem Heer aus England ins Römerreich gegen Kaiser Iron zog (da dieser von England wider alles Recht Tribut forderte), landete er in der Normandie. Dort erfuhr er von den Taten des Riesen, daß er den Menschen mancherlei Schaden zufügte und das ganze Land fast völlig verheerte. Noch nie hatte der König zuvor so viele Wunderdinge vernommen. Der Riese hatte auch die Tochter des Herzogs Orsl namens Elena geraubt, sie mit Gewalt entführt und mit sich fortgeschleppt. Nun hielt er sie in seiner Höhle gefangen, und da sie ein wunderschönes Weib war, wollte er sich an ihr sexuell vergnügen. Wegen seiner Größe und seines Gewichtes gelangte er jedoch nicht zum Ziele, denn sie erstickte und zerbarst unter seiner Last. Nun kam der Herzog Orsl zu König Artus, um ihm seinen Verlust und all sein Elend zu klagen. Der König nahm Anteil an seinem Schaden und seinem Unglück und zeigte sich hilfsbereit. Als der Abend nahte, legte der König heimlich seine Rüstung an und zog in Begleitung zweier Ritter aus, den Riesen zu suchen. Als sie ihn endlich fanden, kämpfte der König allein mit ihm. Er mußte ein tüchtiges Scharmützel bestehen und viele Hiebe hinnehmen, bis er den Riesen schließlich zu Fall brachte. Was jedoch jenen Riesen angeht, den der König getötet hatte, so gehört er eigentlich nicht in diese Geschichte, höchstens insofern, als er jene schön gewölbte Grotte herstellen ließ, die Tristram so gut gefiel, wie er es sich nur wünschen konnte.

Tristram ließ nun dank seiner Machtvollkommenheit höchst kunstreiche Bildwerke anfertigen. Er betrieb dies alles aber so heimlich und geschickt, daß niemand wußte, wo er sich aufhielt und womit er sich beschäftigte. Er kam bereits am frühen Morgen an und kehrte dann erst spät heim. So wandte er viele Mühe und viele Einfälle auf, seinen Plan Wirklichkeit werden zu lassen. Das Gewölbe ließ er innen mit edelstem Holze täfeln, die Figuren mit großer Kunstfertigkeit färben und vergolden. Außen vor den Eingangspforten ließ er aus bestem Holz (an dem es nicht fehlte) eine prächtige Halle errichten, die ringsum mit einem soliden Zaun umgeben wurde. In dieser Halle arbeiteten seine Goldschmiede. Die Halle aber war ringsum mit Goldverzierungen versehen und innen taghell erleuchtet. Es gab da zahlreiche Künstler, doch keiner von ihnen kannte alle Pläne Tristrams, warum er eigentlich diese Behausung herrichten ließ, für die so zahlreiche Arbeiter allen Fleiß aufwenden mußten. Tristram vollbrachte sein Vorhaben so heimlich, daß keiner von ihnen wußte, was er wollte oder vorhatte, abgesehen von jenen Dingen, die er dem Riesen beschrieb, der ihm das Gold und Silber für die Herstellung zur Verfügung stellte.

Tristram ließ nun die Schmiedearbeit nach Kräften beschleunigen. Es behagte ihm sehr wohl dort bei dem Felsenberge. Nachdem Zimmerleute und Goldschmiede ihr Werk getan hatten, waren nun alle Teile hergestellt und standen bereit, zusammengefügt zu werden. Nun ließ Tristram die Schmiede heimwärts ziehen. Er begleitete sie so lange, bis sie die Insel verlassen hatten und auf dem Heimweg waren. Nachdem Tristram außer dem Riesen keinen Gefährten mehr bei sich hatte, trugen sie die von den Schmieden gefertigten Teile zusammen und gestalteten nun die Grotte mit allen Werkstücken, die von den Schmieden gefertigt worden waren. Alle Teile waren mit größter Kunstfertigkeit bemalt und vergoldet worden, und man mochte daran erkennen, was vollkommene Schmiedearbeit ist, denn niemand hätte es sich besser wünschen können. In der Mitte der Grotte stellten sie eine Figur zusammen, deren Antlitz und Gliederbau so lebensecht gestaltet waren, daß niemand, der sie ansah, daran gezweifelt hätte, daß Leben in ihr sei. Sie war so wunderschön und reizvoll anzusehen, daß man auf der ganzen Welt kein herrlicheres Standbild finden könnte. Ihrem Munde entströmte ein betörender Duft, der die ganze Grotte erfüllte, als hätte man da die köstlichsten Spezereien zusammengetragen. Daß nun dieser Geruch der Figur entströmte, war einem Einfall Tristrams zu danken, der in der Herzgegend – gerade unter der Brustwarze – ein Loch eingelassen hatte. In dieses Loch hatte er ein Gefäß mit den wohlriechendsten (golddurchmengten) Spezereien der Welt geschoben. Aus diesem Gefäß ragten zwei Röhrchen aus reinem Gold. Eines öffnete sich am Nacken – am Haaransatz –, das andere im Mundraum. Diese Figur war nach Gestalt, Größe und Schönheit der Königin Isond so täuschend nachgestaltet, als ob sie blühend und voller Leben selbst dastünde. Die Figur war so kunstreich gefertigt und so prächtig gekleidet, wie es einer edlen Königin zukommt. Auf dem Haupte trug sie eine kunstreich hergestellte Krone von reinem Golde, die mit kostbarsten, in allen Farben sprühenden Edelsteinen besetzt war. An dem Blatte oberhalb der Stirn war ein großer Smaragd eingelassen, daß kein König und keine Königin je einen so kostbaren Stein getragen haben. In der rechten Hand trug die Figur einen Stab oder Zepter, dessen oberes Ende mit künstlichen Figuren geziert war. Der Griff des Stabes war vergoldet und ringsum mit Edelsteinen besetzt. Die Goldverzierungen waren aus bestem arabischen Gold gefertigt. Oben am Blumenabschluß des Zepters war ein Vogel mit buntschillernden Federn angebracht, der mit den Flügeln schlug, als sei er munter und lebendig. Die Figur war in den edelsten – pelzverbrämten – Purpur gekleidet. In Purpur war sie darum gekleidet, da die Farbe des Purpurs Harm, Trauer, Mühsal und Elend bedeutet, eben all dies, was Isond um ihrer Liebe zu Tristram willen erduldete. An ihrer rechten Hand trug sie ihren Ring, und auf ihm waren jene Worte eingraviert, die Isond, die Königin, bei ihrem Abschied gesprochen hatte. »Tristram«, hatte sie gesagt, »nimm diesen Ring als Erinnerung an unsere Liebe. Vergiß nie Mühsal, Kummer und

Elend, die du um meinet- und um deinetwillen erduldet hast.« Unter ihren Füßen befand sich ein aus Kupfer gegossenes Piedestal in Gestalt des bösartigen Zwerges, der sie beim König geschmäht und verleumdet hatte. Die Figur der Isond stand auf seiner Brust, als träte sie ihn mit Füßen, und er lag unter ihren Füßen, als ob er weinte. Daneben lag – geschickt aus reinem Golde getrieben – ein kleines Spielzeug, ihr Hündchen. Es schüttelte den Kopf und klingelte mit der Schelle. Auf der anderen Seite des Zwerges stand eine kleinere Figur, die der Zofe der Königin – Bringvet – nachgebildet war. Ihre ganze Schönheit war in dieser Nachbildung eingefangen. Sie war mit prächtigsten Kleidern geschmückt und hielt in der Hand ein mit Deckel versehenes Gefäß, das sie der Königin Isond mit freundlicher Miene darbot. Rings um das Gefäß waren jene Worte eingraviert, die sie dabei gesprochen hatte: »Königin Isond, nimm diesen Trank, der für König Markis bereitet wurde!« An jener Seite des Gemaches, wo sich der Eingang befand, war eine große Figur – die Nachbildung des Riesen – hingesetzt worden, so als stünde er selbst einbeinig da und schwänge mit beiden Händen über seinen Schultern die Eisenstange, um die Figur der Isond zu beschützen. Gekleidet war er in ein großes, haariges Bocksfell, das aber nicht weit hinabreichte, so daß er vom Nabel ab nach unten hin nackt war. Er knirschte mit den Zähnen, und seine Augen blickten so grimmig drein, als wolle er alle Eindringlinge erschlagen. Auf der anderen Seite der Tür stand ein großer, aus Kupfer gegossener Löwe, so kunstvoll geformt, daß niemand, der ihn ansah, an seiner Lebendigkeit gezweifelt hätte. Er stand auf seinen vier Pranken und peitschte mit seinem Schwanz eine Figur, die jenem Ratgeber glich, der Tristram vor König Markis geschmäht und verleumdet hatte. Niemand vermag es, die ganze Kunstfertigkeit zu schildern oder darzustellen, von der all diese Figuren Zeugnis gaben, die Tristram für jene Grotte hatte anfertigen lassen. Nachdem er alles so vollbracht hatte, wie er es gewollt, gab er dies alles in die Obhut des Riesen. Er gebot ihm als seinem Diener und

Sklaven, alles wohl zu hüten, damit niemand dort in die Nähe der Grotte kommen könne. Er selbst aber trug den Schlüssel bei sich, der den Weg in die Grotte und zu den Figuren öffnete. Der Riese behielt den Rest seines Schatzes als Eigentum. Tristram aber gefiel es wohl, daß er sein Werk so gut vollendet hatte.

Nachdem Tristram seine Arbeit abgeschlossen hatte, ritt er wie gewöhnlich heim in sein Schloß. Er aß, trank, schlief bei seiner Gattin Isodd und hatte freundlichen Umgang mit seinen Gefährten. Er hatte aber kein Verlangen danach, mit seiner Frau sexuell zu verkehren. Dies hielt er jedoch wohl verborgen, so daß niemand seine Pläne und sein Verhalten durchschaute. Alle waren überzeugt, er lebe – wie es sich gehört – in ehelichem Verkehr mit seiner Frau zusammen. Isodd wiederum war so geartet, daß sie dies vor jedermann konsequent verheimlichte. Weder ihre Verwandten noch ihre Freunde klärte sie über den wahren Sachverhalt auf. Doch in jener Zeit, da er abwesend war, um jene Figuren anzufertigen, erschien ihr sein Verhalten recht merkwürdig, und sie sann nach, wo er wohl sein und was er tun möge. Er aber ritt nach Hause und wiederum vom Hause fort auf verborgenen Wegen, so daß niemand ihn entdeckte. So kam er zu jenem Gewölbe, und sooft er die Figur der Isond besuchte, küßte er sie regelmäßig, er nahm sie in seine Arme, umhalste sie, als ob sie lebe, und flüsterte ihr viele zärtliche Worte zu über ihre Liebe und ihr Leid. Gleiches tat er mit der Figur der Bringvet. Er erinnerte sich wohl an alle Worte, die er gewöhnlich mit ihnen gewechselt hatte. Auch gedachte er des Trostes, der Lust, des Glückes und der Wonne, die er bei Isond genossen hatte, und immer dann, wenn er an ihre Tröstungen dachte, küßte er die Figur. Sobald er sich aber ihres Kummers, Ungemachs und Elends erinnerte, die er durch die Schuld jener erduldet hatte, von denen sie geschmäht worden, war er traurig und zornig zugleich, und er ließ dies die Figur des bösen Ratgebers entgelten.

Das kühne Wasser

Während einer Pilgerfahrt tritt Isodds Pferd in eine Pfütze, so daß deren Wasser zwischen ihren Schenkeln hochspritzt. Sie lacht laut auf und muß ihrem empfindlich reagierenden Bruder erklären, was dieses Lachen bedeutet: Bis zu dieser Stelle habe sich noch nie die Hand eines Ritters verirrt. Kardin ist empört, schweigt jedoch; als Tristram ihn – über seine Verstimmung verwundert – zur Rede stellt, sagt ihm Kardin den Grund. Tristram erklärt nun, eine so wunderschöne Geliebte zu besitzen, daß Isodds Schönheit dagegen verblasse. Kardin verlangt den Beweis, sonst wolle er sich rächen. Daraufhin führt ihn Tristram zur Höhle, deren Figuren Kardin so beeindrucken, daß er sie für lebendig hält und Bringvet zur Geliebten begehrt. Als er bemerkt, daß es sich um Kunstfiguren handelt, will er die Urbilder dieser Figuren sehen. So begeben sich die beiden in Begleitung zweier junger Verwandter nach England, angeblich auf eine Pilgerfahrt.

Wiederkehr-Abenteuer

Die beiden Freunde begeben sich an einen Ort, wo – wie Tristram weiß – Markis mit Gefolge vorbeireiten wird. Die vorbeireitende Isond erkennt Tristram und wirft ihm einen Erkennungsring zu. Dieser verschafft Tristram Einlaß bei ihr. Während Tristram mit ihr kost, hält sich Kardin an Bringvet, die ihn jedoch zwei Nächte lang mittels eines Zauberkissens in einen tiefen Schlaf versetzt. Erst in der dritten Nacht verhilft ihm der Einspruch Isonds zu seinem Liebesglück. Die Aufmerksamkeit der Neider läßt die Freunde davonziehen. Sie finden jedoch ihre Begleiter nicht mehr vor, da diese inzwischen – von Mariadogg und anderen für Tristram und Kardin gehalten – geflohen sind. So kann Mariadogg die Königin und Bringvet verhöhnen angesichts ihrer angeblich feigen Liebha-

ber. Bringvet ist empört und schilt Isond, die ihrerseits Erbitterung fühlt gegen Tristram, den alleinigen Urheber des ganzen Unheils – wie sie meint. Tristram hat inzwischen beschlossen, zu ihr zurückzukehren, um sich nach ihrem und Bringvets Befinden zu erkundigen. Unterwegs ißt er von einem Kraut, nach dessen Genuß er unförmig aufschwillt und das Aussehen eines Aussätzigen annimmt. Am Hofe des Königs angekommen, erfährt er eine demütigende Behandlung durch Isond und Bringvet. Von den Höflingen verprügelt, verkriecht er sich in frostiger Nacht unter einer Treppe, wo ihn die Frau des Wächters entdeckt und – nachdem sie ihn erkannt hat – bei sich aufnimmt. Isond schickt nun reuig Bringvet zu Tristram und bittet ihn zu sich. Nachdem er das Mißverständnis aufgeklärt hat, verbringt er die Nacht bei Isond und kehrt erst am Morgen zu Kardin zurück. Von diesem veranlaßt, begibt sich Tristram mit seinem Freund erneut in Verkleidung an den Hof Markis'. Der König gibt gerade ein Fest, bei dem man sich auch in Sprung- und Wurfübungen versucht. Tristram übertrifft alle anderen, und den zweiten Platz erringt Kardin. Ein Freund, der Tristram an seiner Kraft und Gewandtheit erkennt, schenkt ihm zwei Rosse, damit er – bei Entdeckung – fliehen kann. Tristram und Kardin beteiligen sich nun an Kampfspielen und zeigen sich auch jetzt allen anderen überlegen. Sie erschlagen sogar die zwei gewalttätigsten Ritter, unter ihnen Mariadogg. Auf der Flucht – zu der sie gezwungen werden – töten sie zahlreiche Verfolger, erreichen schließlich ihr Schiff und fahren in die Heimat zurück.

Tristram der Zwerg

Daheim verrichten die beiden erneut großartige Waffentaten. Unter anderem stehen sie einem stattlichen Ritter bei, der sich »Tristram der Zwerg« nennt und bei Tristram um Hilfe nachsucht, da er seine Frau verloren habe. Im Kampfe mit einem

»bösen Mann« und dessen sieben Brüdern können sie zwar sämtliche Brüder und noch hundert Gefolgsleute erschlagen, doch »Tristram der Zwerg« fällt, und Tristram wird von einem vergifteten Schwert verwundet, so daß kein Arzt die Wunde zu heilen vermag.

Der Tod der Liebenden (Das schwarze und das weiße Segel)

Tristram schickt Kardin in Kaufmannsverkleidung zu Isond, um deren Hilfe zu erbitten. Bei Erfolg soll Kardin ein weißes oder blaues, bei Mißerfolg ein schwarzes Segel zeigen. Kardin fährt davon, doch Isodd hat die Unterhaltung der Freunde belauscht. Kardins Botenfahrt ist erfolgreich: Isond verläßt den Königshof und fährt mit ihm, doch die Fahrt wird durch Sturm und Windstille erheblich verzögert. In dieser Lage meldet Isodd dem Gatten die Ankunft des Schiffes mit schwarzem Segel, so daß Tristram voller Verzweiflung stirbt. Jetzt erst treibt ein günstiger Wind das Schiff heran. Isond begibt sich zur Bahre Tristrams, wirft sich über den Leichnam, umarmt ihn und stirbt. Isodd läßt die beiden Toten an entgegengesetzten Seiten einer Kirche begraben, damit sie auch im Tode getrennt seien. Aus den Gräbern wachsen jedoch Bäume, die ihre Kronen über der Kirche vereinen und so noch nach ihrem Tode für die Größe der Liebe Tristrams und Isonds zeugen.

England

»Sir Tristrem«

Inhaltsübersicht

Inhaltlich ist das Gedicht weitgehend kongruent mit der Fassung der nordischen »Tristram-Saga«, so daß an dieser Stelle auf die Inhaltsübersicht dieser Fassung verwiesen werden kann. Kleinere inhaltliche Varianten sind im Kommentar vermerkt.

Einleitung (Über Thomas)

(Str. 1–2, 37)

In Erceldoun bin ich gewesen,
wo ich Zwiesprache hatte mit Herrn Thomas.
Im vertrauten Gespräche zu zweit vernahm ich
die Kunde, wer Tristrems Eltern waren,
auch wer dort König war auf dem Throne
und wer ihn voller Sorgfalt erzogen.
Ich hörte, wer zu den tapfren Baronen
gehörte, die unseren Vorfahren glichen
in jenen Zeiten, die längst vergangen.
Es hat in der Stadt mir Thomas berichtet,
was sich tatsächlich einst zugetragen.

Von einem freundlichen Sommertag
ist nun – im Winter – nichts mehr zu sehen.
Schwarz und kahl erscheinen die Wälder,
die eben vor kurzem noch grün gewesen.

Und laßt euch sagen: So steht's mit der Welt!
Und dies ganz ohne jeden Zweifel.
Verschwunden sind die Wackeren alle,
die da vordem unsre Vorfahren waren
in Zeiten, die jetzt lange vergangen.
Ich aber berichte von einem Ritter,
des Name berühmt war in aller Welt!

Stets hat man Thomas Fragen gestellt
nach Tristrem, dem vielgetreuen Gefährten,
zu erfahren den rechten Gang der Geschichte,
recht kennenzulernen den Weg der Geschichte
von einem Fürsten, kühn in jedem Kampfspiel.
Vernehmt sie denn, ihr lieben Herren!
Doch wenn jemand hier ist, der besser sie weiß,
er trete in die Runde und trage sie vor,
so wie es sich schließlich ziemt bei Hofe.
Wer am Ende zufrieden mit dem Gehörten,
der möge nicht kargen mit seinem Beifall.

Der Liebestrank

(Str. 150–155)

Er (Tristrem) wollte jedoch weder Land noch Leute,
er wollte einzig die strahlende Jungfrau.
So machte er sich denn fertig zur Fahrt,
und gleich ihm seine Ritter und Knappen.
Froh war darüber die Mutter des Mädchens.
Einen Trank voller Zauberkraft mischte sie noch,
der – wenn man ihn trank – zur Liebe entflammte.
Sie vertraute ihn an der schönen Brengwain,
daß sie ihn bewahre zur rechten Stunde.

»Wenn man sie vermählt hat, dann – in der Nacht –
laß Ysonde und Marke trinken davon!«

Schon ist die strahlend schöne Ysonde
weit draußen auf dem wogenden Meer.
Ein kräftiger Wind stand ihnen entgegen,
so daß sie die Segel einziehen mußten.
Die Ruder ergriffen die treuen Ritter,
und Tristrem selbst griff auch zum Ruder.
Bei kräftezehrender Arbeit lösten
die Rudernden ständig einander ab,
doch Tristrem galt soviel wie drei seiner Ritter.
Da bat Ysonde, die Liebliche, Edle,
Brengwain um einen erfrischenden Trunk.

Eine kostbare Arbeit war der Pokal.
Von gediegenem Gold der Deckel gefertigt.
Und gar der Trank, den man drinnen bewahrte,
war köstlicher als jeder andere Trank.
Höchst unbedacht hat da Brengwain gehandelt,
als sie eben jenen Trank erwählte
und ihn Ysonde, der Lieblichen, reichte.
Die aber bat zunächst Herrn Tristrem,
er möge als erster davon trinken,
und – wie sich's gehört – den Trinkspruch sprechen.
Zur Stunde war die Liebe der beiden
nicht zu zerstören, und dies bis zum Tode.

Sie hatten jedoch an ihrer Seite
auch einen Hund, den man Hodain rief.
Als Brengwain den Becher niedersetzte,
leckte er aus den Rest des Trankes.
Fortan war der Hund in Liebe verfallen
den Liebenden ebenso wie diese ihm.
Es fühlten die drei eitel Freude und Glück

und blieben fortan auch immer zusammen,
sowohl in Freude als auch im Leid,
und dies, solang man nur denken kann.
Es war ein unglückseliger Tag,
an dem dieser Trank bereitet wurde.

Fortan lag Tristrem auf dem Schiff
in jeder Nacht Ysond zur Seite.
Die tief beglückenden Spiele der Liebe
konnte er nun bei Tag und bei Nacht
spielen mit dem liebreizenden Weib.
Erfüllt von berauschendem Glück war der Ritter,
mit ihr sich der Liebe erfreuen zu können.
Die liebliche Brengwain wurde inzwischen
wohl inne, was mit den beiden geschehen.
Es liebten die beiden sich über die Maßen,
und in Liebe war ihnen Hodain verfallen.

Zwei Wochen blieben am Strande sie liegen,
nicht hißten sie in der Zeit das Segel.
Doch trieb ein günstiger Wind am Ende
das Schiff auf die Küste Englands zu.
Der König, der sich auf der Jagd befand,
er machte den Boten, der ihm die Nachricht
in Eile gebracht, mit eigener Hand
zum Ritter für die erwünschte Botschaft,
die er da seinem König gebracht.
Nun wurde die strahlend schöne Ysonde
als Gattin dem Könige Marke vermählt.

Das Waldleben

(Str. 223–232)

Es erkannte nun Marke, wie's um sie stand,
welch eine Liebe die beiden vereinte.
Nun war sein ganzes Sinnen und Trachten
darauf gerichtet, gerächt zu werden.
So ließ er denn Tristrem zu sich kommen
und übergab ihm die Königin,
um dann die Liebenden unnachsichtig
fortzuschicken von seinem Hofe,
in die fernste Ferne – aus seinen Augen.
Doch hatten die beiden größere Freude
noch niemals erfahren in ihrem Leben.

Nach einem Wald flohen die beiden –
so Tristrem wie auch die schöne Ysonde.
Doch hatten sie leider dort keine Wohnung,
wie sie es gewünscht, nur laubgrünen Forst.
So zogen sie durch das Gehölz, über Berge
dahin – die Königin wie auch Herr Tristrem.
Ysonde war wie berauscht, voller Freude,
und Tristrem ging es wahr und wahrhaftig
ganz ohne Zweifel genauso wie ihr.
Es waren die beiden so voller Glück
wie nie zuvor in ihrem Leben.

So wurden Tristrem wie auch die Dame
vom Hofe vertrieben für ihre Tat.
Es führten die beiden – die Wahrheit zu sagen –
dort Hodain mit sich wie auch Peti-crow.
Sie fanden von Erde ein Haus, und es wohnten
die beiden darinnen mit ihren Hunden.
Bei Tage wurden die Tiere von Tristrem

wohl abgerichtet, in raschem Laufe
das Wild zu erjagen – je nach Bedarf.
Um dort in dem Wald das Leben zu fristen,
ging Tristrem mit seinem Hund Hodain zur Jagd.

Mit Hodains Hilfe tötete Tristrem
auf seinem Jagdzug ein Wild des Waldes.
Dann hausten sie wieder in ihrer Höhle
tief unter der Erde – zufrieden und glücklich.
Es hatten die Höhle in uralten Zeiten
wohl Riesen gegraben, ganz ohne Zweifel.
Nun zog es die beiden unwiderstehlich
und regelmäßig dorthin, sich des Nachts
dort zu bergen – es ist dies die lautere Wahrheit.
So ließen sie dort unter Ästen und Laub
die Tage wie auch die Nächte verstreichen.

Im Winter war es darinnen behaglich
und warm, im Sommer angenehm kühl.
Ein wohlgehüteter Schleichweg führte
zur Höhle, den sie niemandem sagten.
Sie mußten dort freilich den Wein entbehren,
auch gab es kein lange gegorenes Bier.
Sie aßen dort keine köstlichen Speisen,
doch hatten sie alles, was sie nur wünschten,
und dies, sooft sie es immer begehrten.
In Liebe betrachtete einer den andern,
und keiner vermochte sich zu ersättigen.

Zu einem hoch gelegenen Hügel.
den er schon zuvor entdeckte, ging Tristrem.
Nun fand er dort eine köstliche Quelle
mit klarem Wasser, das reichlich floß.
Dorthin ging nun Tristrem, an seiner Seite
die liebliche, wunderschöne Ysonde.

Es war dies der beiden einzige Nahrung:
Als Speise dienten das Fleisch des Wildes
und Kräuter des Waldes. Dies glückliche Leben
war ihnen beiden zwölf Monde beschieden.
Es fehlten am vollen Jahre drei Wochen.

An einem Tag – schon frühzeitig, des Morgens –
ging Tristrem mit seinem Hund Hodain zur Jagd.
Er nutzte einen verborgenen Pirschweg
und konnte am Ende ein Wild erjagen.
Hold war ihm das Jagdglück – ganz ohne Zweifel.
So brachte er seine Beute nach Hause,
wo noch Ysonde auf ihrem Lager
im Schlafe lag. Es legte sich Tristrem
bei der Königin nieder, an ihre Seite.
Doch zog er noch rasch sein Schwert aus der Scheide
und legte es zwischen Ysonde und sich.

Es war jedoch an eben dem Tage
ein Hirsch dem jagenden Marke entronnen.
Es verfolgten danach das Tier seine Jäger
und fanden dabei den verborgenen Pirschpfad.
Sie folgten dem Wege und fanden am Ende
wahrhaftig so Tristrem wie auch Ysonde.
Sie hatten fürwahr zeit ihres Lebens
noch nie solch berückende Augenweide
gesehen wie hier diesen Mann, dieses Weib.
Und zwischen den beiden sahen sie blitzen
den schimmernden Stahl des gezogenen Schwertes.

Die Jäger hasteten eilends zu Marke,
berichtetem diesem, was sie entdeckten.
So konnte auch Marke die beiden erblicken,
sowohl seine Herrscherin wie auch den Ritter.
Er erkannte sie beide dort auf der Stelle,

auch sah er das blanke Schwert zwischen ihnen.
Ein gleißender Strahl der Sonne fiel grade
durch eine Spalte im Dache der Höhle
und traf dabei das zauberhaft schöne
und strahlende Antlitz der Königin.
Dies sehend, fiel Marke in tiefe Betrübnis.

Er nahm seinen Handschuh, den Spalt zu bedecken,
den Strahlen der Sonne den Weg zu versperren.
Wohl fühlte er, wie ihn der Zorn übermannte,
doch sprach er dann schließlich: »Wie soll man das deuten?
Wenn sie sich der Sünde ergeben hätten,
sie lägen mit Sicherheit anders denn so!
Nun seht doch! Sie liegen getrennt voneinander.
Sie haben gewiß nicht bei solch einer Lage
Gedanken an Liebesspiele gehabt.«
Die Ritter, sie pflichteten alle ihm bei:
»Wahrhaftig, es zeugt dies von Liebe und Treue!«

Der letzte Kampf

(Str. 303–304)

Nun wappnete man sich auf beiden Seiten
sowohl in Eisen als auch in Stahl.
Es trafen auf einem schmalen Steige
am Walde die Kämpfer zum Streit aufeinander.
Und als sie voll Wucht sich zum Angriff wandten,
ließ jeder von ihnen den Schlachtruf erschallen.
Doch wurde am Ende der junge Tristrem
zu Boden geschmettert, sein Stolz ward gebrochen.
Empfangen hatte er schreckliche Wunden,
so daß er sich nicht mehr erheben konnte.

So wurde der junge, blühende Ritter
erschlagen, er fand dort den sicheren Tod.
Doch Tristrem, den stets man »den Treuen« genannt hat,
er rächte ihn, ohne sich selber zu schonen.
Im Kampfe erschlug er mit eigenen Händen
wohl fünfzehn der Ritter oder noch mehr.
Er schlug ihnen wuchtig schreckliche Wunden,
so daß er sie alle von ihren Pferden
(zu Tode getroffen) zu Boden fällte.
Ihn selbst jedoch traf in dem Kampfe ein Pfeil,
und fand seinen Weg in die alte Wunde.

Kommentar

Frankreich

(S. 21) Berols »Tristan«-Fragment

Der Sprache nach ist Berol (Béroul) normannischer Herkunft. Wahrscheinlich hat er im Auftrage eines englischen Mäzens und für ein englisches Publikum gearbeitet; darauf deutet jedenfalls seine genaue Kenntnis geographischer Namen Cornwalls hin.

Bei der Datierung seines Werkes geht man davon aus, daß er den altfranzösischen »Roman de Renart« gekannt haben muß, spielt er doch mit dem Namen *Malpertuis* (»das böse Loch«) auf die Behausung des Fuchses an, wie sie in der Branche I dieses Romans (niedergeschrieben 1179/80) genannt wird.

Berols Werk ist in einem (inhaltlich sehr uneinheitlich erscheinenden) Fragment von 4485 Versen überliefert, das bis V. 2764 weitgehend mit der Eilhart-Fassung übereinstimmt. Obwohl unverkennbar zwei Autoren am Werk waren (man unterscheidet demgemäß zwischen »Berol I« und »Berol II«), wurde diese uneinheitliche Fassung offenbar in dieser Form vom Publikum rezipiert, so daß man traditionell (wenngleich durch den wissenschaftlichen Fund nicht gerechtfertigt) von einem einheitlichen Werk ausgeht.

Die in den Berol-Fragmenten erkennbare Episodenreihung scheint der Technik des Verfassers der »Estoire« am nächsten zu kommen. Unverkennbar leidet darunter jedoch der Erzählfluß, da die einzelnen Szenen allgemein übergangslos nebeneinandergestellt werden.

Hinsichtlich der ideellen Durchdringung des Stoffes erweist sich Berol (und dies weist einmal mehr auf die Uneinheitlichkeit des Textes hin) merkwürdig schizophren. Einerseits wird die Funktion des Liebestrankes (im Sinne der Entlastung der Liebenden) stark betont. Sie sollen offensichtlich vom Makel der ehebrecherischen Liaison entlastet werden. Tristan beteuert z. B. (V. 1384): *Q'el m'aime, c'est par la poison* (»Sie liebt mich allein des Trankes wegen«). Und Isolde bestätigt dies (V. 1413–15): *Il ne m'aime pas, ne je lui, / Fors par un herbé dont je bui / Et il en but* (»Er liebt mich und ich ihn nur wegen eines Kräutertrankes, von dem ich ebenso getrunken habe wie er«). Für diese Tendenz spricht auch die Beibehaltung der Waldleben-Fassung in ihrer offenbar bereits in der »Estoire« enthaltenen Funktion (dies wird jedenfalls nahegelegt durch die gleichlautende Eilhart-Fassung). Nach ihrer Flucht vom Hofe Markes müssen Tristan und Isolde ein hartes, entbehrungsreiches Leben auf sich nehmen, und sie kehren sogleich in die Gesellschaft zurück, als (nach drei Jahren) der Trank seine Wirkung verliert. Demgemäß wird denn auch bei Schilderung der Bettsprung-Episode Tristans Tun als *fole atenance (»Torheit«)* bezeichnet. Schließlich tritt der ehrwürdige Einsiedler Ogrin als Sachwalter der gesellschaftlichen Normen in Erscheinung; er befördert die Rückkehr Isoldens an den Hof Markes und beendet damit die gesellschaftsfeindliche Liaison der zwanghaft Liebenden.

Dagegen spricht nun wiederum eine Darstellungspraxis, die ein Fortdauern der Gemeinschaft zwischen den beiden Liebenden betont. Obwohl die Trankwirkung verflogen ist, finden sie immer wieder erneut zueinander. Auch wird die Handlungsweise der am Hofe lebenden Widersacher Tristans und Isoldens verurteilt, wie sie denn auch schließlich Tristans Rache trifft. Besonders aussagestark ist, daß Gott die Liebenden ganz offensichtlich in seine besondere Obhut nimmt. Bereits in der Baumgarten-Szene leistet Isolde einen doppeldeutigen Eid, und dieses Motiv taucht wiederholt auf (Reinigungseid im »Weißen Land«, Episode des Gottesurteils), wobei Gott sich eigenartig blind stellt für die Lügenhaftigkeit des Eides und somit Isoldes Vertrauen auf seine Hilfe rechtfertigt. Doch nicht nur in diesem Falle ist Gottes Beistand den

Liebenden sicher. Er schützt auch Tristan beim Kapellensprung (der von dem Einsiedler V. 2380 f. als Gnade Gottes interpretiert wird: *Quant Dex vos an ot merci fait / Que d'iluec fustes eschapez* – »Als Gott Euch seine Gnade erwies und Ihr daher fliehen konntet«). Letzten Endes hat es den Anschein, als ob Gott durch den Einsatz seiner Allmacht (namentlich beim Kapellensprung und beim Gottesgericht) die ehebrecherische Liebe Tristans und Isoldens rechtfertige.

(S. 55) Thomas' »Tristan«-Fragment

Der Anglonormanne Thomas (d'Angleterre) war sehr wahrscheinlich ein klerikal gebildeter Beamter am Hofe Heinrichs II. Seinen Versroman über Tristan und Isolde hat er vermutlich zwischen 1172 unf 1175 am Londoner Hof geschrieben. Das Werk ist uns allerdings nur fragmentarisch überliefert (vor allem sind es Passagen des 2. Teiles und der Schluß). Bekannt sind (in fünf Handschriften, die in Oxford, Cambridge, Turin und Straßburg lagern bzw. lagerten) insgesamt zehn Fragmente. (Die Straßburger Handschrift ist verbrannt, die Turiner Handschrift verschollen.) Eine Vorstellung vom Gesamtwerk erhalten wir lediglich durch die (stark verkürzende) Prosa-Nacherzählung des »Bruders Robert«, verfaßt um 1226 in altnorwegischer Sprache. Der »Tristan« des Thomas war offenbar für das adlige Publikum am Londoner Hof der Plantagenets bestimmt, das durch eine Reihe von gleichzeitig entstandenen Romanwerken (so durch die zwischen 1150 und 1165 entstandenen Romane um die Schicksale des Eneas, der kleinasiatischen Stadt Troja und der »Sieben von Theben«) eingestimmt war auf Themen, die sich mit dem Phänomen der *fine amor* (also der kulturbestimmenden, von ausdeutender Kasuistik und Ethisierung geprägten Macht der Liebe) auseinandersetzen.

Thomas hat den ihm überlieferten Stoff dem neu entstehenden Ideal einer verfeinerten feudalhöfischen Kultur angeschmiegt. Alles Archaisch-Brutale (wie die geplante Verbrennung Isoldens auf dem Scheiterhaufen oder ihre Auslieferung an die Aussätzigen) wird getilgt. Demgegenüber konzentriert sich Thomas auf die ideell-emotionale Vertiefung des Liebesgeschehens, die ihren spezifischen Ausdruck in einer Vielfalt von (oft Autorenkommentar enthaltenden) Monologen findet. Inhalt dieser Monologe (deren sprachlicher Gestus fast lyrisches Timbre erhält) sind Reflexionen über Glück und Leid der Liebe, namentlich larmoyante Klagen über den Schmerz, den sie bereitet. Diese Reflexionen erweisen Thomas zudem als ausgeprägten Didaktiker, der mit kasuistischer Akribie alle Liebenden der von ihm angesprochenen Gesellschaft zur rechten Beurteilung dieses Phänomens und damit zu einer angemessenen Haltung heranbilden will.

Die stark klerikal geprägte Mentalität dieses Gebildeten bestimmt auch seine Haltung zu den Werten der zeitgenössischen Welt. Gewiß ist sein Tristan auch Krieger, doch des Autors Interesse für Kampf und Kampfeskühnheit ist gering. Statt dessen werden andere charakterliche Werte seines Helden ausgeformt, so sein Edelmut, seine Hilfsbereitschaft gegenüber Bedürftigen, nicht zuletzt seine künstlerische Begabung. Der Tristan des Thomas ist vornehmlich Künstler, und dies zumal in der Bildersaal-Episode, läßt doch Tristan einen prächtigen Felsendom erbauen, den er mit lebensechten Statuen ausschmücken läßt, so daß er in der Fremde seine Sehnsucht wenigstens in den Armen der Kunstfigur seiner Geliebten stillen kann. Und auch Isolde erweist sich als begabte Künstlerin, die einen *Lai pitus d'amur* (einen »traurigen Lai von der Liebe«; V. 782, Fragment Sneyd) dichtet und ihn selbst unter Instrumentalbegleitung vorträgt.

Verpflichtet zeigt sich Thomas auch seiner Londoner Gesellschaft, der Bürgerschaft dieser reichen Handelsstadt, preist er doch sowohl die Pracht der Hauptstadt als auch die Rechtschaffenheit, die Lebensfreude und die Handelsklugheit ihrer Bewohner. Zeitgenössisches Ständekolorit spielt in die Handlung, wenn Kaherdin am Schluß in Kaufmannsverkleidung ausfährt, um Isolde in der Residenz zu London die letzte Botschaft Tristans zu überbringen.

Generell fällt auf, daß Thomas um eine überschaubare, geographisch klar fixierte Raumentscheidung für die Aktionen seiner Figuren bemüht ist. Die mythischen Schauplätze der Tristan-Handlung werden ersetzt durch bekannte Orte, deren Namen die Leser oder Hörer in die Lage versetzten, den Wegen der Kunstfiguren zu folgen.

Die besondere Leistung des Thomas besteht in der Motivation und Ausgestaltung der Liebesbeziehungen zwischen Tristan und Isolde. Zwar taucht das Trank-Motiv noch auf, doch der Trank besitzt nicht mehr die absolute, magisch zwingende Kraft, die er noch bei Berol aufwies. Nach Thomas entstand schon vor dem Genuß des Trankes, bei der ersten Begegnung der Liebenden, *eine amur fine et veraie* (also »eine edle, echte Liebe« D 1219). Somit wird den Liebenden die ganz persönliche Verantwortung für ihre Entscheidung zugewiesen. Zugleich ist Thomas jedoch bemüht, die Konfliktkonstellation zwischen illegitimer Liebesentscheidung und gesellschaftlicher (religiös fundierter) Moral abzubauen. So tilgt er die Vermittlung des Einsiedlers Ogrin (die Liebenden werden nicht mehr einem harten, rauhen Waldleben ausgeliefert, sondern genießen ein nachgerade paradiesisches Dasein) und baut überdies das Motiv der göttlichen Liebeslegitimation weiter aus (Einführung des Ordals).

(S. 85) »Tristan en prose«

Der »Tristan en prose« ist in zahlreichen Handschriften und Drucken des 13.–16. Jahrhunderts überliefert. Im allgemeinen geht man davon aus, daß nach 1240 zwei Fassungen entstanden seien, die für die Rezeption bestimmend waren, ohne daß durch die eine oder die andere die zwischen 1235 und

1240 entstandene Originalfassung repräsentiert sei. Durch Handschriftenvergleich konnte (als originalrepräsentativ) eine Art Vulgat-Version herausgearbeitet werden, die sich in drei Hauptteile gliedert:

1. Die Geschichte von Tristans Ahnen, die seiner Jugend, die seiner Abenteuer bis zum Exil in Logres.
2. Tristans Abenteuer bei Artus, seine Rückkehr zu Isolde nach Cornwall und seine zwei Einkerkerungen.
3. Das Leben der Liebenden in der *Joyeuse Garde*, Tristans Heldentaten, Entführung Isoldens und Tod der Liebenden.

Während die Tristan-Versionen des Berol und des Thomas rasch in Vergessenheit gerieten, wurde der »Tristan en prose« ein gewaltiger Publikumserfolg. In dieser Form lernte das französische Publikum seit der Mitte des 13. Jahrhunderts die Geschichte von Tristan und Isolde kennen, von dieser Version gingen aber auch die meisten italienischen und spanischen Adaptatoren aus, selbst der Autor des serborussischen Tristanromans.

Der »Tristan en prose« stellt im Grunde eine Neubearbeitung des »Lancelot en prose« dar, wobei es dem Autor darauf ankam, den Artus-Stoff in einer Art Summe zusammenzufassen und um seinen Titelhelden (den er offenkundig in den Fassungen Berols und Thomas' kennenlernte) neu zu organisieren. Deutlich ist er zudem bestrebt, die im »Lancelot en prose« vorbereitete starke Ideologisierung (im Sinne vorbildhafter Adelsideologie und einer ebenso vorbildhaften Ausgestaltung des Ideals der *fine amor*) zu übernehmen und sogar zu verstärken.

Entscheidender Ansatz für die Neuorganisierung der gesamten Werkhandlung ist die Rollenänderung des Marke, der aus der Rolle des königlichen Hahnrei in die des düsteren, haßvollen Feindes der ritterlichen Welt par excellence überführt wird. Seine Rivalität Tristan gegenüber ist doppelt begründet: einmal durch die enttäuschte Liebe zu Isolde (die dem glänzenden Tristan den Vorzug gibt), aber auch durch den neidvollen Haß gegen den kampfüberlegenen tapferen Ritter Tristan. Doch mehr noch: Marke erweist sich nicht nur als dämonischer Gegenspieler Tristans, sondern als teuflischer Antipode der gesamten ritterlichen Welt, dessen Grimm sich auch gegen Artus – den Herrn der ritterlichen Tafelrunde – richtet. Markes deutliches Bestreben ist die Destabilisierung, ja die Zerstörung der Welt des Artus; seine schwärzeste Missetat ist der Mord an Tristan. Daß er sich dabei überirdischer Mächte bedient (so sendet ihm die Fee Morgane das vergiftete Schwert, mit dessen Hilfe er Tristan töten kann), macht Markes Dämonie nur noch deutlicher. Letzten Endes wird auf diese Weise die Zerstörung jeder harmonischen Beziehung zwischen Königtum und Rittertum poetisch dokumentiert, wird doch der Tod Tristans zum Symbol für den Tod des Rittertums in Cornwall überhaupt, der am Hofe des Artus zu Recht Trauer auslöst. Es ist wohl nicht zu weit hergeholt, wenn man im »Tristan en prose« ein Dokument der Krise der feudalhöfisch-ritterlichen Gesellschaft sieht, die ihre Ideale nur noch in einer mythisch-irrealen Welt der Artus-Imagination gewahrt und in der Realität des königlichen Herrschaftsbereiches zerstört sieht. Daß diese Rolle des Marke die ehebrecherische Liebe Tristans und Isoldens eindeutig legitimiert und somit der Konflikt zwischen selbstverantwortlichem Glücksbegehren und Gesellschaft dichterisch ebenso unzweideutig zugunsten der Liebe entschieden wird, ist somit klar.

Abgesehen von dieser inhaltlichen Besonderheit sind es aber auch Merkmale der Form, die den Erfolg des »Tristan en prose« erklären. Es wurde mit diesem Werk offenkundig nicht nur ein Inhalts-, sondern auch ein Stilexperiment gewagt, da sich im Text die unterschiedlichsten (und offenbar dem Publikumsgeschmack sehr entgegenkommenden) poetischen Formen (neben der Prosa erscheint Lyrik, es gibt Briefeinlagen etc.) finden.

Das »Geißblatt-Lai« (»Lai du Chèvrefeuille«)

Dieses Ende des 12. Jahrhunderts verfaßte, nur 118 Verse umfassende Gedicht der Marie de France (das Tristan selbst zugeschrieben wird) erzählt eine der Wiederkehr-Episoden Tristans. Das sich um eine Haselgerte schmiegende Geißblatt ist Symbol für die Unzerstörbarkeit der Liebe Tristans und Isoldes.

Die Erzählungen von Tristans Narrentum (»Folie Tristan«)

Die zwei Fassungen der Episode von Tristans Wiederkehr in Narrenverkleidung (Berner und Oxforder »Folie Tristan«) zeigen die Gewalt der Liebe Tristans, der in der demütigenden Verkleidung als Narr zu Isolde zurückkehrt. Dabei steht jedoch das Erkennungsmotiv im Mittelpunkt: Isolde weigert sich zunächst, in jenem mißgestalteten Narren den Geliebten wiederzuerkennen. Beide Fassungen sind um 1200 anzusetzen.

Italien

Der Tristan-Stoff wurde in Italien bereits sehr früh rezipiert. Französische Jongleurs, die mit den Pilgerzügen aus Frankreich nach Rom wanderten, haben die *matière de Bretagne* – darunter auch den Tristan-Stoffkreis – in Italien bekannt gemacht. An Adaptationen finden sich hier vor allem Prosaromane, die dem altfranzösischen »Tristan en prose« nachfolgen. Zentren der »Tristan«-Rezeption waren die Städte Venedig und Pisa, die Höfe der Visconti in Mailand, der Anjou in Neapel und der Este in Modena.

Der erste nachweisbare Zeuge in Italien ist die auf dem »Tristan en prose« beruhende, aus dem 13. Jahrhundert stammende Kompilation des Rustichello von Pisa (verfaßt in französischer Sprache). Die älteste »Tristan«-Version in italienischer Sprache ist der nur fragmentarisch überlieferte »Tristano Riccardiano« (Ende des 13. / Anfang des 14. Jahrhunderts); sein Autor stellt die Tristan-Gestalt in den Mittelpunkt und eliminiert die Beziehungen zum Lancelot- und zum Gral-Stoff. In Abhängigkeit des »Tristano Riccardiano« stehen wohl der »Tristano Veneto« (der ergänzend Passagen aus der Rustichello-Fassung übernimmt und die Lancelot-Gestalt der Gestalt des Tristan gleichgewichtend gegenüberstellt), der »Tristan Corsiniano« (14. Jahrhundert) und ein kleines – gleichfalls aus dem 14. Jahrhundert stammendes – Fragment des Titels »Zibaldone Da Canal«. Die drei zuletzt genannten Werke sind in venezianischem Dialekt verfaßt.

Zu erwähnen ist, daß es in Italien offenbar auch Handschriften der Thomas-Version gab (die aus dem 13. Jahrhundert stammende Turiner Handschrift ist allerdings verschollen) und daß sich zwei von den drei erhaltenen Handschriften der »Tristan«-Fortsetzung Heinrichs von Freiberg in Italien befinden (Florenz und Modena). Die Bekundung Heinrichs von Freiberg, er sei einer Version des Thomas *in lampartischer zungen* (»in lombardischer Sprache«) gefolgt, wird jedoch als Nachahmung Gottfrieds zu werten sein, da Heinrichs Version kaum Gemeinsamkeiten mit Thomas aufweist.

Bedeutendster Zeuge für die Tristan-Rezeption in Italien ist die »Tavola Ritonda« (»Rundtafel«) aus der ersten Hälfte des 14. Jahrhunderts.

(S. 97) »La Tavola Ritonda«

Die »Tavola Ritonda« (»Rundtafel«) ist offenbar weit verbreitet gewesen. Davon zeugt eine Überlieferungsdichte von acht Handschriften, deren Entstehungszeit zwischen der Mitte des 14. und dem Anfang des 17. Jahrhunderts liegt. Es war dies wohl jene Version, in der das italienische Frühbürgertum den Tristan-Stoff rezipierte. Grund- und Vorlage des italienischen Werkes war der altfranzösische Tristanroman, der »Tristan en prose«, wobei sich der Verfasser der »Tavola Ritonda« (wie die Titelwahl zeigt) offenkundig der Tatsache sehr wohl bewußt war, daß es seinem Gewährsmann eigentlich um eine Summe der Artus-Erzählungen ging. Neben seiner Hauptquelle – dem Prosaroman – benutzte der italienische Dichter eine Reihe von Nebenquellen, so den »Tristano Riccardiano«, die »Queste del Saint Graal«, den »Mort Artu«, den »Prosa-Lancelot« und die Thomas-Version.

Der Inhalt seines Werkes, in das die Gralssuche integriert ist und das mit dem Untergang des Artus-Reiches endet, ist auf die Kunstfigur des Tristan konzentriert, der – durchgehend mit der Figur des Lancelot konfrontiert – als Repräsentant eines neuen Rittertyps erscheint. Tristan besitzt jedoch nicht nur ritterliche Tugenden, er ist auch ein *savio combattitore* (ein »weiser Kämpfer«), der seine Kämpfe vor allem durch den Einsatz von List zu bestehen weiß (womit der Autor offenbar seinem bürgerlichen Publikum die Reverenz erweist). Für diese Deutung spricht auch seine Charakterisierung des Helden als Ideal eines *cavaliere errante* (eines »irrenden Ritters«), der in sich nicht nur aristokratische, sondern auch bürgerliche Tugenden vereint.

Spanien

Von Frankreich aus gelangte der Tristan-Stoff bereits im 12. Jahrhundert auf die Iberische Halbinsel. Hier fand er sein Publikum in den Kreisen des Adels, vor allem aber am königlichen Hofe Kastiliens. Textgrundlage der spanischen »Tristan«-Rezeption war generell der »Tristan en prose«.

(S. 107) »Don Tristan de Leonis«

Die meisten Zeugen dieser Rezeption sind nur fragmentarisch überliefert. Ein vollständiger Tristanroman ist erhalten und überliefert mit dem – in zwei Drucken von 1501 und 1528 vorliegenden – »Libro del esforçado cauallero don Tristan de Leonis y de sus grandes hechos en armas« (»Buch von der Tapferkeit des Ritters Tristan von Leonis und seinen Waffentaten«).

Neben diesen – in Valladolid und in Sevilla entstandenen – Drucken sind weitere Drucke überliefert, die zum Teil erhebliche Erweiterungen aufweisen. Daß dem Druck von 1528 besonderer Wert beizumessen ist, wird nicht nur durch die Zahl der erhaltenen Exemplare, sondern auch durch seine Übersetzung ins Italienische (Venedig 1555) nahegelegt.

Folgt der Dichter dieser spanischen Version auch im wesentlichen dem Handlungsgang des altfranzösischen »Prosa-Tristan«, so konnten darüber hinaus Einflüsse anderer Werke der spanischen wie der italienischen Literatur nachgewiesen werden.

Schon der Titel läßt erkennen, daß es in diesem Buch vor allem um die Darstellung von Tristans Kämpfen und um die besondere Betonung seiner Kampfestüchtigkeit geht. Nur um dieser seiner Eigenschaft willen genießt er Hochachtung, ja Liebe am Hofe des Artus. Die Liebesgeschichte verliert demgegenüber an Bedeutung, auch wird die Subversivität der Ehebruch-Beziehung entschärft durch die negative Zeichnung der Marke-Figur. Es ging dem Dichter offenkundig in erster Linie darum, die literarischen Bedürfnisse der adligen Gesellschaft Kastiliens zu bedienen, die nostalgisch einer irrealen Ritter-Ethik huldigte.

Deutschland

(S. 113) Eilhart von Oberg, »Tristrant und Isalde«

Eilhart von Oberg(e) war (auch wenn Lokalisierung am Niederrhein vermutet wurde) mit einiger Sicherheit ein klerikal gebildeter Hofbeamter am Hofe Heinrichs des Löwen in Braunschweig, durch dessen Frau Mathilde (Tochter Eleonores von Aquitanien aus der Ehe mit dem englischen König Heinrich II.) Einflüsse der anglonormannischen Kultur möglich wurden und den Hof des Welfen zu einem der literarischen Zentren Deutschlands im 12. Jahrhundert machten. Durch Mathilde dürfte auch eine Handschrift der (uns nicht überlieferten) »Estoire« in die Hände Eilharts gelangt sein, dessen Werk der wichtigste Zeuge für den Inhalt der verlorengegangenen altfranzösischen Dichtung ist.

Die Überlieferung des Originalwerkes ist auf drei Fragmente (aus dem 12. und dem frühen 13. Jahrhundert) beschränkt. Die vollständige Fassung findet sich in drei (divergenten) Papierhandschriften aus dem 15. Jahrhundert. Datiert wird Eilharts Werk im allgemeinen um 1170. Für eine frühe Datierung spricht jedenfalls der Charakter der Sprache wie auch die Altertümlichkeit der Versform und des Reimes, wie sie uns in den ältesten Fragmenten faßbar werden.

Es ist das unbestreitbare Verdienst Eilharts, dem Tristan-Stoff Heimatrecht verschafft zu haben in der deutschen Literatur. Dabei ist unverkennbar, daß er in erster Linie eine spannende, eine abenteuerliche Geschichte erzählen wollte, eine Geschichte vom Leben und den Heldentaten Tristrants, wobei ihn die Intelligenz, mit deren Hilfe sein Held alle Lebensprüfungen bestand, offenkundig ganz besonders beeindruckt hat. Und erzählen will er natürlich auch eine Liebesgeschichte. *Vornemet*, so heißt es bei ihm (V. 51 f.), *von wertlichen sinnen, / von manheit und von minnen* (»hört eine Geschichte über alles, was in der Welt geschieht, über Heldentaten und über die Liebe«). Über die Liebe erzählt er allerdings stets sehr dezent: Tristrant begibt sich zu Isalde zumeist, um sie »zu sehen«, um mit ihr »zu plaudern«. Seltener ist vom Beilager oder vom Glück der Liebeserfüllung die Rede. Dagegen ist Eilhart in seinem ureigensten Element, wenn es darum geht, heldenhafte Kampfestaten zu schildern. Musterbeispiele sind für den Einzelkampf die Auseinandersetzung zwischen Tristrant und Morolt, für die Massenschlacht die von Tristrant nach allen Regeln zeitgenössischer Strategie vorbereitete und siegreich beendete Schlacht von Karahes. Da werden Schilde zerstückelt, Helme gespalten, Rüstungen durchbohrt, da fließt das Blut in Strömen, so daß die Kämpfer stellenweise bis zu den Knien hindurchwaten müssen. Bei der Gestaltung des Kernproblems – des Konfliktes zwischen Liebe und Ehe – zeigt sich Eilhart (wie Berol und demzufolge aller Wahrscheinlichkeit nach auch der Dichter der »Estoire«) merkwürdig schizophren. Auf der einen Seite zwingt ihn der Stoff dazu, die Unverbrüchlichkeit der Liebesbindung zwischen Tristrant und Isalde zu gestalten, auf der anderen ist er bemüht, seine Hauptfiguren von dem moralischen Makel ehebrecherischer Liebe zu entlasten, indem er die Wirkung des Liebestrankes immer wieder ins Bewußtsein ruft:

so grŏz ward daß minnen
zwúschen in ŏn on iren danck:
daß macht alleß der tranck.
(V. 2366–68, Hs. H)

(Gewaltig war ihre Liebe. Doch dies hatte – ganz gegen ihren Willen – der Liebestrank bewirkt.)

An einigen Stellen scheint ihm die Galle übergelaufen zu sein. Als er erklären will, warum Isalde ihre Zofe und Freundin Brangene zur Stellvertretung in der Hochzeitsnacht veranlaßt, heißt es in der – als Leithandschrift anzusehenden – Handschrift H:

der lischt ward dar umb erdaucht,
daß sie den kúng so betröge
und im ir hůrentům verzúge.
(V. 2732–35)

(Diese List wurde überlegt, weil Isolde den König betrügen und ihm ihre Hurerei verheimlichen wollte.)

In die gleiche Richtung zielt der Versuch einer moralischen Entlastung der Gattin Tristrants, die ja mit ihrem Betrugsmanöver bei Eintreffen des Rettung verheißenden Schiffes Tristrants Tod verursacht: *an aller schlacht falschait / sprach sü so tumlichen* (»ohne böse Absicht war sie leichtfertig genug, diese Worte auszusprechen«; V. 9380 f.).

Irgendwie ist ihm die ungeheure Leidenschaft seines Helden unheimlich. Bei Schilderung der Bettsprung-Szene bezeichnet er Tristrants Tun, das doch aller Vernunft entbehrt, als *gröz tumphait* (V. 3909), und wieder kann er dieses höchst unsinnige Tun seines Helden, der doch sonst so klug zu handeln weiß, nur mit der Wirkung des Trankes erklären.

Die unübersehbare Tendenz, die entlastende Funktion der Trankwirkung hervorzuheben und damit seine Helden von der persönlichen Verantwortung zu entlasten, charakterisiert Eilharts Einstellung zur ideellen Potenz seines Stoffes deutlich genug: Der Konflikt zwischen Liebe und Ehe, resultierend aus ehebrecherischen Beziehungen, sollte entschärft werden.

Ausdruck dieser Tendenz ist auch die Beibehaltung der Waldleben-Episode in ihrer – offenkundig schon in der Vorlage vorhandenen – Gestalt. Das Waldleben der beiden Liebenden wird in seiner ganzen Härte und Grausamkeit geschildert, so daß es nur zu verständlich erscheint, wenn die beiden Hauptgestalten aus diesem unwirtlichen Dasein gern zurückkehren in die Annehmlichkeiten der gesellschaftlichen Existenz, nachdem die (zeitlich exakt beschränkte) Trankwirkung abgeklungen ist. Während Berol sie nach drei Jahren völlig erlöschen läßt, wird sie allerdings bei Eilhart nach vier

Jahren nur erheblich verringert: Die Liebenden können nach dieser Zeit – trotz fortdauernder Neigung – existieren, ohne einander ständig nahe sein zu müssen. Die Fortdauer der Neigung erklärt die Wiederkehr-Abenteuer Tristrants und stellt somit sicher, daß Eilhart bestrebt war, das Handeln seiner Figuren stärker individuell zu motivieren. Dennoch: die Mechanik der Trankwirkung wie auch die Gegenüberstellung von notvoller außergesellschaftlicher Existenz erfüllter Liebe und angenehmer gesellschaftlicher Existenz bei nichterfüllter Liebe ist bemerkenswert für die Eilhart-Version und wurde folgenreich für die bei ihm anknüpfenden Fortsetzer des »Tristan«-Fragments Gottfrieds von Straßburg.

(S. 190) Gottfried von Straßburg, »Tristan«

Die Persönlichkeit Gottfrieds von Straßburg ist in ihrer Biographie nicht faßbar. Über Vermutungen, daß wir es mit einem hochgebildeten, in Straßburg oder in der Nähe dieser Stadt wirkenden Manne zu tun haben, kommen wir nicht hinaus. Auch die Datierung seines Werkes (erstes Jahrzehnt des 13. Jahrhunderts) ist mit mancherlei Vagheiten belastet.

Sein nach Thomas geschaffener Versroman von Tristan und Isolde ist durch insgesamt 27 Textzeugen überliefert, darunter befinden sich 11 Handschriften mit dem vollständigen Text und 16 Fragmente. Für die Mehrzahl der Handschriften ist Entstehung im deutschen Südwesten erschließbar (alemannischer Sprachduktus); ferner wird Gottfrieds Werk in den Handschriften – mit einer Ausnahme – generell mit einer der noch zu behandelnden Fortsetzungen überliefert. Offenbar waren die Handschriftenbesteller daran interessiert, das komplette Werk zu besitzen. Das Original läßt sich nach zwei Leithandschriften (der Münchener Handschrift M und der Heidelberger Handschrift H) verläßlich rekonstruieren. Offenbar stellte der Autor Gottfried von

Straßburg eine solche Autorität dar, daß man keinerlei belangvollere Eingriffe in den Text wagte.

Für Gottfried steht – im Unterschied zu Eilhart von Oberg – eindeutig die Liebesgeschichte im Vordergrund des Interesses und der dichterischen Gestaltung. Darstellungen kämpferischer Auseinandersetzung sind bei ihm oft erstaunlich knapp gehalten, als hätte er eine Abneigung gegen leichtfertiges, unüberlegtes Dreinschlagen nur um des persönlichen Ruhmes willen. So bricht er die Darstellung des Turniers, das Marke anläßlich der Schwertleite Tristans veranstaltet, ganz unvermittelt ab mit der lakonischen Bemerkung, der Leser möge nähere Einzelheiten bei den Knappen erfragen, die die zerbrochenen Lanzenschäfte einsammelten (V. 5056–62). Ihn selbst interessieren derlei Dinge offenbar nicht sonderlich. Ja selbst der Charakter seines Helden Tristan wird dieser Tendenz angepaßt. Tristan sucht die Gefahr des Kampfes nie leichtfertig um seines persönlichen Ruhmes willen, sondern nur dann, wenn dies im Zusammenhang mit einer übernommenen Aufgabe unbedingt notwendig bzw. unvermeidbar erscheint. Diesen Zug offenbaren der Morgan-Kampf, der Morold-Kampf, die Irland-Abenteuer, der Gandin-Kampf und der Urgan-Kampf. Bemerkenswert ist hierbei zudem, daß Tristan seine Aufgaben als Kämpfer nicht so sehr mit Hilfe physischer Stärke löst, sondern durch den Einsatz von überlegter, vorausschauender Klugheit und blitzschnell reagierendem Intellekt. Dies zeigt besonders überzeugend der Gandin-Kampf, in dem Tristan den Entführer mit der gleichen Waffe besiegt, die dieser gegen Marke anwandte: der List. Ein Quellenvergleich zeigt, daß Gottfried in diesem Falle (wie auch in anderer Hinsicht) eine bereits bei Thomas vorhandene Gestaltungstendenz bewußt verstärkt hat. Ein einleuchtendes Beispiel für diese über Thomas hinausgehende Tendenz der »Intellektualisierung« des Helden (die zugleich das Bestreben nach logischer Durchdringung des Handlungsganges widerspiegelt) bietet die Schilderung der ersten Irland-Fahrt Tristans: Thomas läßt den todkranken Tristan im Kahn ziellos von den Winden auf das Meer hinaustreiben. Nur einem glücklichen Zufall ist es zu verdanken, daß er Irland erreicht und dort Heilung findet. Bei Gottfried erfährt Tristan aus Morolds Mund, daß er von einer vergifteten Waffe verwundet wurde und nur von Morolds Schwester geheilt werden kann. Er reagiert sofort, indem er die Wunde vor den am Ufer harrenden irischen Rittern verdeckt. Später begibt er sich auf die Fahrt mit dem klaren Ziel, in Irland bei Morolds Schwester Heilung zu suchen, und dies unter Einsatz listiger Verstellungskunst. Daß mit diesem Charakterzug das hohe Maß an Bildung korrespondiert, mit dem Tristan ausgestattet ist (er beherrscht sämtliche Sprachen, sämtliche Instrumente, kann dichten und Lieder vortragen, er beherrscht alle nur denkbaren Hofkünste und Jagdbräuche), versteht sich.

Wenden wir uns jedoch dem zentralen Problem, dem Konflikt zwischen (illegitimer, ehebrecherischer) Liebe und Ehe bzw. institutionssichernder Gesellschaft zu. Zunächst ist es wesentlich, Gottfrieds Aussagen zur Schuldfrage aufzusuchen, wie sie in seinen (ihm persönlich eignenden) Werk-Exkursen enthalten sind. In dem berühmten (5.) Minne-Exkurs (V. 17723 ff.) spricht Gottfried vorbehaltlos Marke – also den Ehegatten – schuldig. Da Marke die volle Gewißheit darüber hatte, daß Isolde nicht ihn, sondern Tristan liebte, besaß er nicht die geringste moralische Handhabe zur Verurteilung der Liebenden. Nur ihn traf die Schuld an den sich aus dem Konflikt ergebenden Weiterungen. Seine Schuld erhöht sich dadurch, daß er bei Isolde stets lediglich den sexuellen Genuß sucht, ohne jene tiefere Gemeinsamkeit anzustreben, wie sie zwischen Tristan und Isolde besteht. Und dem Schuldspruch Markes schließt Gottfried (V. 17784–816) den Freispruch für die liebende Frau an. Gottfried betont ausdrücklich, daß Marke in Isolde ausschließlich eine Form der Repräsentation seiner königlichen Würde und das Ziel seiner sexuellen Triebe sah, und er macht so die Ehe zwischen Marke und Isolde zum Prototyp der feudalen, auf vertraglicher Übereinkunft beruhenden, von gesellschaftlicher Moral gesicherten Konvenienzehe. Bei der Gegenüberstellung von Liebe und Ehe geht er nicht von der Unanfechtbarkeit der gesellschaftlichen Institution aus, sondern von der Echtheit und Tiefe menschlichen Fühlens. Er vertritt offenbar eine neue, menschlichere Moral, die des persönlichen, durch echte menschliche Beziehung legitimierten Glücksanspruches, und er verurteilt die gesellschaftlich-institutionelle Scheinmoral der Ehe. Bei einer solchen Deutung mußte Gottfried daran gelegen sein, die Liebe zwischen Tristan und Isolde von der Trank-Mechanik zu befreien. Diese Tendenz war – wie wir sahen – schon bei Thomas vorbereitet. Gottfried läßt bereits (anläßlich des Drachenkampfes, also noch vor dem Genuß des Liebestrankes) Tristans treuen Begleiter Curvenal bezeugen, daß Tristan in Liebe zu Isolde entbrannt sei (V. 9650 ff.). Noch deutlicher zeigt Gottfried das frühe Erwachen der Liebe bei Isolde. Eindeutige und entscheidende Aufschlüsse gewährt in diesem Belang die Badezimmer-Szene. Auch hier hatte offenbar Thomas vorbereitet, denn nach dem Zeugnis der (Thomas adaptierenden) »Tristramsaga« blickt Isolde in dieser Szene Tristan *med astsamligum augum* (»mit verliebten Augen«) an. Gottfried läßt seine Isolde den scheinbaren Kaufmann gründlich und selbstvergessen in Augenschein nehmen:

swaz magt an manne spehen sol,
daz gevil ir allez an im wol
und lobetez in ir muote.
(V. 10001–03)

(Was ein Mädchen an einem Manne in Augenschein nehmen soll, das erregte alles ihr Wohlgefallen, und sie bewunderte es insgeheim.)

Noch aufschlußreicher ist die Erkennungsszene im Bade. Die Isolde des Thomas bebt nach vollzogener Splitterprobe vor Wut; vor Rachgier bricht ihr der Schweiß aus. Mit erhobenem Schwert eilt sie zu Tristan, und nur dessen Hinweis darauf, daß von ihm allein ihre Rettung vor dem Truchseß abhängt, vermag sie in ihrem Vorsatz wankend zu machen. Sie zögert so lange, bis die eintretende Mutter ihr das Schwert entreißt. Gottfried ändert folgendermaßen: Nach der Splitterprobe erstarrt Isoldens Herz zu Eis. Sie wechselt vor Zorn und Schmerz die Farbe und nennt sich in schmerzlichem Ausruf selbst die *seldelose Isot* (die »unglückliche Isolde«). Warum dies, wenn ihr Tristan gleichgültig wäre? Als Tristans Redekunst und das Eingreifen der Mutter Isolde von ihrem Vorsatz abgebracht haben, versichert Gottfried, daß Tristan selbst dann ungefährdet geblieben wäre, wenn Isoldens Mutter nicht eingegriffen und Tristan im Bad zusätzlich in Fesseln gelegen hätte. Isolden vermochte ihm nichts zuleide zu tun, da sie *die suze wipheit* (V. 10255) daran hinderte (was wohl mit »zärtlichem weiblichen Fühlen« zu übersetzen wäre).

Gottfried ist also (wie vor ihm schon Thomas) darum bemüht, die Liebe zwischen Tristan und Isolde andeutend als gewachsenes Gefühl zu kennzeichnen und sie von der Mechanik des Zaubertrankes zu befreien. Der Trank wird bei ihm zum äußeren Zeichen – zum Symbol – endgültigen Zueinanderfindens. Daraus folgt jedoch, daß Gottfrieds Liebende für ihr Fühlen und Handeln voll verantwortlich sind. Damit wird der ästhetisch revolutionierenden, zu renaissancehaftem Ausbruch drängenden Potenz des Tristan-Stoffes erstmals voll Genüge getan. Folgerichtig wird die Gesellschaftsfeindlichkeit der Tristan-Liebe darstellerisch bewußt vorgeführt. (Umgekehrt könnte man natürlich auch von der Darstellung der Liebesfeindlichkeit der Gesellschaft sprechen.) Dieser Zug künstlerischer Gestaltung wird prall und deutlich erkennbar bei der Ausformung der Waldleben-Episode. Und hier löst sich Gottfried auch entscheidend von Thomas. Besaß diese Episode bei Thomas – nach Ausweis der Saga – noch engen Wirklichkeitsbezug, so formt sie Gottfried um zum allegorischen, unwirklich-idyllische Züge tragenden Sinn-Bild wahrer Liebe. Er läßt Tristan und Isolde nach ihrer Verbannung vom Marke-Hof in eine der Minne geweihte

Grotte gelangen, die sich durch räumliche Ferne und Unzugänglichkeit, durch unwirkliche, idyllische Schönheit und durch das Ausschalten aller kreatürlichen Bedürfnisse (wie Nahrung, Schutz vor Witterungsunbilden) auszeichnet. Nur in dieser utopischen, idealen, gesellschaftsfernen Existenz vermag sich die Liebe zwischen Tristan und Isolde ungetrübt zu entfalten. Der Versuch, Liebeserfüllung und gesellschaftliche Existenz zu vereinen, führt zu leidvollem Dasein. Dieses Leid der Tristan-Liebe ist für Gottfried – im Unterschied zu Thomas – entscheidender Ausweis wahrer Liebe, da wahre Liebe innerhalb der Gesellschaft unweigerlich Herzeleid mit sich bringt. Damit verurteilt wahre Liebe den Menschen in der Gesellschaft zur tragikumwitterten Existenz. So hat Gottfried in der Tat wohl am tiefsten begriffen, daß er mit dem Tristan-Stoff den stofflich-thematischen Vor-Wurf einer der großen Liebestragödien der Weltliteratur an die Hand bekam, den er zudem mit der künstlerischen Meisterschaft eines genialen Poeten zu einer dank ihrer Sprachschönheit fast harmonische Musikalität ausstrahlenden Kunstschöpfung ausformte.

Die Fortsetzung des Ulrich von Türheim

In zwei Fällen haben es Autoren des 13. Jahrhunderts unternommen, das »Tristan«-Fragment Gottfrieds von Straßburg durch eine Fortsetzung zu komplettieren. Als erste entstand zwischen 1230 und 1235 die 3730 Verse umfassende Continuatio des aus dem Augsburgischen stammenden Adligen Ulrich von Türheim, geschrieben im Auftrage des einflußreichen Konrad von Winterstetten. Ulrich von Türheim, bekannt als Fortsetzer Wolframs von Eschenbach (dessen »Willehalm«-Torso er mit einem etwa 36 500 Verse umfassenden »Rennewart« ergänzte) und als Verfasser eines (nur bruchstückhaft überlieferten) »Clîes«, stützte sich bei seiner Fortsetzung offenkundig auf den »Tristrant« des Eilhart von Oberg.

Ulrichs Werk wurde – verständlicherweise – generell in Verbindung mit dem Torso Gottfrieds von Straßburg überliefert. Insgesamt findet es sich in sieben Handschriften. Diese Summe läßt die Schlußfolgerung zu, daß Ulrichs Werk vielfach den Geschmack des mittelalterlichen Publikums getroffen hat, wenngleich es Gottfried gegenüber zweifellos sprachgestalterisch-stilistisch abfällt.

Ulrich verhält sich inhaltlich relativ selbständig gegenüber seiner Quelle, dem »Tristrant« des Eilhart von Oberg. Seine Erzählung setzt mit den Ereignissen in Karke ein. Die Josephs-Ehe Tristans mit der Isolde Weißhand und die der Szene vom »kühnen Wasser« folgenden Ereignisse werden noch in engem Anschluß an Eilhart erzählt. Neu eingefügt ist ein märchenhaftes Element: Ein schwarz-weiß geflecktes Wunderreh überbringt Tristan im Beisein von Kaedin eine Liebesbotschaft der blonden Isolde. Die anschließenden Liebesabenteuer werden zu einer einzigen Cornwall-Fahrt zusammengefaßt, in der Ulrich die stofflichen Elemente verschiedener Wiederkehr-Abenteuer miteinander verschmilzt: Der erste Besuch mit Kaedin ist erweitert durch eine auf die Aussätzigenverkleidung folgende Wiederkehr in Knappenverkleidung, die dann zur Versöhnung mit Isolde führt. Unmittelbar darauf bittet Isolde den Geliebten in Narrenverkleidung zu sich. Der Schluß verläuft wiederum parallel zur Eilhart-Version.

Diese äußerlichen Abweichungen von der Vorlage sind freilich wenig aussagefähig für die Intention Ulrichs. Entscheidend sind seine Gestaltungsbesonderheiten und seine Aussagen im Falle des Konfliktes zwischen Liebe und Ehe. Ulrich distanziert sich als Autor in einem Autorenkommentar expressis verbis von der Verhaltensweise seines Helden, der für ihn ein *unreht lebn* (V. 2503), also ein verwerfliches

Leben, führt. Die Liebe zwischen Tristan und Isolde sei sowohl ehrenrührig als auch gottlos. Um dies deutlich zu machen, legt er Tristan den folgenden einsichtigen Monolog in den Mund:

> Tristan, la den unvuc,
> des diu werlt niht ruchet
> unde doch der sele vluchet.
> Tristan, la den unsin
> unt tu die gedanke hin,
> die dir din heil verkêrent
> unde gar din ere unerent.
> (V. 46–52)

(Tristan, laß ab von diesem ehrenrührigen Tun, an dem alle Menschen Anstoß nehmen und das deiner Seele zum Fluch wird. Tristan, laß ab von diesem unsinnigen Tun, laß ab von diesen Gedanken, die dein Seelenheil gefährden und deine Ehre ins Gegenteil verkehren.)

Nach Ulrich führt diese gegen die menschlichen Ordnungen und gegen Gottes Gebot gerichtete Liebe die beiden Liebenden folgerichtig in die Klauen des Teufels (V. 3709). Ganz offensichtlich geht ihm der Bruch der ehelichen Treue gegen alle moralischen Grundsätze. Diese Auffassung wird erhärtet durch die Besonderheiten seiner Darstellung von Tristans Ehe mit der weißhändigen Isolde.

Isolde Weißhand wird als die Gattin Tristans in die vorteilhafteste Beleuchtung gerückt. Ulrich nennt sie *diu reine süeze maget Isot* (»die unschuldige, liebenswerte Jungfrau Isolde«; V. 310) und weist den Leser immer wieder auf das ihr von Tristan angetane und von ihr so standhaft getragene Leid hin. Wenngleich sie von Tristan schwer gekränkt wurde und im Grunde auch weiß, warum er sie verschmäht, nimmt sie ihn gegen den eigenen Vater in Schutz und ermöglicht sogar seine England-Fahrt. Isolde Weißhand wird von Ulrich als in jeder

Hinsicht vorbildhafte Tochter und Gattin vorgestellt. Die Ehe mit Tristan wird ihr von ihren Eltern befohlen, da sie im Interesse des Landes notwendig sei, und Isolde gehorcht widerspruchslos, zumal sie sich zu Tristan hingezogen fühlt. Als Ehefrau nimmt sie ebenso widerspruchslos das merkwürdige Gebaren Tristans hin. Unberührt erhebt sie sich nach der Brautnacht mit den Worten: *swas ir tut, daz ist gut. / iwer mut, das ist min mut* (»Was Ihr tut, ist wohlgetan. Was Ihr wollt, das will auch ich« V. 297 f.).

Wie für Eilhart, so ist auch für Ulrich *daz wunderliche minnen tranc* (»der zauberische Liebestrank« V. 229) die einzige und willkommene Erklärung sowie Entschuldigung für die verbrecherische Handlungsweise von Tristan und Isolde Blondhaar:

heit in das tranc der minne
niht braht uf unsinne!
daz crancte in dike an eren.
(V. 3581–83)

(Hätte ihn der Liebestrank doch nur nicht in dieses unsinnige Tun verstrickt! Er tat seinem Ansehen empfindlich Abbruch.)

Ausgangspunkt dieser moraldidaktisch fundierten Verurteilung der Tristan-Liebe ist Ulrichs ausgeprägte Religiosität, die sich in der häufigen Zitation Gottes und der Heiligen dokumentiert und ihn folgerichtig die Liebe zu Gott weit über die irdische (solcherart Gefahren heraufbeschwörende) Liebe stellen läßt.

Mit seiner Fortsetzung hat Ulrich von Türheim also nicht allein den Versuch einer inhaltlichen Vollendung des Gottfriedschen Werkes unternommen, sondern zugleich auch den einer Revision der von Gottfried vertretenen – renaissancehaften – Grundintention, und dies vom Standpunkt einer in christlicher Ethik wurzelnden Moralauffassung.

Die Fortsetzung des Heinrich von Freiberg

Heinrich von Freiberg, ein Bürgerssohn aus Leitmeritz (der dem Literaturkreis um König Wenzel II. von Böhmen angehörte) schrieb um 1290 seine »Tristan«-Fortsetzung im Auftrage des böhmischen Adligen Ulrich von Lichtenburg. Von seiner Hand stammen außerdem ein Legendenwerk (»Vom heiligen Kreuz«) und ein Preisgedicht auf den Ministerialen Johann I. von Michelsberg (»Die Ritterfahrt des Johann von Michelsberg«). Heinrichs »Tristan« ist uns in drei Handschriften überliefert, deren zwei sich in Italien (in Florenz und Modena) befinden, während die dritte in Köln aufbewahrt wird.

Heinrich stützte sich bei der Abfassung seiner Fortsetzung nicht nur auf Eilhart von Oberg, sondern auch auf die Fortsetzung Ulrichs von Türheim. Außerdem reicherte er sein Werk mit Episoden des Gottfriedschen Torso an.

An inhaltlichen Besonderheiten seien die folgenden erwähnt: Heinrich schiebt nach der Eheschließung Tristans mit Isolde Weißhand die bei Eilhart vor der Arundel-Handlung liegende Artus-Episode ein, die er weidlich ausgestaltet, und dies im Sinne aventiurehafter Ritterepik. Dadurch eröffnet er sich die Möglichkeit wiederholender Handlungsführung, denn er läßt Artus zwischen Tristan und Marke vermitteln, so daß Tristan am Marke-Hof bleiben kann. Nun können die Versionen von Gottfried und Eilhart vereint werden: Heinrich läßt Marke die Liebenden erneut in flagranti überraschen, doch folgt jetzt der Versuch ihrer Hinrichtung und die Flucht mit eineinhalbjährigem Waldleben, bis Marke Isolde aufspürt und sie – von ihr listig getäuscht – wieder bei sich aufnimmt. Erst jetzt – nach der Rückkehr Tristans – folgen die Szene mit dem kühnen Wasser und ein Wiederkehr-Abenteuer, das Züge der ersten (Zug mit Kaedin) und der letzten (Tristans Narrentum) Cornwall-Fahrt Eilharts vereint. Der Schluß entspricht vollkommen der Eilhartschen Fassung.

Heinrich war ohne Zweifel ein belesener und begabter Autor, der Gottfrieds Werk sehr genau kannte und sich auch alle Mühe gab, Gottfrieds Stil nachzuahmen, so daß man sein Werk – im Vergleich mit der Fortsetzung Ulrichs von Türheim – stets als das formgestalterisch gefälligere, reifere Werk empfunden hat. Dennoch ist seine intentionale Sicht durchaus der seines Vorgängers Ulrich von Türheim adäquat.

Zunächst fällt ins Auge, daß Heinrich den Aventiure-Teilen der Vorlagen lebhaftes Interesse entgegenbrachte. Kampf- und Prunkschilderungen gelingen ihm vorzüglich. Auch ist er bestrebt, Tristan mit allen Zügen eines tüchtigen, streitbaren Helden und Ritters auszustatten. Doch wie Eilhart und auch Ulrich distanziert sich Heinrich von Freiberg unüberhörbar von der ehebrecherischen Liebe Tristans und Isoldes. Sie erscheint im als ehrenrührig, als eine Sünde, ein Unrecht, dessen Schwere durch das nahe Verwandtschaftsverhältnis Tristans zu Marke noch erhöht wird. Nach dem Vorbild Ulrichs läßt der Dichter seinen Helden in einem Monolog sich selber das Urteil sprechen. Es zeuge von *krankem sinne* (»geistiger Verwirrtheit«), daß er die Ehefrau seines Oheims liebt:

du sundest sere wider got:
der tuvel der hat sinen spot
mit dir getriben alze vil.
(V. 209–211, Hs. F.)

(Du versündigst dich schwer gegen Gott. Der Teufel hat sein heimtückisches Spiel mit dir getrieben, und dies nur allzu sehr.)

Und wie Ulrich unterstreicht auch Heinrich das Verwerfliche der Handlungsweise Tristans durch die rührende Charakteristik der Isolde Weißhand. Nur in der Erklärung der Liebesbindung zwischen Tristan und Isolde unterscheidet er sich von seinem Vorgänger: Er sucht die Ursache dieser unglückseligen Entwicklung in einer widrigen Konstellation der Gestirne (V. 225).

Auch für Heinrich von Freiberg ist die motivierende ideelle Grundlage seiner Verurteilung die christliche Moraltheologie. Der Tristan-Stoff sei nachgerade ein Exempel für die Sündenhaftigkeit der Welt und die Vergänglichkeit ihrer Freuden. Er sei eigentlich so recht geeignet, den unvergänglichen Wert der Gottesliebe erkennen zu lehren. So hebt denn Heinrich von Freiberg im Epilog warnend den moralischen Zeigefinger und fordert alle in irdische Liebe verstrickten Menschen auf, in diesen Spiegel der Tristan-Dichtung zu schauen, zeige er doch deutlich genug die Vergänglichkeit der irdischen und die Unvergänglichkeit, den Wert der göttlichen Liebe. Ein jeder Christ solle sich daher lieber der wahren Liebe zu Gott zuwenden, die ohne Ende ist: *wir cristen sulen minnen Crist* (V. 6860).

Spektakulär mutet Heinrichs Idee einer weniger anstößigen Lösung des Konfliktes an, die er angesichts der gegebenen (von Stoffkenntnis geprägten) Erwartungshaltung seines Publikums natürlich dichterisch nicht zu realisieren wagte. Marke erklärt nämlich am Ende, daß er die Ehe mit Isolde Blondhaar nicht geschlossen und sie Tristan zur Gattin gegeben hätte, wenn die beiden ihm nur ihre Liebe gestanden hätten!

»Tristan als Mönch«

In der Brüsseler Handschrift (R) des »Tristan« Gottfrieds von Straßburg ist neben der Fortsetzung Ulrichs von Türheim ein deutschsprachiges (aus dem deutschen Südwesten stammendes) Episodengedicht enthalten, das mit 2705 Versen eines der Wiederkehr-Abenteuer Tristans nach Cornwall erzählt. (Es fand sich auch in dem mit S bezeichneten Hamburger »Tristan«-Codex.) Als Entstehungszeit kommen die Jahrzehnte zwischen 1210 und 1260 in Betracht; die Vorlage ist unbekannt.

Inhaltlich wird ein heimlicher Besuch Tristans bei seiner Geliebten geschildert, diesmal in Mönchsverkleidung. Das Gedicht stellt sich damit an die Seite der beiden »Folies Tristan« (»Tristan als Narr«) und des »Tristan ménestrel« (»Tristan als Spielmann«), den Gerbert de Montreuil in seine Fortsetzung von Chrétiens de Troyes »Perceval« eingegliedert hat.

Ideell steht der Autor Gottfried von Straßburg insofern nahe, als er die Liebe Tristans und Isoldes von der Trank-Mechanik befreit und ihr Recht gegen das der Ehe verficht. Auf der anderen Seite werden die beiden ehelichen Verbindungen (zwischen Marke und Isolde Blondhaar sowie zwischen Tristan und Isolde Weißhand) als durchaus intakt und problemlos qualifiziert. Offenbar hat der Autor selbst die Widersprüchlichkeit seiner Darstellung nicht gespürt. Es ging ihm um die naive Erzählung einer spannenden Liebesgeschichte, mit der er den Kreis der »Tristan«-Adaptationen bereichern wollte.

Das Fragment eines mittelniederdeutschen Tristanromans

Im Jahre 1881 wurde in Prag ein in die Mitte des 14. Jahrhunderts zu datierendes Fragment eines Tristanromans in mittelniederdeutscher Sprache entdeckt, das sich heute in der Österreichischen Nationalbibliothek (Cod. Vind. Ser. Nov. 3968) befindet. Inhaltlich liegt eine Bearbeitung der Episode von »Tristan dem Zwerg« vor, wie sie sich bei Thomas findet.

Für den unbekannten Autor dieses Textes war die Liebeshandlung offenbar ziemlich uninteressant. Ihn interessieren die Kampfschilderungen, und ganz augenfällig ist die betonte

Darstellung der Kampfestüchtigkeit seiner beiden Helden. Für diese Tendenz spricht auch die Hereinnahme des Artus-Stoffkreises, der bei Thomas fehlt: Es begegnen mehrere – abgewandelte – Motive aus Artusromanen (so etwa aus dem »Lanzelet« des Ulrich von Zazikhoven).

(S. 271) Der Prosaroman »Tristrant und Isalde«

Im 15. Jahrhundert setzten in Deutschland Prosa-Auflösungen hochmittelalterlicher Versepen ein, Ausdruck eines Geschmackswandels beim (vor allem städtischen) Publikum. Für eine weite Streuung dieser Prosafassungen sorgte der Buchdruck. In diesen Zusammenhang stellt sich der deutsche »Prosa-Tristan«, eine Prosa-Adaption der Eilhart-Version aus dem 15. Jahrhundert, die in 13 Drucken des 15.–17. Jahrhunderts erhalten ist. Der älteste, die »Volksbuch«-Fassung, stammt aus dem Jahr 1484 (gedruckt von Antonius Sorg zu Augsburg). Der Autor dieser Fassung begründet sein Unternehmen ausdrücklich mit dem notwendigen Eingehen auf den Geschmackswandel des Literaturpublikums. Es geschehe *von der leüt wegen, die solicher gereimbter buecher nit genad habent, auch etlich, die die kunst der reimen nit eygentlich versteen künden* (»wegen jener Leute, denen Versromane widerwärtig sind, auch wegen jener, die für die Reimkunst kein Verständnis mehr aufbringen können«; S. 202).

Aller Wahrscheinlichkeit nach hat der Prosaist lediglich die Eilhart-Fassung gekannt. Darauf deutet jedenfalls seine Schlußrede, in der er den ihm bekannten Verlauf der deutschsprachigen »Tristan«-Rezeption umreißt: *Von diser Hystori hat von erst geschriben der meister von Brytania und nachmals sein buoch gelihen einem mit namen Filhart von Oberet, der hat es darnach in reymen geschriben* (»Diese Geschichte hat zuerst der Meister aus Britannien geschrieben. Danach hat er sein Werk einem Manne mit Namen Eilhart von Oberg geliehen, der es in Reimversen übersetzte«; S. 202). Die Berufung auf einen *meister von Brytania* dürfte allerdings auf die Kenntnis von Gottfrieds Versroman zurückgehen, denn der Prosaist verrät nirgendwo sonst Kenntnis der Thomas-Version.

An dieser seiner Vorlage – einer offenbar recht guten Eilhart-Handschrift – ändert er nichts, wenn man absieht von der deutlichen Tendenz, die Handlungsführung durch energische Kürzungen zu straffen. Diese Tendenz trifft freilich nicht so sehr die Liebesmonologe und -dialoge, die der Prosaist vielmehr in larmoyante Elegien umfunktionierte.

Im Vordergrund der Prosafassung steht – wie bei Eilhart – der tapfere Ritter Tristrant, dessen unselige Verirrung der Liebestrank entschuldigt. Dieser immer wieder mit Nachdruck hervorgehobene Umstand kennzeichnet besonders augenfällig die Darstellung der Hochzeitsnacht-Szene. Der Prosaist betont die unwiderstehliche Gewalt des Zaubertrankes, um so die moralische Unschuld und Integrität seines Helden darzutun: *doch mag es rechtlich nit betrieglikeit sein, weil er solichs nit aus eignem muotwillen und frefel geton hat, sunder aus schickung und würkunge materlicher kunst* (»doch kann man dies – wenn man gerecht urteilt – nicht einen Betrug nennen, denn es geschah weder aus Übermut noch in verbrecherischer Absicht, sondern es war schicksalhaft und das Ergebnis eines klug ersonnenen Zaubers«; S. 57).

Doch wenn auch der Autor dieses Buches die Liebe Tristrants und Isaldens durchaus vom Makel moralischer Verfehlung freizuhalten sucht (während er umgekehrt sowohl Marke als auch dessen heimtückische Barone kräftig einschwärzt), distanziert er sich doch am Ende – damit Ulrich von Türheim und Heinrich von Freiberg sekundierend – klar von dieser Art Liebe, und er stellt ihr preisend und empfehlend die göttliche Liebe gegenüber: *Darumb, ir mann und frawen habent auffmerckung auff eüch selbst, das eüch weltlich lieb nit so gar überwinde, das ir darmit der lieb gottes vergessent, und eüch zuo solichem unbereitten tode ziech.*

Nembt war, wie dise lieb disen zweien so gar ein schnelles, unbereits sterben zuo gefuegt hat; und auch das nach kleiner, kurtzer freüd geet langs trauren und scharffe pein (»Darum, ihr Männer und Frauen, hütet euch, damit euch solch eine irdische Liebe nicht in den Bann zieht, ihr darüber die Liebe zu Gott vergeßt und euch auf diese Weise einem jähen Tode ausliefert. Schaut hin, wie diese irdische Liebe diese zwei Menschen in einen jähen, unerwarteten Tod stürzte, wie sie ihnen nach geringer, kurzzeitiger Freude unendlichen Jammer und furchtbares Leid bescherte«; S. 201 f.).

Daß Gleichlauf mit seinen Vorgängern auch insofern gegeben ist, als der Prosaist den Wert der Ehe über den der illegitimen Liebe stellt, bekundet eine bemerkenswerte Veränderung der Vorgeschichte. Das Motiv der außerehelichen Liebesvereinigung von Ribalin und Blanceflor wird beseitigt zugunsten einer korrekten Eheschließung der beiden mit Wissen des königlichen Bruders.

Die »Tragedia« des Hans Sachs

Aus dem deutschen »Prosa-Tristan« ist ein weltliches Spiel, im Jahre 1553 verfaßt von Hans Sachs, hervorgegangen. Sachs hält sich stofflich genau an seine Vorlage, deren epischer Stofffülle er jedoch nicht so recht Herr zu werden vermochte. Gut gelingen ihm die dramatischen Umsetzungen des Morolt-Kampfes und der Rückfahrt nach der Brautwerbung. Jener wird in den drei Szenen des 1. Aktes, diese in den vier Szenen des 3. Aktes untergebracht. Daß der Dramatiker drastische Kürzungen vornehmen mußte, war unvermeidlich. So fallen die Vorgeschichte, die Jugend Tristans, die Truchseß-Handlung, der Mordversuch an Brangel, die Artus-Handlung, die Befreiung von Karahes, die Ehe mit Isalde Weißhand, das erste Wiederkehr-Abenteuer, der erste Teil von Caynis' Liebesabenteuer, das dritte Wiederkehr-Abenteuer u.a.m. fort.

Aber selbst diese stoffliche Reduzierung reichte nicht aus, eine straff durchkomponierte Dramatisierung zu sichern. So gelangt Hans Sachs zu einer Technik grobflächiger szenischer Zusammenfassungen, die eigentlich lediglich Signalfunktion besitzen und nur bei genauer Kenntnis des Stoffes Publikumsverständnis ermöglichen.

Befriedigt schon die Handhabung der formal-technischen Gestaltungsmittel, die Lösung der elementar dramaturgischen Aufgabenstellung wenig, so wird der Negativeindruck, noch verstärkt durch die Aussage-Intention, in der sich der Nürnberger Schuhmachermeister-Poet – weltenweit entfernt von der ideellen Lösung des Straßburger Meisters – den hausbacken-moraltheologischen Auslassungen des Prosaisten anschloß, damit dokumentierend, daß es ihm zwar einerseits um Unterhaltung wie Bildung seiner Mitbürger, andererseits aber auch gar sehr um deren sittliche Erziehung ging. Und so wird denn die *unorndliche lieb* (S. 184, V. 33) der beiden Liebenden in ihrer ganzen Fragwürdigkeit gekennzeichnet. Sie sei schädlich für *seel, leib, ehr, gut* (S. 185, V. 2), sie achte *weder sitten noch tugent* (S. 185, V. 3) und bringe daher notwendig *Armut, kranckheit, schandt und schaden* (S. 185, V. 19), außerdem *an Leib und seel gottes ungnaden* (S. 185, V. 20). Gemessen an der Freigeistigkeit und Größe Gottfriedscher Sinngebung wirkt der Schluß des biederen Nürnbergers nachgerade urkomisch:

Auß dem so laß dich treulich warnen,
O mensch, vor solcher liebe garnen
Und spar dien lieb biß in die eh!
Denn hab ein lieb und keine meh!
Dieselb lieb ist mit Gott und ehren,
Die welt darmit fruchtbar zu mehren.
Darzu gibt Gott selb allewegen
ein gnad, gedeyen und milten segen.
Das stäte lieb und trew aufwachs
Im ehling stand, das wünscht Hans Sachs.

Skandinavien

(S. 289) Die norwegische »Tristramsaga« des Mönches Robert

Isländische Handschriften (entstanden seit der zweiten Hälfte des 15. Jahrhunderts) überliefern eine Prosa-Übertragung der Thomas-Version ins Altnorwegische (»Saga af Tristram ok Isönd«), die – nach der ausdrücklichen Bekundung im Text des Werkes – im Jahre 1226 ein »Bruder Robert« im Auftrage des Königs Hakon IV. Hakonarson niederschrieb (der im Jahre 1226 gerade 22 Jahre alt war und den Ehrgeiz hegte, seinen Hof zu einem kulturellen Zentrum zu machen, das den mitteleuropäischen Höfen – vor allem dem angevinischen Hof – ebenbürtig war). Über die Biographie dieses Übersetzers gibt es bis heute keine Klarheit. Man hat ihn mit jenem Abt Robert identifiziert, der eine Anzahl von Übersetzungen aus der altfranzösischen Literatur vornahm und der – wenn diese Gleichsetzung und diese Werkzuweisungen wirklich zutreffen – einer der wichtigsten Vermittler französischer Literaturwerke in den skandinavischen Raum gewesen ist. Da es zu Beginn des 13. Jahrhunderts – also zur Regierungszeit Hakon Hakonarsons – lebhafte ökonomische und politische Beziehungen zwischen Norwegen und England gab, ist diese Hypothese – die aus dem »Bruder Robert« eine Art Hofdichter des norwegischen Königs machen würde – so unwahrscheinlich nicht.

Roberts Übersetzungsprosa ist die einzige einigermaßen verläßliche Quelle für die Kenntnis des gesamten Werkes von Thomas – wenn wir nicht die Summe der Gottfried-Adaptation und der überlieferten Bruchstücke des Thomas-Originals (die demungeachtet lückenhaft genug bliebe) als authentischere Zeugnisse ansehen wollen. Ein Vergleich der Thomas-Fragmente mit der norwegischen Übersetzung macht deutlich, daß Robert zwar gekürzt, daß er aber die wesentlichen Handlungszüge durchweg beibehalten hat. Besonderheiten der norwegischen Prosa finden sich zumal in der stilistischen Gestaltung, wobei der Übersetzer der skandinavischen Tradition des wuchtigen, durch komplizierte Perioden, bilderreiche Variationen und Stabreim-Anklänge gekennzeichneten Saga-Stils verpflichtet blieb.

Die isländische »Saga af Tristan ok Isodd«

In zwei Handschriften (aus dem 15. Jahrhundert und um 1850) ist eine anonyme isländische Adaptation der altnorwegischen »Tristramsaga« überliefert, die freilich in der inhaltlichen Ausgestaltung sehr eigene – zum Teil höchst originelle – Wege geht (so wird die Handlung unter anderem nach Spanien verlagert, es werden afrikanische und russische Gegenspieler einbezogen) und die zudem eine Reihe vergröbernder Effekte aufweist (so verbringt Blensibil/Blanchefleur mit Kalegras/Riwalin nach glücklicher Vereinigung eine dreijährige »Liebesnacht« im Gemach der Blensibil).

Man hat in dem Werk eine vergröbernde »Verballhornung« der Vorlage, sogar eine Art »Anti-Tristan« vermutet (Kalinke, 1979). Richtiger dürfte sein, in der isländischen Adaption eine (grelle, der Unterhaltung dienende, Effekte nicht verschmähende) moralische Neu-Interpretation aus seelsorgerischer Sicht zu sehen, die bei (aufrüttelnder) Schilderung einer gesellschaftgefährdenden leidenschaftlichen Liebe auf die rettenden Möglichkeiten menschlicher Solidarität aufmerksam machen will.

Die isländische Ballade über Tristans Tod (»Tristrams kvaedi«)

Aus der zweiten Hälfte des 15. Jahrhunderts stammt eine in mehreren Handschriften (des 17. Jahrhunderts) überlieferte

Ballade über den Tod Tristans, und zwar in vier Versionen. Das Verhältnis zu den beiden Sagas ist nicht völlig geklärt; offenbar hat der Balladendichter beide gekannt. Die – den Handlungsschluß (Verletzung Tristans durch eine vergiftete Waffe, Heilungsfahrt der Isolde Blondhaar, Episode mit dem hellen und dunklen Segel, Tod der Liebenden) gestaltende – Ballade besteht aus (je nach Version) 20 bis 33 Vierzeilern.

Die färöische Ballade von »Tristram und der Dame Isin« (»Tistrams Táttur«)

Erst im 19. Jahrhundert (1848/49) wurde nach dem Vortrag der 77jährigen Anna Hamdotter auf den Färöern die Ballade von »Tistram und der Dame Isin« aufgezeichnet, deren Inhalt nur noch wenig mit dem Tristan-Stoffkreis zu tun hat: Tistram und Isin, die einander lieben, werden durch Machenschaften seiner übelwollenden Eltern getrennt. Diese schikken den Sohn an den französischen Hof, wo er – da er Isin die Treue hält – gehenkt wird. Isin organisiert einen Rachefeldzug und schneidet den toten Tistram vom Galgen ab. Danach bricht ihr das Herz, und sie stirbt an seiner Seite.

England

(S. 315) »Sir Tristrem«

Das aus dem Anfang des 14. Jahrhunderts stammende strophische Gedicht von Sir Tristrem ist in einer einzigen Handschrift – dem berühmten Auchinlek-Manuskript der National Library zu Edinburgh – überliefert. Das balladeske (nicht vollständig überlieferte) Gedicht umfaßt 304 elfzeilige Strophen und folgt inhaltlich der Thomas-Version, an die auch der Verfasser der altnorwegischen »Tristramsaga« anknüpfte. Es treten freilich inhaltliche Unterschiede auf: So ist z. B. der bei Thomas und in der Saga auftauchende »Tristram der Zwerg« in der Ballade ein »junger Ritter«; die Treue von Tristrams Hund Hodain wird (einzig in diesem Gedicht) damit erklärt, daß auch er ein wenig von dem Liebestrank leckte. Auffallend ist, daß im »Sir Tristrem« die Kampfschilderungen mit besonderer Anteilnahme vorgetragen werden.

Die elfzeiligen Strophen des Gedichtes weisen die Form der sogenannten Bob-and-wheel-Strophe auf, d.h. einer komplizierten, aus kurzen Versen zusammengesetzten Strophe mit einem ebenso komplizierten Reimschema. Zudem benutzt der Dichter die in der englischen Poetik traditionell vorgegebene Technik der Alliteration, also den Stabreim.

Da der Dichter des »Sir Tristrem« angehalten war, die umfangreiche, von zahlreichen Reflexionen durchsetzte Handlung seiner Vorlage in eine Reihe eindrucksvoller (strophisch limitierter) Bilder zu bringen, rollt die (stark gekürzte) Handlung in einer lockeren Bildfolge ab, die den Inhalt auf Wesentliches beschränkt.

Der »Morte Darthur« des Thomas Malory

In der umfangreichen, aus acht Büchrn (*tales*) bestehenden Prosa-Erzählung des Sir Thomas Malory über die Schicksale des Königs Artus und der Ritter seiner Tafelrunde sind zwei Bücher (der umfangreichste Teil des Gesamtwerkes) den Abenteuern von Sir Tristrem gewidmet, wobei sich Malory auf den altfranzösischen »Tristan en prose« stützte. Wesentlich erschien dem Autor offenkundig, Tristrem als einen in jeder Hinsicht vorbildlichen Ritter darzustellen.

Slawische Texte

Der serborussische Tristanroman (»Povest o Tristanu i Izoti«)

Der in einer einzigen Handschrift aus dem 16. Jahrhundert überlieferte serborussische Tristanroman, »Povest o Tristanu i Izoti«, geht im wesentlichen auf die altfranzösische Prosa zurück. Die Werkhandlung erfährt eigentümliche Veränderungen: So scheint der Konflikt zwischen Marke und Tristan (d. h. zwischen Ehe und ehebrecherischer Liebe) beigelegt, denn Marke erlaubt Tristan ein glückliches Zusammenleben mit Isolde, und er erlaubt Isolde die Fahrt zu dem auf einem Turnier schwer verwundeten Tristan, um ihn zu heilen. Der Erzähler schließt mit den Worten: »Ich weiß nicht, ob er von seinen Wunden geheilt wurde oder ob er starb. – So viel ist über ihn geschrieben worden.« Auch vom Tode der Isolde ist keine Rede.

Der alttschechische Tristanroman

Durch zwei Handschriften des 15. Jahrhunderts (Strahover Handschrift von 1449 und Brünner Handschrift von 1483) wird ein alttschechischer Tristanroman überliefert, der – wahrscheinlich im 14. Jahrhundert entstanden – auf den mittelhochdeutschen Versromanen Eilharts und Gottfrieds aufbaut und die Fortsetzung Heinrichs von Freiberg einbezieht. Das stark kompilatorisch angelegte Werk des alttschechischen Autors zeichnet sich insbesonders durch die Tendenz stark populärer, das Liebespaar entlastender Darstellung aus, wobei der Hinweis auf die Wirkung des Liebestrankes tendenzgerecht genutzt wird.

Streuüberlieferung

Ein griechisches Versgedicht, überliefert in einer aus dem 14. Jahrhundert stammenden Handschrift, erzählt die Geschichte eines Ritters, der an den Artushof kommt und dort alle Artusritter – einschließlich Lancelot und Tristan – vom Pferde sticht. Quelle des unbekannten Autors war offenbar die Kompilation des Rustichello de Pisa.

Ein walisisches Fragment, das über »Trysten ac Essylt« erzählt und in Handschriften des 16./17. Jahrhunderts überliefert ist, berichtet in einer merkwürdigen Mischung von Vers und Prosa die Geschichte des gefälschten Eides, wobei (zu Isoldes Rechtfertigung) Artus als Zeuge auftritt.

Literaturhinweise

Texte

Frankreich

Tristan et Yseut. Les Tristan en vers: Tristan de Béroul, Tristan de Thomas, Folie Tristan de Berne, Folie Tristan d'Oxford, Chèvrefeuille de Marie de France. Ed. et traduction par J. Ch. Payen. Paris 1974.

Béroul: Le Roman de Tristan. Poème du XIIe siècle, éd. par Ernest Muret. 4e édition revue par L. M. Defourques. Paris 1947.

Berol: Tristan und Isolde. [Text nach A. Ewert.] Übers. von Ulrich Mölk. München 1962.

Beroul: The Romance of Tristan. Ed. by A.[lfred] Ewert. Bd. 1: Introduction, Text, Glossary, Index. Oxford 1971. Bd. 2: Introduction, Commentary. Ebd. 1970.

Béroul: Le Roman de Tristan. Traduit de l'ancien français par Pierre Jonin. Paris 1975.

Thomas: Les fragments du Roman de Tristan, poème du XIIe siècle. Ed. avec un commentaire par Bartina H. Wind. Genève / Paris 1960.

Thomas: Tristan. Eingel., textkrit. bearb. und übers. von Gesa Bonath. München 1985.

Thomas: Le Roman de Tristan, poème du douzième siècle publié par Joseph Bédier. Tl. 1: Texte. Tl. 2: Introduction. Paris 1902–05. [Im Anhang zu Tl. 2: Text der Hs. BN 103 des »Tristan en prose«.]

Le Roman de Tristan en prose. Ed. par Renée L. Curtis. Tl. 1. München 1963. Tl. 2. Leiden 1976. Tl. 3. Cambridge 1985.

Les lais de Marie de France. Publiés par Jean Rychner. Paris 1966.

La Folie Tristan de Berne. Publiée avec commentaire par Ernest Hoepffner (1934). 2e édition, revue et corrigée. Paris 1949.

La Folie Tristan d'Oxford. Publiée avec commentaire par Ernest Hoepffner (1938). 2e édition, revue et corrigée. Paris 1943.

Gerbert de Montreuil: La Continuation de Perceval. Ed. par Mary Williams. Paris 1922–25.

Italien

La Tavola Ritonda o L'Istoria di Tristano. Per cura di Filippo-Luigi Polidori. 2 Bde. Bologna 1864–65.
Il Tristano Riccardiano. Ed. e illustrato da Ernesto Giacomo Parodi. Bologna 1896.
Il Tristano Corsiniano. Ed. da Michele Galasso. Monte Cassino 1937.
Tristano Veneto. [Ausw.] In: Prose di romanzi; il romanzo cortese in Italia nei secoli XIII e XIV. Ed. da Felice Arese. Turin 1950.

Spanien

Libro del Esforçado Caballero Don Tristan de Leonís y de sus grandes fechos en armas. A cura di Adolfo Bonilla y San Martin. Madrid 1912.

Deutschland

Eilhart von Oberge. Hrsg. von Franz Lichtenstein. Straßburg 1877.
Eilhart von Oberg: Tristrant. Edition diplomatique des manuscrits et traduction en français moderne par Danielle Buschinger. Göppingen 1976.
Eilhart von Oberg: Tristrant und Isalde. Neuhochdeutsche Übers. von Danielle Buschinger und Wolfgang Spiewok. Göppingen 1986.
Eilhart von Oberg: Tristrant. Texte établi et présenté par Danielle Buschinger et Wolfgang Spiewok. Paris 1986.
Gottfried von Straßburg: Tristan und Isolde. Hrsg. von Friedrich Ranke. Berlin 1930. Neuausg. von Eduard Studer. Berlin 1958. [11]1967.
Gottfried von Straßburg: Tristan. Mittelhochdeutsch/Neuhochdeutsch. Nach dem Text von Friedrich Ranke neu hrsg., ins Neuhochdeutsche übers., mit einem Stellenkommentar und einem Nachw. von Rüdiger Krohn. 3 Bde. Stuttgart 1980 [u. ö.].
Gottfried von Straßburg: Tristan. Hrsg. von Wolfgang Spiewok. Berlin 1989. [Vgl. auch Ulrich von Türheim.]
Das Tristan-Epos Gottfrieds von Straßburg. Mittelhochdeutsch/Neuhochdeutsch. Nach dem Text von Friedrich Ranke neu hrsg.,

ins Neuhochdeutsche übers. [Versübersetzung], mit einer Einl. von Wolfgang Spiewok. Amiens 1991.
Gottfried von Straßburg: Tristan. Traduit par Danielle Buschinger et Jean-Marc Pastré. Göppingen 1980.
Ulrich von Türheim: Tristan. Hrsg. von Thomas Kerth. Tübingen 1979.
Ulrich von Türheim: Hrsg. von Wolfgang Spiewok. In: Das Tristan-Epos Gottfrieds von Strassburg mit der Fortsetzung des Ulrich von Türheim nach der Heidelberger Handschrift Cod.Pal.Germ. 360. Berlin 1989. S. 271–316.
Heinrich von Freiberg. Mit Einl. über Stil, Sprache, Metrik, Quellen und Persönlichkeit des Dichters, hrsg. von Alois Bernt. Halle a.d.S. 1906. Repr. Hildesheim / New York 1978.
Heinrich von Freiberg: Tristan. Ed. par Danielle Buschinger. Göppingen 1982.
Tristan als Mönch. Untersuchungen und krit. Ed. von Betty C. Bushey. Göppingen 1974.
Die niederfränkischen Tristan-Bruchstücke. Cod.Vind.Ser.Nova 3968. Hrsg. und eingel. von Gilbert de Smet und Maurits Gysseling. In: Studia Germanica Gandensia 9 (1967) S. 197–234.
Le fragment du Roman de Tristan bas-Francique (Cod.Vind.Ser. Nov. 3968). Einl., niederfränkischer Text und französische Übers. von Danielle Buschinger. In: Tristania 9 (1984) S. 3–24.
Tristrant und Isalde. Prosaroman des 15. Jahrhunderts. Hrsg. von Fridrich Pfaff. Tübingen 1881.
Tristrant und Isalde. Prosaroman. Hrsg. von Alois Brandstetter. Tübingen 1966.
Hans Sachs: Tragedia mit 23 personen, von der strengen lieb herr Tristrant mit der schönen königin Isalden, unnd hat 7 Actus. In: H. S.: Werke. Hrsg. von Adalbert von Keller. Bd. 12. Stuttgart 1879. Repr. Hildesheim 1964. S. 142–186.

Skandinavien

Tristrams Saga ok Isondar, mit einer literarhistorischen Einl. deutscher Übers. und Anm., zum ersten Mal hrsg. von Eugen Kölbing. Heilbronn 1878. Repr. Hildesheim / New York 1978. [Die nordische und die englische Version der Tristansage.]

Isländischer Tristan: vgl. »The Tristan Legend« (s. u. »Streuüberlieferung«).
Isländische und färöische Balladen: vgl. »The Tristan Legend« (s. u. »Streuüberlieferung«).

England

Sir Tristrem, mit Einl., Anm. und Glossar. Hrsg. von Eugen Kölbing. Heilbronn 1882. [Die nordische und englische Version der Tristansage, Zweiter Teil.)
Thomas Malory: The Works of Sir [...]. Ed. by Eugène Vinaver. 3 Bde. Oxford ^{2}1973.

Streuüberlieferung

Il Tristano Biancorusso. A cura di Emanuela Sgambati. Florenz 1983. [Mit ital. Übers.]
Das altčechische Tristan-Epos, unter Beifügung der mittelhochdeutschen Paralleltexte. Hrsg. und übers. mit Einl. und Wortregister von Ulrich Bamborschke. Tl. 1: Einleitung. Wiesbaden 1969. Tl. 2: Texte. Ebd. 1968.
The Tristan Legend. Texts from Northern and Eastern Europe in modern English translation. Ed. by Joyce Hill. Leeds 1977.

Forschungsliteratur

Bibliographien

Heinz Küpper: Bibliographie der Tristansage. Jena 1941.
Harvey L. Sharrer: A critical bibliography of Hispanic Arthurian Material. Bd. 1. London 1977.
Hans-Hugo Steinhoff: Bibliographie zu Gottfried von Straßburg. 2 Bde. Berlin 1971–86.
David J. Shirt: The Old French Tristan Poems. A Bibliographical Guide. London 1980.

Überblicksdarstellungen

Wolfgang Golther: Tristan und Isolde in den Dichtungen des Mittelalters und der Neuzeit. Leipzig 1907.

Jakob Kelemina: Geschichte der Tristansage nach den Dichtungen des Mittelalters. Wien 1923.

Friedrich Ranke: Tristan und Isolde. München 1925.

William J. Entwistle: The Arthurian Legend in the Literatures of the Spanish Peninsula. London / Toronto 1925.

Gertrude Schoepperle: Tristan and Isold. A Study of the Source of the Romance. 2 Bde. Frankfurt a. M. / London 1913. 2nd edition by Roger Sherman Loomis. New York 1960.

Roger Sherman Loomis (Ed.): Arthurian Literature in the Middle Ages. Oxford 1959. Repr. New York 1975.

Danielle Buschinger (Hrsg.): La légende de Tristan au Moyen-âge. Actes du Colloque des 16 et 17 janvier 1982. Göppingen 1982.

Peter K. Stein: Tristan in den Literaturen des europäischen Mittelalters. Hab.-Schr. Salzburg 1983. [Masch.]

– Tristan. In: Epische Stoffe des Mittelalters. Hrsg. von Volker Mertens und Ulrich Müller. Stuttgart 1984. S. 365–394.

Danielle Buschinger (Hrsg.): Tristan et Iseut, mythe européen et mondial. Actes du Colloque des 10, 11 et 12 janvier 1986. Göppingen 1987.

Emmanuèle Baumgartner: Tristan et Iseut. De la légende aux récits en vers. Paris 1987.

M.-J. Heijkant: La tradizione del »Tristan« in prosa in Italia. Enschede 1989. [Selbstverlag.]